1490

BENEDICTINE CULTURE
750-1050

ML

MEDIAEVALIA LOVANIENSIA

SERIES I / STUDIA XI

KATHOLIEKE UNIVERSITEIT LEUVEN
INSTITUUT VOOR MIDDELEEUWSE STUDIES
LEUVEN (BELGIUM)

BENEDICTINE CULTURE
750-1050

EDITED BY

Prof. Dr. W. LOURDAUX and Prof. Dr. D. VERHELST

LEUVEN UNIVERSITY PRESS

1983

CIP-GEGEVENS

Benedictine

Benedictine culture: 750-1050 / ed. by W. Lourdaux and D. Verhelst. — Leuven: Leuven University Press.
(Mediaevalia lovaniensia. Series I; Studia 11)
ISBN 90-6186-144-6
SISO 245.4 UDC 271.1
Trefw.: benedictijnen / middeleeuwen; cultuurgeschiedenis.

ISBN 90 6186 144 6

D/1983/1869/6

CONTENTS

PREFACE

At the suggestion of the Benedictine, Cistercian and Trappist communities of Belgium, Netherlands and Luxembourg, the 10th International Colloquium (May 19-21, 1980) organized by the *Instituut voor Middeleeuwse Studies* was devoted to the commemoration of the 15th Centenary of the birth of St. Benedict of Nursia.

The organizing committee, in consultation with a delegation from the monastic communities that had invited this cooperation, decided that the time-span to be covered by the Colloquium would be the period that merited to be called the 'Benedictine Age', stretching from the Carolingian renaissance to the reform movement initiated by Gregory VII. The close harmony between the thought of Benedictus of Aniane and the plans for unification set in motion by Charlemagne ensured a unique rôle for the *regula Benedicti* in the reshaping of society within a Christian framework. Moreover the newly-formed special relationship between the *communitas fidelium* and the Emperor at their head led to the assumption by monastic communities of many tasks, including some that had not been envisaged at their foundation. Thus monastic libraries, scriptoria and educational establishments developed to receive and pass on a cultural tradition that was to shape Western civilization. And simultaneously methods of agricultural exploitation were discovered that were to serve not only the immediate needs of particular monasteries, but also those of whole regions, and become models with far reaching impact.

It was clear to the editors of the present collection of essays that only select aspects of the manifold cultural and economic life of these monastic communities could be presented in a single volume. Nevertheless it was hoped that the reader might intuit the constant evolution and adaptation to altered social circumstances characteristic of the Benedictine communities, and thus participate in the process of discovery shared by members of the Colloquium. To enhance this sense of discovery and to suggest the continuing Benedictine contribution during the following epoch, the editors accepted a final study, which of course extends beyond the strict chronological limits of the volume.

It is the pleasant task of the editors of this 11th volume of the *Mediaevalia Lovaniensia* to record their gratitude to all who have made possible its publication: the members of the Secretariat appointed for the celebration of the Benedict centenary, who took the initiative; the members of the Organizing Committee; the contributors who have kindly placed at our disposal the new studies published here. The active aid and support of the Rectorate of the Katholieke Universiteit Leuven, as also of the Publication Commissions of the Faculty and of the University, the financial help of the 'Nationaal Fonds voor Wetenschappelijk Onderzoek', of the Government departments (Ministerie van Nationale Opvoeding en Nederlandse Cultuur), and finally of the *Vereniging Vlaamse Leergangen te Leuven*, were all of indispensable assistance. To them all we express the heartfelt 'Thankyou' that is their due.

Viktor Dammertz

BENEDIKTINER-KULTUR 750-1050

Käme der heilige Benedikt heuer, im Jahre 1980, zu Besuch auf unsere Erde, er wäre gewiß sehr erstaunt über das Aufheben, das man landauf, landab um ihn macht. Er wäre verwundert, all das zu hören und zu lesen, was man in diesem Jubiläumsjahr über ihn sagt und schreibt. Und er würde sich selbst kaum in dem Portrait wiedererkennen, das in vielen Farben von ihm gezeichnet wird. Als der junge Benedikt der Weltstadt Rom und ihrer gewiß vom Niedergang stigmatisierten Kultur den Rücken kehrte, hatte er nur einen Gedanken, nur eine Sehnsucht: Gott allein zu gefallen! 'Scienter nescius et sapienter indoctus' suchte er die Einsamkeit und 'solus in superni spectatoris oculis habitavit secum' (*Dialoge* 1; 3). Als er schließlich auf dem Monte Cassino seine Mönchsregel schrieb, dachte er nicht im geringsten daran, ein kultur- oder gesellschaftspolitisches Programm zu entwerfen, sondern er wollte eine 'dominici scola servitii' einrichten (Prol. 45). Die Geschichte lehrt es immer wieder, daß große Reformprogramme scheitern und Papier zu Makulatur wird, daß Revolutionen verraten werden und den Planern aus den Händen gleiten, daß aber auf der anderen Seite die persönliche Entscheidung eines einzelnen Menschen ungeahnte und unbeabsichtigte Fernwirkungen haben kann.

Worin liegt nun das Geheimnis Benedikts und seiner Regel? Wie kommt es, daß sein Werk einen so bedeutenden Einfluß auf das werdende Europa gewann, daß man dem kulturellen Schaffen einiger Jahrhunderte seinen Namen beigeben kann: 'Benediktiner-Kultur 750 bis 1050', so heißt das Thema dieser Veröffentlichung. Das Geheimnis liegt gerade darin, daß viele Generationen von Mönchen das gelebt und praktiziert haben, was Benedikt in seiner Regel geschrieben hat, und es auf die wechselnden Situationen ihrer Zeit angewandt haben, wobei freilich auch sie eingebettet waren in die Zeitströmungen ihrer Epoche.

Das erste wichtige Element in der Benediktusregel, das maßgeblich die kulturelle Wirkung dieser Lebensnorm für Mönche verursachte, ist der Nachdruck, mit dem die Mönche zur *lectio divina* angehalten werden. Mehrere Stunden des Tages sind dieser Übung gewidmet. Das setzt aber voraus, daß die Mönche lesen können, obwohl Benedikt auch noch vorsieht, daß vielleicht einige dazu nicht in der Lage sind (48,23). Aber es wird bald selbstverständlich, daß vor allem die jungen oblati in den Klöstern die Kunst des Lesens lernen, um so auf die Anforderungen des monastischen Lebens vorbereitet zu werden. Es ist aber nicht allein mit dem Lesen getan. Um die nötigen Bücher für die geistliche Lesung der Mönche zu beschaffen, ist eine rege Abschreibetätigkeit erfordert. Viele müssen in den Schreibstuben der Klöster zusammenarbeiten, um die Bibliothek des Klosters mit den notwendigen Manuskripten auszustatten. Mehr noch : Vor allem in jenen Regionen, in denen das Latein nicht (mehr) Umgangssprache war, mußte diese beherrschende Schriftsprache unterrichtet werden; so wurde die grammatica, d.h. der Latein-Unterricht, in das Lehrprogramm aufgenommen. Was in den angelsächsischen Klosterschulen von Canterbury unter Benedikt Biscop und Hadrian, von Jarrow unter Beda Venerabilis und York unter Alkuin zu erster Blüte kam, wurde bald für das ganze Reich Karls des Großen vorgeschrieben : das Kapitulare von 789 sah vor, daß jedes Kloster eine Schule führe, an der die Schüler in Psalter, Gesang, Computus und Grammatik unterrichtet würden (MGCapit. 1,60-Schm 58). Mit diesen Konsequenzen, die sich mit innerer Notwendigkeit aus dem 48. Kapitel der Benediktusregel ergeben, war aber das Fundament für eine breite Allgemeinbildung gelegt. Es war jetzt nur noch eine Frage der Zeit, daß unter dem Einfluß literaturbeflissener Äbte auch die Werke der lateinischen Klassik abgeschrieben und studiert wurden, wenn auch vielfach zunächst nur in der Absicht, an Cicero, Vergil und Horaz die eigenen Sprachkenntnisse zu vertiefen. Es ist jedenfalls ein unbestrittenes Faktum, daß ohne die klösterlichen Schreibstuben des frühen Mittelalters kaum ein Werk der lateinischen Klassik auf uns gekommen wäre. Ich brauche das alles hier vor Ihnen nicht näher ausführen, da Sie in dieser Materie besser bewandert sind als ich. Gestatten Sie mir aber, hier stellvertretend für viele andere, den Namen eines Mönchs zu nennen, der in diesem Jahr auch sein Jubiläum feiert : Hrabanus Maurus von Fulda, den man wegen seiner Bedeutung für das Unterrichtswesen den 'primus praeceptor Germaniae' nennt und von dem man annimmt, daß er um 780 in Mainz geboren wurde, wenn dieses Datum auch mit ähnlichen Vorbehalten aufzunehmen ist wie das Geburtsjahr Benedikts. Aber es ist sinnvoll, daß die Diözese Mainz in diesem Jahr in Dankbarkeit beider Männer gedenkt, die durch drei Jahrhunderte voneinander getrennt waren, aber miteinander das Werk geschaffen haben, dessentwegen wir heute überhaupt noch ihre Namen kennen und nennen.

Nicht minder bedeutsam für die Entstehung der abendländischen Kultur war die für die damalige Zeit geradezu revolutionär anmutende Einstellung Benedikts zur *körperlichen Arbeit*. Cicero drückte die Meinung seiner römischen Zeitgenossen aus, als er schrieb: 'Alle Handarbeiter üben einen verächtlichen Beruf aus, denn eine Werkstätte kann nichts Anständiges haben: 'Opifices omnes in sordida arte versantur; nec enim quidquam ingenuum potest habere officina' (*De Officiis* L, 42). Für die Antike war körperliche Arbeit Sache der Sklaven, eines freien Mannes unwürdig. Diesem waren vielmehr die 'artes liberales', die freien Künste vorbehalten. Benedikt räumte mit dieser Verachtung der körperlichen Arbeit gründlich auf und wies der Handarbeit neben der lectio divina einen festen Platz im Tagesablauf des Mönches zu: 'Müßiggang ist ein Feind der Seele', schreibt er. 'Deshalb sollen sich die Brüder zu bestimmten Zeiten mit Handarbeit, zu bestimmten Stunden mit heiliger Lesung beschäftigen. ... Denn erst dann sind sie wirklich Mönche, wenn sie von der Arbeit ihrer Hände leben, wie unsere Väter und die Apostel' (48, 1.8). Arbeit war für Benedikt jedoch nicht Selbstzweck. Er wußte, daß der Mensch nicht lebt, um zu arbeiten, sondern arbeitet, um zu leben. Deshalb ist ihm daran gelegen, daß der Mönch sich nicht in der Arbeit verliert und nicht vom Übermaß der Arbeit erdrückt wird: 'Alles muß mit Maß geschehen', fügt er darum sogleich hinzu (48, 9). Eine solche Einstellung zur Arbeit haben Benedikt und seine Mönche gelebt und gelehrt und damit ein Arbeitsethos geschaffen, das für die mittelalterliche Wirtschafts- und Sozialordnung entscheidend wurde. Es gehört zu den Großtaten Benedikts, daß er Wert und Würde der menschlichen Arbeit neu ins Bewußtsein gehoben hat. Erst auf diesem Fundament konnte europäische Kultur und Zivilisation erstehen — und bis heute fortdauern.

Professor Prinz hat neulich in einem Vortrag anläßlich der Ausstellung über 'Neufunde aus altbayerischen Klöstern' in der Prähistorischen Staatssammlung in München dargelegt, wie sehr die Benediktinermönche beigetragen haben, um jene Kulturlandschaften in Europa zu schaffen, die wir heute angesichts der drohenden Vernichtung der Natur durch eine immer weiter um sich greifende Technik erst recht zu schätzen wissen. Nun wollen wir Benediktiner gewiß nicht dem heiligen Franziskus von Assisi die Ehre streitig machen, die ihm zuteil wurde, als er jüngst zum Patron der Ökologen ernannt wurde; sein Sonnengesang allein rechtfertigt eine solche Wahl. Aber ich meine, daß sich auch in der Regel Benedikts Ansatzpunkte für einen verantwortungsvollen Umgang mit der Schöpfung finden. Ich denke hier vor allem an die *Ehrfurcht*. Gewiß steht auch hier Gott an erster Stelle; ihm schuldet der Mensch Ehrfurcht. Das 20. Kapitel 'Von der Ehrfurcht beim Gebet' ist kostbarer Ausdruck dieser Haltung. Daneben kommt aber bei Benedikt der Mensch nicht zu kurz. Wichtiger noch als die Ordnung in der Gemeinschaft ist für Benedikt die Rücksicht auf die Schwächen und Unzulänglichkeiten der einzelnen Brüder. Darin kommt Benedikts Ehrfurcht vor jedem Individuum mit all seinen Eigenheiten, seinen positiven und negativen Seiten zum Ausdruck. Der Abt muß der Eigenart vieler dienen (2,31), und gleich zweimal zitiert Benedikt in seiner Regel das Pauluswort (Rom 12.10), daß wir einander in gegenseitiger Achtung und Ehrfurcht übertreffen müssen (63,17; 72,4). Aber um was es mir hier in diesem Zusammenhang insbesondere geht, ist die bekannte Weisung Benedikts, man müsse auch das alltägliche Arbeitsgerät und den ganzen Besitz (cunctamque substantiam) mit der gleichen Ehrfurcht behandeln wie heilige Altargeräte. Muß nicht, wer in einem solchen Geist erzogen wird, zu einer tiefen Ehrfurcht vor allem Geschaffenen, vor der ganzen Umwelt finden? Auf einer Reise durch Asien habe ich sogar den Eindruck gewonnen, als sei diese Haltung der Ehrfurcht vor der Natur ein allgemein monastisches Phänomen, auch im außerchristlichen Mönchtum. Denn wenn man z.B. irgendwo auf den kahlgeschlagenen Abhängen Koreas eine Baumgruppe, einen kleinen Wald entdeckt, kann man gewiß sein, daß sich im Schatten dieser Bäume ein Mönchskloster verbirgt.

Die Benediktusregel und das *Schöne*, die Kunst! Auch hier wird man sagen können, daß das, was die Benediktiner im Laufe der Jahrhunderte an Kunstwerten geschaffen haben oder als Mäzene schaffen ließen, vor allem in der Architektur, in der Buchmalerei und in der Musik, seine Wurzeln in der Regel hat. Gewiß ist die Regel kein Handbuch für Ästhetik, aber Benedikt verlangt von seinen Mönchen Haltungen, die die Entfaltung des Schönen erst ermöglichen. Denken wir an die gravitas, den Ernst und die Bescheidenheit, die die Regel immer wieder vom Mönch erwartet, wo immer er ist, was immer er tut. Diese gravitas muß sich äußern in den Reden und in den Gebärden, im Gang und in der Haltung beim Gebet. Betrachtet man die benediktinischen Kunstwerke, glaubt man in ihnen diese gravitas wiederzuerkennen. Benedikt legt — im Gegensatz zu vielen Mönchsvätern vor ihm — Wert auf ein geschmackvolles, sauberes Äußeres bei seinen Mönchen. 'Der Abt sehe auf den rechten Schnitt', mahnt er, 'so daß die Kleider für die, die sie tragen, nicht zu kurz sind, sondern passen' (55,8). Während in den alten Mönchsviten rühmend erwähnt wird, daß manche von ihnen ihren Lebtag nie das Gewand gewechselt haben, gibt Benedikt jedem seiner Mönche zwei Tuniken und zwei Kukullen, 'um die Sachen waschen zu können' (55,10). Und wer auf Reisen geht, soll eine bessere, schönere Kleidung erhalten, als man sie gewöhnlich trägt (55,14).

Hier muß auch auf das Kapitel über das Oratorium hingewiesen werden. 'Das Oratorium sei, was sein Name besagt' (52,1): ein Ort des Gebetes, der Gottbegegnung. Die Ehrfurcht vor dem Gotteshaus, die dieses Kapitel atmet, wird später die Künstler animiert haben, um gerade diesem Raum alle Aufmerksamkeit zu schenken und hier alle Fähigkeiten und Möglichkeiten menschlichen Geistes aufzubieten. Überhaupt steht ja das gesamte Kunstschaffen der Klöster unter der beherrschenden, aus der Regula fließenden Idee der gloria Dei. Es ist wohl mehr als ein Zufall, daß ausgerechnet am Schluß des Kapitels 'De artificibus monasterii' die fundamentale Weisung steht, 'ut in omnibus glorificetur Deus' (57,9). Dabei sei es dahingestellt, ob man artifex mit Handwerker oder Künstler übersetzen will; dem Mittelalter war diese Unterscheidung noch fremd.

Papst Paul VI. hat den heiligen Benedikt in dem Dekret, mit dem er ihn zum Patron von ganz Europa ernannt hat, den 'civilis cultus magister', den Lehrmeister von Kultur und Zivilisation genannt. Man muß solchen Ehrentiteln immer mit gewissen Vorbehalten begegnen, da sie historische Sachverhalte allzu stark verkürzen. Aber wer die kulturellen und zivilisatorischen Leistungen der Mönche im Mittelalter betrachtet und von dort aus zurückblickt auf die Regel, wird in ihr die Keime finden, die nach einer langen Inkubationszeit — zweihundert Jahre liegen zwischen dem Tod Benedikts und dem Beginn jener Epoche, der Sie hier Ihre Aufmerksamkeit zuwenden — zur vollen Entfaltung gekommen sind und zu einer Blüte europäischer Kultur geführt haben.

Löwen, 19.5.1980

Josef Semmler

BENEDICTUS II: UNA REGULA — UNA CONSUETUDO

I.

Vor genau 25 Jahren umriß der Altmeister benediktinischer Ordensgeschichtsschreibung, Dom Philibert Schmitz, 'L'influence de saint Benoît d'Aniane dans l'histoire de l'ordre de saint Benoît', indem er einen Vergleich anstellte zwischen der kodifizierten Ordnung klösterlichen Lebens, wie die *Regula s. Benedicti* sie bietet, und der vom Abt von Aniane und Kornelimünster inspirierten monastischen Ausprägung. Dom Schmitz fand es verwunderlich, daß das mittelalterliche Mönchtum und selbst das der Jetztzeit in einigen Fragen des liturgischen Vollzuges und des gemeinschaftlichen Lebens die einschlägigen Anordnungen Benedikts von Aniane rezipierte, ohne sich um entsprechende Bestimmungen Benedikts von Nursia zu kümmern. Er 'vergaß' jedoch, die Frage zu stellen, was denn den einflußreichen Abt des beginnenden 9. Jahrhunderts veranlaßte, vom Wortlaut der Benediktinerregel abzuweichen, ja ihr widersprechende Vorschriften zu entwerfen[1], obwohl doch unsern Quellen zufolge Benedikt von Aniane seine Entscheidungen keineswegs leichtfertig traf[2]. Die Antwort auf diese Frage indes erschließt eigentlich erst den Zugang zu Werk und Leistung Benedikts von Aniane.

Nach Montecassinos Erstürmung durch die Langobarden im drittletzten Jahrzehnt des 6. Jahrhunderts erlosch auf Benedikts Berge jede authentische benediktinische Tradition[3]. Daß der Text der Benedik-

[1] P. Schmitz, 'L'influence de saint Benoît d'Aniane dans l'histoire de l'ordre de saint Benoît', in *Il monachesimo nell'alto medioevo e la formazione della civiltà occidentale*, Settimane di studio del Centro Italiano di Studi sull'Alto Medioevo, 4 (Spoleto, 1957), S. 401-415.

[2] *Actuum praeliminarium synodi I Aquisgranensis commentationes sive Statuta Murbacensia*, ed. J. Semmler, in *Corpus Consuetudinum monasticarum*, I (Siegburg, 1963), S. 441; *Vita Benedicti abbatis Anianensis et Indensis*, MGH.SS. XV,206, 215f. und 217.

[3] Gregor d. Große, *Dialogi*, edd. A. de Vogüé-P. Antin, Sources chrétiennes, 260 (Paris, 1979), S. 192; Paulus Diaconus, *Historia Langobardorum*, MGH.SS.rer.Lang, S. 122, dazu S. Brechter, 'Montecassinos erste Zertstörung', *Studien u. Mitteilungen a. d. Geschichte d. Benediktinerordens u. seiner Zweige*, 56 (1938), S. 117-150; ders., 'Die Früh-

tinerregel überhaupt auf uns kam, verdankte er vielleicht allein der Empfehlung seitens Gregors des Großen im zweiten Buch der *Dialogi*[4]. Wohl zuerst das angelsächsische England, das die älteste Handschrift der *Regula s. Benedicti* hervorbrachte[5], machte sich Gregors des Großen Schriften zu eigen[6]. Königlichen Stiftungen im Frankenreich verlieh der gleiche Papst Privilegien, die die Ordnung der gallischen Kirche zeitweise durchbrachen[7]. Seine unmittelbaren Nachfolger[8] gewährten einigen monasteria des columbanischen Reformkreises gar das Vorrecht der Exemtion[9]. Man kann sich des Eindrucks nicht erwehren,

geschichte Montecassinos nach der Chronik Leos von Ostia im Codex lat. Monacensis 4623', in *Liber floridus. Paul Lehmann zum 65. Geburtstag gewidmet* (St. Ottilien, 1950), S. 279ff. — Zur Auswirkung dieses Ereignisses auf die benediktinische Tradition vgl. schon J. Winandy, 'L'œuvre monastique de saint Benoît d'Aniane', in *Mélanges publiés à l'occasion du XIVe centenaire de la mort de saint Benoît* (Saint-Wandrille, 1947), S. 245f. und 248f.

[4] Die Regel Benedikts ist in der Tat erstmals durch Gregor d. Großen, *Dialogi*, edd. A. de Vogüé-P. Antin (wie vorige Anm.) S. 242, bezeugt; vgl. zuletzt C. H. Lawrence, 'St. Benedict and his rule', *History*, 67 (1982), S. 185f.; ferner A. Linage Conde, 'Los origines del monacato en la peninsula ibérica', *Fuentes y estudios de historia leonesa*, 9 (León, 1973), S. 134f. und 179-186.

[5] Vgl. A. de Vogüé-J. Neufville, *La Règle de saint Benoît*, I, Sources chrétiennes, 181 (Paris, 1972) S. 337-341; dazu zuletzt K. Zelzer, 'Zur Stellung des Textus receptus und des interpolierten Textes in der Textgeschichte der Regula s. Benedicti', *Revue bénédictine*, 88 (1978), S. 206f.; B. Bischoff, 'Die ältesten Handschriften der Regula s. Benedicti in Bayern', *Studien und Mitteilungen aus der Geschichte des Benediktinerordens und seiner Zweige*, 92 (1981), S. 8f.

[6] P. Llewellyn, 'The Roman Church in the 7th century: the legacy of Gregory the Great', *The Journal of Ecclesiastical History*, 25 (1974), S. 363f.; vgl. auch J. M. Wallace-Hadrill, 'Rome and the early English Church: Some Questions of Transmission', in *Le chiese nei regni dell'Europa occidentale e i loro rapporti con Roma sino all'800*, Settimane di studio del Centro Italiano di Studi sull'Alto Medioevo, 7 (Spoleto, 1960) S. 519ff.; G. Dufner, *Die Dialoge Gregors des Großen im Wandel der Zeiten und Sprachen* (Padua, 1968), S. 30.

[7] Gregor d. Große, *Registrum*, IX,26 und XII,11ff., MGH. Epist. II,203f. und 376-381; dazu J. Semmler, *Episcopi potestas und karolingische Klosterpolitik*, Vorträge und Forschungen, 20 (Sigmaringen, 1974), S. 386; H. H. Anton, *Studien zu den Privilegien der Päpste im frühen Mittelalter*, Beiträge zur Geschichte und Quellenkunde des Mittelalters, 4 (Berlin/New York, 1975), S. 51-54; E. Boshof, *Traditio Romana und Papstschutz im 9. Jahrhundert*, Studien und Vorarbeiten zur Germania Pontificia, 6 (Köln/Wien, 1976), S. 73f.

[8] Vgl. J. Richards, *The Popes and the Papacy in the Early Middle Ages (476-752)* (London/Boston/Henley, 1979), S. 258-265.

[9] E. Ewig, *Bemerkungen zu zwei merowingischen Bischofsprivilegien und einem Papstprivileg des 7. Jahrhunderts*, Vorträge und Forschungen, 20 (Sigmaringen, 1974), S. 215-249; H. H. Anton, *Studien* (wie Anm. 7), S. 56-59. — Die lange von der Forschung akzeptierte Deutung der fraglichen Privilegien als päpstliche Schutzurkunden durch W. Schwarz, 'Iurisdicio und conditio', *Zeitschrift f. Rechtsgeschichte, Kanonist. Abt.* 45 (1959), S. 59-65, wird wohl doch dem Rechtsinhalt der Urkunden nicht voll gerecht.

als habe das römische Privileg der 'römischen Regel'[10] Tür und Tor geöffnet[11]: Die ersten Bezeugungen der Benediktinerregel im Frankenreiche stellen diese stets 'im Verbund' mit den Satzungen Columbans vor[12]. Diese Verbindung behauptete sich[13], ohne im Zeitalter der 'regula mixta' die einzige Kombination monastischer Satzungen zu bleiben[14].

Nach dem Aufstieg der Karolinger zum Königtum überführten Synoden der zweiten Hälfte des 8. Jahrhunderts die Reformansätze des großen Angelsachsen Bonifatius in reichsgesetzlich vorgezeichnete Bahnen. Kapitularien dekretierten die Scheidung der kirchlichen ordines, durch genau umrissene Postulate den ordo der Mönche von anderen Ausprägungen religiösen Gemeinschaftslebens abhebend[15]. Die Synoden, denen der hl. Bonifatius präsidierte[16], verpflichtete die

[10] Vgl. die Belege bei J. Semmler, *Corpus Consuetudinum monasticarum*, I (1963), S. 44; dazu A. A. Häußling, *Mönchskonvent und Eucharistiefeier. Eine Studie über die Messe in der abendländischen Klosterliturgie des frühen Mittelalters und zur Geschichte der Meßhäufigkeit*, Liturgiewissenschaftliche Quellen und Forschungen, 58 (Münster/W., 1973), S. 165ff.

[11] Vgl. A. de Vogüé-J. Neufville, *La Règle* (wie Anm. 5), S. 162-169.

[12] Zusammenfassend F. Prinz, *Frühes Mönchtum im Frankenreich* (München/Wien, 1965), S. 263-292.

[13] Vgl. J. Semmler, 'Pippin III. und die fränkischen Klöster', *Francia*, 3 (1975), S. 131-145; ders., 'Karl der Große und das fränkische Mönchtum', in *Karl der Große. Lebenswerk und Nachleben*, II (Düsseldorf, 1965), S. 259 und 265ff.

[14] Vgl. z. B. *Vitae Amati, Romarici, Adelphi abbatum Habendensium*, MGH. SS. rer. Mer. IV,218ff.; *Vita Desiderii Cadurcae urbis episcopi*, ebd. S. 580f.; *Vita Droctovei abbatis Parisiensis*, MGH. SS. rer. Mer. III,538-542, und R. Poupardin, *Recueil des chartes de l'abbaye de Saint-Germain-des-Prés des origines au début du XIIe siècle*, I (Paris, 1909), S. 15-18, n° 10; *Vita Fursei abbatis Latiniacensis*, MGH. SS. rer. Mer. IV, 438f.; *Miracula s. Dionysii*, ed. J. Mabillon, *Acta sanctorum ordinis s. Benedicti*, III,2 (Paris, 1672), S. 536; *Vita Sadalbergae abbatissae Laudunensis*, MGH. SS. rer. Mer. V,59f.; *Vita Filiberti abbatis Gemeticensis et Heriensis*, ebd. S. 587; *Vita Benedicti abb. Anianensis*, MGH. SS. XV,201f.; C. Cipolla, *Monumenta Novaliciensia vetustiora*, I, Fonti per la storia d'Italia, 31 (Rom, 1898), S. 7-13, n° 1.

[15] J. Semmler, *Francia*, 3 (1975), S. 131f.; ders., 'Karl der Große' (wie Anm. 13), S. 262f.; ders., 'Mönche und Kanoniker im Frankenreiche Pippins III. und Karls des Großen', in *Untersuchungen zu Kloster und Stift*, Veröffentlichungen des Max-Planck-Instituts für Geschichte, 68 (Göttingen, 1980), S. 78-99.

[16] Vgl. zuletzt K.-U. Jäschke, 'Die Gründungszeit der mitteldeutschen Bistümer und das Jahr des Concilium Germanicum', in *Festschrift für Walter Schlesinger*, II, Mitteldeutsche Forschungen, 74,2 (Köln/Wien, 1974), S. 101-128; J. Jarnut, 'Bonifatius und die fränkischen Reformkonzilien (743-748), *Zeitschrift f. Rechtsgeschichte, Kanonist. Abt.* 66 (1979), S. 1-26; dazu J. Semmler, 'Benediktinisches Mönchtum in Bayern im späten 8. und frühen 9. Jahrhundert', *Mitteilungen der Gesellschaft für Salzburger Landeskunde*, 122 (1982), im Druck. — Des hl. Bonifatius persönliche Haltung gegenüber der Regula s. Benedicti muß ebenfalls differenzierter als bisher gesehen werden: vgl. H. Dickerhof, 'Zum monastischen Gepräge des Bonifatius-Kreises', *Sammelblatt des Historischen Vereins Eichstätt*, 71/72 (1978/79), S. 64-71.

Träger des monastischen ordo auf die Regel St. Benedikts als Norm ihrer zönobitischen Lebensordnung[17], und die Urkunden für noch im 8. Jahrhunderte gegründete Mönchsniederlassungen gaben den jeweiligen Gemeinschaften diese Regel mit auf den Weg[18]. Doch wissen wir, daß man die Vorschriften der Klosterregel Benedikts nicht wörtlich genau nahm[19]. Von der angestammten klösterlichen Ordnung, in die sie die Regel des hl. Benedikt integrierten, wichen altehrwürdige fränkische Konvente nicht ab[20]. Sie änderten diese ihre Haltung auch nicht, als Karl der Große von 789 an wiederum die *Regula s. Benedicti* als geltende monastische Satzung ansprach[21]. Der Reformreichstag des Herbstes 802 ging sogar von der Benediktregel als alleiniger klösterlicher Lebensnorm aus und erließ einschlägige 'Durchführungsbestimmungen'[22]. Die Mainzer Synode des Jahres 813 sollte daran an-

[17] *Concilium Germanicum* (743), can. 6; *Concilium Liftinense* (744), can. 1, MGH. Concilia II,1, 4 und 7.

[18] Vgl. etwa MGH. Epist. sel. I, 191-194, n° 86; *Vita Sturmi abbatis*, ed. P. Engelbert, *Die Vita Sturmi des Eigil von Fulda*, Veröffentlichungen d. Historischen Kommission f. Hessen und Waldeck, 29 (Marburg, 1968), S. 145f. (Fulda); DD Karl d. Große 72, 129, 152, 164 und 194 (Lorsch, Hersfeld, Ansbach, Sant'Ambrogio di Milano, Charroux); E. E. Stengel, *Urkundenbuch des Klosters Fulda*, I, Veröffentlichungen d. Historischen Kommission f. Hessen und Waldeck, 10,1 (Marburg, 1958), S. 227-231, n° 154 (Milz); BM² 901, in *Monumenta Boica XXXI* (München, 1836), S. 63f. n° 27 (Herrieden); BM² 582 und 598, in *Monumenta Boica XXVIII* (München, 1829), S. 9-13, n°s 5 und 7 (Kempten und Berg); D Pippin d. Jüngere 16 (Prüm); MGH. Concilia II,1,60-63 (Gorze); *Vita s. Galli*, MGH. SS. rer. Mer. IV,320; H. Wartmann, *Urkundenbuch der Abtei St. Gallen*, I (Zürich, 1860), S. 85f. n° 90 (St. Gallen) usw.

[19] Vgl. F.-L. Ganshof, 'L'Église et le pouvoir royal dans la monarchie franque sous Pépin III et Charlemagne', in *Le chiese* (wie Anm. 6), S. 118f.; K.-U. Jäschke, 'Zu den schriftlichen Zeugnissen für die Anfänge der Reichsabtei Hersfeld', *Blätter f. deutsche Landesgeschichte*, 107 (1971), S. 117ff.; A. A. Häußling, *Mönchskonvent* (wie Anm. 10), S. 163ff.; J. Semmler, *Francia*, 3 (1975), S. 132-138; neuerdings auch W. Haubrichs, *Die Kultur der Abtei Prüm zur Karolingerzeit*, Rheinisches Archiv, 105 (Bonn, 1979), S. 31-34; J. Semmler, *Mitteilungen der Gesellschaft für Salzburger Landeskunde*, 122 (1982), im Druck.

[20] Vgl. J. Semmler, 'Die Beschlüsse des Aachener Konzils im Jahre 816', *Zeitschrift f. Kirchengeschichte*, 74 (1963), S. 69f.; ders., *Karl der Große* (wie Anm. 13), S. 257ff.; ders., *Francia*, 3 (1975), S. 138-145; dazu mit Recht einschränkend O. G. Oexle, *Forschungen zu monastischen und geistlichen Gemeinschaften im westfränkischen Bereich*, Münstersche Mittelalter-Schriften, 31 (München, 1978), S. 112f. und 127ff.

[21] *Duplex legationis edictum* (789), capp. 1 und 4-10; *Capitula tractanda cum comitibus, episcopis et abbatibus* (811), cap. 12; *Capitula de causis cum episcopis et abbatibus tractandis* (811), cap. 12, MGH. Capit. I,63, 161f. und 164; vgl. F.-L. Ganshof, 'Note sur les Capitula de causis cum episcopis et abbatibus tractandis de 811', *Studia Gratiana*, 13 (1967), S. 12; J. Semmler, 'Mönche und Kanoniker' (wie Anm. 15), S. 96ff.

[22] J. Semmler, 'Reichsidee und kirchliche Gesetzgebung bei Ludwig dem Frommen', *Zeitschrift f. Kirchengeschichte*, 71 (1960), S. 63ff.; ders., *Karl der Große* (wie Anm. 13), S. 266f.

knüpfen[23]. Wenn die gleichzeitig zusammengetretenen Konzilien zu Reims[24], Chalon-sur-Saône[25] und Tours[26] sich weniger pointiert in dieser Frage äußerten, so korrelierte damit die Tatsache, daß juridische Aufzeichnungen aus dem Frankenreich noch immer die Gleichung monastisch = benediktinisch tunlichst vermieden[27]. Denn in der Tat ging diese Gleichung vor 814 in der monastischen Praxis nicht auf[28]: Das Zeitalter der 'regula mixta' neigte sich zwar seinem Ende zu, doch Kommunitäten, ihrer Tradition und ihrem Selbstverständnis nach Träger des monastischen ordo, formten Lebensgewohnheiten aus, die das spätere 9. Jahrhundert dem klerikalen (kanonikalen) ordo zuwies, während klerikale (kanonikale) Gemeinschaften vielfach mit typisch monastischen Postulaten ernst machten[29].

An der Peripherie des fränkischen Großreiches, im septimanischen Teile des aquitanischen Unterkönigreiches[30], entstand, aus eremitischen Anfängen erwachsend[31], ein klösterliches Zentrum, dessen Vorsteher Witiza, der seinen Namen bezeichnenderweise mit Benedikt vertauschte, nach langer Phase des Suchens und Experimentierens im Zeichen der Mischregel[32] die Regel des hl. Benedikt ohne jegliche Beimischung in den Mittelpunkt der monastischen Existenz rückte. Das Prinzip der una regula war damit entwickelt[33], dem sich jegliche klösterliche Tradition, ob sie nun auf der *Regula s. Benedicti* beruhte oder im

[23] *Concilium Moguntinum* (813) cann. 11 und 20, MGH. Concilia II,1,263 und 266. P. Willmes, *Der Herrscher-Adventus im Kloster des Frühmittelalters*, Münstersche Mittelalter-Schriften, 22 (München, 1976), S. 122-128, scheint mir die Bedeutung und die Auswirkungen der Mainzer Synode von 813 zu überzeichnen.

[24] *Concilium Remense* (813) can. 9, MGH. Concilia II,1, 255.

[25] *Concilium Cabillonense* (813) can. 6, MGH. Concilia II,1, 251.

[26] *Concilium Turonense* (813) cann. 23-26, MGH. Concilia II,1, 289f.

[27] Vgl. DD Pippin d. Jüngere 2, 16 und 25; D Karlmann 52; DD Karl d. Große 72 und 89; BM² 521, in *Württembergisches Urkundenbuch*, I (Stuttgart, 1849), S. 79f. n° 71.

[28] J. Semmler, *Zeitschrift f. Kirchengeschichte*, 71 (1960), S. 46-50; ders., *Francia*, 3 (1975), S. 142-145.

[29] Vgl. J. Semmler, 'Mönche und Kanoniker' (wie Anm. 15), S. 78-109.

[30] Siehe zuletzt P. Wolff, 'L'Aquitaine et ses marges sous le règne de Charlemagne', in *Regards sur le Midi médiéval* (Toulouse, 1978), S. 19-67; vgl. aber auch O. Engels, *Schutzgedanke und Landesherrschaft im östlichen Pyrenäenraum (9.-13. Jahrhundert)*, Spanische Forschungen d. Görresgesellschaft, 2. Reihe 14 (Münster/W., 1970), S. 1-37, sowie E. Magnou-Nortier, *La société laïque et l'Église dans la province ecclésiastique de Narbonne (zone cispyrénéenne) de la fin du VIIIᵉ à la fin du XIᵉ siècle*, Publications de l'Université de Toulouse-Le Mirail, série A, tome 20 (Toulouse, 1974), S. 74-125.

[31] *Vita Benedicti abb. Anianensis*, MGH. SS. XV,201ff.

[32] *Vita Benedicti abb. Anianensis*, MGH. SS. XV,202ff.

[33] *Vita Benedicti abb. Anianensis*, MGH. SS. XV,206f.

Erfahrungsschatz des gallischen oder auch westgotischen Mönchtums[34] gründete[35], unterzuordnen hatte.

Dieser Durchbruch, gegenüber der gesamten bisherigen Tradition und Praxis im monastischen Bereich wahrhaft ein Neuansatz, blieb nicht ohne Nachwirkungen: Witiza vermochte sein Großkloster mit einem weitmaschigen Zellennetz zu umgeben[36]. Nachdem sie sich mit Witiza zur anachoretischen Lebensweise durchgerungen hatten, entschlossen sich Gesinnungsgenossen und Freunde Witiza-Benedikts, auch den Schritt zur *Regula s. Benedicti* als exklusiver monastischer Satzung nachzuvollziehen, mit ihren Gemeinschaften nach einer Norm zu leben und ihre Schüler darin zu instruieren, die vordem nach Benedikts Meinung gerade noch für Schwächlinge und Anfänger geeignet zu sein schien[37]. Manche der so gewonnenen Benediktinermönche weilten für kürzere oder längere Zeit im Kloster Benedikts von Aniane[38]. Außer den Gefährten seines Weges erbaten der Erzbischof von Narbonne und die Oberhirten von Lyon und Orléans von Benedikt Mönchskolonien. Gräfliche Klosterstifter forderten Mönchsgruppen zur Besiedlung ihrer Klöster an[39]. Nicht einmal der einfluß-

[34] Vgl. A. M. Mundó, 'Il monachesimo nella penisola iberica fino al secolo VII', in *Il monachesimo* (wie Anm. 1), S. 96-100; A. Pladevall-F. Català Roca, *Els monestirs catalans* (Barcelona, 1968), S. 10-31; M. C. Diaz y Diaz, 'La circulation des manuscrits dans la péninsule ibérique', *Cahiers de Civilisation médiévale*, 12 (1969), S. 233; A. M. Mundó, 'Regles i observances monàstiques a Catalunya', in *II Col·loqui d'historia del monaquisme català*, Scriptorium Populiti, 9 (Poblet, 1974), S. 12-18.

[35] Benedikt v. Aniane, *Codex regularum*, Migne PL. 103, 394-664; ders. *Concordia regularum*, ebd. 713-1380, bes. 714f.; *Vita Benedicti abb. Anianensis*, MGH. SS. XV,206f. und 216; *Statuta Murbacensia*, ed. J. Semmler, *Corpus Consuetudinum monasticarum*, I (1963), S. 441-450; A. Rousselle-Estève, 'Saint Benoît d'Aniane et Cassien. Étude sur la *Concordia regularum*', *Annales du Midi*, 75 (1963), S. 145-160; J. Neufville, 'Les éditeurs des *Regulae patrum*: Saint Benoît d'Aniane et Lucas Holste', *Revue bénédictine*, 76 (1966), S. 328-337.

[36] *Vita Benedicti abb. Anianensis*, MGH. SS. XV,209 und 214f.; D Karl d. Große 188; BM² 580 in A. Cassan-E. Meynial, *Cartulaires des abbayes d'Aniane et de Gellone (Cartulaire d'Aniane)* (Montpellier, 1900), S. 60f. n° 12; W. Pückert, *Aniane und Gellone* (Leipzig, 1899), S. 240ff.; BM² 706, 714, 728, 752 und 970 in A. Cassan-E. Meynial, a.a.O., S. 55f. und 61-69, n° 17, 16, 14, 10 und 13; A. Cassan-E. Meynial, a.a.O., S. 259f. n° 117.

[37] *Vita Benedicti abb. Anianensis*, MGH. SS. XV,202; vgl. M. Durliat, 'L'église de Caunes-Minervois', *Congrès archéologiques de France*, 131 (1973), S. 44; ders., 'Saint-Hilaire d'Aude', ebd. S. 148; M. Durliat-D. Drocourt, 'L'abbaye de Lagrasse', ebd. S. 114f.; E. Bareil, *Lagrasse. Douze siècles d'histoire: L'abbaye de Sainte-Marie d'Orbieu, le village et son terroir dans les Corbières* (Lagrasse, 1975).

[38] *Vita Benedicti abb. Anianensis*, MGH. SS. XV,208.

[39] *Vita Benedicti abb. Anianensis*, MGH. SS. XV,209, 213f. und 220; MGH. Poetae lat. I,520ff. n° 30; *Erzbischof Leidrad v. Lyon an Karl d. Großen*, ed. A. Coville, *Recherches sur l'histoire de Lyon du Ve au IXe siècle* (Paris, 1928), S. 286; *Annales*

reiche Alkuin stand abseits[40]. Vor allem aber erschloß der aquitanische Unterkönig seiner Botmäßigkeit unterstehende monasteria, Neugründungen ebenso wie restaurierte ältere Mönchsniederlassungen, dem monastischen Leben benediktinischer Prägung, wie es Benedikt von Aniane vertrat[41]. Zu diesem Zweck erteilte Ludwig der Fromme dem Abte einen auf sein ganzes Unterkönigreich bezogenen Reformauftrag[42], der offenbar auch nicht-königliche monasteria einschloß. Gotia als Ausgangspunkt der Erneuerung fehlte nicht[43]; auch die Provence und die Novempopulana zählten zu Benedikts Bereich[44].

Den Siegeszug der una regula im Unterkönigreich Ludwigs des Frommen schildern drei Quellen: Der Brief des Konvents von Kornelimünster an den von Aniane aus Anlaß des Hinscheidens des gemeinsamen Abtes kennt nur zwölf Mönchsniederlassungen, die unter Benedikts Leitung gestanden hätten[45]. Einer Reihe von ihnen kam der

Masciacenses ad a. 814, MGH. SS. III,169; BM² 564 und 600, in C. Devic-J. Vaissète, *Histoire générale de Languedoc*, II² (Toulouse, 1875), preuves S. 156ff. und 107ff. n°s 69 und 39; R. Alaus-A. Cassan-E. Meynial, *Cartulaires des abbayes d'Aniane et de Gellone (Cartulaire de Gellone)* (Montpellier, 1898), S. 144ff. n° 160; C. Révillout, *Mémoires de la Société archéologique de Montpellier*, 6 (1870/76), S. (563)-(567) n° 2 a; J. Soler Garcia, *Boletín de la sociedad castellonense de cultura*, 36 (1960), S. 208ff. n° 1; die Fälschungen DD Karl d. Große 303 und 305; vgl. F. Coutansis, 'Les monastères du Poitou avant l'an mil', *Revue Mabillon*, 53 (1963), S. 1-8; J. Semmler, 'Zu den bayrisch-westfränkischen Beziehungen in karolingischer Zeit', *Zeitschrift f. bayerische Landesgeschichte*, 29 (1966), S. 407f.; P. Wolff, 'L'Aquitaine' (wie Anm. 30), S. 55-58; O. G. Oexle, *Forschungen* (wie Anm. 20), S. 149-153.

40 MGH. Epist. IV,308ff. n° 104; *Vita Benedicti abb. Anianensis*, MGH. SS. XV,210; vgl. J. Chélini, 'Alcuin, Charlemagne et Saint-Martin de Tours', *Revue d'histoire de l'Église de France*, 47 (1961), S. 40ff.

41 *Vita Hludowici imperatoris*, MGH. SS. II,616f.; *Vita Benedicti abb. Anianensis*, MGH. SS. XV,213f.; *Annales s. Florentii Salmurensis ad a.808*, ed. L. Halphen, *Recueil d'annales angevines et vendômoises*, Collection de textes pour servir à l'étude et à l'enseignement de l'histoire (Paris, 1903), S. 113; BM² 775, in R. de Abadal y de Vinyals, *Catalunya carolingia*, II,1. Institut de estudis catalans. Memories de la Secció históricoarqueològica, 11 (Barcelona, 1925), S. 260ff. n° 1; BM² 843, in A. Richard, *Chartes et documents pour servir à l'histoire de l'abbaye de Saint-Maixent*, Archives historiques du Poitou, 16 (Poitiers, 1886), S. 6ff. n° 4; C. Devic-J. Vaissète, *Histoire* (wie Anm. 39) preuves S. 81-84 n° 24; vgl. auch R. Favreau, 'Les inscriptions de l'église Saint-Savin-sur-Gartempe', *Cahiers de Civilisation médiévale*, 19 (1976), S. 9f.

42 *Vita Benedicti abb. Anianensis*, MGH. SS. XV,211.

43 *Vita Benedicti abb. Anianensis*, MGH. SS. XV,206; E. Griffe, *Histoire religieuse des anciens pays de l'Aude des origines chrétiennes à la fin de l'époque carolingienne* (Paris, 1933), S. 100-103.

44 *Vita Benedicti abb. Anianensis*, MGH. SS. XV,208.

45 *Vita Benedicti abb. Anianensis*, MGH. SS. XV,219: 'Benedictus ... habuit sub regimine suo monasteria XII, id est Anianum, Gellonem, Casam novam (= Zelle Goudargues), Insulam Barbaram (Lyonneser Bischofskloster), Menatem, Sanctum Savinum (zwei Königsklöster), Sanctum Maximinum (Orléaneser Bischofskloster),

Rang autonomer Abteien zu; andere erkannten den jeweiligen Bischof als ihren Klosterherrn an; dem Topos zuliebe füllten schließlich zwei cellae Anianes die unvollständige Zwölfzahl auf[46]. Die zweite Quelle hält König Ludwigs des Frommen Munifizenz gegenüber den Klöstern seines Unterkönigreiches fest[47]. Die aquitanisch-septimanische Appendix der *Notitia de servitio monasteriorum* von 819[48], etwa um die Mitte des 9. Jahrhunderts dem Originaltext angefügt[49], erkennt den aufgezählten monasteria den Status von Königsklöstern zu. Die Versuchung

Maciacum (Königskloster), Cormariacum (Eigenkloster von Saint-Martin de Tours), Cellam novam in Tolosano (Celleneuve), Monasterium Maurum in Elisae (Königsabtei), Indam'. In Wahrheit stand Benedikt von Aniane bis zu seinem Tode als Abt nur vor Aniane mit Goudargues und Celleneuve sowie Inden = Kornelimünster. Ob er die Leitung Gellones beibehielt, mag man füglich bezweifeln; in Maursmünster läßt sich vor 821 kein anderer Abt nachweisen.

[46] Die Zwölfzahl der monasteria, die Benedikt von Aniane unterstanden hätten, unterlag dem Systemzwang des Topos, wie ihn Gregor d. Große, *Dialogi*, edd. A. de Vogüé-P. Antin (wie Anm. 3), S. 148ff., durch seinen Bericht über Benedikt von Nursia schuf; vgl. W. Fink, 'Die Klosterordnung des hl. Benedikt in Subiaco', *Studien u. Mitteilungen a. d. Geschichte d. Benediktinerordens u. seiner Zweige*, 43 (1925), S. 184f. Benedikt von Aniane entließ selber die Zelle Anianes Belle-Celle, das spätere Kloster Castres, in die Autonomie einer selbständigen Abtei; vgl. BM^2 684 in A. Cassan-E. Meynial, *Cartulaires* (wie Anm. 36), S. 50f. n° 7. Wenn auch im 11. Jahrhundert darüber erbitterter Streit ausbrach, bei dem Aniane und Gellone mit Fälschungen arbeiteten, so muß auch Gellone spätestens im zweiten Jahrzehnt des 9. Jahrhunderts autonom geworden sein; vgl. *Vita Hludowici imperatoris*, MGH. SS. II,617; *Vita Benedicti abb. Anianensis*, MGH. SS. XV, 213; R. Alaus-A. Cassan-E. Meynial, *Cartulaires* (wie Anm. 39), S. 5f. und 144ff. n°s 4 und 160; BM^2 517, in R. Alaus-A. Cassan-E. Meynial, *Cartulaires* (wie Anm. 39), S. 249ff. n° 209; BM^2 522 und 752, in A. Cassan-E. Meynial, *Cartulaires* (wie Anm. 36), S. 53-57, n°s 9 und 10; zu den Königsdiplomen E. E. Stengel, *Die Immunität in Deutschland I: Diplomatik der deutschen Immunitätsprivilegien* (Innsbruck, 1910), S. 19f. Anm. 10; zum Sachlichen P. Tisset, *L'abbaye de Gellone au diocèse de Lodève des origines au XIIIe siècle* (Paris, 1933), S. 35-38, 44-47, 59-66 und 135. — Die Entlassung abhängiger Zellen in die Autonomie selbständiger Abteien läßt freilich nichts von dem Benedikt von Aniane von Zeit zu Zeit unterschobenen Plan einer klösterlichen Verbandsbildung erkennen; vgl. zuletzt J. Wollasch, *Mönchtum des Mittelalters zwischen Kirche und Welt*, Münstersche Mittelalter-Schriften, 7 (München, 1973), S. 16-19 und 143f., der allerdings auf die verfassungsrechtliche Überwölbung in der Bindung der Reformklöster an den Kaiser hinweist. In der Tat strebte Benedikt von Aniane den Einbau der benediktinischen monasteria in die Strukturen der karolingischen Reichsverfassung an, auch wenn er ihre privilegienrechtliche Gleichstellung nur für die Königsklöster erreichte; vgl. J. Semmler, 'Iussit ... princeps renovare ... pracepta. Zur verfassungsrechtlichen Einordung der Hochstifte und Abteien in die karolingische Reichskirche', *Studia Anselmiana*, 85 (1982), S. 102-114.

[47] *Vita Hludowici imperatoris*, MGH. SS. II,616f. und 621f.

[48] *Notitia de servitio monasteriorum*, ed. P. Becker, *Corpus Consuetudinum monasticarum*, I (1963), S. 497ff.

[49] Vgl. E. Lesne, 'Les ordonnances monastiques de Louis le Pieux et la *Notitia de servitio monasteriorum*', *Revue d'histoire de l'Église de France*, 11 (1920), S. 483-488; vgl. P. Becker, *Corpus Consuetudinum monasticarum*, I (1963), S. 485f.

liegt nahe, in beiden letztgenannten Quellen die Bestätigung für die Aussage der *Vita Benedicti abbatis Anianensis et Indensis* zu suchen, wonach '*pene omnia monasteria in Aquitania sita*' die '*regularis forma*' angenommen hätten, Benediktinerklöster geworden seien[50]. Aber die *Vita Hludowici imperatoris* des Anonymus und die Appendix der *Notitia* lassen sich eben nicht problemlos mit den Mitteilungen der *Vita Benedicti* vereinbaren: Im Einzelfall erweist es sich als außerordentlich schwierig, über die konkreten Angaben der *Vita Benedicti* hinaus Mönchsklöster in Septimanien, Aquitanien und der Provence der Reformbewegung Benedikts von Aniane zuzuweisen. Ihre Bedeutung und ihre innere Kraft nahmen indes ihre Gegner, clerici, Hofleute, Grafen, außerordentlich ernst. Sie gaben ihren Widerstand nicht einmal auf, nachdem einer ihrer für Benedikt von Aniane gefährlichsten Vorstöße bei Karl dem Großen gescheitert war[51].

Zum Kaiser aufgestiegen, bezog Ludwig der Fromme nach kurzer Zeit der Vorbereitung die Umstellung der Mönchsklöster auf das Prinzip der una regula in sein umfassendes Programm der Renovatio regni Francorum ein[52]. Die von Gott vorgegebene Einheit des Reiches, wie sie sich im Kaisertum manifestierte, bedingte nach Auffassung des Herrschers und seiner Berater die Einheitlichkeit der Normen, nach denen die einzelnen ordines in der fränkischen Reichskirche lebten[53]. Konsequent die Ansätze der Zeit Karls des Großen und der

[50] *Vita Benedicti abb. Anianensis*, MGH. SS. XV, 211.

[51] *Vita Benedicti abb. Anianensis*, MGH. SS. XV, 211 und 213f.

[52] *Vita Benedicti abb. Anianensis*, MGH. SS. XV, 215f.; *Vita Hludowici imperatoris*, MGH. SS. II,621f.; Ermoldus Nigellus, *In honorem Hludowici ... elegiacum carmen*, ed. E. Faral, Les classiques de l'histoire de France (Paris, 1932), S. 88-96 vv. 1138-1252; vgl. die Literatur- und Quellenhinweise bei J. Semmler, 'Mönche und Kanoniker' (wie Anm. 15), S. 110 mit Anm. 193 und 194 sowie F.T.X. Noble, 'The revolt of king Bernard of Italy in 817, its causes and consequences', *Studi medievali*, 3ª ser. 15 (1974), S. 315-326; P.R. Mc Keon, '817, une année désastreuse et presque fatale pour les Carolingiens', *Le Moyen Age*, 84 (1978), S. 5-12; ders., 'The Empire of Louis the Pious. Faith, politics and personality', *Revue bénédictine*, 90 (1980), S. 51-58.

[53] *Institutio canonicorum Aquisgranensis*; *Institutio sanctimonialium Aquisgranensis*; *Hludowici imperatoris epistolae ad archiepicopos missae*, MGH. Concilia II,1,313, 422, 446 und 460ff.; *Capitulare ecclesiasticum* (818/19) cap. 3; *Episcoporum ad Hludowicum imperatorem relatio*, MGH. Capit. I,276 und 376f.; MGH. Epist. V,278 nº 3; *Vita Benedicti abb. Anianensis*, MGH. SS. XV,215f.; *Vita Hludowici imperatoris*, MGH. SS. II,622; *Statuta Murbacensia*, ed. J. Semmler, *Corpus Consuetudinum monasticarum*, I (1963), S. 450; *Capitula ... notitiarum*, cap. 1, ed. H. Frank, ebd. S. 341; dazu R. Kottje, 'Einheit und Vielfalt des kirchlichen Lebens in der Karolingerzeit', *Zeitschrift f. Kirchengeschichte*, 76 (1965), S. 331-335; R. Schieffer, *Die Entstehung von Domkapiteln in Deutschland*, Bonner Historische Forschungen, 43 (Bonn, 1976), S. 237-241; J. Semmler, 'Mönche und Kanoniker' (wie Anm. 15), S. 109ff.

eigenen Herrschaft als Unterkönig in Aquitanien weiterführend, erhob Ludwig der Fromme die *Regula s. Benedicti* zur alleinigen und ausschließlichen Grundordnung monastischen Lebens[54]. Jeder anderen Klosterregel sprach er damit den normativen Charakter ab[55] und setzte den Schlußstrich unter die Periode der regula mixta im Frankenreiche[56].

II.

Auf den Reformsynoden des August 816 und des Juli 817 fiel die kaiserliche Entscheidung, freilich nach eingehender Beratung mit Vertretern des Mönchtums und des fränkischen Episkopats[1]. Für alle Betroffenen bedeutete sie den Verzicht auf nicht-benediktinische Traditionen, konkret Einengung des Bewegungsspielraumes der Äbte im Verkehr mit den Gästen des Klosters[2], Drosselung des Ausganges der Klosterinsassen[3], Revision der klösterlichen Speisepläne[4], u.U.

[54] *Vita Benedicti abb. Anianensis*, MGH. SS. XV,215: '... una cunctis generaliter posita ... regula cunctaque monasteria ad formam unitatis redacta sunt ...'; *Vita Benedicti abb. Anianensis*, MGH. SS. XV, 217 über die *Concordia regularum* und den *Codex regularum*; *Vita Hludowici imperatoris*, MGH. SS. II,622; Ermoldus Nigellus, *In honorem Hludowici ... carmen*, ed. E. Faral (wie Anm. 52), S. 92 vv. 1180-1184.

[55] J. Semmler, *Zeitschrift f. Kirchengeschichte*, 71 (1960), S. 45-50 und 63ff.; ders., ebd. 74 (1963), S. 22f.

[56] J. Semmler, *Karl der Große* (wie Anm. 13), S. 287ff.

[1] *Synodi I Aquisgranensis decreta authentica* (816), *prologus*; *Synodi II Aquisgranensis decreta authentica* (817), *prologus*; *Statuta Murbacensia*, *prologus* und *epilogus*, ed. J. Semmler, *Corpus Consuetudinum monasticarum*, I (1963), S. 457, 473, 441 und 448; *Vita Benedicti abb. Anianensis*, MGH. SS. XV,215; Smaragdus von Saint-Mihiel, *Expositio in regulam s. Benedicti*, edd. A. Spannagel-P. Engelbert, *Corpus Consuetudinum monasticarum*, VIII (Siegburg, 1974), S. 203f. und 283; Hildemar von Corbie-Civate, *Expositio regulae*, ed. R. Mittermüller, *Vita et regula ss. patris Benedicti*, III (Regensburg, 1880), S. 301-305.

[2] Vgl. *Regula Magistri*, cap. 24, ed. A. de Vogüé, Sources chrétiennes, 106 (Paris, 1964), S. 126ff.; Adalhard von Corbie, *Brevis*, ed. J. Semmler, *Corpus Consuetudinum monasticarum*, I (1963), S. 372f.; Hildemar von Corbie-Civate, *Expositio regulae rec. Basilii*, ed. W. Hafner, *Der Basiliuskommentar zur Regula s. Benedicti*, Beiträge zur Geschichte des alten Mönchtums und des Benediktinerordens, 23 (Münster/W., 1959), S. 139; Hildemar von Corbie-Civate, *Expositio regulae*, ed. R. Mittermüller (wie vorige Anm.), S. 504.

[3] Vgl. *Vita Liobae abbatissae Biscofesheimensis*, MGH. SS. XV, 126f.; *Miracula s. Waldburgis Monheimensis*, ebd. S. 540; dagegen *Synodi I Aquisgranensis decreta authentica* (816) cap. 13; *Synodi II Aquisgranensis decreta authentica* (817) cap. 25, ed. J. Semmler, *Corpus Consuetudinum monasticarum*, I (1963), S. 460 und 478; Smaragdus von Saint-Mihiel, *Expositio in regulam s. Benedicti*, edd. A. Spannagel-P. Engelbert, *Corpus Consuetudinum monasticarum*, VIII (1974), S. 326.

[4] *Regula Magistri*, cap. 53, ed. A. de Vogüé (wie Anm. 2), S. 246ff.

ungewohnte Handarbeit[5]. Soweit man noch nicht die römische liturgische Praxis in Eucharistiefeier und Chorgebet übernommen hatte, mußten sich alle Konvente nach den Vorschriften der römischen Liturgie richten[6], auch wenn das nur unwesentlich vom römischen abweichende officium der Benediktinerregel die Richtschnur bildete[7].

Daß sich monasteria mit ehrwürdiger monastisch-liturgischer Tradition gegen solch tiefgreifenden Eingriff in ihre überkommenen Überlieferungen sträubten, läßt sich verstehen: Nicht leicht verzichteten z.B. Novalesa[8], Saint-Seine[9], Saint-Oyend[10], Bèze[11], Saint-Germain-

[5] Vgl. J. Semmler, *Zeitschrift f. Kirchengeschichte*, 74 (1963), S. 30f.

[6] Die Übernahme der römischen Liturgie in Eucharistiefeier und Horenoffizium erfolgte kraft entsprechender Verordnungen Pippins III. und Karls d. Großen; vgl. die Belege bei J. Semmler, *Francia*, 3 (1975), S. 140f. Anm. 569 und 570; dazu zuletzt C. Vogel, 'Saint Chrodegang et les débuts de la romanisation du culte en pays franc', in *Saint Chrodegang. Communications présentées au Colloque tenu à Metz à l'occasion du XIIe centenaire de sa mort* (Metz, 1967), S. 91-109. — Zur Rezeption der römischen Liturgie in fränkischen Klöstern: *Theodemari abbatis Casinensis epistola ad Theodericum gloriosum*, edd. J. Winandy-K. Hallinger, *Corpus Consuetudinum monasticarum*, I (1963), S. 129f. und 131f.; Angilbert von Saint-Riquier, *Institutio de diversitate officiorum*, edd. K. Hallinger-M. Wegener-H. Frank, ebd. S. 293; *Statuta Murbacensia*, ed. J. Semmler, ebd. S. 442f.; MGH. Epist. V,327-335, n° 20; M. Félibien, *Histoire de l'abbaye royale de Saint-Denys en France* (Paris, 1706), *pièces justificatives* S. 55f. n° 75; vgl. dazu A. Angenendt, *Monachi peregrini. Studien zu Pirmin und zu den monastischen Vorstellungen des frühen Mittelalters*, Münstersche Mittelalter-Schriften, 6 (München, 1972), S. 213ff.; A. A. Häußling, *Mönchskonvent* (wie I Anm. 10), S. 170-181 und 298-319.

[7] *Ratio de cursus (!) qui fuerunt eius auctores*, ed. J. Semmler, *Corpus Consuetudinum monasticarum*, I (1963), S. 93: 'Est et alius cursus beati Benedicti ... pauco discordante a curso Romano ...' Zu den Differenzen zwischen der benediktinischen und der römischen Offiziumsordnung A. A. Häußling, *Mönchskonvent* (wie I Anm. 10), S. 312f. mit Anm. 54 und 55. — Die Reichssynode von 816 schrieb den benediktinischen monasteria die Feier des 'officium iuxta quod in regula s. Benedicti continetur' vor; *Synodi I Aquisgranensis decreta authentica* (816), cap. 3, ed. J. Semmler, ebd. S. 458; *Chronicon Laurissense breve ad a. 816*, ed. H. Schnorr v. Carolsfeld, *Neues Archiv f. ältere deutsche Geschichtskunde*, 36 (1911), S. 38f.

[8] C. Cipolla, *Monumenta* (wie I Anm. 14) S. 7-13 n° 1; D Karl d. Große 74; *Offizium des Abtes Hilderadus*, ed. C. Cipolla, *Monumenta* (wie I Anm. 14) S. 360; *Chronicon Novaliciense*, ed. C. Cipolla, *Monumenta Novaliciensia vetustiora*, II, Fonti per la storia d'Italia, 32 (Rom, 1901), S. 124ff.

[9] *Vita Benedicti abb. Anianensis*, MGH. SS. XV,201f.

[10] Vgl. die in karolingischer Zeit völlig verfälschte 'Gründungsurkunde' von Saint-Maurice d'Agaune, ed. J.-M. Theurillat, *L'abbaye de Saint-Maurice d'Agaune des origines à la réforme canoniale* (Sitten, 1954), S. 75-82; M. Besson, 'La donation d'Ayroenus à Saint-Maurice d'Agaune (765)', *Zeitschrift f. Schweizerische Kirchengeschichte*, 4 (1910), S. 294ff.; *Catalogi abbatum s. Eugendi Iurensis*, MGH. SS. XIII,744.

[11] *Antiquum Besuensis abbatiae chronicon*, ed. J. Garnier, *Analecta Divionensia*, 5 (Dijon, 1875), S. 252.

des-Prés[12], Benediktbeuren[13], Remiremont[14], Hohenburg/Niedermünster[15] u.a. auf die angestammte innere Ordnung, selbst wenn der altgewohnte Gottesdienst einen größeren Zeitaufwand erforderte[16].

[12] *Vita Droctovei abbatis Parisiensis*, MGH. SS. rer. Mer. III,538-542; R. Poupardin, *Recueil* (wie I Anm. 14), S. 15-18, n° 10; *Translatio s. Germani episcopi Parisiensis*, MGH. SS. rer. Mer. VII,425 und 428; J. Hourlier, 'La vie monastique à Saint-Germain-des-Prés', in *Mémorial du XIVe centenaire de l'abbaye de Saint-Germain-des-Prés* (Paris, 1959), S. 82ff.

[13] Ambrosius Autpertus, *De conflictu vitiorum atque virtutum missus ad Lantfredum presbyterum et abbatem in Baioria constitutum*, ed. R. Weber, Corpus Christianorum. Continuatio mediaevalis, 27 B (Turnhout, 1979), S. 929ff.; vgl. A. de Vogüé, 'Une édition oubliée de la règle monastique Largiente domino', *Studia monastica*, 8 (1966), S. 329-333; A. Angenendt, 'Die irische peregrinatio und ihre Auswirkungen auf dem Kontinent vor dem Jahre 800', in H. Löwe (hrsg.), *Die Iren und Europa im früheren Mittelalter* (Stuttgart, 1982), S. 60f.

[14] *Vita Columbani abbatis discipulorumque eius*, MGH. SS. rer. Mer. IV 127; *Vita Amati abbatis Habendensis*; *Vita Romarici abbatis Habendensis*, MGH. SS. rer. Mer. IV,218f. und 223; *Vita Germani abbatis Grandivallensis*, MGH. SS. rer. Mer. V,35; *Gedenkbuch von Remiremont*, MGH. Libri memoriales I, 17 und 78ff.; vgl. E. Hlawitschka, 'Zur Klosterverlegung und zur Annahme der Benediktsregel in Remiremont', *Zeitschrift f.d. Geschichte d. Oberrheins*, 109 (1962), S. 252f. und 264f.; zuletzt R. Folz, 'Remiremont dans le mouvement colombanien', in *Remiremont, l'abbaye et la ville. Actes des journées d'études vosgiennes ... 1980* (Nancy, 1980), S. 15-22.

[15] A. Bruckner, *Regesta Alsatiae aevi merowingici et karolini*, I (Zürich/Straßburg, 1949), S. 189 n° 302; *Vita s. Odiliae abbatissae Hohenburgensis*, MGH. SS. rer. Mer. VI,46; A. M. Burg, 'Quelle règle sainte Odile introduisit-elle à Hohenburg?', *Archives de l'Église d'Alsace* N.S., 7 (1956), S. 123f.

[16] Die Chorordnung der *laus perennis*, in Anlehnung an Vorbilder des östlichen Mönchtums wohl zuerst im ersten Drittel des 6. Jahrhunderts in Saint-Maurice d'Agaune eingeführt, verlangte vom jeweiligen Konvent einen Gebetsdienst ohne jede Unterbrechung, den einzelne sich ablösende turmae ableisteten; vgl. C. Gindele, 'Die gallischen laus perennis-Klöster und ihr ordo officii', *Revue bénédictine*, 69 (1959), S. 33ff. Noch am Ende des 8. Jahrhunderts richtete Angilbert von Saint-Riquier, *De diversitate officiorum*, edd. K. Hallinger-M. Wegener-H. Frank, *Corpus Consuetudinum monasticarum*, I (1963), S. 292f. den Gebetsdienst seines Großkonventes nach diesem Beispiel aus. Auch der columbanische oder columbanisch beeinflußte ordo officii beruhte auf dem Prinzip des psalterium currens per hebdomadam, wonach der Psalter mehrmals im Verlauf einer Woche zu rezitieren war, während das römische und das benediktinische officium das psalterium über die ganze Woche verteilte; vgl. C. Gindele, 'Das Problem der Offiziumsordnung in den sogenannten Mischregeln der gallischen Klöster', *Zeitschrift f. Kirchengeschichte*, 72 (1961), S. 308-313. — Der columbanische *ordo officii* ist skizziert im 7. Kapitel der *Columbani regula monachorum*, ed. G. S. Walker, *Scriptores latini Hiberniae*, II (Dublin, 1957), S. 128-133; vgl. auch *Vita Columbani abbatis discipulorumque eius*, MGH. SS. rer. Mer. IV, 126. — Über die tatsächlichen Gebetsleistungen fränkischer monasteria der sog. Mischregelobservanz O. Heiming, 'Zum monastischen Offizium von Kassianus bis Kolumbanus', *Archiv für Liturgiewissenschaft*, 7 (1961), S. 113-131; K. Hallinger, 'Das Phänomen der liturgischen Steigerungen Klunys (10./11. Jahrhundert)', in *Studia historico-ecclesiastica*. Festgabe für Prof. Luchesius G. Spätling OFM., Bibliotheca Pontificii Athenaei Antoniani, 19 (Rom, 1977), S. 192-202; ders., 'Überlieferung and Steigerung im Mönchtum des 8. bis 12. Jahrhunderts', in *Eulogia. Miscellanea liturgica in onore di P. Burkhard Neunheuser*, *Studia Anselmiana*, 68 (1979), S. 141-145.

Wollten monastische Gemeinschaften dem kaiserlichen Gebot, dessen Durchführung der Herrscher durch eigens bestellte missi monastici kontrollieren ließ[17], sich entziehen, dann blieb ihnen nur die Wahl, wenigstens nach außen hin und offiziell jene Lebensform anzunehmen, die die kirchliche Reformgesetzgebung anläßlich des Reichstages von 816 für alle nicht-monastischen, genauer : für alle nicht-benediktinischen Kommunitäten erarbeitet hatte[18]. Die Erkennungsmerkmale des Mönchs einerseits, des Kanonikers andererseits, auch wenn sie den Kern geistlich-zönobitischer Existenz, die persönliche Heiligung des Konventualen und die seiner Gemeinschaft, in die er hineingestellt war, nur tangierten, hatte die karolingische Gesetzgebung umschrieben[19]. Vor allem die Ausgestaltung des opus Dei nach nicht-benediktinischen Traditionen reihte aufgrund dieser Kriterien die betr. Gemeinschaft gleichsam automatisch unter die Kanoniker ein. Kanonikern sah man nach, daß sie die persönliche Armut innerhalb der Kommunität nicht zum asketischen Postulat erhoben hatten[20], daß die

[17] *Vita Hludowici imperatoris*, MGH. SS. II,622; *Vita Benedicti abb. Anianensis*, MGH. SS. XV,215; *Capitula quorundam fratrum ad Auuam directa*, ed. H. Frank, *Corpus Consuetudinum monasticarum*, I (1963), S. 333; Ermoldus Nigellus, *In honorem Hludowici ... carmen*, ed. E. Faral (wie I Anm. 52), S. 92 und 94, vv. 1180-1183 und 1202-1205; *Capitulare de inspiciendis monasteriis*, MGH. Capit. I,321 f.; BM² 905 in J. Tardif, *Monuments historiques. Cartons des rois* (Paris, 1866), S. 86-89, n° 124; BM² 961, in M. Quantin, *Cartulaire général de l'Yonne*, I (Auxerre, 1854), S. 49ff. n° 25; BM² 757, in A. Le Glay, *Revue agricole, industrielle et littéraire ... de l'arrondissement de Valenciennes* (1854), S. 20ff. n° 1; *Gesta ss. patrum Fontanellensis coenobii*, edd. F. Lohier-J. Laporte (Rouen/Paris, 1936), S. 97; *Vita Eigilis abbatis Fuldensis*, MGH. SS. XV,223; *Vita Aegili metrica*, MGH. Poetae lat. II,99, n° 6; *De translationibus et miraculis s. Filiberti*, ed. R. Poupardin, *Monuments de l'histoire des abbayes de Saint-Philibert*, Collection de textes pour servir à l'étude et à l'enseignement de l'histoire (Paris, 1905), S. 66f.; MGH. Epist. V,290f. n° 21; *Catalogi abbatum s. Eugendi Iurensis*, MGH. SS. XIII,744; *Annales s. Germani Parisiensis ad a. 817*, MGH. SS. III,167; *Catalogus abbatum Centulensium*, MGH. SS. XV,181; *Hludowici imperatoris epistolae ad archiepiscopos missae*, MGH. Concilia II,1,460; *Statuta Murbacensia* (816) capp. 5 und 10, ed. J. Semmler, *Corpus Consuetudinum monasticarum*, I (1963) S. 444f.; F.-L. Ganshof, 'Note sur la date de deux documents administratifs émanant de Louis le Pieux', in *Recueil de travaux offerts à M. Clovis Brunel*, I, Mémoires et documents publiés par la Société de l'École des Chartes, 12,1 (Paris, 1955), S. 514; J. Semmler, *Zeitschrift f. Kirchengeschichte*, 71 (1960), S. 43ff.

[18] *Institutio canonicorum Aquisgranensis*; *Institutio sanctimonialium Aquisgranensis*; *Hludowici imperatoris epistolae ad archiepiscopos missae*, MGH. Concilia II,1,213, 394, 401, 447, 458-467; *Capitulare ecclesiasticum* (818/19) cap. 3, MGH. Capit. I,276; *Concilium in Francia habitum* (819/26) can. 9, MGH. Concilia II,2,595; R. Schieffer, *Die Entstehung* (wie I Anm. 53), S. 237-241.

[19] Vgl. A.A. Häußling, *Mönchskonvent* (wie I Anm. 10), S. 149f.; J. Semmler, 'Mönche und Kanoniker' (wie I Anm. 15), S. 78-99.

[20] Chrodegang v. Metz, *Regula canonicorum*, cap. 31, ed. J.-B. Pelt, *Études sur*

stabilitas loci bei ihnen gleichfalls nicht die Rolle spielte, die ihr bei den Mönchen zukam[21], daß das Subjektionsverhältnis zu den Oberen sich im allgemeinen weniger streng gestaltete[22].

In der Tat vollzogen nicht wenige Mönchsklöster hohen Ansehens den Übergang zur kanonikalen Lebensweise. An ihrem geistig-kulturellen Hochstand änderte sich dadurch wenig[23]. Erhalten blieben ihnen Lebensordnung, Ausformung des opus Dei[24] und längst eingeführte Praktiken der persönlichen Nutzung privaten Vermögens in der Gemeinschaft; erst später traten neuartige Ausgestaltungen des kommunitären Lebens hinzu, die den Abstand zu den benediktinischen Mönchsklöstern vergrößerten.

Als sich in Saint-Hilaire-le-Grand vor den Toren Poitiers' dieses Problem bereits im ersten Jahrzehnt des 9. Jahrhunderts stellte, löste man es, indem man denen, die als Mönche sich künftig nach der *Regula s. Benedicti* richten wollten, die abhängige cella Nouaillé anwies und die Hilarius-Basilika den Kanonikern reservierte[25]. Die Gemeinschaft von Saint-Martial zu Limoges scheint sich einstimmig gegen die Regel des hl. Benedikt entschieden zu haben[26]. Auch in Saint-Martin de Tours müssen schon kurz nach der Wende vom 8. zum 9. Jahrhundert Überlegungen über den weiteren Weg der Kommunität von

la cathédrale de Metz III: La liturgie (Metz, 1937), S. 24f.; *Institutio canonicorum Aquisgranensis*; *Institutio sanctimonialium Aquisgranensis*, MGH. Concilia II,1,397 und 444f.

[21] Chrodegang v. Metz, *Regula canonicorum*, capp. 8 und 21, ed. J.-B. Pelt (wie vorige Anm.) S. 13 und 18; *Institutio sanctimonialium Aquisgranensis*, MGH. Concilia II,1,410f. und 452.

[22] Vgl. R. Schieffer, *Die Entstehung* (wie I Anm. 53) S. 130f. und 232f.

[23] Siehe den knappen Überblick mit allen wünschenswerten Literaturangaben bei T. Schieffer, in T. Schieder (hrsg.), *Handbuch der europäischen Geschichte*, I (Stuttgart, 1976), S. 571-576; vgl. auch O.G. Oexle, *Forschungen* (wie I Anm. 20), S. 128ff.; J.J. Contreni, 'Inharmonious harmony: Education in the Carolingian world', *Annals of Scholarship*, 1 (1980), S. 81-84; leider nicht auf dem neuesten Forschungsstand J. Décarreaux, *Moines et monastères à l'époque de Charlemagne* (Paris, 1980).

[24] E. Cattaneo, 'La vita comune dei chierici e la liturgia', in *La vita comune del clero nei secoli XI e XII. Atti della settimana di studio ... 1959*, I, Pubblicazioni dell'Università Cattolica del Sacro Cuore, Serie terza, Scienze storiche, 2 (Mailand, 1962), S. 245f.; J. Semmler, *Zeitschrift für Kirchengeschichte*, 71 (1960), S. 47f.; R. Schieffer, *Die Entstehung* (wie I Anm. 53), S. 240f.

[25] BM² 519, in P. de Monsabert, *Chartes de l'abbaye de Nouaillé de 678 à 1200*, Archives historiques du Poitou, 94 (Poitiers, 1936), S. (14)-(17) n° 9; P. de Monsabert, *Chartes* a.a.O. S. (11)ff. n° 8; *Vita Hludowici imperatoris*, MGH. SS. II,616; dazu L. Levillain, 'Les origines du monastère de Nouaillé', *Bibliothèque de l'École des Chartes*, 71 (1910), S. 275-279; J. Semmler, *Zeitschrift f. bayerische Landesgeschichte*, 29 (1966), S. 418ff.

[26] Vgl. C. de Lasteyrie, *L'abbaye de Saint-Martial de Limoges* (Paris, 1901), S. 42f.

St. Martin angestellt worden sein. Gegen 815 war die Entscheidung gefallen: Bis zum Ausgang des 18. Jahrhunderts blieb Saint-Martin in Tours Kanonikerstift[27]. Marmoutier, des hl. Martin erste Gründung in seinem Bistum, schlug die gleiche Bahn ein[28]. In benachbarten

[27] Die monastische Prägung des Konvents von Saint-Martin de Tours ist letztmalig eindeutig bezeugt durch die Urkunde Bischof Guntrams v. Tours von 711/18, ed. K.H. Debus, *Archiv f. Diplomatik*, 14 (1968), S. 124-129 n° 22. Der karolingische Zugriff auf Saint-Martin ging nicht ohne Erschütterungen auch des klösterlichen Lebens ab; vgl. *Gesta ss. patrum Fontanellensis coenobii*, edd. F. Lohier-J. Laporte (1936), S. 55; D Karl d. Große 97. Gegen Ende des 8. Jahrhunderts besaßen Konventualen von Saint-Martin Privateigentum: Urkunde des Diakons Wulfard von 785, edd. E. Martène-U. Durand, *Thesaurus novus anecdotorum*, I (Paris, 1718), S. 68f.; *Vita Alcuini*, MGH. SS. XV, 194. Karl der Große tadelte die Gemeinschaft von St. Martin, deren Mitglieder sich einmal als Mönche, ein andermal als Kanoniker bezeichneten; MGH. Epist. IV,401f. n° 247. Ihr Vorsteher Alkuin unternahm es, den *tertius gradus*, der zwischen Mönchen und Kanonikern stehe, nach dem sich nicht wenige ausrichteten, in einem Brief an den Erzbischof von Salzburg zu verteidigen, betrachtete er sich doch selber als diesem *tertius gradus* zugehörig; MGH. Epist. IV,415 n° 258; *Vita Alcuini*, MGH. SS. XV,189 und 191. Doch die karolingische Gesetzgebung von 802, erst recht die von 816/19 duldete solche Mischformen nicht mehr. Da die 'monastische Lösung' die Annahme der Benediktinerregel ohne jeden Abstrich unter Aufgabe überkommener Traditionen, den Verzicht der Konventualen auf individuelle Nutzung privaten Eigens bedeutet hätte, eine benediktinische Gemeinschaft womöglich auch den Pilgerbetrieb am Grabe des hl. Martin pastoral und organisatorisch nicht hätte bewältigen können, entschied sich die Kommunität nach Ausweis zweier Privaturkunden von 813 und 818 für die canonica institutio, sie lebte canonicam vitam; *Gallia christiana*, XIV (Paris, 1856), instr. col. 15ff. n° 12; E. Martène-U. Durand, a.a.O. S. 20ff. Ende August 816 und im März 820 erteilte der Kaiser sein Placet, nicht zuletzt zur räumlichen Trennung der Kanoniker von Saint-Martin von den Benediktinern in Cormery; BM² 629-632, in *Recueil des historiens de France*, VI (Paris, 1870), S. 506ff. n°s 72 und 73; E. Mühlbacher, *Mitteilungen d. österreichischen Instituts f. Geschichtsforschung*, 7 (1886), S. 439ff. n° 2 und 3; BM² 713 J.J. Bourassé, 'Cartulaire de Cormery', *Mémoires de la Société archéologique de Touraine*, 12 (1861), S. 17ff. n° 7; dazu jüngst O.G. Oexle, *Forschungen* (wie I Anm. 20), S. 48-51 und 120-133 mit dem Nachweis, daß die Konventsliste im Gedenkbuch von St. Gallen, MGH. Libri confraternitatum, S. 77f. col. 234-240, O.G. Oexle, a.a.O. S. 37ff., nur eine alterierte Abschrift eine Liste von etwa 820/25, MGH. Libri confraternitatum, S. 13f. col. 13-18, O.G. Oexle, a.a.O. S. 36f., darstellt, eine Kopie, die mit dem bislang angenommenen Zeitansatz (ca. 830/40) und vor allem mit der in St. Gallen fälschlich beigefügten Bezeichnung sämtlicher Konventualen von Saint-Martin als monachi die Forschung erheblich irritierte. Vgl. jetzt auch F.J. Felten, *Äbte und Laienäbte im Frankenreiche. Studie zum Verhältnis von Staat und Kirche im früheren Mittelalter*, Monographien zur Geschichte des Mittelalters, 20 (Stuttgart, 1980), S. 231-235.

[28] Vgl. die beiden *placita* von 908, ed. E. Cartier, *Mémoires de la Société des antiquaires de France*, N.S. 5 (1840), S. 442-446, und P. Lévêque, *Bibliothèque de l'École des Chartes*, 64 (1903), S. 294-297, n° 3. Auf dem Wege Marmoutiers zum Kanonikerstift, der alles andere als klar erkennbar ist, stellten sich anscheinend retardierende Momente ein, so insbesondere die Beteiligung des maius monasterium an der monastischen Restauration von Glanfeuil; *Miracula s. Mauri*, MGH. SS. XV,466; MGH. Poetae lat. III,251f. n° 11; vgl. O.G. Oexle, 'Bischof Ebroin von Poitiers und seine Verwandten',

Diözesen optierten die Gemeinschaften von Saint-Martin de Nevers[29] und Saint-Andoche d'Autun[30] ebenfalls für die kanonikale Prägung. Saint-Bénigne in Dijon, seit den ersten Jahrzehnten des 9. Jahrhunderts unbestritten Kanonikerstift[31], fand erst gegen Ende des Jahrhunderts den Weg zum Mönchtum benediktinischer Formung[32]. Saint-Bénignes einstiges Mutterkloster, Saint-Maurice d'Agaune[33], bekannte sich in

Frühmittelalterliche Studien, 3 (1969), S. 156ff. Leider gibt das Sakramentar des Abtes Raganaldus in Autun, Bibliothèque municipale, lat. 19bis, keine Aufschlüsse, da der fol. 173^{v} abgebildete 'Abt' liturgische Kleidung trägt, womöglich sogar einen Bischof darstellt. Auch die 13 'Mönche', die seinen Segen empfangen, tragen die liturgische und nicht die monastische Kleidung. Es leuchtet nicht ein, warum L. Delisle, 'Le sacramentaire d'Autun', *Gazette archéologique*, 9 (1884), S. 160f., und R. E. Reynolds, 'The portrait of the ecclesiastical officers in the Raganaldus Sacramentary and its liturgico-canonical significance', *Speculum*, 46 (1971), S. 432-442, in den Dargestellten trotz der Beischrift 'Hic benedicit populum' dennoch Abt und Mönche sehen.

[29] R. de Lespinasse, *Cartulaire de Saint-Cyr de Nevers* (Nevers/Paris, 1916), S. 7ff. nº 3.

[30] Vgl. *Gallia christiana*, IV (Paris, 1728), instr. col. 51-54, nº 13.

[31] Saint-Bénigne in Dijon trat als Mönchsniederlassung ins Leben, wenn wir der *Chronica venerandorum abbatum ... beatissimi Benigni Divionensis monasterii*, edd. E. Bougaud-J. Garnier, *Analecta Divionensia*, 5 (Dijon, 1875), S. 15f., 30 und 55, uneingeschränkt Glauben schenken dürfen. Die Abkehr vom ordo monasticus verlegt die *Chronica*, a. a.O. S. 82 und S. 91-96 ins ausgehende 8. Jahrhundert sowie ins beginnende 9. Denn noch 737 sind monachi urkundlich in Saint-Bénigne bezeugt: I. M. Pardessus, *Diplomata, chartae ... aliaque instrumenta ad res Gallo-Francicas spectantia*, II (Paris, 1849), S. 299f. nº 491; vgl. L. Ueding, *Geschichte der Klostergründungen der frühen Merowingerzeit*, Historische Studien, 261 (Berlin, 1935), S. 105-115; L. Chomton, *Histoire de l'église Saint-Bénigne de Dijon* (Dijon, 1900), S. 95ff. Bis weit ins 9. Jahrhundert hinein betreuten denn auch Kanoniker Heiligengrab und Basilika; vgl. E. Pérard, *Recueil de plusieures pièces curieuses servant à l'histoire de Bourgogne* (Paris, 1664), S. 10-16, n°s 11-14, 20 und 21; J. Garnier, 'Chartes bourguignonnes inédites des IXe, X^{e} et XIe siècles', *Mémoires présentés par divers savants à l'Académie des Inscriptions et Belles-Lettres*, 2e série, 2 (1849), S. 97f. und 102-105 n°s 49, 57 und 59. Wenn die im Gedenkbuch der Abtei Reichenau überlieferte Konventsliste, MGH. Libri confraternitatum S. 322 col. 51, ed. O. G. Oexle, *Forschungen* (wie I Anm. 20) S. 67f. wirklich die Gemeinschaft von Saint-Bénigne um etwa 830 festhält, wie O. G. Oexle, a.a.O. S. 71 und 172 konstatiert, dann bestätigt sie nur das Zeugnis der Urkunden.

[32] Seit 866/67 weisen die Urkunden Mönche in Saint-Bénigne nach; E. Pérard, *Recueil* (wie vorige Anm.), S. 148; J. Garnier, *Mémoires présentés par divers savants à l'Académie des Inscriptions et Belles-Lettres*, 2e série, 2 (1849), S. 105-109, 111f. und 115f. n°s 60, 67, 75 und 80; A. Roserot, *Bulletin de la Société des sciences historiques et naturelles de l'Yonne*, 51 (1897), S. 172f. nº 3. Die Erklärung dafür liefern D Karl d. Kahle 326 und die Reformurkunde Bischof Isaaks von Langres von 871, ed. U. Plancher, *Histoire générale et particulière de Bourgogne*, I (Dijon, 1739), preuves S. IX ff. nº 11. Die Etappen der Umwandlung von Saint-Bénigne in eine benediktinische Kommunität legen die *Annales s. Benigni Divionensis ad a^{os} 855 und 871*, MGH. SS. V,39, zeitlich fest: 'Sic introivimus -Cepit Divionense monasterium'.

[33] Von Saint-Maurice d'Agaune soll Saint-Bénigne die Chorgebetsordnung der laus perennis übernommen haben; *Chronica venerandorum abbatum ... beatissimi Benigni*

karolingischer Zeit zur kanonikalen Lebensweise[34]. Saint-Wandrille, das den ordo monasticus nicht aufgeben sollte[35], gestand offen ein, um 800 eine Phase kanonikaler Lebensführung durchlaufen zu haben[36]. In Sithiu führte dieselbe Entwicklung zur bewußt vorgenommenen Spaltung der Gemeinschaft in einen in Saint-Bertin residierenden Mönchskonvent und eine in Saint-Omer installierte Kommunität von Kanonikern[37]. Montier-en-Der plädierte für die Lebensform der Kanoniker, die eine laxere Handhabung der asketischen Forderungen zu gewähren schien[38]. Der Nonnenkonvent von Nivelles lehnte kraft einstimmigen Beschlusses ab, sich den Vorschriften der *Regula s. Benedicti*, die er (in dieser Form) nie gekannt habe, zu unterwerfen[39]. Ebenso votierten die Nonnen von Hohenburg/Niedermünster, luden indes die Verantwortung dafür der ersten Äbtissin auf[40]. Echternach

Divionensis monasterii, edd. E. Bougaud-J. Garnier (wie Anm 31), S. 30 und 55; vgl. C. Gindele, *Revue bénédictine*, 69 (1959), S. 35f. König Guntram (+ 593) bestand diesem Zeugnis zufolge auf ihrer Einführung. In der Tat bedachte dieser Herrscher Saint-Bénigne auch mit Schenkungen; MGH. DD Mer. I,38f. n° 41.

[34] J.M. Theurillat, *L'abbaye de Saint-Maurice d'Agaune des origines à la réforme canoniale* (Sitten, 1954), S. 120ff.; vgl. auch P. Eggenberger-W Stöckli-C. Jörg, 'La découverte en l'abbaye de Saint-Maurice d'une épitaphe dédiée au moine Rusticus', *Helvetia archaeologica*, 6 (1975), S. 24ff.

[35] *Vita Wandregisili abbatis Fontanellensis*, MGH. SS. rer. Mer. V,17f.; *Vita Ansberti episcopi Rotomagensis*, ebd. 630ff.; *Gesta ss. patrum Fontanellensis coenobii*, edd. F. Lohier-J. Laporte (1936), S. 55.

[36] *Gesta ss. patrum Fontanellensis coenobii*, edd. F. Lohier-J. Laporte (1936), S. 97.

[37] Folkwin, *Gesta abbatum s. Bertini Sithiensium*, MGH. SS. XIII,614f.; *Relatio de inventione et elevatione s. Bertini*, MGH. SS. XV,529; *Series abbatum s. Bertini et praepositorum s. Audomari Sithiensium*, MGH. SS. XIII,390; *Miracula s. Bertini*, MGH. SS. XV,514. Die Separation der beiden Gemeinschaften fand vor 826 statt; vgl. M. Gysseling-A. C. F. Koch, *Diplomata Belgica ante annum millesimum centesimum scripta*, I, Bouwstoffen en studiën voor de geschiedenis en de lexicografie van het Nederlands, I,1 (Brüssel, 1950), S. 47f. n° 26. Zum Ganzen W. Pückert, *Aniane und Gellone* (1899), S. 261-274; E. de Moreau, *Histoire de l'Église en Belgique*, I² (Brüssel, 1945), S. 223f.

[38] *Vita et miracula s. Bercharii*, AA. SS. Okt. VII,1019; BM² 898, in C. Lalore, *Cartulaire de l'abbaye de la Chapelle-aux-Planches, chartes de Montiérender, de Saint-Étienne et des Toussaints de Châlons, Andecy, de Beaulieu et de Rethel*, Collection des principaux cartulaires du diocèse de Troyes, IV (Paris/Troyes, 1878), S. 116-120 n° 2; *Miracula s. Remacli*, MGH. SS. XV,435.

[39] J. de Guyse, *Annales Hanoniae*, MGH. SS. XXX,162f.; J.J. Hoebanx, *L'abbaye de Nivelles des origines au XIVᵉ siècle*, Mémoires de l'Académie royale de Belgique. Classe des Lettres et des Sciences morales et politiques, tome 46, fasc. 4 (Brüssel, 1952), S. 171-183. W. Levisons in *Aus rheinischer und fränkischer Frühzeit* (Düsseldorf, 1948), S. 504 geäußerte Skepsis gegenüber diesem Bericht des 14. Jahrhunderts teilen wir nicht.

[40] *Vita s. Odiliae abbatissae Hohenburgensis*, MGH. SS. rer. Mer. VI,46; *Vita s. Attalae*, ed. M. Barth, *Archiv für elsässische Kirchengeschichte*, 2 (1927), S. 120ff.; vgl. G. Uhry, *Le Mont-Sainte-Odile au moyen âge. Histoire de l'abbaye de Hohenbourg* (Straßburg, 1967), S. 21.

schließlich fand sich gleichfalls nicht bereit, die Regel St. Benedikts zur fundamentalen Norm des Gemeinschaftslebens zu erheben; immer offener trat der Konvent als Stiftskapitel auf[41].

Die Kommunitäten jedoch, die sich dem kaiserlichen Befehl und dem synodalen Gebot von 816, 817 und 818/19 fügten, durften sich von dem Zeitpunkt an, da sie die Benediktinerregel ins Zentrum ihrer monastischen Existenz stellten und nach Maßgabe der Reichsgesetzgebung Ludwigs des Frommen ihre ergänzenden Gewohnheiten gestalteten, Benediktinerklöster nennen. Was uns die fragmentarischen Quellen über jenen Vorgang, den man mit vollem Recht als die eigentliche Geburtsstunde des mittelalterlichen und damit des heute noch wirkenden Benediktinertums bezeichnen kann, berichten, läßt eine machtvolle Reformbewegung höchstens erahnen. Benedikt von Aniane selbst leitete als Abt das relativ unbedeutende Maursmünster und danach die Musterabtei Inda (= Kornelimünster)[42]. Aber schon das ca. 825 erneuerte Saint-Evre bei Toul[43] als monastische filia mit

[41] Vgl. C. Wampach, *Geschichte der Grundherrschaft Echternach im Frühmittelalter*, I,2: *Quellenband* (Luxemburg, 1930), S. 138f. und 217-220, n°s 75, 145 und 146; dazu J. Choux, 'Décadence et réforme monastique dans la province de Trèves 855-959', *Revue bénédictine*, 70 (1960), S. 204f. — D Otto I 427 von 973 gibt Karls d. Kahlen unglücklichem Sohn Karlmann, der nach 873 Echternach zeitweise als Laienabt innehatte, die Schuld daran, daß dieses monasterium seinen monastischen Status verlor. Die *Catalogi abbatum Epternacensium*, MGH. SS. XIII, 738, und MGH. SS. XXIII,31, machen den Laienabt Adalhard für die Einführung von clerici oder canonici im monasterium Willibrords verantwortlich. Der Wechsel des ordo in Echternach muß indes als langgestreckter Vorgang angesehen werden, der nach Ausweis der Urkunden beendet war, als Adalhard in den fünfziger Jahren des 9. Jahrhunderts zum Laienabt erhoben wurde. Der karolingische Prinz Karlmann nahm somit keinen Einfluß auf die Ausgestaltung Echternachs als Kanonikerstift.

[42] *Vita Benedicti abb. Anianensis*, MGH. SS. XV,215f.

[43] Über die Reform von Saint-Evre vor Toul berichtet die undatierte Urkunde Bischof Frothars von Toul, ed. J. Mabillon, *De re diplomatica libri VI* (Paris, 1681), S. 524f. n° 79; dazu H. Büttner, 'Verfassungsgeschichte und lothringische Klosterreform', in *Aus Mittelalter und Neuzeit. Festschrift zum 70. Geburtstag von Gerhard Kallen* (Bonn, 1957), S. 18-23. Abt Wichard von Kornelimünster stand in engem Kontakt zu Frothar von Toul, der in kaiserlichem Auftrag Kornelimünster visitierte und der Abtei Reliquien des hl. Aper überließ; vgl. MGH. Epist. V,296f. n°s 30 und 31. Kornelimünster erwarb Besitz im Sprengel von Toul; vgl. M. Zender, *Räume und Schichten mittelalterlicher Heiligenverehrung in ihrer Bedeutung für die Volkskunde. Die Heiligen des mittleren Maaslandes und der Rheinlande in Kultgeschichte und Kultverbreitung* (Düsseldorf, 1959), S. 146. Noch in den sechziger Jahren des 9. Jahrhunderts fanden die lebenden und verstorbenen Mönche von Kornelimünster Aufnahme ins Gedenkbuch der Abtei Remiremont in der Diözese Toul; MGH. Libri memoriales I (1970) S. 13f. Die verstorbenen Äbte Kornelimünsters wurden zudem in eines der Remiremonter Nekrologien eingeschrieben; MGH. Libri memoriales I,95 und 100 zum 30. Jan., 11. Febr. und 9. April. Man könnte daran denken, daß Kornelimünster zumindest einen Teil der monastischen Reformkolonie für Saint-Evre stellte. Freilich fehlt jeder brauchbare Quellenhinweis.

Kornelimünster zu verbinden, läßt sich nur mit einer Kette von Hypothesen bewerkstelligen. Zweifelsfrei vermochte die Forschung den Anschluß Remiremonts[44] und Fuldas[45] an die benediktinische Bewegung des 9. Jahrhunderts nachzuweisen. Wie weit aber der Kreis der Fuldaer cellae reichte, welche andere Klöster Fuldas benediktinische Prägung übernahmen, läßt sich nur mit einem 'Non liquet' beantworten[46]. Schon lange kennt man den Platz, den die Abtei Reichenau in der benediktinischen Reform des 9. Jahrhunderts einnahm[47]. Ob jedoch der Reichenauer Konvent seine monastische Lebensform an Schienen[48], an Hirsau[49], vielleicht an Wiesensteig[50], ja an St. Gallen

[44] Vgl. E. Hlawitschka, *Zeitschrift f.d. Geschichte d. Oberrheins*, 109 (1962), S. 261-269.

[45] J. Semmler, 'Studien zum *Supplex Libellus* und zur anianischen Reform in Fulda', *Zeitschrift für Kirchengeschichte*, 69 (1958), S. 293-296; ders., 'Die Anfänge Fuldas als Benediktiner- und als Köningskloster', *Fuldaer Geschichtsblätter*, 56 (1980), S. 186f.

[46] Die Klostergründung des mit Fulda aufs engste verbundenen Einhard zu Seligenstadt am Main besetzte ihr spiritalis pater, der trotz seines Rückzuges vom Hofe Laie blieb, anfangs mit clerici; vgl. *Translatio et miracula ss. Marcellini et Petri*, MGH. SS. XV,245. Erst gegen Ende seines Lebens scheint Karls des Großen Biograph die bisherige Aufgabenstellung der Gemeinschaft, die Feier des opus Dei, um die monastischen Postulate erweitert zu haben. Doch wissen wir nur von einem Fuldaer Mönch, einem Verwandten Einhards, der sich mit Erlaubnis seines Abtes in Seligenstadt aufhielt; MGH. Epist. V, 131, n° 43; K. Hallinger, 'Die Anfänge der Abtei Seligenstadt. Grundlagen und bestimmende Kräfte', *Archiv für mittelrheinische Kirchengeschichte*, 19 (1967), S. 18f.; J. Fleckenstein, *Einhard, seine Gründung und sein Vermächtnis in Seligenstadt*, Abhandlungen d. Akademie d. Wissenschaften zu Göttingen, phil.-histor. Klasse 3. Folge 87 (Göttingen, 1974), S. 112-116; K. Schmid (hrsg.), *Die Klostergemeinschaft zu Fulda im früheren Mittelalter*, Münstersche Mittelalter-Schriften, 8,2 (München, 1978), S. 272.

[47] *Epistola ad Auuam directa*, ed. H. Frank, *Corpus Consuetudinum monasticarum*, I (1963), S. 333-336; MGH. Formulae S. 570, n°s 30 und 31; MGH. Epist. V,301f. n° 3; MGH. Poetae lat. II,425 n° 1; dazu zuletzt K. Zelzer, *Revue bénédictine*, 88 (1978), S. 218-227 und 242f.; Bücherverzeichnis des Bibliothekars Reginbert, ed. P. Lehnmann, *Mittelalterliche Bibliothekskataloge Deutschlands und der Schweiz*, I (München, 1918), S. 260, n° 20. Zum Ganzen M. Rothenhäusler-F. Beyerle, *Die Kultur der Abtei Reichenau*, I (München, 1925), S. 280-291. — Im Gegensatz zur Meinung M. Rothenhäuslers-F. Beyerles, a.a.O. S. 281, der sich zuletzt C. Wilsdorf, 'Le manuscrit et l'auteur des Statuts dits de Murbach', *Revue d'Alsace*, 100 (1961), S. 105-110, mit ausführlicher Begründung angeschlossen hat, können m. E. die sog. *Statuta Murbacensia* so lange nicht auf die Reichenau bezogen werden, solange nicht die Schriftheimat des von M. le Directeur C. Wilsdorf im Departementalarchiv zu Colmar wiedergefundenen originalen Rotulus, der sie überliefert, bestimmt ist; vgl. J. Semmler, *Corpus Consuetudinum monasticarum*, I (1963), S. 439.

[48] Vgl. K. Schmid, 'Gebetsverbrüderungen als Quelle für die Geschichte des Klosters Schienen', *Hegau*, 1 (1956), S. 39ff.

[49] K. Schmid, *Kloster Hirsau und seine Stifter*, Forschungen zur oberrheinischen Landesgeschichte, 9 (Freiburg/Br., 1959), S. 72-77.

[50] MGH. Libri confraternitatum S. 286 col. 441; *Württembergisches Urkundenbuch*, I (Stuttgart, 1849), S. 159ff. n° 136; H. Schwarzmaier, 'Über die Anfänge des Klosters Wiesensteig', *Zeitschrift für württembergische Landesgeschichte*, 18 (1959), S. 222-226.

weitergab[51], verschweigen uns die Quellen. Im 'Filiationsverhältnis' zueinander standen nachweislich Noirmoutier — Corbie — Corvey[52], ein zweiter Strang führte von Corbie nach Santa Giulia und SS. Faustino e Giovita in Brescia, nach Civate in der Mailänder Erzdiözese und selbst nach Bobbio[53]. Stavelot-Malmédy reformierte

[51] Den fast zeitgenössischen *Casus s. Galli* Ratperts, MGH. SS. II,67f., zufolge setzte erst der 841 in St. Gallen installierte Abt Grimald die regularis vita durch, richtete alle claustri habitacula sowie das domicilium abbatis her. Den praepositus Hartmut, den späteren Abt, beauftragte er mit der Durchführung der Reform und der Restauration der officinae. Noch vor 850 lernte der aus Corbie stammende Regelkommentator Hildemar St. Gallen aus eigenem Erleben kennen und fand nichts an der St. Galler Observanz auszusetzen; Hildemar v. Corbie-Civate, *Expositio regulae*, ed. R. Mittermüller (wie Anm. 1) S. 522. Immerhin dürfte St. Gallen zusammen mit oder doch kurz nach der Abtei Reichenau den benediktinischen cursus, d.h. die Praxis des Chorgebetes nach den Vorschriften der Benediktinerregel, übernommen haben, wie es die *Synodi I Aquisgranensis decreta authentica* (816), cap. 3, ed. J. Semmler, *Corpus Consuetudinum monasticarum*, I (1963), S. 458, anordneten; vgl. A. Angenendt, *Monachi peregrini* (wie Anm. 6), S. 213ff.

[52] *Vita et miracula s. Philiberti*, ed. R. Poupardin (wie Anm. 17), S. 66f.; *Translatio s. Viti martyris*, ed. I. Schmale-Ott, *Veröffentlichungen d. Historischen Kommission für Westfalen, 41. Fontes minores*, 1 (Münster/W., 1979), S. 40-44; *Epitaphium Arsenii*, ed. E. Dümmler, *Abhandlungen d. Akademie d. Wissenschaften zu Berlin, phil.-histor. Klasse* (1900), Nr. 2, S. 30, 44 und 79; *Liber vitae Corbeiensis*, ed. F. Philippi, Abhandlungen über Corveyer Geschichtsschreibung, 2 (Münster/W., 1916), S. 77f.; BM² 779 und 830, in R. Wilmans, *Die Kaiserurkunden der Provinz Westfalen*, I (Münster/W., 1867), S. 18-21, nº 6; E. Müller, *Neues Archiv f. ältere deutsche Geschichtskunde*, 48 (1929), S. 351ff. nº 3; J. Semmler, 'Corvey und Herford in der benediktinischen Reformbewegung des 9. Jahrhunderts', *Frühmittelalterliche Studien*, 4 (1970), S. 289-298; K. Schmid, 'Zum *Liber vitae* des Klosters Corvey', in *Ostwestfälisch-weserländische Forschungen zur geschichtlichen Landeskunde*, Veröffentlichungen des Provinzialinstituts für westfälische Landes- und Volkskunde, Reihe 1, Heft 15 (Münster/W., 1970), S. 34ff.

[53] *Epitaphium Arsenii*, ed. E. Dümmler (wie vorige Anm.) S. 92; V. Polonia, *Il monastero di San Colombano di Bobbio dalla fondazione all'epoca carolingia*, Fonti e studi di storia ecclesiastica, 2 (Genua, 1962), S. 82-85; zuletzt P. Engelbert, 'Zur Frühgeschichte des Bobbieser Skriptoriums', *Revue bénédictine*, 78 (1968), S. 253f. (Bobbio). — '*Liber memorialis* von S. Salvatore (S. Giulia) in Brescia', ed. A. Valentini, in *Codice necrologico-liturgico del monastero di San Salvatore o di Santa Giulia in Brescia* (Brescia, 1887), S. 50; D Lothar I 35 (Santa Giulia/Brescia) — Nach D Lothar I 12 hatte der (noch nicht identifizierte) zusammen mit Wala im *Liber memorialis* von Santa Giulia zu Brescia eingetragene Abt Giselramnus die strikte Befolgung der Benediktinerregel auch in Santa Maria Teodota in Pavia zu überwachen. — *Codex diplomaticus Langobardiae*, in *Historiae patriae monumenta*, XIII (Turin, 1873), Sp. 218f. und 245-248, nºˢ 122 und 140; MGH. Concilia II,2, 814f. (Sant-Ambrogio di Milano und SS. Faustino e Giovita in Brescia). — Verbrüderungsbuch der Abtei Reichenau, MGH. Libri memoriales et necrologia N.S. 1 (1979), Bl. 112 A 2 (Konventsliste von Corbie); Verbrüderungs- und Gedenkbuch von Pfäfers, MGH. Libri confraternitatum S. 384 col. 112,5 (Konventsliste von Civate); *Liber memorialis* von S. Giulia/Brescia, ed. A. Valentini, a.a.O. S. 9 col. 1; G. Bognetti-C. Marcora, *L'abbazia benedettina di Civate* (Civate, 1957), S. 47-52 und 166-172 (Civate); vgl. auch W. Hafner, *Der Basiliuskommentar* (wie Anm. 2), S. 146-150.

Montier-en-Der[54], vielleicht auch Saint-Hubert[55]. Wie die Doppelabtei selber die überkommene Mischregel auf die *Regula s. Benedicti* umstellte[56], entzieht sich ebenso unserer Kenntnis wie die gleichen Vorgänge in Murbach[57], das nachgewiesenermaßen die benediktinische Erneuerung in Remiremont begleitete[58], in Luxeuil[59], in St. Maximin

[54] *Vita et miracula s. Bercharii*, AA. SS. Okt. VII,1019; *Miracula s. Remacli*, MGH. SS. XV,435; BM² 839, in J. Mabillon, *Acta sanctorum ordinis s. Benedicti*, III (Paris, 1672), S. 630; BM² 898, in C. Lalore, *Cartulaire* (wie Anm. 38), S. 122ff. n° 5.

[55] *Cantatorium sive Chronicon s. Huberti*, ed. K. Hanquet, *La Chronique de Saint-Hubert dite Cantatorium*, Recueil de textes pour servir à l'étude de l'histoire de Belgique, 2 (Brüssel, 1906), S. 5f.; *Translatio s. Hucberti*, MGH. SS. XV,235f.; *Vita s. Beregisi*, AA. SS. Okt. I, 527. Diese Quellen berichten zwar, daß auffallend viele Lütticher Domkleriker zu der jungen benediktinischen Gemeinschaft stießen, nicht aber, woher die monastischen Lehrmeister kamen. G. Kurth, *Les premiers siècles de l'abbaye de Saint-Hubert*, Compte rendu des séances de la Commission royale d'histoire 5ᵉ série, 8 (1898), S. 36f., schlug daher vermutungsweise Stavelot-Malmédy vor, während die spätere klösterliche Tradition mitsamt der Forschung für Klerikergemeinschaften (Saint-Pierre in Lüttich und Saint-Trond) optierte; vgl. *Gesta abbatum Trudonensium*, MGH. SS. X,373, sowie U. Berlière, *Monasticon Belge*, II (Brügge/Maredsous, 1928), S. 139.

[56] F. Baix, *Étude sur l'abbaye et principauté de Stavelot-Malmédy*, I (Paris/Charleroi, 1924), S. 74, hält den seit 815 bezeugten Abt Audo, der Montier-en-Der erneuerte, auch für den Reformator Stavelot-Malmédys. Diese Vermutung hat alles für sich, indes fehlt jede Bestätigung seitens der Quellen.

[57] Abt Guntram von Murbach nahm nachweislich an der ersten Reformsynode des August 816 teil; vgl. die folgende Anm. Hatte C. Vogel, 'L'hymniaire de Murbach contenu dans le manuscrit Junius 25 (Oxford, Bodleian Library 5137), un témoin du cursus bénédictin ou du cursus occidental ancien', *Archives de l'Église d'Alsace*, 9 (1958), S. 5-17, und 'Contribution des abbayes de Murbach et de Wissembourg à l'élaboration de la liturgie chrétienne durant le haut moyen âge', in *Les Lettres en Alsace*, Publications de la Société savante d'Alsace et des régions de l'Est, 8 (Straßbourg, 1962), S. 38ff., den in der Oxforder Handschrift enthaltenen Hymnenzyklus als benediktinisch und damit als Zeugen des 816 den Benediktinern zur Pflicht gemachten officium secundum regulam s. Benedicti angesprochen, weist ihn nunmehr A. Angenendt, *Monachi peregrini* (wie Anm. 6) S. 211ff., aufgrund inhaltlich-liturgiehistorischer Kriterien der gallischen und damit der 'vorbenediktinischen' Chorgebetspraxis zu. Auch die Abtei Reichenau dürfte ihren Anteil an der Aufzeichnung der Hymnen gehabt haben. Vgl. bereits W. Bulst, *Hymni latini antiquissimi LXXV psalmi III* (Heidelberg, 1956), S. 20 und 172-175.

[58] Der *Liber memorialis* von Remiremont, MGH. Libri memoriales I,107, hält die einzelnen Etappen des Überganges des Nonnenkonvents zur rein benediktinischen Observanz im Jahre 817 fest; vgl. ebd. auch S. 78. Im Jahre 818 oder 819 (vor September 20) erscheint in einer Prekarie neben der regierenden Äbtissin, unter der sich der Wechsel der Observanz vollzog, ein 'praepositus' Theoderich als Entscheidungsträger; der *Liber memorialis* führt ihn zudem an der Spitze der 'sacerdotes loci praesentis' auf; *Liber memorialis*, a.a.O. S. 111 und 92. Ihn identifizierte schon L. Levillain, 'Wandelbert von Prüm et la date de la mort d'Hilduin de Saint-Denis', *Bibliothèque de l'École des Chartes*, 108 (1949/50), S. 19 mit Anm. 2, mit dem gleichnamigen Abt von Murbach, der als Nachfolger des als Teilnehmer des Reformkonzils des August 816 bezeugten Abtes Guntram in der in Remiremont festgehaltenen Murbacher Äbtereihe erscheint; BM² 623 und 624 in J. D. Schöpflin, *Alsatia ... diplomatica*, I (Mannheim,

vor Trier[60]. Bezeugt ist uns, daß der Abt von Saint-Maur-des-Fossés die Befolgung der Benediktinerregel in Saint-Wandrille durchsetzte[61],

1772), S. 64f. n°s 79 und 80; MGH. *Libri memoriales* I,131. Als 'pater noster domnus Theodericus' regelte er 820 zusammen mit der Äbtissin von Remiremont das tägliche Gedächtnis der Wohltäter des Klosters, die Modalitäten ihrer Einschreibung in den *Liber memorialis* sowie das Memento mortuorum in der sonntäglichen Konventsmesse, beim Anniversarium der Klosteroberen auch Art und Umfang der Gebetsleistung; ebd. S. 1 und S. 40. Aus der Bezeichnung 'pater' darf man vielleicht ableiten, daß er 820 schon den Abtstab in Murbach führte. Als solcher ist er 826 an der Spitze seines Konvents ins Gedenkbuch der Reichenau aufgenommen worden; MGH. Libri memoriales et necrologia N.S. 1 p. 44 A i; vgl. auch E. Hlawitschka, *Studien zur Äbtissinnenreihe von Remiremont*, Veröffentlichungen des Instituts für Landeskunde des Saarlandes, 9 (Saarbrücken, 1963), S. 34ff. Noch in der frühen Neuzeit gedachte Remiremont der Mitwirkung des Abtes von Murbach beim topographischen und monastischen Neubeginn der Jahre 817/18; vgl. E. Hlawitschka, *Zeitschrift f.d. Geschichte d. Oberrheins*, 109 (1962), S. 258f.; dazu jetzt aber C. Wilsdorf, 'Remiremont et Murbach à l'époque carolingienne', in *Remiremont* (wie Anm. 14), S. 54f.

[59] *Gesta ss. patrum Fontanellensis coenobii*, edd. F. Lohier-J. Laporte (1936), S.95ff.; *Miracula ss. Waldeberti et Eustasii*, MGH. SS. XV, 1174.

[60] Nach zwei Diplomen Ludwigs des Frommen von angeblich 822, BM^2 754 und 755, in H. Beyer, *Urkundenbuch zur Geschichte der ... mittelrheinischen Territorien*, I (Koblenz, 1860), S. 60f. und 53, n°s 54 und 47, leitete zu diesem Zeitpunkt Helisachar, der enge Vertraute Benedikts von Aniane, St. Maximin; vgl. *Vita Benedicti abb. Anianensis*, MGH. SS. XV, 220; MGH. Libri confraternitatum S. 11 col. 9,2ff. Da die Urkunden hoffnungslos verfälscht sind, lehnen B.v. Simson, *Jahrbücher des fränkischen Reiches unter Ludwig dem Frommen*, II (München, 1876), S. 234f. mit Anm. 1, und neuerdings auch E. Wisplinghoff, *Untersuchungen zur frühen Geschichte der Abtei St. Maximin bei Trier von den Anfängen bis etwa 1150*, Quellen und Abhandlungen zur mittelrheinischen Kirchengeschichte, 12 (Mainz, 1970), S. 12, 24 und 128, Helisachars Regierung in St. Maximin ab. Nun erscheint Helisachar aber auch in der freilich späten *Series abbatum s. Maximini*, ed. A. de Reiffenberg, Compte rendu des séances de la Commission royale d'histoire, 5 (1842), S. (9), der E. Ewig, *Trier im Merowingerreich* (Trier, 1954), S. 93ff. Glaubwürdigkeit zubilligt. Benedikt von Aniane schenkte den in seinem Skriptorium entstandenen Codex Clm. 28114 mit der Benediktinerregel, dem *Codex regularum* und anderen Werken des Reformabtes dem Abte Helisachar, der ihn an St. Maximin weitergab; vgl. A. de Vogüé-J. Neufville, *La Règle* (wie I Anm. 5), S. 329f. sowie J. Semmler, *Vorträge und Forschungen*, 20 (1974), S. 374, Anm. 33; B. Bischoff, *Studien u. Mitteilungen a. d. Geschichte d. Benediktinerordens u. seiner Zweige*, 92 (1981), S. 12ff. In eine Handschrift des Kommentars des Hukbald von Saint-Amand zur Benediktinerregel schrieb man in St. Maximin wohl noch im 9. Jahrhundert die benediktinische Profeßformel in der 816 festgelegten Fassung ein; vgl. Paris, Bibliothèque Nationale, n.a.lat. 763, fol. 95^v; dazu H. Omont, 'Notice du manuscrit n.a.lat. 763 de la Bibliothèque Nationale contenant plusieurs anciens glossaires grecs et latins et de quelques autres manuscrits provenant de Saint-Maximin de Trèves', *Notices et extraits des manuscrits de la Bibliothèque Nationale et d'autres bibliothèques*, 38 (1903), S. 341-396. — Die Regierung Helisachars in St. Maximin, der Besitz eines *Codex regularum* in einer Handschrift aus Benedikts von Aniane Schreibschule und die Kenntnis der 816 redigierten benediktinischen Profeßformel stellen zusammengenommen dennoch nicht mehr als Indizien dar für die Übernahme der benediktinischen Observanz durch den St. Maximiner Konvent nach 816. Der schlüssige Beweis läßt sich nicht erbringen.

[61] *Gesta ss. patrum Fontanellensis coenobii*, edd. F. Lohier-J. Laporte (1936), S. 97.

daß Saint-Maur seine Prägung nach Neuville-sur-Sarthe[62] und Glanfeuil[63] trug. Die Persönlichkeit des Reformabtes von Saint-Maur-des-Fossés bleibt jedoch im Dunkel, setzt man ihn nicht vermutungsweise mit Benedikt von Aniane gleich[64]. Wir wissen, daß Benedikt von

[62] *Gesta domni Aldrici Cenomannicae urbis episcopi a discipulis suis*, edd. R. Charles-L. Froger (Mamers, 1889), S. 98; Stiftungsurkunde Bischofs Aldrichs, edd. R. Charles-L. Froger, a.a.O. S. 88-95; BM² 966, in R. Charles-L. Froger, a.a.O. S. 96ff.; D Karl d. Kahle 76; vgl. W. Goffart, *The Le Mans Forgeries. A Chapter from the History of Church Property in the Ninth Century*, Harvard Historical Studies, 76 (Cambridge/Mass., 1966), S. 265ff.

[63] *Miracula s. Mauri*, MGH. SS. XV,467ff.; *Fragmenta historiae Fossatensis*, MGH. SS. IX,370; BM² 926, in *Recueil* (wie Anm. 27), S. 591f. n° 187 (Fälschung); M. Planiol, *Annales de Bretagne*, 9 (1893), S. 233f. n° 1; D Karl d. Kahle 97; vgl. F. Landreau, 'Les vicissitudes de l'abbaye de Saint-Maur aux VIIIe et IXe siècles', *L'Anjou historique*, 5 (1904/05), S. 127ff. und 231-235; O.G. Oexle, *Frühmittelalterliche Studien*, 3 (1969), S. 150-160.

[64] Für die Gleichsetzung der beiden 'Benedicti abbates' spricht, daß Graf Bego vor 814 im aquitanischen Unterkönigreich Ludwigs d. Frommen eingesetzt war und in seinem Machtbereich die Errichtung eines Klosters, freilich keines benediktinischen monasterium, ermöglichte; R. d'Abadal y de Vinyals, *Catalunya carolíngia*, III,2, Institut d'estudis catalans. Memories de la Secció històrico-arqueològica, 15 (Barcelona, 1955), S. 281, n° 2. Machte er wohl damals die Bekanntschaft Benedikts von Aniane, so mußten beide Männer unweigerlich zusammentreffen, als Ludwig der Fromme Bego zum Grafen von Paris erhob, ihn in seine engste Umgebung aufnahm und ihn zum Schwiegersohn und zum 'primus de amicis regis' machte; BM² 553, in *Recueil* (wie Anm. 27), S. 468, n° 17; *Chronicon Laurissense breve ad a. 816*, ed. H. Schnorr von Carolsfeld, *Neues Archiv für ältere deutsche Geschichtskunde*, 36 (1911), S. 39; Ermoldus Nigellus, *In honorem Hludowici ... carmen*, ed. E. Faral (wie I Anm. 52), S. 20ff., 28, 46ff., 50 und 60 vv. 214-233, 308-311, 578-598, 634-647 und 755-761; Hinkmar von Reims, *De villa Noviliaco*, MGH. SS. XV,1168; vgl. K.F. Werner, 'Die Nachkommen Karls des Großen bis um das Jahr 1000', in *Karl der Große. Lebenswerk und Nachleben*, IV (Düsseldorf, 1967), S. 445f. Mit der Grafschaft Paris muß auch die 770 zuletzt erwähnte Abtei Saint-Maur-des-Fossés verbunden gewesen sein, sonst hätte sie Bego nicht vor dem Juni 816 dem Kaiser tradieren können; D Karl d. Große 61; BM² 617, in *Recueil* (wie Anm. 27), S. 491f. n° 51. Zuvor hatte sie in Begos Auftrag Abt Benedikt, der ein 'monasterium paene destructum' vorfand, restauriert und mit monastischem Leben erfüllt; BM² 618 in J. Tardif, *Monuments historiques* (1866), S. 78f. n° 109. J. Mabillon, *Acta sanctorum ordinis s. Benedicti*, IV,2 (Paris, 1675), S. 571, sah sich in einem *De tribus Benedictis* überschriebenen Exkurs außerstande, diesen Abt Benedikt von Saint-Maur-des-Fossés mit Benedikt von Aniane-Kornelimünster gleichzusetzen: Benedikt von Aniane starb am 11. Februar 821, — Benedikt von Saint-Maur erwirkte noch 824 und 829 Herrscherurkunden für sein Kloster; sein unmittelbarer Nachfolger ist erst 839 bezeugt, so daß sein Todesjahr im vierten Jahrzehnt des 9. Jahrhunderts nicht bekannt ist, während sein Todestag vielleicht ein 20. oder 21. März war; *Vita Benedicti abb. Anianensis*, MGH. SS. XV,220; BM² 787, in A. Dopsch, *Mitteilungen des Österreichischen Instituts für Geschichtsforschung*, 16 (1895), S. 210f. n° 4; D Pippin I v. Aquitanien 13; P. Marchegay, *Archives d'Anjou. Recueil des documents et mémoires inédits sur cette province*, I (Angers, 1844), S. 378f. n° 34; Totenbücher von Saint-Denis und Argenteuil, ed. A. Molinier, *Obituaires de la province de Sens*, I (Paris, 1902), S. 312 bzw. 345. Es fällt indes auf, daß Abt Benedikt von Saint-Maur-des-Fossés es schon 824 für nötig

Aniane mit Erfolg in Sainte-Colombe de Sens wirkte[65], daß er zusammen mit Abt Arnulf von Noirmoutier[66] in Saint-Denis über den althergebrachten ordo der Sandionysianer Gemeinschaft sich täuschen ließ[67], während als missi monastici womöglich Haimo von Manglieu[68], Aldrich von Ferrières[69], Smaragdus von Saint-Mihiel[70] in Saint-

erachtete, die acht Jahre zuvor vollzogene traditio seines Klosters an den Herrscher, die Verleihung des königlichen Schutzes erneut vom gleichen Herrscher bestätigen zu lassen; vgl. BM² 617, in *Recueil* (wie Anm. 27) S. 491f. n° 51; BM² 787 in A. Dopsch, *Mitteilungen d. Österreichischen Instituts f. Geschichtsforschung*, 16 (1895), S. 210f. n° 4. Erfahrungsgemäß unternahm nur ein neuer Abt einen solchen Schritt. Wäre der Benedikt von Saint-Maur von 824 ein 'neuer' Abt gewesen, dann könnte man alle Bezeugungen vor 821 auf seinen Vorgänger beziehen und diesen mit Benedikt von Aniane, der ja in Saint-Denis als 'missus monasticus' wirkte, in eins setzen. Doch hält eine solche Hypothesenkette kaum belastenden Zweifeln und kritischer Skepsis stand.

65 BM² 961 in M. Quantin, *Cartulaire* (wie Anm. 17) S. 49ff. n° 25.

66 Arnulf von Noirmoutier dürfte identisch sein mit dem in der *Vita Hludowici imperatoris*, MGH. SS. II,609, genannten baiolus Ludwigs des Frommen. Seit spätestens 804 leitete er das Inselkloster Noirmoutier, dem er nach 814 ein kaiserliches Privileg erwirkte; MGH. Epist. IV, 98, n° 54; MGH. Formulae S. 290f. n° 4; BM² 875 in L. Maître, *Bibliothèque de l'École des Chartes*, 59 (1898), S. 250-253. In Saint-Florent-le-Vieil trat er um 810/15 die Nachfolge des Reformabtes Adalbald an; *Annales s. Florentii Salmurensis ad a. 808*, ed. L. Halphen (wie I Anm. 41), S. 113; D Karl d. Große 298; vgl. F. Coutansis, *Revue Mabillon*, 53 (1963), S. 7f.

67 BM² 905, in J. Tardif, *Monuments historiques* (1866), S. 86-89, n° 124; dazu O. G. Oexle, *Forschungen* (wie I Anm. 20), S. 113ff.

68 Ludwig der Fromme sorgte selbst für die Restauration des Klosters Manglieu; *Vita Hludowici imperatoris*, MGH. SS. II,616; *Translatio s. Sebastiani*, MGH. SS. XV,387. 818 stand ein Abt Haimo an der Spitze des Klosters, der durchaus mit dem 794 als Begleiter Benedikts von Aniane bezeugten Mönch identisch sein kann; BM² 668 in C. Devic-J. Vaissète, *Histoire* (wie I Anm. 39) preuves S. 120f. n° 47; D Pippin I v. Aquitanien 18; MGH. Libri confraternitatum S. 205f. col. 153f.; *Annales Anianenses ad a. 794*, edd. C. Devic-J. Vaissète, *Histoire* (wie I Anm. 39), preuves S. 10f. Zum Jahre 817 berichten die *Annales s. Germani Parisiensis*, MGH. SS. III,167, von einem Abte Heimo, der über Beziehungen zu Ludwig dem Frommen verfügt haben soll. Daß er den regierenden Abt Irmino von Saint-Germain-des-Prés verdrängt hätte, erscheint angesichts der urkundlichen Zeugnisse unmöglich; vgl. BM² 628, in R. Poupardin, *Recueil* (wie I Anm. 14), S. 39ff. n° 26; *Polyptychon Irminonis abbatis*, ed. B. Guérard, *Polyptyque de l'abbé Irminon de Saint-Germain-des-Prés*, II (Paris, 1844), S. 278. Doch war Irmino im November 817 selbst in missatischem Auftrag unterwegs, um die *vita communis* der Kathedralkleriker von Tournai zu ordnen; vgl. BM² 658, in *Recueil* (wie Anm. 27), S. 509, n° 74. In dieser Zeit könnte Haimo von Manglieu als missus monasticus in Saint-Germain-des-Prés gewirkt haben. Leider lassen sich die schwachen Glieder dieser Hypothesenkette nicht verstärken.

69 Aldrich wurde 817/18 zum Abte von Ferrières erhoben; MGH. Epist. V, 287, n° 16; Lupus v. Ferrières, *Correspondance*, II, ed. L. Levillain, Les classiques de l'histoire de France (Paris, 1935), S. 200-210, n° 130; *Vita s. Aldrici episcopi Senonensis*, ed. J. Mabillon, *Acta sanctorum ordinis s. Benedicti*, IV,1 (Paris, 1675), S. 570. Wohl 819 wirkte er als missus in Saint-Amand 'ad ordinem regulae s. Benedicti confirmandum', wobei er sich offensichtlich der Unterstützung Einhards erfreute; BM² 757, in A. Le Glay, *Revue agricole, industrielle et littéraire ... de l'arrondissement de Valenciennes*

Germain-des-Prés, Saint-Amand, Saint-Riquier, Moyenmoutier und Saint-Oyend im Jura tätig wurden. Wie ihre Heimatabteien die *Regula s. Benedicti* kaiserlicher Verordnung gemäß zur ausschließlichen Mönchssatzung erhoben, erfahren wir nirgends; sogar des Smaragdus Kommentar zur Benediktinerregel von 817/18[71] setzt diese Umstellung ohne jede Diskussion voraus. Sind uns weitere 'Satzungsänderungen' dieser Art bekannt, dann handelte es sich stets um Reformen, deren Einordnung in weitergespannte Zusammenhänge uns die Quellen nicht verstatten. Als Beispiele seien Landévennec in der Bretagne[72], die

(1854), S. 20ff. nº 1; *Annales s. Amandi breves ad a. 819*, MGH. SS. II,184; Paris, Bibliothèque Nationale, Collection Grenier 63, fol. 209ᵛ. Gegen 820 leitete Helisachar, Ludwigs des Frommen erster Kanzler, Saint-Riquier, dem wenig spätere Quellen bescheinigen, sein Konvent befolge die 'norma Benedicti patroni'; MGH. Poetae lat. III,316 und 343, nºˢ 53 und 116; J. Laporte, 'Étude chronologique sur les listes abbatiales de Saint-Riquier', *Revue Mabillon*, 49 (1959), S. 108. Mit ihm zusammen erscheint in einem metrischen *Catalogus abbatum Centulensium*, MGH. SS. XV,181, Aldricus, den Hariulf, *Chronicon*, ed. F. Lot, Collection de textes pour servir à l'étude et à l'enseignement de l'histoire (Paris, 1894), S. 79 und 102, nicht einzuordnen weiß, während J. Laporte, a.a.O., sich mit der Feststellung begnügt, der *Catalogus* gäbe eine andere Tradition wieder, als Hariulf sie kannte. Vermutungsweise identifizieren wir 'Aldricus ... abbas' mit dem Abte von Ferrières, der demnach ebenso wie in Saint-Amand auch in Saint-Riquier als missus monasticus gewirkt hätte.

[70] Smaragdus, der erste Kommentator der Benediktinerregel — das Zeitalter der regula mixta brachte keine Kommentare der *Regula s. Benedicti* hervor —, übernahm vor 809 die Leitung der Abtei Saint-Mihiel. Offensichtlich im Zusammenhang mit der benediktinischen Erneuerung der Abtei nach 816 steht die 824 endgültig abgeschlossene Verlegung des Klosters vom Berg ins Tal der Marsoupe; vgl. P. Engelbert, *Smaragdi abbatis expositio in regulam s. Benedicti*, in *Corpus Consuetudinum monasticarum*, VIII (1974), S. XXIV-XXIX; F. Rädle, 'Studien zu Smaragd von Saint-Mihiel', *Medium Aevum*, 29 (München 1974), S. 19f.; O. Eberhardt, *Via regia. Der Fürstenspiegel Smaragds von Saint Mihiel und seine literarische Gattung*, Münstersche Mittelalter-Schriften, 28 (München, 1977), S. 31-47, mit allen erforderlichen Belegen. Im Auftrag Ludwigs des Frommen griff Smaragdus als missus monasticus in Moyenmoutier und Saint-Oyend ein; MGH. Epist. V,290f. nº 21; *Catalogi abbatum s. Eugendi Iurensis*, MGH. SS. XIII,744.

[71] Zur Datierung des Regelkommentars P. Engelbert, in *Corpus Consuetudinum monasticarum*, VIII (1974), S. XXIX ff.

[72] Ein 818 von Ludwig dem Frommen unternommener Feldzug gegen die Bretonen führte den Kaiser bis Quimper; *Annales regni Francorum ad a. 818*, ed. F. Kurze, MGH. SS. rer. Germ in us. schol. (Hannover, 1895), S. 148; *Vita Hludowici imperatoris*, MGH. SS. II,623; Ermoldus Nigellus, *In honorem Hludowici ... carmen*, ed. E. Faral (wie I Anm. 52), S. 98-132, vv. 1254-1755; *Annales Lausannenses ad a. 818*, MGH. SS. XXIV,779. Vor dem Kaiser erschien damals der Abt von Landévennec, dem Ludwig befahl, die überkommene kelto-bretonische Klosterobservanz zugunsten der monastischen Norm der Benediktinerregel aufzugeben, was nach Aussage unserer Quellen auch geschah; *Vita s. Winwaloei*, ed. A. Le Moyne de la Borderie, *Cartulaire de l'abbaye de Landévennec*, I (Rennes, 1888), S. 47, 55 und 76; BM² 672 in A. Le Moyne de la Borderie, a.a.O. S. 75; *Analecta Bollandiana*, 7 (1881), S. 226f.; dazu R. Latouche, 'L'abbaye de Landévennec et la Cornouaille aux IXᵉ et Xᵉ siècles', *Le Moyen Age*, 65 (1959), S. 3f.

Bischofsklöster von Sens[73], Notre-Dame de Soissons[74], Prüm[75] und Freising[76] genannt.

[73] Vgl. *Vita Aldrici episcopi Senonensis*, ed. J. Mabillon (wie Anm. 69), S. 572; BM² 756, in M. Quantin, *Cartulaire* (wie Anm. 17), S. 33ff. n° 17; M. Prou, *Bulletin de la Société archéologique de Sens*, 28 (1913), S. 295-303, n° 1; BM² 949, in M. Prou, a.a.O. S. 304-307, n° 2.

[74] D Karl d. Kahle 83; D Ludwig d. Deutsche 178; Paschasius Ratbertus, *Expositio in psalmum XLIV*, Migne PL. 120, 995 und 1027; vgl. J. Semmler, *Frühmittelalterliche Studien*, 4 (1970) S. 298-302.

[75] Abt Tancrad von Prüm regierte urkundlichen Quellen zufolge von 815 bis 826; er starb 828 oder 829; BM² 572, 712 und 824, in H. Beyer, *Urkundenbuch* (wie Anm. 60), S. 53f., 58f. und 63f. n°s 48, 52 und 57; *Annales Prumienses ad a. 828*, ed. L. Boeschen, *Die Annales Prumienses* (Düsseldorf, 1972), S. 80; Regino von Prüm, *Chronicon*, ed. F. Kurze, MGH. SS. rer. Germ. in us. schol. (Hannover, 1890), S. 73. Ein Diplom von 816, November 8, BM² 638 in H. Beyer, *Urkundenbuch* (wie Anm. 60), S. 57f. n° 51, unterdrückt indes seinen Namen, so daß M. Tangl, 'Die Urkunde Ludwigs des Frommen für Fulda vom 4. August 817', *Neues Archiv für ältere deutsche Geschichtskunde*, 27 (1902), S. 31 mit Anm. 1, an eine zeitweilige Suspension des Abtes dachte. In Fulda, von dem Tangl ausging, wurde der Abt sogar abgesetzt, während 'aus dem Westen kommende' Mönche die benediktinische Reform in der Bonifatius-Abtei durchführten; vgl. J. Semmler, *Zeitschrift für Kirchengeschichte*, 69 (1958), S. 293-296. Daß in analoger Situation in Prüm gleicherweise eine reformatio stattfand, läßt sich nicht beweisen, nur vermuten. Allem Anschein nach bewahrte Prüm seine karolingische Observanz bis zum Eingriff Heinrichs II. im Jahre 1003; vgl. zuletzt G. Althoff, 'Die Beziehungen zwischen Fulda und Prüm im 11. Jahrhundert', in *Die Klostergemeinschaft von Fulda im früheren Mittelalter*, Münstersche Mittelalter-Schriften, 8,2 (München, 1978), S. 926f. Prüm verschaffte sich eine Version des sog. 'textus purus' der *Regula s. Benedicti*, die Benedikt von Aniane von den großen Reformsynoden der Jahre 816 und 817 an verbreitete: Trier, Stadtsbibliothek, ms. 1245; vgl. K. Zelzer, *Revue bénédictine*, 88 (1978), S. 218-227. Das Kollektar der Abtei des 9. Jahrhunderts beruht auf dem von Benedikt von Aniane ergänzten *Sacramentarium Hadrianum*; vgl. P. Siffrin, 'Das Collectar der Abtei Prüm im 9. Jahrhundert', in *Miscellanea liturgica in honorem L. C. Mohlberg*, II, Bibliotheca Ephemerides liturgicae, 23 (Rom, 1949), S. 223-244; dazu aber J. Deshusses, 'Le supplément au Sacramentaire grégorien: Alcuin ou Benoît d'Aniane?', *Archiv für Liturgiewissenschaft*, 9 (1965), S. 48-71; ders., *Le Sacramentaire grégorien. Ses principales formes d'après les plus anciens manuscrits*, I, Spicilegium Friburgense, 16 (Freiburg/Schw., 1971), S. 66f. Allerdings können diese Texte bzw. ihre anianischen Versionen die fehlenden Quellenaussagen über die Faktizität und die Modalitäten der benediktinischen Erneuerung in Prüm nicht ersetzen.

[76] Eine Freisinger Diözesansynode von 817 setzte sich zum Ziel, 'tractare et instituere quae Deo placita sunt et hominibus salubria'; eine weitere Diözesansynode des Herbstes 819 umriß dieses Anliegen dahingehend, 'qualiter Dei servitium superaugmentare suumque sacrum officium ... emeliorare vel instituere ad ampliorem effectum potuisset'; T. Bitterauf, *Die Traditionen des Hochstifts Freising*, Quellen und Erörterung zur bayerischen und deutschen Geschichte N.F. 4 (München, 1905), S. 329f. und 363f. n°s 389 und 424. Die Auswirkungen dieser Synoden lassen sich an den Wandlungen ablesen, denen der Freisinger Kathedralklerus unterlag, der wie die meisten bayerischen Bischofskirchen Kanoniker und Mönche zu einer Gemeinschaft zusammenschloß; vgl. R. Schieffer, *Die Entstehung* (wie I Anm. 53), S. 196f. Erst 825 verrät eine Urkunde, daß die monachi dieser Gemeinschaft nach der Regel des hl. Benedikt Profeß abzulegen pflegten; T. Bitterauf, a.a.O. S. 448f. n° 523. Zugleich wird deutlich, daß die Freisinger

So trümmerhaft sich die Überlieferung für die erste benediktinische Klosterreform des Mittelalters auch darstellt, ihr spiritus rector rechnete mit dem Widerspruch klösterlicher Kreise, die auf die monastische Tradition pochten. Benedikt von Aniane suchte der Kritik zuvorzukommen : Er stellte zu den einzelnen Abschnitten der Benediktinerregel, die er nach einem allgemein zugänglichen Gebrauchstext zitierte[77], die entsprechenden Kapitel anderer Klosterregeln und konzipierte so seine Concordia regularum[78], in der er Widersprüche und Divergenzen zwischen der *Regula s. Benedicti* und anderen klösterlichen Satzungen stillschweigend tilgte[79]. Erst für sein preziöses Sammelwerk, das im Codex regularum uns ältere Regeln im Wortlaut überliefert, benutzte er die wohl im Pfalzarchiv lagernde, aus Montecassino stammende angeblich 'authentische' Fassung der *Regula s. Benedicti*[80].

monachi allein zweckgebundene Schenkungen annehmen; vgl. auch T. Bitterauf, a.a.O. S. 558, nº 662. Der Prozeß der Abschichtung von monachi und canonici, der Eliminierung des monastischen Elements im Kathedralklerus von Freising, gegen Ende des 9. Jahrhunderts beendet, hatte begonnen; vgl. A. W. Ziegler, 'Der Konsens der Freisinger Domherren im Streit um Methodius', in *Cyrillo-Methodiana* —, Slawistische Forschungen, 6 (München, 1964), S. 321-326; R. Schieffer, a.a.O. S. 197f. — Wie die Beschlüse der o. g. Synoden in den Freisinger Bischofsklöstern verwirklicht wurden, geben die Quellen nicht preis; vgl. J. Semmler, *Mitteilungen der Gesellschaft für Salzburger Landeskunde*, 122 (1982), im Druck.

[77] K. Zelzer, *Revue bénédictine*, 88 (1978), S. 212-216.

[78] *Vita Benedicti abbatis Anianensis et Indensis*, MGH. SS. XV, 217. Die wohl älteste Handschrift der Concordia regularum, Orléans, Bibliothèque municipale, ms. 233, ging aus dem Skriptorium Benedikts von Ariane hervor; vgl. B Bischoff, *Studien u. Mitteilungen a. d. Geschichte d. Benediktinerordens u. seiner Zweige*, 92 (1981), S. 13f.

[79] Die *Regula s. Benedicti*, capp. 36 und 39, edd. A. de Vogüé-J. Neufville, Sources chrétiennes, 182 (Paris, 1972), S. 572 und 578, untersagt den Mönchen den Genuß des Fleisches vierfüßiger Tiere. Die *Regula Magistri*, cap. 53, ed. A. de Vogüé (wie Anm. 2) S. 246ff., handhabt dieses Verbot weniger streng. Benedikt von Aniane läßt daher in seinem *Codex regularum*, ed. L. Holstenius, *Codex regularum monasticarum et canonicarum*, I (Augsburg, 1759), S. 268, Migne PL. 88, 1015, den entsprechenden Passus der *Regula Magistri* einfach aus; vgl. F. Masai, 'La Règle de saint Benoît et la *Regula Magistri*', *Latomus*, 6 (1947), S. 215f.; L. Froger, 'La Règle du Maître et les sources du monachisme bénédictin', *Revue d'ascétique et de mystique*, 30 (1954), S. 284; A. de Vogüé-J. Neufville, *La Règle de saint Benoît*, Sources chrétiennes, 186 (Paris, 1971), S. 1106-1109 und 1137-1140.

[80] K. Zelzer, *Revue bénédictine*, 88 (1978), S. 213. Der 'authentische' Text der *Regula s. Benedicti* stammte aus Montecassino und war offenbar in der Hofbibliothek hinterlegt; vgl. *Theodemari abbatis Casinensis epistula ad Karolum regem*, edd. K. Hallinger-M. Wegener, *Corpus Consuetudinum monasticarum*, I (1963), S. 159f.; dazu J. Neufville, 'L'authenticité de l'*Epistula ad regem Karolum de monasterio sancti Benedicti directa et a Paulo dictata*', *Studia monastica*, 13 (1971), S. 295-310; zur Hinterlegung des 'Authenticum' am Hof R. Kottje, *Zeitschrift f. Kirchengeschichte*, 76 (1965), S. 331f. mit Anm. 35; H. Mordek, *Kirchenrechtliche Autoritäten im Frühmittelalter*, Vorträge und Forschungen, 23 (Sigmaringen, 1977), S. 238-243. Meine in *Karl der*

III.

Die Regel des hl. Benedikt, die una regula der Mönchsklöster im fränkischen Reiche, bedurfte von dem Augenblicke an, da sie zum monastischen Grundgesetz erhoben wurde, der stützenden Sicherung durch die consuetudo, die Gewohnheit und das Brauchtum des Alltags und der Festzeit[1]. Benedikt von Aniane, der Bedeutung der consuetudo vollauf bewußt, entwarf sie und legte sie dem Kaiser zur Billigung vor[2]. Auf die menschliche Schwachheit mußte sie Rücksicht nehmen, so daß Übereifrige um ihrer Mitbrüder willen auf asketische Sonderleistungen verzichteten, ohne daß die Lauen des Ansporns entrieten. In ihrer die Regel ergänzenden und erläuternden Funktion stützte sich die von Benedikt von Aniane erarbeitete consuetudo auf das hohe Gut der honestas und strebte die concordia unitatis an[3].

Darin aber sah Kaiser Ludwig der Fromme einen zentralen Punkt seines Regierungsprogrammes, der Renovatio regni Francorum, ver-

Große (wie I Anm. 13) S. 265 mit Anm. 36 angemeldeten Zweifel, daß der berühmte Codex St. Gallen, Stiftsbibliothek, ms. 914, nicht mit dem Hofexemplar der *Regula s. Benedicti*, dem 'Normalexemplar', in der von L. Traube, *Textgeschichte der Regula s. Benedicti*, Abhandlungen d. Bayerischen Akademie d. Wissenschaften zu München, philosophisch-philologisch-histor. Klasse 25 (1910), Nr. 2 S. 31ff., beschriebenen Weise, die noch A. de Vogüé-J. Neufville, *La Règle* (wie I Anm. 5), S. 320-327 in allen wesentlichen Zügen für richtig halten, zusammenhängen kann, verstärkte neuerdings K. Zelzer, a.a.O. S. 210ff. — Zu Entstehungszeit und Schriftheimat des Regeltextes in Codex Sangallensis 914 jetzt B. Bischoff, *Studien u. Mitteilungen a.d. Geschichte d. Benediktinerordens u. seiner Zweige*, 92 (1981), S. 8 mit Anm. 3, unter Widerlegung der These L. Gilissens, 'Observations codicologiques sur le Codex Sangallensis 914', in *Miscellanea codicologica F. Masai dicata MCMLXXIX*, I, Les Publications du Scriptorium, 8 (Gent 1979), S. 65ff.

[1] Zu Begriff und Wesensbestimmung der monastischen *consuetudo* vgl. die umfassende Untersuchung K. Hallingers, in *Corpus Consuetudinum monasticarum*, I (1963), S. XIII-XXXIV; dazu aber die wichtigen Bemerkungen J. Leclercqs, *Studi medievali*, 3ª serie, 5 (1964), S. 662-666. Vgl. auch J.F. Angerer, 'Zur Problematik der Begriffe Regula-Consuetudo-Observanz und Orden', *Studien und Mitteilungen a.d. Geschichte d. Benediktinerordens u. seiner Zweige*, 88 (1977), S. 312-323; zuletzt K. Hallinger, 'Consuetudo. Begriff, Formen, Forschungsgeschichte, Inhalt', in *Untersuchungen zu Kloster und Stift*, Veröffentlichungen des Max-Planck-Instituts für Geschichte, 68 (Göttingen, 1980), S. 140-166. Im weltlichen Bereich siedelte sich der Begriff der consuetudo vornehmlich im Bedeutungsfeld 'nutzbares Recht'/'regelmäßige, genormte Leistung' an; vgl. J.-F. Lemarignier, 'La dislocation du pagus et le problème des consuetudines', in *Mélanges d'histoire du moyen âge dédiés à la mémoire de Louis Halphen* (Paris, 1951), S. 401-410; H. Krause, 'Königtum und Rechtsordnung', *Zeitschrift für Rechtsgeschichte. Germanist. Abt.*, 82 (1965), S. 1-98; G. Köbler, 'Zur Frührezeption der consuetudo in Deutschland', *Historisches Jahrbuch*, 89 (1969), S. 337-371.

[2] *Vita Benedicti abb. Anianensis*, MGH. SS. XV,215.

[3] *Vita Benedicti abb. Anianensis*, MGH. SS. XV,216.

wirklicht. Er verschaffte der consuetudo Benedikts von Aniane Eingang in drei Reichsgesetze, die er auf den Reichsversammlungen des August 816[4], des Juli 817[5] und des Jahreswechsels 818/19[6] ausführlich beraten ließ. Indem er sie als Kapitularien verkündete[7], setzte er sie in Kraft.

Benedikts von Aniane consuetudo, als fränkische Reichsgesetze promulgiert, berief sich auf die Benediktinerregel als Norm monastischer Existenz[8]. Sie fixierte Anweisungen hinsichtlich der Feier der Liturgie, der Handarbeit, des Ablaufs des Tages im Benediktinerkloster[9], des monastischen Jahreskreises und regelte die Gestaltung des klösterlichen Gemeinschaft, das Zusammenleben der Konventualen, die Riten der Aufnahme in die Kommunität, ihre Versorgung mit den Gütern des täglichen Bedarfs, die Rechte und Aufgaben ihrer Oberen[10]. Manche dieser liturgischen, asketischen, disziplinären und praktischen Anordnungen kennt die Regel St. Benedikts aus dem 6. Jahrhundert nicht. Und doch übernahm sie das karolingische Mönchtum[11], obwohl

[4] *Synodi I Aquisgranensis decreta authentica* (816), ed. J. Semmler, *Corpus Consuetudinum monasticarum*, I (1963), S. 457-468; dazu J. Semmler, *Zeitschrift für Kirchengeschichte*, 74 (1963), S. 20-58.

[5] *Synodi II Aquisgranensis decreta authentica* (817), ed. J. Semmler, *Corpus Consuetudinum monasticarum*, I (1963), S. 473-481.

[6] *Regula Benedicti abbatis Anianensis sive Collectio capitularis*, ed. J. Semmler, *Corpus Consuetudinum monasticarum*, I (1963), S. 515-535. Dieses Kapitular trägt in der gesamten weitverzeigten handschriftlichen Überlieferung das Datum des 10. Juli 817. Gestützt auf das *Capitulare ecclesiasticum* (818/19), cap. 5, MGH. Capit. I,276, wiesen wir es der Reichsversammlung 818/19 zu und legten ihm den schon wenige Jahre später gebrauchten Namen '*Regula Benedicti abbatis Anianensis*' zu; vgl. J. Semmler, 'Zur Überlieferung der monastischen Gesetzgebung Ludwigs des Frommen', *Deutsches Archiv für Erforschung des Mittelalters*, 16 (1960), S. 360-365.

[7] Siehe F.-L. Ganshof, *Was waren die Kapitularien?* (Darmstadt, 1961); dazu auch R. Schneider, *Schriftlichkeit und Mündlichkeit im Bereich der Kapitularien*, Vorträge und Forschungen, 23 (Sigmaringen, 1977), S. 257-280, und W. Hartmann, 'Zu einigen Problemen der karolingischen Konzilsgeschichte', *Annuarium historiae conciliorum*, 9 (1977), S. 16f.; vgl. auch R. Mc Kitterick, *The Frankish church and the Carolingian reforms 789-895* (London, 1977), S. 1-44.

[8] *Statuta Murbacensia*, ed. J. Semmler, *Corpus Consuetudinum monasticarum*, I (1963), S. 441 und 442; *Vita Benedicti abb. Anianensis*, MGH. SS. XV,216.

[9] Zu diesem speziellen Punkt vgl. *Vita Benedicti abb. Anianensis*, MGH. SS. XV,216f., C. Molas-M. Wegener, *Corpus Consuetudinum monasticarum*, I (1963), S. 313-317; dazu C. Molas, 'A propósito del *ordo diurnus* de san Benito de Aniano', *Studia monastica*, 2 (1960), S. 205-221.

[10] *Statuta Murbacensia*, ed. J. Semmler, *Corpus Consuetudinum monasticarum*, I (1963), S. 450; *Vita Benedicti abb. Anianensis*, MGH. SS. XV,215f.

[11] P. Schmitz, 'L'influence' (wie I Anm. 1), S. 413; J. Semmler, *Zeitschrift für Kirchengeschichte*, 74 (1963), S. 65-76.

der täglich im Kapitel verlesene Text der *Regula s. Benedicti* sie nicht deckt oder gar eine gegenteilige Vorschrift gibt[12].

Nun zählt schon das genannte Primkapitel zur monastischen Tradition, wie sie sich bis etwa 800 herausgebildet hatte, und rechnet nicht zur 'Hinterlassenschaft' Benedikts von Nursia[13]. Die sog. trina oratio fand Benedikt von Aniane weitgehend in der klösterlichen Praxis vor[14] als privaten Besuch der einzelnen Altäre der Klosterkirche durch die Mönche[15]. Nicht nachweisbar dagegen scheint das individuelle

[12] *Statuta Murbacensia*, ed. J. Semmler, *Corpus Consuetudinum monasticarum*, I (1963), S. 441, 443, 444, 447, 450; *Capitula notitiarum de his in quibus praeceptum regulae et constitutiones novellorum conciliorum ... considerare et ... exercere iussio imperialis ammonet*, ed. H. Frank, ebd. S. 341; *Capitula qualiter observationes ... habentur*, ed. H. Frank, ebd. S. 353; *Vita Benedicti abb. Anianensis*, MGH. SS. XV,216.

[13] Benedikt von Aniane bzw. Ludwig der Fromme schrieb folgenden Verlauf des sog. Primkapitels vor: Lesung des Martyrologiums zum Tage — dreimalige Rezitation des Versus 'Deus in adiutorium meum intende' (= Ps. 69,1) — Lesung eines Abschnitts der Regel oder einer Homelie — Abschlußbitte 'Tu autem, Domine, miserere nobis'; *Synodi II Aquisgranensis decreta authentica* (817), cap. 36, ed. J. Semmler, *Corpus Consuetudinum monasticarum*, I (1963), S. 480; *Regula Benedicti abbatis Anianensis sive Collectio capitularis*, ed. J. Semmler, ebd. S. 532; *Capitula notitiarum* ..., cap. 11, ed. H. Frank, ebd. S. 342; *Vita Benedicti abb. Anianensis*, MGH. SS. XV,216. — Benedikt von Nursia kennt in seiner Regel das 'capitulum' = die morgendliche Regellesung noch nicht; für Smaragdus von Saint-Mihiel, *Diadema monachorum*, Migne PL. 102, 593, ist es ein 'mos monachorum'; vgl. F. Rädle, 'Studien' (wie II Anm. 70) S. 70f. — Wohl am frühesten spricht der Ordo Romanus XVIII des zweiten Viertels des 8. Jahrhunderts, ed. J. Semmler, *Corpus Consuetudinum monasticarum*, I (1963), S. 47, vom Primkapitel; aus Rom übernahm es sicher auch Chrodegang von Metz, *Regula canonicorum*, capp. 8 und 33, ed. J.-B. Pelt (wie II Anm. 20), S. 13 und 26. Fulda rechnete das Primkapitel offenbar zu den '*instituta Bonifatii*'; *Supplex libellus monachorum Fuldensium*, cap. 1, ed. J. Semmler, *Corpus Consuetudinum monasticarum*, I (1963), S. 321. Saint-Wandrille sowie das womöglich in einem rechtsrheinischen Großkloster entstandene *Memoriale qualiter* kannten im 8. Jahrhundert bzw. um 800 gleichfalls diesen *mos monachorum*; *Gesta ss. patrum Fontanellensis coenobii*, edd. F. Lohier-J. Laporte (1936), S. 57; *Memoriale qualiter*, ed. C. Morgand, *Corpus Consuetudinum monasticarum*, I (1963), S. 235f. — Außer auf die römische Wurzel dieser monastischen Institution muß auf westgotische und gallische Vorbilder verwiesen werden; vgl. Fructuosus von Braga, *Regula monachorum*, Migne PL. 87, 1109 sowie K. Hallinger, 'Die römischen Ordines von Lorsch, Murbach und St. Gallen', in *Universitas. Festschrift für Bischof Dr. A. Stohr*, I (Mainz, 1960), S. 476 Anm. 75.

[14] Auf den Brauch, daß die Konventualen die einzelnen Altäre der Klosterkirche aufsuchten, scheinen die *Vita Pardulfi abbatis Waractensis*, MGH. SS. rer. Mer. VII,29, und Adalhard von Corbie, *Capitula de admonitionibus in congregatione*, cap. 45, ed. J. Semmler, *Corpus Consuetudinum monasticarum*, I (1963), S. 414, hinzuweisen. Angilbert von Saint-Riquier, *Institutio*, edd. K. Hallinger-M. Wegener-H. Frank, ebd. S. 302f., institutionalisierte ihn gleichsam, verband ihn mit der Rezitation von Psalmen und ausgewählten Gebeten und entrückte ihn damit dem Bereich des Privaten. *Credo* und *Paternoster* als Gebete, die Sünden(-strafen) zu tilgen imstande sind, kannte bereits Fruktuosus von Braga, *Regula monachorum*, Migne PL. 87, 1099.

[15] Die sog. 'trina oratio', die Benedikt von Aniane vor der Vigil, vor der Prim

Psalmengebet nach der Komplet gewesen zu sein[16]. Die Erhebung des praepositus zum Zweiten nach dem Abte[17] entgegen den dringenden Empfehlungen der Regel St. Benedikts[18] war in der monastischen

und nach der Komplet vorschrieb, bei der die Mönche die einzelnen Altäre der Klosterkirche aufzusuchen, das Vaterunser und das Glaubensbekenntnis zu beten hatten und ggf. den Mitbrüdern ihre Sünden bekennen konnten (vgl. *Vita Benedicti abb. Anianensis*, MGH. SS. XV,217), muß wohl von den *psalmi graduales* oder *speciales*, die, 15 insgesamt, vor der Matutin als Form des Lebenden- und Totengedächtnisses verrichtet wurden, getrennt werden; vgl. C. Molas, *Studia monastica*, 2 (1960), S. 207 mit Anm. 13 und S. 215. Später, vielleicht noch im 9. Jahrhundert, nahm die trina oratio auch Psalmen auf, so daß sie vielfach mit den *psalmi graduales* oder *psalmi speciales* zusammengeworfen wurde; vgl. T. Symons, 'A note on the *trina oratio*', *Downside Review*, 42 (1924), S. 67-83; vgl. auch K. Hallinger, 'Überlieferung und Steigerung' (wie II Anm. 16) S. 146f.

[16] Benedikt von Aniane schob der *Vita Benedicti abb. Anianensis*, MGH. SS. XV,216, zufolge dem abendlichen Altarbesuch die Rezitation von 10 Psalmen im Winter-, von 5 Psalmen im Sommerhalbjahr vor.

[17] *Synodi I Aquisgranensis decreta authentica* (816), capp. 29 und 30, ed. J. Semmler, *Corpus Consuetudinum monasticarum*, I (1963), S. 466. Als unmittelbare karolingische Vorbilder seien genannt *Duplex legationis edictum* (789), cap. 5, MGH. Capit. I,62; *Concilia in Bavaria habita* (800), can. 40, MGH. Concilia II,1,212; *Capitulare missorum in Theodonis villa datum mere ecclesiasticum* (805), cap. 15, MGH. Capit. I,122; *Memoriale qualiter*, ed. C. Morgand, *Corpus Consuetudinum monasticarum*, I (1963), S. 273; Adalhard von Corbie, *Statuta*, ed. J. Semmler, ebd. S. 366, 383 und 386. Die ältere monastische Überlieferung verzeichnen K. Hallinger, 'Papst Gregor der Große und der hl. Benedikt', *Studia Anselmiana*, 42 (1957), S. 297-305, sowie P. Engelbert, 'Die Herkunft des *ordo regularis*', *Revue bénédictine*, 77 (1967), S 290ff.

[18] *Regula s. Benedicti*, cap. 65, edd. A. de Vogüé-J. Neufville (wie II Anm. 79), S. 654-658. Vielleicht nahmen sich Montecassino, Weißenburg, St. Gallen, die Reichenau und Fulda die Warnung Benedikts von Nursia zu Herzen; jedenfalls fungierte in diesen Abteien bis ins 9. Jahrhundert hinein der praepositus nicht als Stellvertreter des Abtes, als Zweiter in der klösterlichen Hierarchie; *Theodemari abbatis Casinensis epistola ad Theodericum gloriosum*, edd. J. Winandy-K. Hallinger, *Corpus Consuetudinum monasticarum*, I (1963), S. 134; vgl. P. Engelbert, *Revue bénédictine*, 77 (1967), S. 293 (Montecassino); J. Semmler, *Zeitschrift für Kirchengeschichte*, 69 (1958), S. 281 (Weißenburg und St. Gallen); *Capitula ad Auuam directa*, cap. 5, ed. H. Frank, *Corpus Consuetudinum monasticarum*, I (1963), S. 334; *Supplex libellus monachorum Fuldensium*, capp. 11 und 15, ed. J. Semmler, ebd. S. 324f. Das Mainzer Konzil von 813, MGH. Concilia II,1,263, can. 11, teilte expressis verbis die Bedenken des hl. Benedikt. Smaragdus von Saint-Mihiel, *Expositio in regulam s. Benedicti*, edd. A. Spannagel-P. Engelbert, *Corpus Consuetudinum monasticarum*, VIII (1974), S. 319-322, verteidigt hingegen die Vorrangstellung des einen praepositus vor einer Mehrzahl von decani im wesentlichen mit der Differenzierung der Aufgaben in zahlenstarken Konventen und mit der Einsetzung des praepositus allein durch den Abt, so daß der monastischen Tradition gemäß die Unterordnung des praepositus unter den Abt keine Lockerung erführe. Hildemar von Corbie-Civate, *Expositio regulae*, ed. R. Mittermüller (wie II Anm. 1), S. 598-604, geht auf die von der *Regula s. Benedicti* aufgeworfene Problematik des Amtes des praepositus überhaupt nicht ein. Vgl. jetzt auch W. Horn-E. Born, *The Plan of St. Gall. A Study of the Architecture and Economy and Life in a Paradigmatic Carolingian Monastery*, I (Berkeley/Los Angeles/London, 1979), S. 331ff.

Tradition vorgegeben. Die Rezeption des Amtes der circatores[19] und die Einrichtung des klösterlichen carcer[20] stießen auf keinen Widerstand. Denn die feierliche Profeß, für die 816 die noch heute gültige Formel gefunden wurde[21], wirkte in solcher Weise gewissensbindend, daß man den in der *Regula s. Benedicti* vorgesehenen endgültigen Ausschluß aus der monastischen Gemeinschaft eigentlich nicht mehr ins Auge faßte[22].

[19] Die *Regula s. Benedicti*, cap. 48, edd. A. de Vogüé-J. Neufville (wie II Anm. 79), S. 602, sah vor, daß ein älterer Mönch oder auch zwei das monasterium in jenen Stunden kontrollierten, die dem Konvent für die Lektüre eingeräumt waren, damit niemand durch Geschwätz und Nichtstun sich jene Zeit vertreibe. Benedikt von Aniane hebt die zeitliche und räumliche Einschränkung für die 'circatores' genannten seniores auf; *Synodi I Aquisgranensis decreta authentica* (816), cap. 32, ed. J. Semmler, *Corpus Consuetudinum monasticarum*, I (1963), S. 466; *Ordo regularis*, edd. T. Leccisotti-K. Hallinger-M. Wegener, ebd. S. 103. Diese Erweiterung der Kompetenzen der circatores läßt sich allerdings vor Benedikt von Aniane nicht belegen; vgl. P. Engelbert, *Revue bénédictine*, 77 (1967), S. 295.

[20] Der klösterliche 'carcer' war bereits im Frankenreiche des 8. Jahrhunderts bekannt; Chrodegang von Metz, *Regula canonicorum*, cap. 15, ed. J.-B. Pelt (wie II Anm. 20), S. 16; weitere Belege bei P. Hofmeister, 'Die *excommunicatio regularis*', *Zeitschrift f. Rechtsgeschichte. Kanonist. Abt.*, 46 (1960), S. 146-150, sowie neuestens G. Binding, 'Köln-Aachen-Reichenau. Bemerkungen zum St. Galler Klosterplan von 817-819', *Kölner Universitätsreden*, 58 (Köln 1981), S. 19.

[21] Die Reformsynode von 816 erarbeitete die benediktinische Profeßformel anhand des von der *Regula s. Benedicti*, cap. 58, edd. A. de Vogüé-J. Neufville (wie II Anm. 79), S. 630, vorgegebenen Wortlauts; vgl. J. Semmler, *Zeitschrift für Kirchengeschichte*, 74 (1963), S. 46, Anm. 203. Diese Profeßformel übernahmen Smaragdus von Saint-Mihiel, *Expositio in regulam s. Benedicti*, edd. A. Spannagel-P. Engelbert, *Corpus Consuetudinum monasticarum*, VIII (1974), S. 150 und 295, und Hildemar von Corbie-Civate, *Expositio regulae*, ed. R. Mittermüller (wie II Anm. 1), S. 539. Wir kennen sie auch aus Zeugnissen, die aus der Abtei Reichenau (MGH. Formulae S. 570 n° 30), St. Gallen (MGH. Libri confraternitatum S. 125-133) und St. Maximin stammen (Paris, Bibliothèque Nationale, n.a.lat. 763, fol. 95ʳ). — Die Petitionsformel der benediktinischen Klosterreform des zweiten Jahrzehnts des 9. Jahrhunderts ist uns erhalten in Reichenau und Saint-Remi de Reims; vgl. unten III Anm. 49.

[22] Die *Regula s. Benedicti*, cap. 28, edd. A. de Vogüé-J. Neufville (wie II Anm. 79), S. 550ff., riet Äbten und Konventen, sich von Mitbrüdern, die sich schwer gegen Gott, die klösterliche Gemeinschaft und das christliche Sittengesetz vergangen hatten, aber weder durch Mahnungen, zeitweilige Isolation noch Züchtigung von ihrem Tun abließen, zu trennen. Das 8. und das 9. Jahrhundert zogen dem definitiven Ausschluß die Kerkerhaft vor; vgl. Chrodegang von Metz, *Regula canonicorum*, capp. 17-19, ed. J.-B. Pelt (wie II Anm. 20), S. 16f.; Benedikt von Aniane, *Modus penitentiarum*, ed. J. Semmler, *Corpus Consuetudinum monasticarum*, I (1963), S. 579 und 581ff. Selbst Mönche, vor allem oblati, die dem Kloster entflohen, versuchte man einzufangen und inhaftierte sie zwecks 'Umerziehung' im klösterlichen Kerker; vgl. *Synodi I Aquisgranensis decreta authentica* (816), cap. 36, ed. J. Semmler, *Corpus Consuetudinum monasticarum*, I (1963), S. 408; Hildemar von Corbie-Civate, *Expositio regulae*, ed. R. Mittermüller (wie II Anm. 1), S. 363 und 627; A. M. Schroll, *Benedictine monasticism as reflected in the Warnefrid-Hildemar commentaries on the rule*, Studies in history,

Außer auf die monastische Tradition seiner Zeit stützte sich Benedikt von Aniane auf eine zweite Autorität, auf die römische Kirche und ihre liturgische Ordnung. Für viele fränkische Klöster mit eingewurzelten liturgischen Überlieferungen bedeutete es einen grundstürzenden Einschnitt, wenn sie nach 816 sich auf das benediktinische officium umstellen[23] und damit das Prinzip des psalterium currens per hebdomadam aufgeben mußten[24]. Andere monasteria hingegen, die dank der seit Pippin III. geltenden fränkischen Kapitularien- und Synodalgesetzgebung das römische officium übernommen hatten[25], kostete

economics and public law, ed. by the Columbia University, 478 (New York, 1941), S. 103-106. Bekanntlich diente fränkischen Machthabern der Klosterkerker als Haftort für gefangene politische Gegner; vgl. K. Sprigade, *Die Einweisung ins Kloster und in den geistlichen Stand als politische Maßnahme im frühen Mittelalter*, phil. Diss. (Heidelberg, 1964).

[23] *Chronicon Laurissense breve ad a. 816*, ed. H. Schnorr von Carolsfeld, *Neues Archiv für ältere deutsche Geschichtskunde*, 36 (1911), S. 38f.; *Synodi I Aquisgranensis decreta authentica* (816), cap. 3, ed. J. Semmler, *Corpus Consuetudinum monasticarum*, I (1963), S. 458. Die geforderte Abänderung der Struktur des cursus durch die 816 dekretierte Umstellung des Chorgebets auf das 'officium iuxta quod in regula s. Benedicti continetur' griff naturgemäß in den Liturgievollzug der monastischen Gemeinschaften des Frankenreiches ein; vgl. J. Semmler, *Zeitschrift für Kirchengeschichte*, 71 (1960), S. 48ff.; ders. *Francia*, 3 (1975), S. 139f. Ein Synodalbeschluß von 817, ed. J. Semmler, *Corpus Consuetudinum monasticarum*, I (1963), S. 475, cap. 12, bezog auch das Gedächtnis für die Lebenden und Verstorbenen, die den monastischen Gemeinschaften Nahe- und Fernstehenden in die liturgische re-formatio ein: Statt der partitiones oder portiones psalterii, d.h. zusammenhängender Teile des ganzen Psalters, wie dies etwa in Saint-Riquier und in Fulda üblich war (vgl. Angilbert von Saint-Riquier, *Institutio*, edd. K. Hallinger-M. Wegener-H. Frank, *Corpus Consuetudinum monasticarum*, I (1963), S. 301; *Supplex libellus monachorum Fuldensium*, ed. J. Semmler, ebd. S. 321), sollten die Kommunitäten die memoria vivorum ac mortuorum außerhalb der Eucharistiefeier durch psalmi speciales begehen, die Benedikt von Aniane auf 15 festsetzte (*Vita Benedicti abb. Anianensis*, MGH. SS. XV,216) und die um die Mitte des 9. Jahrhunderts in der sog. *Collectio s. Martialis Lemovicensis*, cap. 76ff., ed. J. Semmler, *Corpus Consuetudinum monasticarum*, I (1963), S. 561, aber auch schon drei Jahrzehnte zuvor im Codex St. Gallen, Stiftsbibliothek, ms. 914, p. 194, ed. B. Albers, *Consuetudines monasticae*, III (Montecassino, 1907), S. 171, im einzelnen aufgezählt sind. Zu diesem Fragenkomplex C. Gindele, 'Das Wohltäter-Gedächtnis im frühbenediktinischen Stundengebet', *Erbe und Auftrag*, 36 (1960), S. 214-217; jüngst O. G. Oexle, 'Memorialüberlieferung und Gebetsgedächtnis in Fulda vom 8. bis zum 11. Jahrhundert' in *Die Klostergemeinschaft von Fulda im früheren Mittelalter*, Münstersche Mittelalter-Schriften, 8,1 (München 1978), S. 142ff., sowie K. Hallinger, 'Das Phänomen' (wie II Anm. 16), S. 199ff.

[24] Vgl. C. Gindele, *Zeitschrift für Kirchengeschichte*, 72 (1961), S. 308-312; K. Hallinger, 'Überlieferung und Steigerung' (wie II Anm. 16), S. 142-147.

[25] *Statuta Murbacensia*, ed. J. Semmler, *Corpus Consuetudinum monasticarum*, I (1963), S. 442; vgl. J. Semmler, *Francia*, 3 (1975), S. 140ff.

es wenig Mühe, dieser Forderung nachzukommen[26]. Manche Konvente fanden nun plötzlich Zeit für das opus manuum, Hilfsdienste der Mönche in Küche, Backstube und Werkstätten des Klosters, für den Garten[27], für das Säubern von Kleidern und Schuhen[28]. Zudem

[26] *Ratio de cursus (!) qui fuerunt eius auctores*, ed. J. Semmler, *Corpus Consuetudinum monasticarum* I, (1963), S. 91; vgl. O. Heiming, *Archiv für Liturgiewissenschaft*, 7 (1961), S. 146-154.

[27] Im Kapitel 48 seiner Regel, edd. A. de Vogüé-J. Neufville (wie II Anm. 79), S. 598-604, suchte Benedikt von Nursia den labor manuum und die lectio divina, die er als spirituelle Werte gleich hochschätzte, auch praktisch gleichmäßig über den monastischen Tageslauf hin zu verteilen. Im 8. und beginnenden 9. Jahrhundert gab es jedoch monastische Gemeinschaften, die faktisch die Handarbeit nicht mehr kannten, da das opus Dei die verfügbare Zeit in Anspruch nahm; vgl. C. Gindele, *Revue bénédictine*, 69 (1959), S. 32-48. Aber auch die umfassenden kulturellen Aufgaben, deren Träger das karolingische Mönchtum geworden war, drängten den labor manuum in den Hintergrund, womöglich sogar auch die lectio divina. Trotzdem galt selbst unter den veränderten spirituellen Idealen der Zeit Ludwigs des Frommen und Benedikts von Aniane das Einbringen der Ernte durch die Mönche selber als eine Art Notstandsmaßnahme. Daß sie wie der Konvent von Montecassino des 8. Jahrhunderts, der über nicht genügend servi verfügte, auch die Aussaat vornahmen, rechnete zu jenen Arbeiten, die man in der Aufbauphase eines Klosters nicht umgehen konnte; vgl. *Synodi I Aquisgranensis decreta authentica* (816), cap. 16, ed. J. Semmler, *Corpus Consuetudinum monasticarum*, I (1963), S. 461; *Theodemari abbatis Casinensis epistula ad Theodericum gloriosum*, edd. J. Winandy-K. Hallinger, ebd. S. 133 und 136; *Vita Benedicti abb. Anianensis*, MGH. SS. XV,203f. Denn mit der Notwendigkeit und Dringlichkeit solcher Arbeiten, die ja außerhalb der Klostermauern verrichtet werden mußten, lagen disziplinäre Gesichtspunkte im Widerstreit; vgl. *Synodi I Aquisgranensis decreta authentica* (816), cap. 32, ed. J. Semmler, *Corpus Consuetudinum monasticarum*, I (1963), S. 466; *Capitula Notitiarum*, cap. 14, ed. H. Frank, ebd. S. 343; Hildemar von Corbie-Civate, *Expositio regulae*, ed. R. Mittermüller (wie II Anm. 1), S. 483. Normalerweise sollte der labor manuum außer an den arbeitsfreien Sonn- und Feiertagen 4 Stunden betragen gegenüber 6-7 Stunden nach der *Regula s. Benedicti*; vgl. A. de Vogüé, *La Règle de saint Benoît*, Sources chrétiennes, 185 (Paris, 1971), S. 600, sowie Benedikt von Aniane, *Concordia regularum*, Migne PL. 103, 1193f.; Hildemar von Corbie-Civate, *Expositio regulae*, ed. R. Mittermüller (wie II Anm. 1) S. 489. Doch verstanden die monastischen Gesetzgeber darunter grundsätzlich alle anfallenden Arbeiten innerhalb des Klosterbereiches in Küche, Keller, Backstube, Brauerei, Werkstätten und Garten des Klosters. Auch darin konnten sie sich auf ältere Vorbilder stützen; vgl. *Memoriale qualiter*, ed. C. Morgand, *Corpus Consuetudinum monasticarum*, I (1963), S. 239; *Supplex libellus monachorum Fuldensium* cap. 16, ed. J. Semmler, ebd. S. 325; *Synodi I Aquisgranensis decreta authentica* (816), cap. 4, ed. J. Semmler, ebd. S. 458. Im Küchendienst wechselten sich die Mönche nach der sowohl in der *Regula Magistri*, capp. 18 und 25, ed. A. de Vogüé (wie II Anm. 2), S. 88 und 132, als auch in der *Regula s. Benedicti*, cap. 35, edd. A. de Vogüé-J. Neufville (wie II Anm. 79) niedergelegten Tradition wöchentlich ab; vgl. *Ordo Romanus XIX*, ed. J. Semmler, *Corpus Consuetudinum monasticarum*, I (963), S. 56; Chrodegang von Metz, *Regula canonicorum*, cap. 24, ed. J.-B. Pelt (wie II Anm. 20), S. 20; *Vita Benedicti abb. Anianensis*, MGH. SS. XV,216; Smaragdus von Saint-Mihiel, *Expositio in regulam s. Benedicti*, edd. A. Spannagel-P. Engelbert, *Corpus Consuetudinum monasticarum*, VIII (1974), S. 245ff.; Hildemar von Corbie-Civate, *Expositio regulae*, ed. R. Mittermüller (wie II Anm. 1), S. 358f.,

mußte im klösterlichen Tageslauf die nachmittägliche Konventsmesse eingeplant werden[29], wenn es auch Mönchskreise gab, die bereits um 800 täglich zwei Konventsmessen feierten[30]. Der Wegfall des Alleluia schon am Sonntag Septuagesima[31], das strenge Fasten am Karfreitag[32]

rec. Basilii, ed. W. Hafner, *Der Basiliuskommentar* (wie II Anm. 2), S. 118. Alle übrigen Dienste wurden für längere Fristen vergeben; *Supplex libellus monachorum Fuldensium*, cap. 16, ed. J. Semmler, *Corpus Consuetudinum monasticarum*, I (1963), S. 325; Adalhard von Corbie, *Statuta*, ed. J. Semmler, ebd. S. 380ff. Manche Werkstätte, u.a. Backstube und Brauerei, konnten die karolingischen Mönche vielfach ohne Hilfe laikaler Fachkräfte nicht betreiben; sie mußten daher in den Klausurbereich (*claustrum*) verlegt werden; vgl. *Statuta Murbacensia*, ed. J. Semmler, *Corpus Consuetudinum monasticarum*, I (1963), S. 444; Adalhard von Corbie, *Statuta*, ed. J. Semmler, ebd. S. 367; Smaragdus von Saint-Mihiel, *Expositio in regulam s. Benedicti*, edd. A. Spannagel-P. Engelbert, *Corpus Consuetudinum monasticarum*, VIII (1974), S. 324f.; Hildemar von Corbie-Civate, *Expositio regulae*, ed. R. Mittermüller (wie II Anm. 1), S. 182ff. Vgl. jetzt auch W. Horn-E. Born, *The Plan of St. Gall* (wie Anm. 18), I,23f. und III,189-202.

28 Vgl. *Statuta Murbacensia*, ed. J. Semmler, *Corpus Consuetudinum monasticarum*, I (1963), S. 443f.; *Synodi I Aquisgranensis decreta authentica* (816), cap. 4, ed. J. Semmler, ebd. S. 458; *Synodi II Aquisgranensis decreta authentica* (817), cap. 38, ed. J. Semmler, ebd. S. 480; Adalhard von Corbie, *Statuta*, ed. J. Semmler, ebd. S. 366 und 371f.; Adalhard von Corbie, *Capitula*, ed. J. Semmler, ebd. S. 418; Hildemar von Corbie-Civate, *Expositio regulae*, ed. R. Mittermüller (wie II Anm. 1), S. 203f.

29 Die tägliche Konventsmesse, die Benedikt von Nursia ebenso unbekannt war wie dem 'Magister' und dem hl. Columban, taucht offenbar zuerst in römischen Mönchskreisen auf, wenig später aber auch in Montecassino. Für Adalhard von Corbie und Benedikt von Aniane bildete sie bereits einen Höhepunkt des klösterlichen Alltags; vgl. *Ordo Romanus XV*, ed. J. Semmler, *Corpus Consuetudinum monasticarum*, I (1963), S. 74; *Theodemari abbatis Casinensis epistula ad Theodericum gloriosum*, edd. J. Winandy-K. Hallinger, ebd. S. 132; *Capitula in Auuam directa*, cap. 3; *Capitula notitiarum*, cap. 26, ed. H. Frank, ebd. S. 334 und 344; Adalhard von Corbie, *Capitula*, cap. 4, ed. J. Semmler, ebd. S. 409. Da sie an gewöhnlichen Tagen nachmittags zelebriert wurde, kollidierte ihr zeitlicher Ansatz in der Fastenzeit gleich mit zwei Vorschriften der Regel St. Benedikts: In der Quadragesima sollten die Mönche bis zur 10. Tagesstunde arbeiten; danach nahmen sie die Mittagsmahlzeit ein, an die sich unmittelbar die Vesper anschloß, die aber bei Einbruch der Dunkelheit beendet sein mußte; *Regula s. Benedicti*, cap. 48 und cap. 41, edd. A. de Vogüé-J. Neufville (wie II Anm. 79), S. 602 und 582. Autoritativ verkürzte die Reformsynode von 816 die Arbeitszeit der Mönche in der Fastenzeit um eine Nachmittagsstunde, um den nötigen Freiraum für die Konventsmesse zu schaffen; *Synodi I Aquisgranensis decreta authentica* (816), cap. 35, ed. J. Semmler, *Corpus Consuetudinum monasticarum*, I (1963), S. 467; Hildemar von Corbie-Civate, *Expositio regulae*, ed. R. Mittermüller (wie II Anm. 1), S. 481; dazu nunmehr A.A. Häußling, *Mönchskonvent* (wie I Anm. 10), S. 46-51.

30 Angilbert von Saint-Riquier, *Institutio*, edd. K. Hallinger-M. Wegener-H. Frank, *Corpus Consuetudinum monasticarum*, I (1963), S. 292, 293 und 299; vgl. O. Nußbaum, *Kloster, Priestermönch und Privatmesse*, Theophaneia, 14 (Bonn, 1961), S. 126-130.

31 Die *Regula s. Benedicti*, cap. 15, ed. A. de Vogüé-J. Neufville (wie II Anm. 79), S. 522ff., sah in den täglichen Vigilien den Jubelruf des Alleluia als Abschluß der letzten sechs Psalmen bis zum Caput Quadragesimae vor; an allen Sonntagen außerhalb der Quadragesima indes in allen liturgischen Tagzeiten. Unter dem Caput Quadragesimae

entsprachen dem Stand der damaligen liturgischen Entwicklung Roms, der sich vom Zustand des 6. Jahrhunderts, wie ihn die Regula des hl. Benedikt festhielt, beträchtlich entfernt hatte[33].

Als dritte Autorität, aufgrund derer Benedikt von Aniane die Benediktinerregel entsprechend ausdeutend ergänzte, bot sich die karolingische Gesetzgebung dar. Ihr entnahm der Reformabt die die Klostervorsteher stärker in ihre Gemeinschaften einbindenden Vorschriften über den Verkehr der Äbte mit ihren Gästen[34], deren Empfang,

verstand man im 6. Jahrhundert teils den ersten Fastensonntag (Invocabit), teils den Aschermittwoch; vgl. W. Böhne, 'Beginn und Dauer der römischen Fastenzeit im 6. Jahrhundert', *Zeitschrift für Kirchengeschichte*, 77 (1966), S. 224-237. Die Synode von 816 aber bestimmte, daß gemäß römischem Brauch des 8. und 9. Jahrhunderts schon am Sonntag Septuagesima das Alleluia entfallen müsse. *Synodi I Aquisgranensis decreta authentica* (816), cap. 28, ed. J. Semmler, *Corpus Consuetudinum monasticarum*, I (1963), S. 465. Während aber die *Ordines Romani XVI* und *XVII* aus der zweiten Hälfte des 8. Jahrhunderts, ed. J. Semmler, ebd. S. 17 und 38, in dieser Frage der Autorität der Benediktinerregel folgen, führen sowohl Amalarius, *De ordine antiphonarii*, ed. I. M. Hanssens, *Amalarii episcopi opera liturgica omnia*, III, Studi e Testi, 140 (Rom, 1950), S. 65ff., als auch Hrabanus Maurus, *De institutione clericorum*, ed. A. Knöpfler, *Veröffentlichungen aus dem Kirchenhistorischen Seminar der Universität München*, 1. Reihe 5 (München, 1900), S. 141, den 816 zu Aachen gefaßten Synodalbeschluß auf das Vorbild Gregors d. Großen zurück. Smaragdus von Saint-Mihiel, *Expositio in regulam s. Benedicti*, edd. A. Spannagel-P. Engelbert, *Corpus Consuetudinum monasticarum*, VIII (1974), S. 203f., und Hildemar von Corbie-Civate, *Expositio regulae*, ed. R. Mittermüller (wie II Anm. 1), S. 303ff., berufen sich ausdrücklich auf den Konzilskanon von 816.

[32] Die Verordnung der Synode von 817, ed. J. Semmler, *Corpus Consuetudinum monasticarum*, I (1953), S. 475, cap. 7, wonach am Karfreitag den monastischen Gemeinschaften nur Wasser und Brot vorgesetzt werden dürfe, läßt sich über *Theodemari abbatis Casinensis epistula ad Theodericum gloriosum*, edd. J. Winandy-K. Hallinger, ebd. S. 130, und den *Ordo Romanus XVI*, ed. J. Semmler, ebd. S. 19, bis zu Gregor d. Großen, *Dialogi*, edd. A. de Vogüé-P. Antin (wie I Anm. 3), S. 132ff., zurückverfolgen. Doch auch die *Regula Magistri*, cap. 53, ed. A. de Vogüé (wie II Anm. 2), S. 254, kennt diese strenge Fastenbestimmung.

[33] J. Semmler, *Francia*, 3 (1975), S. 141f. Was für das officium in beschränktem Umfang gilt, stellt sich bei den eucharistischen Riten und den übrigen liturgischen Bräuchen und Zeremonien in ganz anderer Weise dar. Hier zählte nur die möglichst weitgehende Konformität mit Rom; vgl. C. Vogel, *Introduction aux sources de l'histoire du culte chrétien au moyen âge*, Biblioteca degli Studi medievali, 1 (Spoleto, 1966), S. 48-85, 117-120 und 185f.; A. A. Häußling, *Mönchskonvent* (wie I Anm. 10), S. 68-71 und 174-181.

[34] Die Synode des August 816 schrieb den Äbten vor, künftig mit den Gästen des Klosters im Refektorium zu speisen, d.h. unter den wachsamen Augen des Konvents, der an reichhaltigeren Mahlzeiten, die der Klostervorsteher der Gäste wegen anordne, teilhaben solle. Damit wollten die Synodalen sicherstellen, daß die Äbte nicht besser und mehr aßen und tranken als die ihnen unterstellten Mönche; *Synodi I Aquisgranensis decreta authentica* (816), capp. 23 und 25, ed. J. Semmler, *Corpus Consuetudinum monasticarum*, I (1963), S. 464f. Den Konventsoberen Zulagen an Speise und Trank zu verschaffen mit der Entschuldigung, den Gästen solle es an nichts fehlen und dem

Unterbringung und Versorgung sich nach ihrem sozialen Rang richtete[35], was die Regel zumindest nicht in dieser Form vorgesehen hatte[36]. Hier fand er auch Bestimmungen über den Eigentumsverzicht der Novizen, der bereits während der Probezeit und zwar zugunsten der Eltern der angehenden Mönche ausgesprochen werden sollte[37].

Gastgeber müsse aus Anstandsgründen dasselbe vorgesetzt werden (vgl. Hildemar von Corbie-Civate, *Expositio regulae*, ed. R. Mittermüller (wie II Anm. 1), S. 504), bekämpfte die karolingische Gesetzgebung als Mißbrauch: *Concilium Suessionense* (744), can. 3, MGH. Concilia II,1,34; *Duplex legationis edictum* (789), capp. 9, 26 und 31, MGH. Capit. I,63; *Concilium Francofurtense* (794), can. 13; *Concilium a. 800 in Bavaria habitum*, can. 45, MGH. Concilia II,168 und 212; *Capitulare missorum generale* (802), capp. 11-13, MGH. Capit. I,93. Freilich hatte die Benediktinerregel capp. 53 und 56, edd. A. de Vogüé-J. Neufville (wie II 79), S. 614 und 622, mit der Einrichtung einer eigenen Küche für den Abt und die Gäste und der Bestellung des Klosteroberen als des eigentlichen Partners der Gäste einen solchen Mißbrauch gleichsam schon vorprogrammiert.

[35] Die *Regula Benedicti abbatis Anianensis sive Collectio capitularis* (818/19?), cap. 31 b, ed. J. Semmler, *Corpus Consuetudinum monasticarum*, I (1963), S. 521f., bestimmte, daß der Abt mit Bischöfen, Äbten, Kanonikern und Adligen, die das Kloster als Gäste aufsuchten, die Mahlzeiten einnehme, nicht mit anderen Personengruppen. Wenn dies im Refektorium geschah, was der Wortlaut des Kapitulars allerdings nicht mit zweifelsfreier Deutlichkeit erkennen läßt, dann griff die Reformsynode nur eine bereits von Chrodegang von Metz, *Regula canonicorum*, cap. 21, ed. J.-B. Pelt (wie II Anm. 20), S. 18f., erlassene Bestimmung auf. Die Bemerkung der *Regula s. Benedicti*, cap. 53, edd. A. de Vogüé-J. Neufville (wie II Anm. 79), S. 612, jedem Gast sei der congruus honor zu erweisen, gestattete der karolingischen Zeit, ein ausgefeiltes Empfangs- und Besuchszeremoniell zu entwickeln, das sich nach Rang und sozialer Stellung der hospites richtete; vgl. Hildemar von Corbie-Civate, *Expositio regulae*, ed. R. Mittermüller (wie II Anm. 1), S. 503f.; P. Willmes, *Der Herrscher-Adventus* (wie I Anm. 23), S. 58-76. Divites und pauperes brachte man in je einem eigenen hospitale unter; vgl. E. Lesne, *Histoire de la propriété ecclésiastique en France*, VI, Mémoires et travaux publiés par des professeurs des Facultés catholiques de Lille, 53 (Lille, 1943), S. 122-126; M. Mollat, 'Les moines et les pauvres (XIe-XIIe siècles)', in *Il monachesimo e la riforma ecclesiastica (1049-1122)*. Atti della IV^{a} settimana di studio ... Mendola ... 1968. Pubblicazioni dell'Università Cattolica del Sacro Cuore. Contributi. Serie terza. Varia 7 (Mailand, 1970), S. 200-205.

[36] *Regula s. Benedicti*, capp. 53 und 56, edd. A. de Vogüé-J. Neufville (wie II Anm. 79), S. 610-616 und 622; vgl. P. Willmes, *Der Herrscher-Adventus* (wie I Anm. 23), S. 30-51.

[37] Die *Synodi I Aquisgranensis decreta authentica* (816) schrieben im 33. Kapitel vor, ed. J. Semmler, *Corpus Consuetudinum monasticarum*, I (1963), S. 466f., daß der Novize schon bei der Aufnahme in die *cella hospitum*, in der er nach der *Regula s. Benedicti*, cap. 58, ed. A. de Vogüé-J. Neufville (wie II Anm. 79), S. 626, nur wenige Tage verblieb, auf seine weltlichen Besitztümer und sein Eigentum verzichte. Seine Eltern und Verwandten sollten sie treuhänderisch verwalten. Nimmt man die Bestimmung des Kapitels 59 der Benediktinerregel, edd. A. de Vogüé-J. Neufville (wie II Anm. 79), S. 632ff., hinzu, daß eben diese Treuhänder sich eidlich verpflichten mußten, dem Novizen weder direkt noch indirekt die Nutznießung seines Eigentums und Besitzes zukommen zu lassen, sondern ggf. selbst die Erträgnisse zu nutzen, war gerade der von der karolingischen Gesetzgebung bekämpften Praxis fürs erste ein Riegel vorgeschoben, Novizen wegen ihres Besitzes und um ihrer beweglichen und unbeweglichen

'Perfectum itaque prosperatumque est opus... cunctaque monasteria ita ad formam unitatis redacta sunt, acsi ab uno magistro et in uno imbuerentur loco. Uniformis mensura in potu, in cibo, in vigiliis, in modulationibus observanda est tradita', weiß die *Vita* Benedikts von Aniane zu berichten[38]. Doch übernahmen cuncta monasteria jene forma unitatis, beobachteten sie in der Folgezeit die ihnen auferlegte uniformis mensura? Schon die Überlegung, daß es vom 10. Jahrhundert an trotz der unbestrittenen Anerkennung der *Regula s. Benedicti* als der fundamentalen und ausschließlichen Norm benediktinischen Mönchtums Divergenzen der consuetudines gab, legt eine verneinende Antwort auf diese unsere Frage nahe[39]. Das benediktinische officium, auf der Aachener Synode des Jahres 816 ausdrücklich vorgeschrieben[40], übernahmen bei weitem nicht alle Konvente im Frankenreich[41]. Die liturgisch bedeutsamsten Tage des Kirchenjahres, die drei letzten

Habe willen für das Kloster anzuwerben; *Concilium Francofurtense* (794), can. 16, MGH. Concilia II,1,168; *Capitula de causis cum episcopis et abbatibus tractanda* (811), capp. 8 und 10, MGH. Capit. I,163; *Supplex Libellus monachorum Fuldensium*, capp. 7-9, ed. J. Semmler, *Corpus Consuetudinum monasticarum*, I (1963), S. 323f.; *Concilium Cabillonense* (813), can. 7, MGH. Concilia II,1,275; *Capitulare ecclesiasticum* (818/19), cap. 8, MGH. Capit. I,277; vgl. F. J. Felten, *Äbte* (wie II Anm. 27), S. 171f. — Nach Ablauf des Noviziatsjahres solle der angehende Mönch nach der Vorschrift der Regel handeln, d.h. über seinen Besitz und sein Eigentum zugunsten der Armen oder des Klosters verfügen. Meine Interpretation des cap. 33 der *Synodi I Aquisgranensis decreta authentica* (816) in *Zeitschrift für Kirchengeschichte*, 74 (1963), S. 45f. und *Corpus Consuetudinum monasticarum*, I (1963), S. 466 schenkte diesem Schlüsselsatz des *capitulum* keine Beachtung und konstruierte daher eine schwerwiegende Divergenz zwischen dem Wortlaut der Regel und dem Beschluß der Aachener Synode von 816.

[38] *Vita Benedicti abb. Anianensis*, MGH. SS. XV,215f.

[39] Vgl. z.B. J. Hourlier, 'Cluny et la notion d'ordre religieux', in *A Cluny. Congrès scientifique, fêtes et cérémonies liturgiques en l'honneur des saints abbés Odon et Odilon (9-11 juillet 1949)* (Dijon, 1950), S. 219-226; K. Hallinger, *Gorze-Kluny*, Studia Anselmiana, 22/25 (Rom, 1950/51), S. 870-983; T. Schieffer, 'Cluniazensische oder gorzische Reformbewegung?', *Archiv für mittelrheinische Kirchengeschichte*, 4 (1952), S. 24-44; K.-U. Jäschke, 'Zur Eigenständigkeit einer Junggorzer Reformbewegung', *Zeitschrift für Kirchengeschichte*, 81 (1980), S. 17-43; N. Bulst, *Untersuchungen zu den Klosterreformen Wilhelms von Dijon (962-1031)*, Pariser Historische Studien, 11 (Bonn, 1973), bes. S. 192-198; B. H. Rosenwein, 'Rules and the "Rule" at tenth-Century Cluny', *Studia monastica*, 19 (1977), S. 307-320.

[40] *Chronicon Laurissense breve ad a. 816*, ed. H. Schnorr von Carolsfeld, *Neues Archiv für ältere deutsche Geschichtskunde*, 36 (1911), S. 38f.; *Synodi I Aquisgranensis decreta authentica* (816), cap. 3, ed. J. Semmler, *Corpus Consuetudinum monasticarum*, I (1963), S. 458; *Chronicon Moissiacense ad a. 815*, MGH. SS. I,311; *Vita Hludowici imperatoris*, MGH. SS. II,622; *Annales Hildesheimenses ad a. 816*, ed. G. Waitz, MGH. SS. rer. Germ. in us. schol. (Hannover, 1878), S. 15.

[41] Vgl. Hildemar von Corbie-Civate, *Expositio regulae*, ed. R. Mittermüller (wie II Anm. 1), S. 255f.

Kartage und den Ostersonntag, sollten die benediktinischen Gemeinschaften mit der gesamten fränkischen Kirche nach römischer Ordnung feiern, verlangten Vertreter des Episkopats auf der gleichen Synode, unterstützt vom Kaiser[42]. Die klösterlichen Synodalen wußten sich nicht zu einigen: Manche setzten erwartungsgemäß an den vier genannten Tagen das benediktinische officium zugunsten des römischen aus. Die boni abbates, wie unsere Quelle sie nennt, bestanden darauf, am Hohen Ostertag wieder zum Chorgebet benediktinischer Ordnung zurückkehren zu dürfen. Intransigente Kreise machten geltend, daß die Vorschrift, benediktinische Gemeinschaften hätten das officium getreu nach ihrer Regel zu gestalten, überhaupt keine Ausnahme zulasse[43]. Daß das Alleluia römischem Brauch gemäß schon am Sonntag Septuagesima ausfallen sollte[44], lehnte 816 eine opponierende Minderheit gleichfalls ab[45]. Hinsichtlich des mandatum, das nicht auf den Gründonnerstag beschränkt war[46], erzielte man kein Einver-

[42] Hildemar von Corbie-Civate, *Expositio regulae*, ed. R. Mittermüller (wie II Anm. 1), S. 301f.; vgl. K. Hallinger, *Gorze-Kluny* (wie Anm. 39), S. 906f.

[43] Hildemar von Corbie-Civate, *Expositio regulae*, ed. R. Mittermüller (wie II Anm. 1), S. 301f.; T. Symonds, 'Sources of the *Regularis Concordia*', *Downside Review*, 59 (1941), S. 17-20.

[44] *Synodi I Aquisgranensis decreta authentica* (816), cap. 28, ed. J. Semmler, *Corpus Consuetudinum monasticarum*, I (1963), S. 465. Sowohl die *Statuta Murbacensia*, ed. J. Semmler, ebd. S. 447, als auch Smaragdus von Saint-Mihiel, *Expositio in regulam s. Benedicti*, edd. A. Spannagel-P. Engelbert, *Corpus Conuetudinum monasticarum*, VIII (1974), S. 203f., führen diesen Synodalbeschluß auf das römische Vorbild zurück; vgl. auch C. Callewaert, *Sacris erudiri* (Steenbrugge, 1940), S. 643-657; J. Froger, 'L'Alleluia dans l'usage romain et la réforme de saint Grégoire', *Ephemerides liturgicae*, 62 (1948), S. 6-48. Ob diese römische Praxis auf Gregor I. zurückgeht (vgl. oben Anm. 31), läßt sich aufgrund anderslautender Zeugnisse des 8. Jahrhunderts nicht mit Sicherheit entscheiden.

[45] Hildemar von Corbie-Civate, *Expositio regulae*, ed. R. Mittermüller (wie II Anm. 1), S. 305. Die Opponenten beriefen sich auf den Wortlaut der *Regula s. Benedicti*, cap. 15, edd. A. de Vogüé-J. Neufville (wie II Anm. 79), S. 522. Sie hätten auch die *Ordines Romani XVI* und *XVII*, ed. J. Semmler, *Corpus Consuetudinum monasticarum*, I (1963), S. 17 und 38, sogar als römische Autoritäten aus dem dritten Viertel des 8. Jahrhunderts anführen können.

[46] *Synodi I Aquisgranensis decreta authentica* (816), capp. 21 und 22, ed. J. Semmler, *Corpus Consuetudinum monasticarum*, I (1963), S. 463. Sowohl die Magisterregel als auch Columban sprachen sich für das tägliche *mandatum fratrum* aus; vgl. T. Schäfer, *Die Fußwaschung im monastischen Brauchtum und in der lateinischen Liturgie*, Texte und Arbeiten, hrsg. durch die Erzabtei Beuron, 1. Abt. Heft 47 (Beuron, 1956), S. 61f. Wenn nicht alles trügt, beobachteten auch die Klöster um den hl. Bonifatius diesen Brauch; JW. 2291, in MGH. Epist. sel. I, 194-201 n° 87; dazu H. Dickerhof, *Sammelblatt des Historischen Vereins Eichstätt*, 71/72 (1978/79), S. 66. Erst Benedikt von Aniane lenkte zur Vorschrift der *Regula s. Benedicti*, cap. 35, edd. A. de Vogüé-J. Neufville (wie II Anm. 79), S. 566, zurück, die Fußwaschung im Konvent nur einmal wöchentlich vorzunehmen; vgl. *Capitula in Auuam directa*, cap. 10, ed. H. Frank, *Corpus*

nehmen darüber, ob es stillschweigend oder unter begleitenden liturgischen Gesängen vorgenommen würde[47]. Selbst bei den obligatorischen Hymnen der monastischen Matutin fehlte die Einheitlichkeit der gesungenen Texte[48].

Ob das von den Eltern für ihr unmündiges Kind abgelegte Gelübde den oblatus an sein Kloster band und in seinem Stande festhielt[49], auch wenn er das Alter erreicht hatte, in dem er eigenverantwortlich für sich selbst entscheiden konnte, stellte eine moraltheologische Frage dar, an deren autoritativer Lösung durch einen außenstehenden Gesetzgeber ggf. ein Menschenschicksal zerbrechen konnte. Das Konzil von 817 zu Aachen, engagierte Laien und erneut die ostfränkische Synode von 829 zu Mainz verlangten die unabdingbare Erneuerung des elterlichen Versprechens seitens des oblatus, ehe man ihn zur Profeß zuließe[50]. Hrabanus Maurus, zweifellos eine anerkannte theologische Autorität, im konkreten Falle aber Partei, beharrte auf der unumstöß-

Consuetudinum monasticarum, I (1963), S. 336; Hildemar von Corbie-Civate, *Expositio regulae*, ed. R. Mittermüller (wie II Anm. 1), S. 398; Smaragdus von Saint-Mihiel, *Expositio in regulam s. Benedicti*, edd. A. Spannagel-P. Engelbert, *Corpus Consuetudinum monasticarum*, VIII (1974), S. 247. Der in der *Regula Magistri*, cap. 53, ed. A. de Vogüé (wie II Anm. 2), S. 250, verankerte Brauch, in der Fastenzeit das mandatum auszusetzen, war im beginnenden 9. Jahrhundert durchaus noch lebendig; vgl. *Statuta Murbacensia*, ed. J. Semmler, *Corpus Consuetudinum monasticarum*, I (1963), S. 463.

47 Die *Regula Magistri*, cap. 30, ed. A. de Vogüé (wie II Anm. 2), S. 166, schrieb vor, wenigstens nach der Komplet das mandatum stillschweigend zu vollziehen. Entgegen dem Synodalbeschluß von 816, daß passende Antiphonen das mandatum fratrum auszeichnen sollten (vgl. dazu B. Bischoff, 'Caritas-Lieder', *Mittelalterliche Studien*, I (Stuttgart, 1967), S. 59-68), hielten sowohl die *Capitula in Auuam directa*, cap. 10, ed. H. Frank, *Corpus Consuetudinum monasticarum*, I (1963), S. 336, als auch Hildemar von Corbie-Civate, *Expositio regulae*, ed. R. Mittermüller (wie II Anm. 1), S. 454f., an diesem Modus fest.

48 Vgl. Gottschalk von Orbais, *De trina Deitate* und *Responsa de diversis*, ed. C. Lambot, *Œuvres théologiques et grammaticales de Godescalc d'Orbais*, Spicilegium sacrum Lovaniense, 20 (Löwen, 1945), S. 86 und 141f.

49 Den Ritus der 'oblatio pueri' beschreibt Hildemar von Corbie-Civate, *Expositio regulae*, ed. R. Mittermüller (wie II Anm. 1), S. 548ff. Die benediktinische 'Formula petitionis' findet sich in MGH. Formulae S. 570, n° 32 (Reichenau) und bei L. Delisle, *Instructions adressées par le Comité des travaux historiques et scientifiques aux correspondants du Ministère de l'Instruction publique et des Beaux-Arts* (Paris, 1890), S. 10 (Saint-Remi vor Reims). Die eigentliche Oblationsformel überliefert Smaragdus von Saint-Mihiel, *Expositio in regulam s. Benedicti*, edd. A. Spannagel-P. Engelbert, *Corpus Consuetudinum monasticarum*, VIII (1974), S. 302.

50 *Synodi II Aquisgranensis decreta authentica* (817), cap. 17, ed. J. Semmler, *Corpus Consuetudinum monasticarum*, I (1963), S. 477; Hrabanus Maurus, *Liber de oblatione puerorum*, Migne PL. 107, 431; MGH. Epist. V,529f.; vgl. dazu E. Freise, 'Studien zum Einzugsbereich der Klostergemeinschaft von Fulda', in *Die Klostergemeinschaft von Fulda im früheren Mittelalter*, Münstersche Mittelalter-Schriften, 8,2 (München, 1978), S. 1020-1028.

lichen Gültigkeit des Gelübdes der Eltern für ihr Kind[51]. Eine Annäherung der Standpunkte war nicht zu erzielen. Der hl. Benedikt wollte jeden Novizen einem Jahre der Prüfung unterziehen, bis er ihn in die klösterliche Gemeinschaft aufnahm[52]. Das Noviziatsjahr umfaßte eine erste Phase von nur wenigen Tagen, während derer sich der künftige Mönch in der Gästezelle aufhielt[53]. Eine Richtung des karolingischen Mönchtums dehnte diese Zeit auf ganze zwei Monate aus[54], erachtete die geforderte Absichtserklärung des Novizen, der Mönchsgemeinschaft beitreten zu wollen[55], als ein im Gewissen bindendes Gelübde[56], übergab ihm anschließend das Mönchskleid und erteilte ihm die monastische Tonsur[57]. Benedikt von Aniane, der, auf den Wortlaut der *Regula s. Benedicti* gestützt[58], die Ableistung der gesamten Probationszeit verlangte, ehe er dem Novizen Tonsur und Mönchsgewandung zuerkannte, wehrte sich mit Recht gegen diese Entwertung der monastischen Profeß durch die faktische Verkürzung des Noviziatsjahres[59]. Wie lange der Mönch nach dem Empfang der Tonsur sein Haupt zu verhüllen hatte, ob drei[60] oder sieben Tage lang[61], wußten die Synodalen von 817 letztlich auch nicht zu entscheiden.

[51] Hrabanus Maurus, *Liber de oblatione puerorum*, Migne PL 107, 419-439.

[52] *Regula s. Benedicti*, cap. 58, edd. A. de Vogüé-J. Neufville (wie II Anm. 79), S. 626-632.

[53] *Regula s. Benedicti*, cap. 58, edd. A. de Vogüé-J. Neufville (wie II Anm. 79), S. 626; *Regula Benedicti abbatis Anianensis sive Collectio capitularis* (818/19?), cap. 28, ed. J. Semmler, *Corpus Consuetudinum monasticarum*, I (1963), S. 523.

[54] Hildemar von Corbie-Civate, *Expositio regulae*, ed. R. Mittermüller (wie II Anm. 1), S. 534 und 537.

[55] *Regula s. Benedicti*, cap. 58, edd. A. de Vogüé-J. Neufville (wie II Anm. 79), S. 628.

[56] Hildemar von Corbie-Civate, *Expositio regulae*, ed. R. Mittermüller (wie Anm. II 1), S. 536f., schließt nach Ablauf der ersten zwei Monate der Probationszeit bereits die Rückkehr in die 'Welt' aus.

[57] Hildemar von Corbie-Civate, *Expositio regulae*, ed. R. Mittermüller (wie II Anm. 1), S. 537 und 540. Der Regelkommentator beruft sich für seine Ansicht auf seinen monastischen Lehrmeister Adalhard von Corbie; vgl. Hildemar von Corbie-Civate, *Expositio regulae rec. Basilii*, ed. W. Hafner, *Der Basiliuskommentar* (wie II Anm. 2), S. 140. Adalhard selbst stand in einer ehrwürdigen, freilich nicht-benediktinischen Tradition; vgl. K. Hallinger, *Studia Anselmiana*, 42 (1957), S. 281-288; J. Semmler, *Zeitschrift für Kirchengeschichte*, 74 (1963), S. 47f.

[58] *Regula s. Benedicti*, cap. 58, edd. A. de Vogüé-J. Neufville (wie II Anm. 79), S. 628.

[59] Nach Hildemar von Corbie-Civate, *Expositio regulae rec. Basilii*, ed. W. Hafner, *Der Basiliuskommentar* (wie II Anm. 2), S. 140, gerieten Adalhard von Corbie und Benedikt von Aniane über diese Frage in einen heftigen Wortwechsel (contentio). Der Zusammenstoß kann nach Lage der Dinge nur auf der Synode von 802 erfolgt sein; vgl. J. Semmler, *Zeitschrift für Kirchengeschichte*, 74 (1963), S. 48f.

[60] *Synodi II Aquisgranensis decreta authentica* (817), cap. 16, ed. J. Semmler, *Corpus Consuetudinum monasticarum*, I (1963), S. 476; Hildemar von Corbie-Civate, *Expositio regulae*, ed. R. Mittermüller (wie II Anm. 1), S. 547.

[61] Die Belege für die augenscheinlich ältere Praxis, wonach der Mönch nach der

Die Tage, an denen der Mönch sich rasieren mußte, suchten die Konzilsväter von 816 und 817 ebenfalls zu fixieren, ohne Erfolg[62]. Das Bad, anfangs aus asketischen Gründen ganz untersagt[63], sodann einer revidierten Stellungnahme zufolge nur zu Weihnachten und Ostern gestattet[64], überstellte die Synode von 817 schließlich der alleinigen Entscheidungskompetenz des jeweiligen Hausoberen[65]. Die monastische Tracht paßten die Aachener Synodalen des Jahres 816 von den Vor-

Profeß eine Woche lang sein Haupt verhüllen müsse, vielleicht in bewußter Bezugnahme auf die Zeitdauer, da der (erwachsene) Neugetaufte sein Taufkleid trug, stellt H. Frank, 'Untersuchungen zur Geschichte der benediktinischen Profeßliturgie im frühen Mittelalter', *Studien u. Mitteilungen a.d. Geschichte d. Benediktinerordens u. seiner Zweige*, 63 (1951), S. 115-123 zusammen. Im 9. Jahrhundert erscheint diese Praxis bei Hildemar von Corbie-Civate, *Expositio regulae rec. Basilii*, ed. W. Hafner, *Der Basiliuskommentar* (wie II Anm. 2), S. 100, Anm. 94; ed. R. Mittermüller (wie II Anm. 1), S. 539; im 10. Jahrhundert fand sie Eingang in das *Pontificale Romano-Germanicum*, cap. 29, edd. C. Vogel-R. Elze, Studi e Testi, 226 (Rom, 1963), S. 72.

[62] Die im Montecassino des 8. Jahrhunderts und im Kloster des Autors der Murbacher Statuten faßbare Gewohnheit kannte bestimmte (offenbar meist unmittelbar vor kirchlichen Hochfesten liegende) Tage für die Rasur; vgl. *Theodemari abbatis Casinensis epistula ad Theodericum gloriosum*, edd. J. Winandy-K. Hallinger, *Corpus Consuetudinum monasticarum*, I (1963), S. 135; *Statuta Murbacensia*, ed. J. Semmler, ebd. S. 446. Die Aachener Reformgesetzgebung hielt daran nur hinsichtlich des Karsamstags und des Samstags nach Ostern fest; ansonsten richtete sie einen Turnus von zwei Wochen ein; *Synodi I Aquisgranensis decreta authentica* (816), cap. 8; *Synodi II Aquisgranensis decreta authentica* (817), cap. 11, ed. J. Semmler, ebd. S. 459 und 475.

[63] *Statuta Murbacensia*, ed. J. Semmler, *Corpus Consuetudinum monasticarum*, I (1963), S. 447. Das strikte Verbot des Bades für die Mönche, das vorwiegend disziplinäre und pädagogische Gründe diktierten, geht in die 'vorbenediktinische' Zeit Benedikts von Aniane zurück, es beherzigte aber auch Benedikts von Nursia Warnung vor allzu häufigem Baden; *Vita Benedicti abb. Anianensis*, MGH. SS. XV,202; *Regula s. Benedicti*, cap. 36, edd. A. de Vogüé-J. Neufville (wie II Anm. 79), S. 570.

[64] Im Gegensatz zu den *Statuta Murbacensia* (vgl. die vorige Anm.) berichten die *Acta praeliminaria* der Aachener Synode von 816 und das Kapitular selber, ed. J. Semmler, *Corpus Consuetudinum monasticarum*, I selber, ed. J. Semmler, *Corpus Consuetudinum monasticarum*, I (1963), S. 435, cap. 8 und 459, cap. 7, den Mönchen sei das Einzelbad zu Ostern und Weihnachten gestattet worden. Die nur in einer Handschrift überlieferten *Acta praeliminaria synodi I Aquisgranensis*, ed. J. Semmler, ebd. S. 435f., lassen sich der in diesem Punkte zutagetretenden inhaltlichen Verschiedenheiten wegen nicht mit J. Leclercq, *Studi medievali*, 3ª ser. 5 (1964), S. 660, als 'table de capitula se référant aux Statuts de Murbach' einstufen.

[65] *Synodi II Aquisgranensis decreta authentica* (817), cap. 10. ed. J. Semmler, *Corpus Consuetudinum monasticarum*, I (1963), S. 475. Hildemar von Corbie-Civate, *Expositio regulae*, ed. R. Mittermüller (wie II Anm. 1), S. 408, kennt Klostervorsteher, die auch zu Pfingsten ihren Mönchen das Bad gestatten. Er ist zudem der Meinung, Mönche, die schwere und schmutzige Arbeiten verrichteten, müßten häufiger baden, als dies die erste Reformsynode von 816 zugestehen wollte. Die Korrektur dieses Beschlusses im darauffolgenden Jahre war schon aus Vernunftgründen überfällig; vgl. W. Horn-E. Born, *The Plan of St. Gall* (wie Anm. 18) I, 262-267, und G. Binding, 'Köln-Aachen-Reichenau' (wie Anm. 20), S. 16f.

schriften der Benediktinerregel abweichend den Erfordernissen und klimatischen Bedingungen im fränkischen Reiche an[66]. Über die Frage, ob und wann femoralia zu tragen seien, scheinen sie sich förmlich zerstritten zu haben[67]. Aus verschiedenen Traditionen erwachsene Divergenzen blieben auch über die Zahl der erlaubten Hauptmahlzeiten an den kirchlichen und den monastischen Fasttagen, also jeweils mittwochs und freitags, an den Bitt- und Quatembertagen sowie in der

[66] Schon die *Regula s. Benedicti*, cap. 55, edd. A. de Vogüé-J. Neufville (wie II Anm. 79) S. 618, wies den Abt darauf hin, daß Kleidung und Schuhwerk seiner Mönche sich nach den klimatischen Bedingungen des Standortes des Klosters richten müßten, und zählte beispielshalber die Garderobe eines mittelitalienischen Mönchs auf. Die Synode von 816 zu Aachen stellte sie für den fränkischen Mönch zusammen; vgl. *Synodi I Aquisgranensis decreta authentica* (816), cap. 20, ed. J. Semmler, *Corpus Consuetudinum monasticarum*, I (1963), S. 462. Anscheinend fügten sich die fränkischen Klöster diesem Beschluß; vgl. *Statuta Murbacensia*, ed. J. Semmler, ebd. S. 446; Smaragdus von Saint-Mihiel, *Expositio in regulam s. Benedicti*, edd. A. Spannagel-P. Engelbert, *Corpus Consuetudinum monasticarum*, VIII (1974), S. 285; Adalhard von Corbie, *Statuta*, ed. J. Semmler, *Corpus Consuetudinum monasticarum*, I (1963), S. 371; Hildemar von Corbie-Civate, *Expositio regulae*, ed. R. Mittermüller (wie II Anm. 1), S. 513ff. Nur Fulda wollte an der Mönchstracht, die der hl. Bonifatius selbst aufgrund des Berichtes des Abtes Sturmi, der sich ein Jahr lang in Montecassino aufhielt, ausgewählt hatte, keine Änderung dulden; *Supplex libellus monachorum Fuldensium*, cap. 10, ed. J. Semmler, *Corpus Consuetudinum monasticarum*, I (1963), S. 324; vgl. J. Semmler, *Zeitschrift für Kirchengeschichte*, 69 (1958), S. 277ff. Benedikt von Nursia verstand das 'scapulare' als Arbeitskleid; in karolingischer Zeit nannte man dieses Kleidungsstück 'cuculla'; die Reformsynode von 817 bemaß seine Länge mit zwei Ellen. Seitlich geschlitzt, wurde es von den fränkischen Benediktinern immer getragen; vgl. Smaragdus von Saint-Mihiel, *Expositio in regula s. Benedicti*, edd. A. Spannagel-P. Engelbert, *Corpus Consuetudinum monasticarum*, VIII (1974), S. 285; Hildemar von Corbie-Civate, *Expositio regulae*, ed. R. Mittermüller (wie II Anm. 1), S. 513; *Synodi II Aquisgranensis decreta authentica* (817), cap. 23, ed. J. Semmler, *Corpus Consuetudinum monasticarum*, I (1963), S. 478; dazu K. Hallinger, *Gorze-Kluny* (wie Anm. 39), S. 675-689.

[67] *Femoralia* gestand Benedikt von Nursia, *Regula*, cap. 55, edd. A. de Vogüé-J. Neufville (wie II 79), S. 620, seinen Mönchen nur auf Reisen zu; bei der Rückkehr ins Kloster mußten sie gewaschen zurückgegeben werden. Nach der 816 zu Aachen entworfenen Kleiderordnung, *Synodi I Aquisgranensis decreta authentica*, (816), cap. 20, ed. J. Semmler, *Corpus Consuetudinum monasticarum*, I (1963), S. 462, gehörten zwei femoralia zur obligatorischen Garderobe des Mönchs. Dagegen, daß femoralia von Mönchen aus gesundheitlichen Gründen ständig getragen wurden, erhob sich im 9. Jahrhundert kein Widerspruch. Auch stieß die Ansicht von Äbten, während des Dienstes am Altar müßten schicklicherweise femoralia angelegt werden, offenbar nicht auf Ablehnung; Smaragdus von Saint-Mihiel, *Expositio in regula s. Benedicti*, edd. A. Spannagel-P. Engelbert, *Corpus Consuetudinum monasticarum*, VIII (1974), S. 288; Hildemar von Corbie-Civate, *Expositio regulae*, ed. R. Mittermüller (wie II Anm. 1), S. 515. Daß femoralia in einigen Klöstern aber von allen Mönchen immer getragen wurden, fand nicht die Billigung mancher Mönchskreise; vgl. Smaragdus von Saint-Mihiel, a.a.O.; Hildemar von Corbie-Civate, *Expositio regulae*, ed. R. Mittermüller (wie II Anm. 1), S. 520f.

Zeit vom 13. September bis zum Beginn der Fastenzeit, trotz langer Beratungen bestehen[68]. Die Ansichten zu dem Problem, ob der Abt, wenn er mit hochgestellten Gästen außerhalb des Refektoriums speisen dürfe oder sie im Speisesaal der Mönche an seinen Tisch bitten müsse, sich selber mit der Ration an Speise und Trank, die jeder seiner Konventualen erhielt, zufrieden zu geben habe oder ob ihm quantitativ und qualitativ das Menu der Besucher gewährt werden könne, ließen sich nicht miteinander vereinbaren[69].

Eine libra Brot und eine hemina Wein wollte Benedikt von Nursia seinen Mönchen täglich zugemessen wissen[70]. Um welche Menge es sich aber bei diesen Maßangaben handelte, wußte man im 9. Jahrhundert nicht mehr[71]. Die Klostervorsteher wichen auf die karolingische libra aus, über deren Gewicht es trotz Karls d. Großen Münz- und Gewichtsreform[72] es noch immer erhebliche Differenzen

[68] Trotz der eindeutigen Bestimmungen der *Synodi I Aquisgranensis decreta authentica* (816), capp. 9 und 35, ed. J. Semmler, *Corpus Consuetudinum monasticarum*, I (1963), S. 459 und 467, die sich auf die monastische Tradition im Frankenreich stützen konnten (vgl. *Memoriale qualiter*, ed. C. Morgand, ebd. S. 257f., und Hildemar von Corbie-Civate, *Expositio regulae*, ed. R. Mittermüller (wie II Anm. 1), S. 436f.), gab es monastische Kreise, die dem ganzen Konvent, vor allem den zum labor manuum abgeordneten Brüdern, eine zusätzliche Mahlzeit an Fasttagen oder doch wenigstens in der Erntezeit zwischen dem 13. September und dem 1. Oktober zu verschaffen suchten; vgl. Hildemar von Corbie-Civate, a.a.O. S. 449-452.

[69] Vgl. *Regula Benedicti abbatis Anianensis sive Collectio regularis* (818/19?), cap. 21, ed. J. Semmler, *Corpus Consuetudinum monasticarum*, I (1963), S. 521f. Der bischöfliche Leiter des Klosters, für das die *Statuta Murbacensia*, ed. J. Semmler, ebd. S. 447f., bestimmt waren, erhielt beim Besuch von Gästen gelegentlich andere Gerichte als die Mönche. Hildemar von Corbie-Civate, *Expositio regulae*, ed. R. Mittermüller (wie II Anm. 1), S. 504, plädiert indes für die konventuale Ration und Kost, die der Abt auch dann erhalten solle, wenn er mit Gästen speise; vgl. nunmehr auch P. Willmes, *Der Herrscher-Adventus* (wie I Anm. 23), S. 128ff., und F. J. Felten, *Äbte* (wie II Anm. 27), S. 26 mit Anm. 53, sowie G. Binding, 'Köln - Aachen - Reichenau' (wie Anm. 20), S. 18f.

[70] *Regula s. Benedicti*, capp. 39 und 40, edd. A. de Vogüé-J. Neufville (wie II Anm. 79), S. 576 und 578.

[71] Vgl. zuletzt W. Horn-E. Born, *The Plan of St. Gall* (wie Anm. 18) I,275-280 und II,255-259.

[72] Zur Münz- und Gewichtsreform Karls des Großen *Concilium Francofurtense* (794), can. 5, MGH. Concilia II,1,166; *Institutio canonicorum Aquisgranensis*, ebd. 402f.; *Capitula legi addita* (816), cap. 2, MGH. Capit. I,269f.; vgl. dazu P. Grierson, 'Money and coinage under Charlemagne', in *Karl der Große. Lebenswerk und Nachleben*, I (Düsseldorf, 1965), S. 507 und 524-530. M. Rouche, 'La faim à l'époque carolingienne: Essai sur quelques types de rations alimentaires', *Revue historique*, 250 (1973), S. 195-320, bes. S. 303-310, gelangt zu widersprüchlichen Resultaten. Er weist zwar darauf hin, daß das karolingische Maß- und Gewichtssystem z. Zt. Ludwigs des Frommen ein fast heillos zu nennendes Chaos bildete, daß man vor allem die genauen Maße, die die Benediktinerregel im Auge hatte, nicht mehr kannte, um dann doch Relationen herzustellen. Da er die monastischen Texte nur kursorisch und unvollständig,

gab[73]. Die hemina vini gar ließ sich nur mehr oder weniger willkürlich mit karolingischen Hohlmaßen gleichsetzen[74]. Dort, wo nicht genügend Wein zur Verfügung stand, konzedierte die Aachener Reformsynode von 816 die doppelte Menge guten Bieres[75]. Obwohl dieser Beschluß in der monastischen Tradition verankert war[76], begnügten sich Mönchskreise mit der einfachen Bierration, die den fehlenden Wein ersetzen mußte[77]. Als schier unlösbares Problem entpuppte sich die Frage, ob Geflügel etwa als Festtagsgericht den Mönchen serviert werden dürfe oder nicht. Denn die Antwort hing vom jeweiligen wissenschaftlichen Standpunkt ab, von der Auffassung darüber, ob volatilia im Schöpfungsplan Gottes den vierfüßigen Tieren zugeordnet seien[78] und ihr Genuß daher unter das kategorische Verbot der *Regula*

die Ordnungen für die Kanoniker dagegen regelmäßig auswertet, zieht er den ungerechtfertigten Schluß, der karolingische Mönch habe das Drei-bis Vierfache von dem erhalten, was ihm die Regel zubilligte.

[73] *Brevium exempla 25*, MGH. Capit. I,254; vgl. M. Prou, 'La livre dite de Charlemagne', *Mémoires de la Société nationale des antiquaires de France*, 6e série, 4 (1894), S. 244-262; A. Dopsch, *Die Wirtschaftsentwicklung der Karolingerzeit*, II 2(Weimar, 1922), S. 339f.; R. Nový, 'Die Münz- und Währungsreform Karls des Großen', *Historica*, 14 (1967), S. 19-32; J. Lafaurie, 'Numismatique. Des Carolingiens aux Capétiens', *Cahiers de Civilisation médiévale*, 13 (1970), S. 127-130.

[74] Smaragdus von Saint-Mihiel, *Expositio in regulam s. Benedicti*, edd. A. Spannagel-P. Engelbert, *Corpus Consuetudinum monasticarum*, VIII (1974), S. 258, zog sich auf die Definition Isidors von Sevilla, *Etymologiae*, XVI,26,5, ed. W. M. Lindsay (Oxford, 1911) zurück; 1 hemina = 1 libra = 2 sextarii (ca. 0,25 l). Adalhard von Corbie, *Statuta*, ed. J. Semmler, *Corpus Consuetudinum monasticarum*, I (1963), S. 373, ging vom modius aus, den er so teilte, daß jeder peregrinus, an dem der Konvent das mandatum vollzog, zwei calices Wein oder Bier erhielt, etwas mehr als 0,33 l. Eine solche Berechnung aber bedurfte der Sanktionierung, da die karolingischen Hohlmaße von den gleichnamigen antiken abwichen. Daher, so berichtet Hildemar von Corbie-Civate, ed. R. Mittermüller (wie II Anm. 1), S. 445, schickte Karl der Große nach Montecassino 'et ibi reperit antiquam heminam'. Hildemars Erzählung stützt die *Theodemari epistula ad Karolum regem*, edd. K. Hallinger-M. Wegener, *Corpus Consuetudinum monasticarum*, I (1963), S. 163: Der fränkische Herrscher erhielt aus Montecassino eine mensura, die, zweimal gefüllt, eine hemina ausmachte; vgl. jetzt W. Horn-E. Born, *The Plan of St. Gall* (wie Anm. 18), I,296-305.

[75] *Synodi I Aquisgranensis decreta authentica* (816), cap. 20, ed. J. Semmler, *Corpus Consuetudinum monasticarum*, I (1963), S. 463.

[76] Vgl. Chrodegang von Metz, *Regula canonicorum*, cap. 23, ed. J.-B. Pelt (wie II Anm. 20), S. 23.

[77] Adalhard von Corbie, *Statuta*, ed. J. Semmler, *Corpus Consuetudinum monasticarum*, I (1963), S. 370; Hildemar von Corbie-Civate, *Expositio regulae*, ed. R. Mittermüller (wie II Anm. 1), S. 445.

[78] Hildemar von Corbie-Civate, *Expositio regulae*, ed. R. Mittermüller (wie II Anm. 1), S. 409ff., 414ff. und 441f., leitet das Verbot für die Mönche, Geflügel (volatilia) auf den Tisch zu bringen, aus der Prämisse ab, die volatilia zählten zu den vierfüßigen Tieren; vgl. A. M. Schroll, *Benedictine monasticism* (wie Anm. 22), S. 174f., und J. Semmler, '*Volatilia*. Zu den benediktinischen Gewohnheiten des 9. Jahrhunderts',

s. Benedicti falle[79] oder den Fischen, so daß sie unbedenklich den Speisezettel der Benediktiner aufbessern könnten[80]. Entsprechend bezogen die Reformsynoden Stellung: Dem strikten Verbot der Synode von 816[81] steht die Konzession des Konzils von 817 gegenüber[82], die sich vielleicht an Montecassinos Beispiel ausrichtete[83] und zu Weihnachten und Ostern mitsamt den Festoktaven Geflügel anstandslos zum Festgericht erklärte. Die endgültige Redaktion der beiden Reformkapitularien, die wahrscheinlich erst 818/19 erfolgte, hält die Erlaubnis von 817 fest, verkürzt aber unterschiedlich die Zeitspanne, während derer in der Weihnachts- und der Osteroktav Geflügel auf den Tisch der Mönche kommen durfte[84]. Dadurch, daß sie die Verwendung tierischer Fette zur Bereitung klösterlicher Mahlzeiten vorsah, löste die Synode von 816 ähnliche Meinungsverschiedenheiten unter den Benediktinern des karolingischen Zeitalters aus[85].

Studien u. Mitteilungen a.d. Geschichte d. Benediktinerordens und seiner Zweige, 69 (1958), S. 163f.

[79] *Regula s. Benedicti*, capp. 36 und 39, edd. A. de Vogüé-J. Neufville (wie II Anm. 79), S. 571f. und 578.

[80] Dies ist die Argumentation des Hrabanus Maurus, *De institutione clericorum*, ed. A. Knöpfler (wie Anm. 31), S. 110.

[81] *Synodi I Aquisgranensis decreta authentica* (816), capp. 6 und 31, ed. J. Semmler, *Corpus Consuetudinum monasticarum*, I (1963), S. 458 und 466, *Statuta Murbacensia*, ed. J. Semmler, ebd. S. 445f.; Smaragdus von Saint-Mihiel, *Expositio in regulam s. Benedicti*, edd. A. Spannagel-P. Engelbert, *Corpus Consuetudinum monasticarum*, VIII (1974), S. 257.

[82] *Synodi II Aquisgranensis decreta authentica* (817), cap. 43, ed. J. Semmler, *Corpus Consuetudinum monasticarum*, I (1963), S. 481.

[83] *Theodemari abbatis Casinensis epistula ad Karolum regem*, edd. K. Hallinger-M. Wegener, *Corpus Consuetudinum monasticarum*, I (1963), S. 165f.; *Theodemari abbatis Casinensis epistula ad Theodericum gloriosum*, edd. J. Winandy-K. Hallinger, ebd. S. 133.

[84] *Regula Benedicti abbatis Anianensis sive Collectio capitularis* (818/19?), cap. 77, ed. J. Semmler, *Corpus Consuetudinum monasticarum*, I (1963), S. 534f.; vgl. J. Semmler, *Studien u. Mitteilungen a.d. Geschichte d. Benediktinerordens u. seiner Zweige*, 69 (1958), S. 170-176.

[85] Benedikt von Aniane verbot ursprünglich die Verwendung tierischer Fette. Vielleicht die Tatsache, daß Öl zur Bereitung der Speisen für Großkonvente zu teuer und nicht überall in ausreichender Menge zu beschaffen war, veranlaßte ihn, doch zu erlauben, daß die Klosterküche Tierfett verwertete. Die Auchener Synode von 816 gestattete denn auch generell die Verwendung von Rinderfett, Schmalz usw. zur Speisenbereitung in den Mönchsküchen, die Abstinenztage ausgenommen; *Synodi Aquisgranensis decreta authentica* (816), cap. 20, ed. J. Semmler, *Corpus Consuetudinum monasticarum*, I (1963), S. 462f. An diesen Abstinenztagen blieb den Laien der Fleischgenuß untersagt, an jedem Freitag, vom Sonntag Quinquagesima an bis Ostern und vor Weihnachten; vgl. Adalhard von Corbie, *Statuta*, ed. J. Semmler, ebd. S. 406; vgl. dazu A. E. Verhulst-J. Semmler, 'Les statuts d'Adalhard de Corbie de l'an 822', *Le Moyen Age*, 68 (1962), S. 257. Dabei lassen die Quellen die Tendenz erkennen, die Abstinenzzeit vor Weihnachten

Die Applikation der 816-818/19 als Kapitularien verkündeten ersten benediktinischen consuetudo des Abendlandes in den einzelnen Klöstern des Frankenreiches, für die sie bestimmt war, läßt sich — von dem meist mit Benedikt von Aniane übereinstimmenden Kommentar des Abtes Smaragdus von Saint-Mihiel zur Benediktinerregel und dem der Tradition Corbies verpflichteten Regelkommentar des Mönches Hildemar von Corbie-Civate[86] abgesehen — nur punktuell erfassen. In einzelnen Klöstern mögen Einzelbestimmungen dieser consuetudo als Indiz dienen, um die Zugehörigkeit des betr. monasterium zum Benediktinertum des 9. Jahrhunderts in Erwägung zu ziehen. Will man indes die Konformität des gemeinschaftlichen Lebens in den einzelnen Abteien mit den synodalen Bestimmungen des vierten Jahrfünfts des 9. Jahrhunderts oder Abweichungen gegenüber der monastischen Kapitulariengesetzgebung Ludwigs des Frommen überprüfen, dann reichen die Angaben unserer Quellen in den seltensten Fällen aus.

IV.

Trotz dieser Vorbehalte wagen wir es, die in unserm Thema beschlossene Frage nach der Leistung Benedikts von Aniane und den Konsequenzen seines Wirkens thesenartig zu beantworten:

1) Benedikt von Aniane gelang es, die überkommene monastische Tradition, wie sie sich seit etwa der Mitte des 6. Jahrhunderts entwickelt hatte, im Abendlande, vorerst freilich im Imperium Francorum gleichsam aufzufangen und sie dabei für die kommenden Mönchsgenerationen selektiv zu sichten. Denn er erhob die *Regula s. Benedicti*, bislang in die monastische Tradition eingebettet, zum ausschließlichen

zu verkürzen: Für Chrodegang von Metz, *Regula canonicorum*, cap. 20, ed. J.-B. Pelt (wie II Anm. 20), S. 18, begann sie noch an Martini (11. November); die Synode von 816 zu Aachen sprach von 20 Tagen; das Reichskonzil von 818/19 begnügte sich mit 8 Tagen; *Regula Benedicti abbatis Anianensis sive Collectio capitularis* (818/19?), cap. 74, ed. J. Semmler, ebd. S. 534. Von der Möglichkeit, die Mahlzeiten der Mönche mit tierischen Fetten zuzubereiten, wollte Hildemar von Corbie-Civate, *Expositio regulae rec. Basilii*, ed. W. Hafner (wie II Anm. 2), S. 135, ed. R. Mittermüller (wie II Anm. 1), S. 411, nichts wissen: Tierische Fette würden aus dem Fleisch vierfüßiger Tiere gewonnen und seien folglich dem Fleisch zuzurechnen; ihren Genuß verbiete somit die Regel selbst.

[86] Zum Regelkommentar des Hildemar von Corbie-Civate zuletzt K. Zelzer, 'Überlegungen zu einer Gesamtedition des frühkarolingischen Kommentars zur Regula s. Benedicti aus der Tradition des Hildemar von Corbie', *Revue bénédictine*, 91 (1981), S. 373-382.

Grundgesetz des abendländischen Mönchtums. Die Hilfe der staatlichen Gewalt in Anspruch nehmend, drängte er mit Hilfe des karolingischen Herrschaftsinstrumentariums die Träger jedweder anderen monastischen Tradition zumindest offiziell in den Bereich des Kanonikertums ab. Wenn so bis weit ins 12. Jahrhundert hinein es nur noch Mönchtum auf benediktinischer Grundlage im abendländischen Bereich geben sollte, dann verdient der Heilige aus Aniane, der diese entscheidende Wende herbeiführte und damit das Benediktinertum erst eigentlich begründete, den Beinamen, den ihm schon die Zeitgenossen zulegten[1], die ehrenvolle Bezeichnung 'Benedictus II' zu Recht.
2) Um das benediktinische Rahmengesetz, die *Regula s. Benedicti*, auszufüllen, erstellte Benedikt von Aniane eine von allen Benediktinerklöstern zu befolgende Ausführungsverordnung, die durchzusetzen er wiederum die staatlichen Zwangsmittel in Anspruch nahm, die una consuetudo. Doch die Kaisermacht, das Kontrollorgan der missi monastici und die zentralen Synoden reichten nicht aus, um auch der una consuetudo zu Siege zu verhelfen: Zum einen tastete Benedikt von Aniane die Autonomie des Einzelklosters nicht an; sein kaiserlicher Herr stärkte sie gar noch durch seine gezielte Privilegierung. Zum andern fand Benedikt nach seinem Tode im Februar 821 nicht den gleicherweise und überall respektierten Nachfolger. Ludwig der Fromme gab eher dem Vertreter einer konkurrierenden monastischen Richtung den Vorzug, wenn auch nur für ganze vier Jahre[2]. Aber

[1] *Capitula qualiter observationes sacrae in nonnullis monasteriis habentur quas bonae memoriae Benedictus secundus in coenobiis suis alumnis habere instituit*, ed. H. Frank, *Corpus Consuetudinum monasticarum*, I (1963), S. 353. — Diese Bezeichnung Benedikts von Aniane wurde nach seinem Tode geprägt, wie der Zusatz bonae memoriae ausweist. Die älteste Handschrift, in der er sich findet, entstand im zweiten Viertel des 9. Jahrhunderts; vgl. H. Frank, a.a.O. S. 349 und 351. Noch unter dem Eindruck seines Hinscheidens stehend, sandten seine Jünger zu Kornelimünster an die Gemeinschaft von Aniane einen Nachruf auf den Verstorbenen, der in dem Satz gipfelt: 'Hic est Benedictus per quem dominus Christus in omni regno Francorum regulam sancti Benedicti restauravit'. Wenn dieser Satz einerseits dem mittelalterlichen Begriff der re-formatio, der Wiederherstellung (restauratio) eines (oftmals nur gedachten, ideellen) früheren Zustandes, verhaftet ist und somit dem Durchbruch, den Benedikt von Aniane erzielte, nicht gerecht wird, so verschleiert er zumindest andererseits die Grenzen, die dem Erfolg des 'zweiten Benedikt' gesetzt waren.

[2] Wie es scheint, stand Benedikt von Aniane den Intrigen nicht fern, die zur Verbannung Adalhards von Corbie führten; vgl. *Vita Adalhardi abbatis Corbeiensis*, MGH. SS. II,527; *Translatio s. Viti martyris*, ed. I. Schmale-Ott (wie II Anm. 52), S. 38. Unmittelbar nach Benedikts von Aniane Tod berief Ludwig der Fromme Adalhard aus dem Exil zurück, setzte ihn als Abt wieder ein und zog ihn an den Hof; vgl. *Vita Hludowici imperatoris*, MGH. SS. II,626; *Vita Adalhardi abbatis Corbeiensis*, MGH. SS. II,529; *Translatio s. Viti martyris*, ed. I. Schmale-Ott (wie II Anm. 52), S. 42. Corbies monastische Aktivität in Sachsen und Italien legt nahe, daß der Kaiser Adalhard

schon auf den Reformsynoden der Jahre 816-818/19, da Benedikt von Aniane selbst die Reform in allen Bereichen vorantrieb, vermochten sich die maßgeblichen Männer nicht über die praktische Ausgestaltung der una consuetudo zu einigen.

Benedikt von Aniane verhalf der una regula, der *Regula s. Benedicti*, als einziger gültiger Norm monastischer Existenz im Frankenreiche zum Siege, Dies ist seine lange verkannte geschichtliche Leistung. Die una consuetudo, die auf dieser Basis aufruhte, allen fränkischen Benediktinerklöstern in all ihren Einzelbestimmungen aufzuprägen, glückte ihm nicht. Darf man ihm dies als sein ureigenstes Versagen anrechnen?

Universität Düsseldorf

wie schon Karl der Große als vornehmlichsten Berater in allen Fragen des Mönchswesens heranzog; vgl. auch MGH. Epist. V,164ff. n°s 4 und 5; E. Boshof, *Agobard von Lyon, Leben und Werk*, Kölner Historische Abhandlungen, 17 (Köln/Wien, 1969), S. 84f. Wenn nicht alles trügt, kommentierte der fränkische Episkopat, der sehr wohl wußte, daß Adalhard aufgrund seiner Herkunft und seiner monastischen Tradition Benedikts von Aniane Werk nicht ohne Änderungen in Konzeption und Durchführung fortsetzen werde, in einer Eingabe an den Kaiser den 'Richtungswechsel' mit der lapidaren Feststellung, die beatae recordationis Benedicti abbatis regula genüge zur Weiterführung der klösterlichen Erneuerung vollauf; *Relatio episcoporum*, can. 9, MGH. Concilia II,2,591. Aber schon am 2. Januar 826 segnete der greise Abt von Corbie seinerseits das Zeitliche; *Vita Adalhardi abbatis Corbeiensis*, MGH. SS. II,532. Vgl. dazu vorerst J. Semmler, *Zeitschrift für Kirchengeschichte*, 74 (1963), S. 76-80. Meine Schülerin Frau Brigitte Kasten wird in ihrer in Vorbereitung befindlichen Biographie Adalhards von Corbie diesen Problemkreis in weiteren Zusammenhängen behandeln.

Adriaan H. Bredero

CLUNY ET LE MONACHISME CAROLINGIEN : CONTINUITÉ ET DISCONTINUITÉ

Le monastère de Cluny date de 909. C'était une fondation de l'abbé Bernon, qui déjà à ce moment-là se trouvait à la tête de plusieurs abbayes fondées par lui-même. Ces monastères suivaient la règle de saint Benoît de Nursie selon les mesures de réforme introduites en 817 au synode d'Aix-la-Chapelle à l'instigation de Benoît d'Aniane[1]. Bernon mourut en 926, laissant par testament à son parent Guidon plusieurs de ses monastères dont ce dernier, par voie de succession, devint abbé. Comme abbé de ses autres monastères Bernon désigna le moine Odon, entré à l'abbaye de Baume durant son abbatiat. De ce dernier groupe de monastères, dont Baume ne faisait pas partie, Cluny était le plus important. Cluny avait eu comme cofondateur Guillaume d'Aquitaine qui y fut inhumé et où Bernon avait, lui aussi, choisi sa dernière demeure. Il n'apparaît pas clairement lequel de ces deux groupes, à la mort de Bernon, passait pour le plus important. En effet, le testament de Bernon stipulait que Cluny, en contrepartie d'une propriété qui lui était attribuée, devait payer un cens annuel de douze deniers à l'abbaye de Gigny, le premier en date des monastères fondés par Bernon, et où celui-ci avait commencé son activité de réformateur de la vie monastique[2].

Le mouvement monastique, dont Cluny fut le centre, commença discrètement dans la ligne d'un renouveau monastique plus général qui se dessinait au Xe siècle. Mais quand Cluny eut pu faire adopter son mode de vie par d'autres monastères qui lui avaient été confiés, soit par leurs commendataires laïcs soit par la communauté elle-même, Cluny devint un ordre dont la fonction d'abbé général fut assumée par l'abbé de ce monastère.

Au sujet de l'action que Cluny a exercée dans la société de l'Europe occidentale du Xe et du XIe siècle, les historiens ont émis des juge-

[1] Ph. Schmitz, 'L'Influence de Saint Benoît d'Aniane dans l'histoire de l'ordre de Saint Benoît', dans *Il Monachesimo nell'alto medioevo e la formazione della civiltà occidentale* (Spoleto, 1957), 401-415. J. Semmler, 'Die Beschlüsse des Aachener Konzils im Jahre 816', *Zeitschrift für Kirchengeschichte*, 74 (1963), 15-82.

[2] PL CXXXIII, col. 853-58. J. Wollasch, *Cluny im 10. und 11. Jahrhundert* (Göttingen, 1967), 12-13.

ments divergents. Ce désaccord était dû en grande partie aux points de vue différents qu'on adoptait. Si on concentrait son attention sur Cluny même, on était porté à parler d'une institution monastique de l'époque carolingienne finissante. Si, au contraire, on situait Cluny dans le cadre plus large de l'évolution sociale de son temps, Cluny apparaissait plutôt comme le point de départ de la réforme grégorienne, sans en exclure la Querelle des investitures[3].

Pour porter un jugement exact sur Cluny, il faut faire la distinction entre l'abbaye, le mode de vie, l'ordre et le mouvement de réforme, ce dernier pouvant en outre être considéré soit du point de vue monastique, soit du point de vue de l'Église en général. Dans son mode de vie, Cluny a été une continuation du monachisme carolingien, surtout sous un de ses aspects fondamentaux, à savoir la liturgie. Dans son organisation en tant qu'ordre, Cluny en était également la continuation, pour autant que l'abbé de Cluny pouvait être considéré comme l'*abbas primus*. D'autre part, Cluny était nettement en discontinuité avec le monachisme carolingien par ses liens avec le pape et par son exemption de la juridiction de l'évêque du lieu. Aussi bien dans sa continuité que dans sa discontinuité, Cluny a connu une certaine évolution.

Cluny n'était d'ailleurs pas seul à vouloir se mettre sous l'autorité directe du pape. Sous Charlemagne et surtout sous Louis le Pieux, les monastères carolingiens avaient cherché à se mettre sous la protection des rois contre l'ingérence des seigneurs féodaux[4]. Après le démembrement de l'empire carolingien et la disparition d'un pouvoir central, la protection royale perdit toute efficacité. Les monastères commencèrent alors, dès le milieu du IXe siècle, à chercher protection auprès du pape, ou du moins à obtenir un privilège papal garantissant leur droit de propriété sur leurs possessions[5]. L'abbé Bernon chercha lui aussi à obtenir cette protection en faveur de ses monastères. Il avait dédié son premier monastère à saint Pierre, et se crut donc en droit de prier le pape de placer Gigny et ses possessions sous la protection de saint Pierre. De fait, en 895 Gigny obtint un privilège papal[6].

[3] P. R. Mathe, *Studien zum früh- und hochmittelalterlichen Königtum*, Diss. Bern, éd. 1976, 239.

[4] J. Semmler, 'Traditio und Königsschutz. Studien zur Geschichte der königlichen Monasteria', *Zeitschrift für Rechtsgeschichte, Kan. Abt.* 45 (1959), 1-33.

[5] E. Boshof, 'Traditio Romana und Papstschutz im 9. Jahrhundert. Untersuchungen zur vorcluniazensischen Libertas', dans E. Boshof et H. Wolter, *Rechtsgeschichtlich-diplomatische Studien zu frühmittelalterlichen Papsturkunden* (Köln-Wien, 1976), 1-100.

[6] PL CXXIX, col. 845-6. B. Prost, 'Essai historique sur les origines de l'abbaye

Il en fut de même pour l'abbaye de Cluny qui, lors de sa fondation, avait été dédiée aux apôtres Pierre et Paul[7]. Après 926, Cluny obtint effectivement la protection papale, quoique ce ne fût pas sous la forme d'un privilège spécial. A cette époque Jean X s'adressa au roi Rodolphe, à l'archevêque de Lyon, à quelques évêques et à plusieurs comtes, suite à un conflit entre Gigny et Cluny au sujet du testament de Bernon. Dans sa lettre, le pape prenait la défense de Cluny[8]. Cette lettre eut comme conséquence que dans les chartes de dotation en faveur de Cluny, une clause fut désormais modifiée, ce qui est passé inaperçu jusqu'à ce jour. Selon la formule antérieure, toute atteinte portée à la dotation était sanctionnée d'une amende[9]. Mais la nouvelle formulation de la sanction prit un caractère sacral, affirmant qu'en plus de la peine pécuniaire, le contrevenant s'attirait la colère divine[10]. Dès le début, la protection matérielle accordée par le pape avait eu une dimension sacrale, mais peu à peu, grâce au privilège d'exemption, elle se transforma en une protection spirituelle, ce qui était dans la ligne du mouvement de réforme représenté par Cluny[11].

La continuité aussi bien que la discontinuité de Cluny avec le monachisme carolingien étaient liées aux changements sociaux de l'époque. L'accent mis sur la spiritualité du monachisme carolingien ainsi que le fait de se placer sous l'autorité directe du pape, sont une conséquence de la désagrégation du régime politique carolingien. L'évolution dans les deux sens a suivi une marche parallèle, jusqu'à ce que les deux tendances furent dépassées par les nouvelles transformations sociales du début du XIIe siècle. Une seule conférence ne

de Baume-les-Moines', *Mémoires de la société d'émulation du Jura* (années 1871-72), 112-114.

[7] A. Bernard et A. Bruel, *Recueil des Chartes de Cluny* I (Paris, 1876), 124-28, nr. 112. (abrév. *Recueil*).

[8] J.-L. 3578. *Bullarium Cluniacense*, 2. PL CXXXII, col. 812. La date n'est pas tout à fait sûre. Le terminus post quem est 926, après le testament de Bernon, mais je le place après avril 927; cf. ci-dessous, n. 9.

[9] Par exemple la formule d'une charte d'avril 927. *Recueil* 279, nr. 283 : 'Si quis vero ... contra hanc donationem venire aut calumniare voluerit, non valeat vindicare quod repetit, sed inferat illi cui temptat auri libras VI componat ...'.

[10] Par contre la formule d'une charte de janvier 929 : 'Si quis vero contra hanc donationem aliquid contradicere voluerit, iram Dei omnipotentis incurrat et non valeat quod repetit vindicare; sed insuper cui litem infert auri libras II componat'. *Recueil*, 352, nr. 374. Cette différence de formule ne fut pas aperçue, probablement à cause de la datation approximative de ce privilège papal et d'autre part parce qu'un grand nombre de chartes de date incertaine ont reçu dans ce recueil une place chronologiquement trop avancée.

[11] J.F. Lemarignier, 'L'Exemption monastique et les origines de la réforme grégorienne', dans *A Cluny, congrès scientifique* (Dijon, 1950), 288-334.

suffirait pas pour traiter ce sujet à fond, d'autant plus que beaucoup a déjà été écrit sur le rôle et sur la signification de Cluny aux Xe et XIe siècles. Mais les auteurs qui en ont traité se sont parfois laissés guider par leur émotivité, non seulement en évaluant la part prise par Cluny dans la Querelle des investitures, mais aussi en déterminant la place de Cluny dans l'ensemble du monachisme bénédictin d'alors. Certains ont même conclu à une inimitié de Cluny pour la culture[12]. Le point d'histoire que nous abordons est donc comme un champ de mines qu'on ne foule pas sans risque. C'est pourquoi, nous allons nous borner à explorer l'un ou l'autre terrain marginal. Nous parlerons des points suivants :

1. Comment les coutumes de Benoît d'Aniane parvinrent-elles à Cluny?
2. Où Cluny à ses débuts se situe-t-il vis-à-vis des autres formes de monachisme bénédictin?
3. À la faveur de quelles causes sociales Cluny est-il devenu un ordre monastique inspiré essentiellement par le monachisme carolingien traditionnel?
4. La discontinuité et la réforme grégorienne.
5. La crise de la continuité et de la discontinuité au début du XIIe siècle.

Ces cinq points pourraient être la matière d'un gros volume. Néanmoins, il est peut-être possible d'en parler brièvement en n'effleurant que les deux derniers points.

Au sujet des liens qui unissaient Cluny au monachisme carolingien, les historiens adoptent une opinion plus ou moins commune. C'est ainsi que Guy de Valous, dans son étude sur *Le monachisme clunisien*, est d'avis que l'innovation introduite dans la liturgie par le monachisme carolingien annonçait le service de chœur pratiqué plus tard à Cluny. Par cette innovation, l'auteur entend d'ailleurs les réformes introduites par Benoît d'Aniane[13]. Il remarque ensuite que Cluny n'apportait rien de bien neuf. Ce seront en effet les idées de Benoît d'Aniane 'qui serviront de base aux réformateurs monastiques des Xe et XIe siècles. Les circonstances défavorables des derniers temps de l'Empire carolingien les empêchèrent de produire leur effet après la disparition de

[12] J. Leclercq, 'Spiritualité et culture à Cluny', dans *Spiritualità Cluniacense* (Todi, 1960), 103-104. Idem, 'Cluny fut-il ennemi de la culture?', *Revue Mabillon*, 47 (1957), 172-182.

[13] *Le monachisme clunisien des origines au XVe siècle*, I (Ligugé, 1935; réimpr. Paris, 1970), 10.

leur créateur et la dislocation du régime sur lequel il s'appuyait. Leur force cependant persista à l'état latent dans certaines maisons bénédictines, les chefs de toute la réforme les connaissaient, les appréciaient et il suffira pour les éveiller qu'elles soient reprises par les premiers abbés de Cluny. Il n'y a rien, en effet, de véritablement neuf dans la réforme de Cluny et dans les mouvements rivaux du Xe siècle, l'essentiel étant constitué par le développement de la pensée de Benoît d'Aniane'[14].

La manière dont Guy de Valous présente les faits se lit également dans l'*Histoire de l'Ordre de Saint Benoît* de Dom Philibert Schmitz. Celui-ci reconnaît que Cluny n'a été qu'un des nombreux centres de renouveau monastique de cette époque et cite entre autres: Fleury, Dijon, Gorze et Verdun. Toutefois, Cluny différait des autres en ce que les coutumes de Benoît d'Aniane ne cessèrent pas d'y être observées. En outre, Cluny continuait encore d'une autre manière l'œuvre de Benoît d'Aniane, puisque Bernon en fondant Cluny conservait la direction des monastères dont il était déjà le supérieur. 'C'était poser le germe de ce qui devait être une congrégation de monastères; idée du reste qui répondait parfaitement à l'idéal de l'abbé d'Aniane. Cluny est donc la fille d'Aniane ... par l'âme même qui l'anime, sa raison d'être étant de reprendre et de perfectionner l'œuvre d'Aniane'[15]. Dom Schmitz explique également par quelle voie les coutumes de Benoît d'Aniane seraient parvenues à Cluny: 'Vers 886, les moines de Saint-Martin d'Autun, sollicités de restaurer l'antique abbaye de Baume, en Bourgogne transjurane, avaient désigné comme le plus apte à diriger cette œuvre, un des leurs, Bernon. Leur abbaye de Saint-Martin était encore dans la première ferveur. Elle avait été restaurée peu auparavant, vers 870, par des religieux venus de Saint-Savin-sur-Gartempe près de Poitiers. L'abbaye de Saint-Savin, fille d'Aniane, était alors l'un des rares monastères où les coutumes de saint Benoît d'Aniane étaient encore observées'[16].

Cette présentation des faits est basée sur quelques données empruntées à la Vie d'Odon[17], le successeur de Bernon à Cluny, et à la Vie du moine Hugues[18]. La première Vie fut écrite peu après la mort d'Odon,

[14] *Ibidem*, I, 14.

[15] I (Maredsous, 1942), 131.

[16] *Ibidem*, 130.

[17] *Vita sancti Odonis abbatis Cluniacensis secundi, scripta a Joanne monacho ejus discipulo*, libri tres', dans PL CXXXIII, col. 43-86. (abrév. V.O.)

[18] *Vita sancti Hugonis monachi Aeduensis et Enriacensi praepositi*, dans *Acta Sanctorum OSB*, saeculum V, éd. J. Mabillon (Parisiis, 1685), 92-106.

par conséquent vers 945, l'autre Vie ne date que du XIe siècle. Ces deux écrits ont donc fourni en partie la matière de la relation des faits proposée par Dom Schmitz. Elle est restée communément admise même par un auteur qui constate en même temps qu'elle ne cadre pas complètement avec ce que nous apprennent les documents[19]. La Vie d'Odon s'écarte déjà d'une manière remarquable de la Vie de Benoît d'Aniane, écrite avant 843[20]. Dans la Vie d'Odon, il est raconté comment celui-ci se fit moine chez Bernon. Il entra à l'abbaye de Baume, étant déjà clerc mais pas encore prêtre[21]. Il avait fait des études et apportait à Baume une centaine de livres[22]. Ce dernier détail implique qu'Odon aurait pourvu cette abbaye d'une bibliothèque qui, pour cette époque, aurait été à peu près complète, et suppose une continuité avec l'activité littéraire du monachisme carolingien. Mais on n'a pas mis cette information en rapport avec les liens entre Cluny et le monachisme carolingien.

Odon était entré à Baume peu de temps après que Bernon l'eut érigée en abbaye. Odon avait pris cette résolution sur le conseil d'un ancien homme de cour, Adhérin, qui lui-même, par les exhortations d'Odon, avait renoncé à la carrière militaire pour s'incorporer dans la milice du Christ. Adhérin avait vainement cherché en France une maison religieuse répondant à son désir de mener une vraie vie de moine. Il décida donc de se rendre à Rome. Sur sa route il passa par l'abbaye récemment fondée de Baume, dans le royaume de Bourgogne. Conformément à la règle de saint Benoît, on lui offrit l'hospitalité. Adhérin profita de ce séjour pour observer la conduite des moines et pour étudier leurs coutumes monastiques. La Vie raconte à ce propos, que les fondateurs de Baume étaient les disciples d'un certain père Eutiche, qui n'était autre que Benoît d'Aniane[23].

Au chapitre suivant, la Vie d'Odon nous donne quelques renseignements sur cet Eutiche. Elle raconte, entre autres, une vision qu'il aurait eue peu avant sa mort. Alors que les assistants le croyaient déjà mort, Eutiche revint à la vie. Il avoua alors, que pendant quarante ans il n'avait jamais pris de nourriture sans verser des larmes. 'Mais,

[19] G. Moyse, 'Les origines du monachisme dans le diocèse de Besançon (V^{e}-Xe siècles)', *Bibl. de l'École des Chartes*, 131 (1973), 436 avec n. 3.

[20] *Vita Benedicti abbatis Anianensis et Indensis, auctore Ardone Smaragdo*, eius discipulo et successore (†843), dans MGH SS XV, 198-220. (abrév. V.B.A.)

[21] V.O., I, c. 37; PL CXXXIII, col. 60.

[22] V.O., I, c. 23; col. 54: 'At ille sumptis secum centum voluminibus librorum, mox ad idem demigravit monasterium'.

[23] V.O., I, c. 22; col. 53.

en ce jour, le Seigneur l'avait délivré de sa tristesse, l'avait consolé et lui avait donné un lieu de repos au milieu du chœur des anges. Pendant qu'il parlait encore, poursuit la Vie, il entra dans le repos éternel'[24].

Dans la Vie de Benoît d'Aniane il y a un passage qui correspond à ce récit, tout en présentant une différence remarquable. D'après cette Vie, Benoît d'Aniane, sur son lit de mort, raconte qu'il s'est trouvé au milieu du chœur des saints en présence du Seigneur. Le lendemain, ayant convoqué ses confrères autour de lui pour leur faire une ultime et salutaire exhortation, l'abbé Benoît reconnut que, pendant les 48 ans de sa vie de moine, chaque jour et à chaque repas, il avait pleuré en présence du Seigneur[25].

Contrairement à ce que nous lisons dans la Vie de Benoît d'Aniane, selon la Vie d'Odon c'est le même jour que l'abbé moribond parle de sa vision et de ses pleurs journaliers, et de plus dans l'ordre inverse. Et la Vie d'Odon ajoute : 'En effet, notre père Eutiche lui-même était l'auteur de ces coutumes qui sont observées jusqu'à ce jour dans nos monastères'[26]. Par cette addition, le récit, déjà retouché dans la Vie d'Odon, reçoit une toute autre signification. La consolation dont Benoît d'Aniane bénéficie dans sa vision, suggère que, se trouvant au milieu du chœur des anges, il a pu jeter un regard dans l'avenir et voir que la réforme pour laquelle il s'était dépensé pendant quarante ans, serait continuée après sa mort, alors que durant sa vie il n'avait cessé de pleurer en songeant à l'avenir incertain de son œuvre. A ce moment-là, Benoît d'Aniane a reçu l'assurance que son œuvre porterait des fruits. Les valeurs authentiques du monachisme bénédictin, telles qu'il les avait fixées dans ses coutumes, seraient, après une longue éclipse, remises en honneur à Cluny. Les vaines recherches d'Adhérin vers une maison religieuse répondant à son idéal, prouve que ces coutumes n'étaient plus guère observées en France. Cluny apparaît ici comme une renaissance du monachisme carolingien.

Il est légitime pour un historien de faire des réserves sur ces sortes de récits que présentent les documents du Moyen Age. Dans la mentalité d'alors, en effet, une innovation dans la vie sociale et religieuse n'était acceptée que si elle pouvait se prévaloir de valeurs anciennes qui, comme telles, étaient tenues pour authentiques. En

[24] V.O., I, c. 23; col. 54.

[25] V.B.A., c. 42; MGH SS XV, 219 (= PL CII, col. 384).

[26] V.O., I, c. 23; col. 54: '(Dicens haec quievit perpetue). Ipse enim pater Euticus institutor fuit harum consuetudinum, quae hactenus in nostris monasteriis habentur'.

d'autres termes, une innovation devait impliquer le retour à un passé idéalisé, un passé sans souillure, renaissant à une nouvelle vie. Le XIe siècle nous offre des exemples frappants de cette manière de voir. C'est en se référant au passé que la réforme grégorienne et les croisades établirent leur justification[27]. Un exemple encore plus typique est la lettre du pape Urbain II, adressée en 1092 aux chanoines réguliers de Rottenbuch. Après que le synode romain, sur les instances d'Hildebrand, eut désapprouvé la règle de vie des chanoines rédigée à Aix-la-Chapelle en 816, les chanoines réguliers de Rottenbuch lancèrent un mouvement pour un nouveau mode de vie. Or, ce mode de vie étant une nouveauté, le pape pouvait difficilement lui donner son approbation. C'est pourquoi il déclara, rendant ainsi service aux chanoines, que leur mouvement remontait aux initiatives de son prédécesseur du début du IIIe siècle, Urbain I, un pape dont on ne sait à peu près rien. Urbain II affirmait en outre que le mode de vie de ces chanoines renouait avec la vie apostolique[28].

On peut donc se demander si dans la Vie d'Odon nous ne retrouvons pas, bien que dans une moindre mesure, cette même tendance à faire passer toute nouvelle mesure pour une réviviscence d'un passé vénérable. Quoi qu'il en soit, Cluny fut considéré un peu plus tard comme le début d'un renouveau faisant revivre des valeurs anciennes. Nous en trouvons encore un écho au XIIIe siècle dans la chronique du moine cistercien, Albéric de Troisfontaines, qui omet cependant d'exprimer son jugement négatif, usuel en pareil cas, sur le passé récent avec lequel on venait de rompre[29]. Albéric note pour l'année 930: 'Jusqu'à cette époque les moines noirs observaient la règle du bienheureux Colomban, aussi bien en France qu'en Bourgogne. Mais le saint abbé clunisien Odon introduisit la règle de saint Benoît, d'abord à Cluny et ensuite à Saint-Benoît-sur-Loire. Par la suite cette règle fut acceptée partout'[30]. Pour Pierre le Vénérable pareillement, Odon était le successeur direct de Benoît de Nursia en Gaule[31].

Comme, au début, une affinité indiscutable unissait Cluny et les mouvements similaires surgis ailleurs, Benoît d'Aniane ne peut y avoir

[27] J. A. Preus, 'Theological Legitimation for Innovation in the Middle Ages', *Viator*, 3 (1972), 1-26 (surtout 12-16).

[28] J.-L., 5459. PL CLI, col. 337-339. Cf. LK. Little, *Religious Poverty and the Profit Economy in Medieval Europe* (London, 1979), 103.

[29] A. Bredero, *Oratio pro Domo* (Amsterdam, 1976), 6-10.

[30] *Chronica Alberici monachi Trium Fontium*, dans MGH SS XXIII, 760.

[31] Ci-dessous, ... avec n. 56.

été une figure tombée dans l'oubli, et il est difficile d'admettre qu'on n'y connaissait plus guère ses coutumes, comme la Vie d'Odon le laisse entendre.

Avant d'entamer mon deuxième point, je voudrais dire quelques mots sur la manière dont les coutumes de Benoît d'Aniane seraient parvenues à Cluny. Dom Schmitz cite comme intermédiaires les abbayes de Saint-Savin, de Saint-Martin d'Autun et de Baume. Entre Baume et Cluny il ajoute un chaînon, l'abbaye de Gigny, qui aurait été fondée par Bernon venant de Baume[32]. D'après Schmitz, Bernon était un moine de Saint-Martin et était à la tête du groupe de moines qui restaurèrent l'antique abbaye de Baume et y introduisirent les coutumes de Benoît d'Aniane. Abstraction faite de l'adjonction de Gigny, Schmitz emprunta ces données à la Vie du moine Hugues. Celui-ci venait de Saint-Savin et assumait la direction de la réforme de Saint-Martin d'Autun. La Vie rapporte également le succès de cette réforme. De ce fait, un rayonnement salutaire émanait de Saint-Martin et certains monastères demandèrent à se mettre sous sa direction et à recevoir chez eux quelques-uns de ses moines en vue d'y introduire la même réforme. Baume, où la règle n'était plus observée, était un de ces monastères. Bernon qui y fut envoyé pour diriger la réforme, devint ensuite abbé de cette même abbaye de Baume[33].

Les inexactitudes dans ce récit sautent aux yeux. L'auteur de cette Vie ne savait pas qu'il y avait eu deux abbayes portant le nom de Baume. La plus ancienne était Baume-les-Dames, déjà citée en 819 dans la *Notitia de servitio monasteriorum*[34]. L'autre était l'abbaye de Baume-les-Moines ayant eu un rôle dans la préhistoire de Cluny, et citée pour la première fois dans une charte de Lothaire II, de 869, pour Arduic, archevêque de Besançon[35]. En échange de trois *villae* l'archevêque recevait, entre autres, la *cellula* de Baume, c'est-à-

[32] *Histoire de l'ordre* ... I, 130.

[33] C. 12, p. 97 (ci-dessus, n. 18): 'Tunc igitur per diversa terrarum procul, et in vicinis coenobii humiliter exposcentes rogabant sibi dari ad regimen suorum, correctionemque morum, de personis monachorum ejusdem monasterii, quod utique noverant cunctis excellere in religionis sanctitate. Balmense igitur coenobium inter cetera erat tunc temporis omni regulari districtione destitutum : ad cujus regimen invitati, communi consilio delegerunt praetaxati Christi tirones unum ex suis, vigoris regularis tenore acerrimum ac sanctitate praedicum, nomine Bernonem, ... qui abbas constitutus ... multiplicem in brevi ovilis Christi coadunavit'.

[34] *Corpus consuetudinum monasticarum* (abrév. CCM) I, 483-491. Cf. G. Moyse, 'Les origines' (ci-dessus, n. 19), 429.

[35] Th. Schieffer, 'Die Urkunden Lothars I und Lothars II', dans MGH *Diplomatum Karolinorum* II, 438-440. Cf. Moyse, 'Les origines', 431.

dire une dépendance d'un monastère. D'après une décision du deuxième synode d'Aix-la-Chapelle tenu le 10 juillet 817, une *cellula* devait abriter au moins six chanoines ou six moines[36]. Au cours du IXe siècle, plusieurs monastères introduisirent cette disposition dans leurs statuts[37]. La *cellula* de Baume fut donnée plus tard à l'abbaye de Gigny, mais un vassal de la reine Eremgarde se l'appropria. En 890, la reine au nom de son fils Louis l'Aveugle ou de Provence, confirma derechef les droits de propriété de Gigny[38]. La *cellula* de Baume n'a pu devenir monastère qu'après 903, car en cette année Rodolphe, roi de Bourgogne, confirma encore une fois la première donation en faveur de Gigny. A cette occasion le roi fit don d'une autre *cellula* sise à Saint-Lothain[39].

Un privilège du pape Formose nous fournit un autre renseignement sur Gigny. D'après ce document, Gigny fut fondé par Bernon, en collaboration avec un de ses parents, sur ses propres terres. Sur ce domaine était située la *cellula* de Baume dont Bernon, devenu abbé de Gigny, fit plus tard un monastère. Lors de sa fondation, l'abbaye de Gigny fut dédiée à saint Pierre, dans l'intention évidente d'obtenir la protection du prince des apôtres en la personne du pape. Bernon se rendit à Rome pour solliciter ce privilège qui mettrait Gigny à l'abri de toute ingérence venue du dehors et rendrait les possessions du monastère inviolables. Selon ce privilège, l'indépendance à l'égard de tout pouvoir laïc comportait, pour la communauté monastique, le droit d'élire librement son abbé, conformément à la règle de saint Benoît[40]. Cette dernière stipulation voulait uniquement prévenir que des tiers, étrangers à la communauté, n'imposent un abbé de leur choix. En effet, par son testament de 926 Bernon désignait lui-même son successeur, invoquant une tradition qui remonterait à saint Benoît[41].

[36] *Synodi secundae Aquisgranensis decreta*, 4; CCM I, 474.

[37] En 818 dans la *Collectio capitularis* de Benoît d'Aniane (c. 35) et un peu avant 850 dans la *Collectio Sancti Martialis Lemovicensis* (c. 39). CCM I, 526 et 559.

[38] R. Poupardin, *Recueil des actes des rois de Provence* (Paris, 1920), 49-51, nr. 28.

[39] B. Prost (ci-dessus, n. 6), 109 sqq.

[40] J.-L., 3499. PL CXXIX, col. 846 : Si autem, quod humanum est, abbas praedicti coenobii obierit, congregatio ipsius monasterii ex seipsis secundum Deum et regulam beati Benedicti, quem idoneum praeviderint, concordi voto habeat semper eligendi et secundum morem in abbatem sibi praeficiendi'. Cette lettre date de 894; ci-dessus, n. 60.

[41] PL CXXXIII, col. 853 : 'Quod et beatum Benedictum, et alios quamplures nostri ordinis instructores fecisse, sibique successores, dum adviverent, eligisse multa documenta probant'. Ci-dessus, n. 18.

Il n'est pas vraisemblable que Cluny aurait reçu les coutumes de Benoît d'Aniane de la manière décrite dans la Vie du moine Hugues. Non seulement parce que l'auteur voulait dépeindre son héros sous les traits les plus flatteurs et les plus honorables, ce qui était sans aucun doute un des motifs de son écrit. Il raconte, par exemple, que la réforme de Baume dut son succès à l'aide que Hugues apporta à Bernon. Par ce succès, Baume attira l'attention de Guillaume, le duc d'Aquitaine. Voulant fonder un monastère où les moines mèneraient une vie vraiment religieuse, le duc invita Bernon à venir discuter ce projet, et cette Vie ne manque pas d'ajouter que c'est en compagnie du moine Hugues que Bernon se rendit chez le duc[42]. Quoi qu'il en soit, ce récit n'est nullement confirmé par la charte de fondation de Cluny, puisque le nom de Hugues n'y figure pas parmi les signataires[43]. De même, nous ne trouvons le nom de Hugues sur aucun autre document contemporain ayant quelque rapport avec Cluny.

Il y a d'autres raisons de supposer que les monastères fondés par Bernon ont connu les coutumes de Benoît d'Aniane d'une manière différente de celle décrite dans cette Vie. Dans son étude sur Cluny, Ernst Sackur donnait encore une interprétation très littérale des récits qu'il trouvait dans ses sources. En même temps, il s'est appliqué à prouver que ce que la Vie d'Odon affirmait de l'oubli presque total où étaient tombées les coutumes de Benoît, concordait avec ce que nous savons du déclin du monachisme carolingien après la mort de Benoît d'Aniane[44]. Effectivement, des documents contemporains signalent cette décadence, mais en les analysant Sackur manque d'esprit critique. C'est ainsi qu'il cite comme premier témoin la *visio Wettini*, œuvre d'un moine de Reichnau mort en 824 dont les propos n'ont jamais été pris au sérieux. Sackur reprend sans réserve les dires de ce moine sur la vie scandaleuse qu'on aurait menée alors dans les monastères[45].

Il est incontestable qu'au cours du IXe siècle la vie monastique a connu une nette déchéance. Les décisions de plusieurs conciles contre les abus existants en sont notamment un indice révélateur. Le principal

[42] *Vita Hugonis* (ci-dessus, n. 18), c. 12 et 13; p. 97.

[43] *Recueil*, I, 128, nr. 112.

[44] *Die Cluniacenser in ihren kirchlichen und algemeingeschichtlichen Wirksamkeit bis zur Mitte des elfen Jahrhunderts*, I (Halle, 1892; réimpr. Darmstadt, 1965), 6-35.

[45] *Visio Guetini*, c. 14 et 15; PL CV, col. 778. Pour une analyse critique des exagérations de Saekur et d'autres historiens en matière de ce déclin, attribué surtout à l'institution des abbés laïcs, cf. F.J. Felten, *Äbte und Laienäbte im Frankenreich* (Stuttgart, 1980), 9-17.

abus semble avoir été la mainmise croissante des laïcs sur les monastères. C'est du moins ce que constate en 845 un synode de Meaux-Paris qui affirme que ce sont précisément 'les monastères livrés en commende aux laïques qui sont tombés en grande décadence'[46]. Le synode rappelle Charles le Chauve à son devoir de réprimer cet abus. Depuis Louis le Pieux, la protection royale ne résultait plus d'un privilège spécial accordé à certaines abbayes, mais s'étendait à tout monastère nouvellement fondé, tandis que beaucoup de monastères, fondés de plus longue date, et libres de toute immixtion laïque, obtenaient ce même privilège. En accordant leur protection, les rois poursuivaient un dessein politique, à savoir établir une Église royale[47]. Mais déjà sous les fils de Louis le Pieux l'exercice effectif de cette protection apparut comme une tâche irréalisable. Il est vrai qu'au concile de Soissons en 853, tenu en présence de Charles le Chauve, des mesures furent prises pour réprimer les abus[48], mais une lettre d'Hincmar, écrite en 858 au nom des membres du synode de Quiercy et adressée à Louis le Germanique, nous permet de supposer qu'on s'était contenté de discuter du déclin croissant de la vie monastique, du moins durant cette période[49].

Cette décadence eut, entre autres, comme contrecoup que dans beaucoup d'abbayes les moines furent remplacés par des chanoines, parce que le train de vie mené par les abbés laïcs résidant dans leur abbaye, mettait la communauté dans l'impossibilité d'observer la règle de saint Benoît. C'est du moins ce qu'on peut déduire des doléances présentées en 909 au concile de Trosly au sujet des abbayes placées sous l'autorité d'un abbé laïc[50]. La déchéance monastique suite à l'effacement de la protection royale, était dans une large mesure la conséquence d'une désagrégation politique, de la rivalité des carolingiens entre eux et des invasions. Ces invasions furent cause d'un appauvrissement général, aussi bien des monastères que de la population. Sans parler du danger d'être livrées au pillage, beaucoup d'abbayes devaient souvent payer

[46] Canon 41 : 'Les monastères livrés en commende aux laïques sont tombés en grande décadence. Devoirs du roi à ce sujet', dans J. Hefele et H. Leclercq, *Histoire des conciles*, IV (Paris, 1911), 122. MGH Legum sectio II, *Capitularia* II, 408.

[47] J. Semmler (ci-dessus, n. 4), 10-11.

[48] *Capitularia* II, 267-8 : *Capitulare missorum Suessionense*, c. 1 : 'Ut missi nostri per civitates et singula monasteria, tam canonicorum quam monachorum sive sanctimonialium, una cum episcopo ... vitam ibi degentium et conversationem inquirant ...'.

[49] *Capitularia* II, 434, c. 8 et 9.

[50] Mansi, XVIII, 270, c. 3 et 4. K. Voigt, *Die karolingische Klosterpolitik und der Niedergang des westfränkischen Königtums* (Stuttgart, 1917, réimpr. Amsterdam, 1965), 90-91. Cf. F.J. Felten (ci-dessus, n. 44), 9, 145 et 303.

des sommes importantes pour acheter le retrait des envahisseurs. D'autre part, dans l'anarchie toujours croissante, les monastères étaient exposés aux violences des petits seigneurs pour qui rapines, brigandages et guerres locales étaient de nouveau l'occupation habituelle.

En signalant ces abus, il faut aussi se demander jusqu'à quel point et dans quelle mesure ils s'étaient établis dans la vie monastique. Sur la toile de fond telle que nous venons de la décrire et telle qu'elle se détache des nombreuses doléances dans les Vies et les Miracles, il ne devait pas être difficile à Sackur de brosser un tableau de la décadence morale des moines rejoignant ce que la Vie d'Odon nous dit de l'inobservance presque générale des coutumes de Benoît d'Aniane. A ce tableau s'ajoutait le récit de la manière dont les coutumes de l'abbé d'Aniane seraient parvenues plus ou moins secrètement à Cluny. Plus récemment, Jacques Choux nous a donné une image semblable de la décadence de la vie monastique aux IXe et Xe siècles pour la province de Trèves. Se basant sur les données qu'il avait sous la main, cet auteur déclare : 'Aussi aurait-on l'impression d'une décadence absolument générale, et bien des textes du Xe siècle renforcent ce sentiment'. De ces témoignages du Xe siècle, utilisés également par Sackur, Choux donne quelques exemples empruntés, entre autres, à la Vie de Jean de Gorze. D'après l'auteur de cette Vie, 'aucun monastère de ce côté des Alpes, et à peine en Italie, ne vivait dans la régularité'[51]. Choux fait remarquer que ce texte a été écrit alors que Cluny existait déjà et il émet l'opinion, qui me paraît fondée, qu'il y a beaucoup d'exagération dans cette assertion. Voici son commentaire : 'Il y a dans ces affirmations de pieux auteurs soucieux d'exalter la réforme et les mérites des réformateurs, une part considérable de littérature. En réalité, si la décadence était grande dans beaucoup de monastères, il y eut du moins des abbayes qui restèrent régulières, peut-être longtemps ferventes'[52].

L'article de Jacques Choux se trouve dans un recueil d'études, compte rendu d'un congrès scientifique célébrant le Millénaire de Gérard de Brogne, un réformateur monastique du Xe siècle, qui était donc un contemporain légèrement plus jeune de l'abbé Bernon. En guise de conclusion le volume contient un sommaire du colloque par Dom Jean Leclercq, où celui-ci reprend les résultats d'autres contributions. Dans ce sommaire, Dom Leclercq situe Gérard de

[51] *Vita Johannis Gorziensis*, dans MGH SS IV, 342.

[52] 'Décadence et réforme monastique dans la province de Trèves (855-959)', *Revue bénédictine*, 75 (1960), 214.

Brogne vis-à-vis d'autres réformateurs monastiques. Je me permets de citer ce passage: 'Il ne s'agit nullement ici, comme c'est souvent le cas, ... d'un moine issu du cloître où il a déjà reçu une formation, ni d'un ermite sortant de son désert. L'aventure est originale, sinon unique, puisque l'histoire d'un Benoît d'Aniane, celles d'un Wibert de Gembloux, d'un Géraud d'Aurillac, offrent avec elle certaines analogies. C'est un laïc, un homme noble, qui fonde, sur ses terres, une maison religieuse. Il est abbé de la maison qu'il possède déjà comme seigneur et comme fondateur. Les grands le chargent de s'occuper d'autres maisons encore, et le voilà réformateur. Dans ces maisons, il doit faire accepter un chef spirituel : sa double qualité de seigneur et d'abbé l'y aide puissamment. Tandis que d'autres, n'étant point seigneurs, dépendront, dans une large mesure, de ceux qui le sont, Gérard s'impose tout à la fois comme noble et comme religieux : il a sa place dans les deux hiérarchies, temporelle et spirituelle. D'autres grands de ce monde, mais qui restent des séculiers, auront recours à lui et dépendront de lui, même si leurs domaines sont plus vastes que les siens et leurs titres plus élevés'[53].

Ce portrait de Gérard de Brogne est aussi, dans une large mesure, celui de Bernon en tant que réformateur monastique. On peut comprendre que, dans l'histoire de Cluny, on ait prêté moins d'attention à Bernon qu'à ses successeurs dont les faits et gestes étaient mieux connus, et dont les écrits spirituels, notamment ceux d'Odon, n'avaient rien perdu de leur actualité après leur mort. Il semble, en outre, que la tendance de Cluny à supprimer toute la préhistoire, comme le faisait cette abbaye à l'égard des établissements confiés à ses soins[54], se manifeste aussi à l'égard de Bernon. Il est en tout cas remarquable que nous ne connaissions aucune Vie de Bernon. Mabillon s'étonnait déjà que dans l'ordre de Cluny on ait perdu à peu près complètement le souvenir de son abbatiat[55]. Il constatait aussi que Pierre le Vénérable nomme, non pas Bernon, mais Odon comme premier abbé de Cluny[56], et que Bernard de Clairvaux, dans son *Apologie* où il donne les noms

[53] 'Mérites d'un réformateur et limites d'une réforme', *Ibidem*, 233.

[54] G. Moyse (ci-dessus, n. 19), 433.

[55] *Acta Sanctorum OSB*, saec. V, 89: 'mirari subit, cur Cluniacenses tam parum illi [Bernoni] hactenus tribuerint, adeo ut inter sui Ordinis principes et praeceptores non numeraverint'.

[56] 'Veniat post magnum Benedictum et discipulum Maurum, summus ordinis monastici in Galliis reparator, praecipuus regulae reformator Odo. Odo inquam primus Cluniacensis ordinis pater', Ep. 161. G. Constable, *The Letters of Peter the Venerable*, I (Cambridge, Mass., 1967), 390-391.

des premiers abbés de Cluny, ne fait, lui non plus, aucune mention de Bernon[57].

Or, ignorer Bernon, c'est fausser l'image de Cluny à ses débuts. Car, à son origine, Cluny a dû suivre, sous bien des aspects, une voie parallèle à celles des autres formes du monachisme bénédictin d'alors. Comme je l'ai déjà fait remarquer, ce que Leclercq notait au sujet de Gérard de Brogne s'applique dans ses grandes lignes à Bernon. Lui aussi était un laïc. Il appartenait probablement à la noblesse, puisque c'est sur ses terres, encore agrandies par la libéralité du roi, qu'il fonda un monastière. Il devint abbé d'une maison qu'il possédait déjà comme seigneur et comme fondateur. Lui aussi fut chargé par des grands de s'occuper d'autres maisons. Il est vrai que le peu que nous savons de lui, nous le montre comme fondateur plus que comme réformateur de monastères. Mais la considération dont il jouissait, il la devait à sa place dans les deux hiérarchies, temporelle et spirituelle. C'est pourquoi il faut situer l'origine de Cluny dans le contexte des autres fondations monastiques de cette époque en Bourgogne qui, par leur développement ultérieur, peuvent être qualifiées de mouvements de réforme monastique. Qu'on songe par exemple aux fondations telles que Saint-Michel de la Cluse, Lérins, Saint-Victor de Marseille, Montmajour, Saint-Chaffre, La Chaise-Dieu et Saint-Bénigne[58], ou encore à des fondations et des mouvements surgis ailleurs où le monachisme bénédictin connut pareillement un nouvel épanouissement[59].

Si, dans sa préhistoire, Cluny ne se distinguait pas essentiellement du renouveau monastique général, commencé dès la seconde moitié du IXe siècle, il devient alors difficile de soutenir que Cluny aurait été une renaissance des coutumes de Benoît d'Aniane qui ne lui auraient été transmises que par une tradition unique. Malgré la décadence monastique de cette époque, cette tradition a été plus large. Le souci de continuer le monachisme bénédictin n'avait nullement disparu. La preuve en est qu'on sentait le besoin de se libérer de la mainmise laïque en faisant appel à la protection du pape. On le constate

[57] *Apologia*, c. IX, 23: 'Sic denique sancti Odo, Maiolus, Odilo, Hugo, quos se sui utique Ordinis principes et praeceptores habere gloriantur', *S. Bernardi Opera* III, éd. J. Leclercq (Roma, 1963), 100.

[58] B. Bligny, *L'Église et les ordres religieux dans le royaume de Bourgogne aux XIe et XIIe siècles* (Grenoble, 1960), 229. J. Leclercq, *Aux sources de la spiritualité occidentale* (Paris, 1964), 93.

[59] J. Leclercq, 'Variazioni sui millenari monastici', *Bollettino della Deputazione di Storia per l'Umbria*, 64 (1967), 186-193.

déjà dans les années 859-863, lors de la fondation de Vézelay et d'autres monastères dans la suite[60]. Tout cela implique que les mesures de réforme de Benoît d'Aniane n'étaient pas tombées dans l'oubli. En outre, les règles, surtout liturgiques, de Benoît d'Aniane étaient une émanation de l'évolution qui se manifestait à cette époque. Il en est de même de la centralisation de l'autorité abbatiale, qui rejoignait les efforts de Charlemagne et surtout de Louis le Pieux pour établir une Église franque. C'est dans ce but que furent tenus les synodes de 816 et de 817 à Aix-la-Chapelle[61]. L'importance que l'on attachait à la liturgie reflétait également les idées du temps qui s'orientaient nettement vers une ritualisation de la religion[62]. On peut donc affirmer que Cluny, comme élément d'un contexte beaucoup plus large, était en continuité avec le monachisme carolingien. Celui-ci — malgré les circonstances défavorables qui le menaçaient — avait gardé une vitalité et un dynamisme si vigoureux qu'aucun obstacle n'a pu arrêter son évolution. Cluny, à son origine, en est un des nombreux témoins.

Le troisième point de notre exposé se rapporte aux causes sociales qui ont conduit Cluny à devenir un ordre dont la tradition monastique carolingienne était un élément essentiel. De cette tradition, nous rappelons la fonction de l'*abbas primus* que l'abbé de Cluny assumait dans l'ordre, et nous abordons ensuite l'évolution de la liturgie clunisienne. Le développement de la liturgie dans le monachisme bénédictin, dépassant les prescriptions de la règle primitive, a été l'œuvre de Benoît d'Aniane. Il n'est pas nécessaire d'en donner ici tous les détails[63]. Mais il est important de remarquer que le développement de l'office liturgique est un phénomène général dans le monachisme bénédictin du Xe et du XIe siècle, et que c'est précisément à Cluny qu'on alla le plus loin. L'auteur de la Vie d'Odon mentionne à la gloire de son

[60] *Monumenta Vizeliacensia, textes relatifs à l'histoire de l'abbaye de Vézelay*, éd. R. B. C. Huygens, *Corpus Christianorum, Continuatio Medievalis* XLII, 243-258. Il y a aussi des privilèges papaux pour Saint-Martin de Tours (862; J.-L. 2675/2856), Pothières (863; J.-L. 3186), Saint-Calais (863; J.-L. 2742-2746), Saint-Médard (876; J.-L. 3033), Saint-Philibert (876; J.-L. 3052), Flavigny (877; J.-L. 3104), Charlieu (878; J.-L. 3275), Saint-Gilles (878; J.-L. 3176, 3179, 3460), Saint-Sauveur à Charroux (878; J.-L. 3187), Montiéramey (878; J.-L. 3185), Saint-Gislain ou Saint-Géry à Cambrai (878; J.-L. 3188), Solignac (883; J.-L. 3388), Montier-en-Der (884-5; J.-L. 3398), Gigny (894; J.-L. 3499), Saint-Chef (896; J.-L. 3474). Cf. Boshof (ci-dessus, n. 5).

[61] Semmler, 'Beschlüsse' (ci-dessus, n. 1).

[62] A. Vauchez, *La spiritualité du Moyen Age occidental* (Paris, 1975), 12-18.

[63] Ph. Schmitz (ci-dessus, n. 1), 402-406.

abbé, qu'à Cluny on chantait chaque jour 138 psaumes[64]. Par la suite, la durée de l'office liturgique alla jusqu'à remplir la journée presque entière du moine[65], et à rendre pratiquement impossible l'assistance de tous les moines à toutes les heures de l'office divin[66].

Par la place assignée à la liturgie, le monachisme clunisien a pris un caractère spécifique qui, d'après certains auteurs, lui donnait un cachet de ritualisme et de formalisme[67]. Une historienne américaine a récemment voulu voir dans cette pratique liturgique spécifiquement clunisienne l'explication du rôle que Cluny a joué dans la société des Xe et XIe siècles[68]. Parler de la 'société' de cette époque est peut-être trop dire, parce que l'influence de Cluny s'est fait sentir avant tout dans l'Église et dans les milieux de la noblesse. Son influence dans l'Église était due au développement pris par Cluny en tant que mouvement de réforme, par le nombre des monastères qui lui furent confiés. Il est moins facile de préciser la place de Cluny vis-à-vis de la noblesse. Leurs relations avaient un côté matériel qui consistait d'une part dans des donations, soit de terres, soit de maisons religieuses ou d'églises dont le noble était commendataire, et d'autre part dans des contrats à temps ou viagers, appelés précaires, par lesquels les maisons clunisiennes mettaient de nouveau leurs terres à la disposition de la noblesse. Les relations de Cluny, en tant qu'ordre, avec la noblesse avaient aussi un côté spirituel par les contacts des différentes maisons clunisiennes avec le monde des laïcs: enterrements, commémoration des défunts, confraternité de prière et l'obligation de protection des monastères, basée sur la concession de la jouissance des domaines, c'est-à-dire les précaires[69].

C'est grâce à ces relations que l'ordre de Cluny devait sa fonction sociale et spirituelle dans la société. Cependant, d'autres groupements de monastères avaient noué des relations analogues. On peut donc se demander pourquoi le rôle de Cluny dans la société a été beaucoup plus important que celui des autres groupements. Nous savons maintenant que l'influence exercée par Cluny, comparée à celle d'autres

[64] V.O., I, c. 32; P L CXXXIII, 57.

[65] Ph. Schmitz, 'La liturgie de Cluny', dans *Spiritualità Cluniacense* (Todi, 1960), 99.

[66] J. Leclercq, *Aux sources* (ci-dessus, n. 58), 116-120.

[67] K. Hallinger, 'Zur geistigen Welt der Anfänge Klunys', *Deutsches Archiv für Erforschung des Mittelalters*, 10 (1953), 432-435.

[68] Barbara H. Rosenwein, 'Feudal War and Monastic Peace: Cluniac Liturgy as Ritual Aggression', *Viator*, 2 (1971), 129-157.

[69] J. Fechter, *Cluny, Adel und Volk, Studien über das Verhältnis des Klosters zu den Standen* (910-1156) (Stuttgart, 1966), 22.

groupements, notamment la congrégation de Gorze, a été moins grande qu'on ne l'avait supposé autrefois, alors que quelques-uns de ces groupements étaient considérés comme appartenant à l'ordre des Clunisiens[70]. En faisant la distinction entre ces divers groupements, on a voulu voir des différences notables entre Cluny et les autres groupements par rapport à la nature et au but de leurs relations avec le monde des laïcs. C'est ainsi qu'on a conclu au caractère antiféodal de Cluny, en invoquant les privilèges d'exemption des maisons clunisiennes, le refus de la ministérialité et de l'avouerie et les mesures contre les seigneurs des 'Eigenkirche'[71]. On n'a pas manqué de contredire cette manière de voir[72]. On a même soutenu, dans un sens contraire, que dans son dessein et dans sa structure l'ordre de Cluny était féodal, notamment dans les relations de l'abbé de Cluny avec les prieurs des maisons affiliées. Mais cette thèse fut elle aussi contredite[73].

Dès les premières décennies suivant sa fondation, l'abbaye de Cluny entretint des relations étroites avec la noblesse féodale. L'abbaye reçut des dons du roi, du duc d'Aquitaine, de plusieurs comtes, archevêques et évêques, ainsi que de grands et petits propriétaires terriens[74]. Les donations étaient faites aux saints de l'abbaye et les donateurs attendaient en échange que les moines leur fassent un don liturgique, qui consistait en une commémoration des morts sous l'une ou l'autre forme[75]. Ces commémorations prirent une place importante dans la liturgie journalière des moines[76]. Nous voyons ici une des raisons pour lesquelles les coutumes liturgiques de Benoît d'Aniane, nécessairement amplifiées, continuèrent à être observées. En effet, les commémorations faisaient partie intégrante des liens sociaux et spirituels qui unissaient Cluny et le monde des laïcs. Les donations faites à Cluny après 950 devenant toujours plus nombreuses, on peut admettre que le développement de la liturgie s'est poursuivi parallèlement. A cette époque aussi, la plupart des dons venaient des laïcs[77].

[70] K. Hallinger, *Gorze-Kluny, Studien zu den monastischen Lebensformen und Gegensätzen im Hochmittelalter*, Studia Anselmiana, 22-23 (Roma, 1950-51).

[71] *Ibidem*, 522-599.

[72] Th. Schieffer, 'Cluniacensische oder gorzische Reformbewegung', *Archiv für mittelrheinische Kirchengeschichte*, 4 (1952), 36-38.

[73] H. Hoffmann, 'Von Cluny zum Investiturstreit', *Archiv für Kulturgeschichte*, 45 (1963), 168. J.F. Lemarignier, 'Structures monastiques et structures politiques dans la France de la fin du Xe siècle', dans *Il Monachesimo* (ci-dessus, n. 1), 357-400.

[74] Fechter (ci-dessus, n. 69), 23.

[75] W. Jorden, *Das cluniacensische Totengedächtniswesen, vornehmlich unter den drei ersten Äbten Berno, Odo und Aymard (910-954)* (Münster, 1930)

[76] Fechter (ci-dessus, n. 69), 23 avec n. 29.

[77] *Ibidem*, 26-32.

Ce que nous venons de dire se rapporte à l'abbaye de Cluny, pour laquelle il était possible de faire des recherches[78], mais ne se rapporte pas à l'ordre de Cluny. Jusqu'à quel point le développement de l'ordre, c'est-à-dire le nombre croissant des maisons se plaçant sous l'autorité de l'abbé de Cluny et adoptant le mode de vie clunisien, a-t-il été le résultat de circonstances analogues? Cette question attend encore sa réponse. Le travail préparatoire à une recherche systématique a déjà été entrepris[79]. Déjà auparavant on avait étudié le problème des rapports entre, d'une part, l'évolution et la structuration du mouvement réformateur clunisien et, d'autre part, les changements sociaux et économiques des Xe et XIe siècles. De cette étude on a dû conclure que ce qui avait été publié jusqu'alors sur les relations de l'ordre de Cluny avec l'Église et avec la noblesse, ne donnait pas de réponse satisfaisante à la question[80]. Par la suite, Dom Jean Leclercq a donné encore une fois une explication globale du caractère particulier de l'évolution de Cluny, sans prétendre pour autant donner une réponse adéquate. Il voit l'explication de cette évolution dans 'une méthode d'assimilation très souple aux divers milieux féodaux et aux situations concrètes de monastères variés, intéressant les princes et les seigneurs laïques à la réforme monastique et réduisant au minimum l'obstacle qu'auraient pu constituer les frontières politiques'[81]. Cependant, cette explication ne tient pas compte des relations de Cluny avec des maisons n'appartenant pas à l'ordre et avec lesquelles une confraternité de prière avait été conclue, ce qui, entre autres choses, distinguait Cluny des autres abbayes[82]. Se sentant incapable de donner une explication plus complète, Leclercq remarque : 'De plus en plus il apparaît que le rayonnement de Cluny ne peut s'expliquer que par l'intensité de vie monastique dont ce monastère fut le lieu et le centre'[83].

Cette observation me semble très juste, mais elle ne dit pas quelles furent les circonstances extérieures et les conditions sociales et person-

[78] Grâce à l'étude de G. Duby, *La société aux XIe et XIIe siècles dans la région mâconnaise*, 2e éd. (Paris, 1971).

[79] J. Wollasch, 'Neue Methoden der Erforschung des Mönchtums im Mittelalter', *Historische Zeitschrift*, 255 (1977), 531-571. Idem, 'Les obituaires, témoins de la vie clunisienne', *Cahiers de civilisation médiévale*, 22 (1979), 139-171.

[80] C. Violante, 'Il Monachesimo Cluniacense di fronte al mondo politico ed ecclesiastico (secoli X e XI)', dans *Spiritualità Cluniacense* (Todi, 1960), 153-242; réimpr. Idem, *Studi sulla christianità medioevale* (Milano, 1972), 3-67.

[81] *Aux sources* (ci-dessus, n. 58), 95.

[82] *Ibidem*, 92-3.

[83] *Ibidem*, 95, n. 3.

nelles qui ont permis l'évolution de Cluny en tant qu'ordre et en tant que mouvement de réforme. Nous connaissons un des éléments de cette évolution, à savoir les rapports de Cluny avec une noblesse qui signifiait aussi bien une menace qu'une protection, et à laquelle Cluny prêtait un secours spirituel par sa liturgie. C'est un des aspects du monachisme carolingien avec lequel Cluny était en continuité. Mais quelle est la portée de cette explication et comment la liturgie clunisienne remplissait-elle sa fonction auprès de la noblesse?

Dans l'article déjà mentionné, *Cluniac liturgy as ritual aggression*, Barbara Rosewein tente de donner une réponse plus précise[84]. Elle étudie d'abord la place importante de la liturgie d'intercession dans la vie de Cluny et souligne, à ce propos, la part active prise par Cluny pour faire célébrer dans toute l'Église la commémoration des morts (Commémoration de tous les fidèles défunts, 2 novembre)[85]. Ensuite, dans une étude psychanalytique, l'auteur montre, c'est du moins son but, que de cette liturgie d'intercession pouvait résulter une sublimation de l'agressivité de la noblesse. Il me semble cependant que cette explication va plus loin que ne le permettent le peu de données dont nous disposons.

L'auteur aurait dû prêter plus d'attention au 'message de Cluny pour la noblesse' que l'abbé Odon avait déjà publié dans sa Vie de saint Géraud, comte d'Aurillac, dont il dit dans la préface 'que cet homme de Dieu fut donné aux grands pour leur servir d'exemple et de modèle'[86]. C'est donc afin que cet exemple de vie chrétienne fût connu de la noblesse de son temps, qu'Odon a écrit la Vie de ce saint personnage. Ce texte ayant déjà souvent été analysé[87], il me suffira de citer quelques passages du premier livre où Géraud est dépeint comme 'le bon comte'. Cela nous permettra de mieux saisir le but que l'auteur avait en vue.

'Docile à la voix non de la colère, mais de la raison, il se laissait incliner du côté de la pitié et du secours à porter. Se confiant entière-

[84] Ci-dessus, n. 68.

[85] Commémoration instaurée par l'abbé Odilon au commencement du XIe siècle. J. Hourlier, *Saint Odilon, abbé de Cluny* (Louvain, 1964), 126-128. Cf. aussi *Aegidii Auraevallensis gesta episcoporum Leodiensium*, MGH SS XXV, 60.

[86] Mort vers 910. Texte latin PL CXXXIII, col. 639-704. La traduction française que nous avons suivie, se trouve dans G. Venzac, 'Vie de Géraud, comte d'Aurillac', *Revue de la Haute-Auvergne*, 43 (1974), 211-328. Passage cité: préface 3, p. 224; col. 642: 'Quoniam vero hunc Dei hominem in exemplo potentibus datum credimus'.

[87] Fechter (ci-dessus, n. 69), 50-60. Mathe (ci-dessus, n. 3), 239-251. P. Lamma, *Momenti di storiografia cluniacense* (Roma, 1961), *passim*. J.-C. Poulin, *L'Idéal de sainteté dans l'Aquitaine carolingienne* (Québec, 1975), 80-98.

ment à la providence et à la miséricorde divines, il délibérait à part lui comment il serait fidèle, selon le précepte apostolique, à défendre la veuve et l'orphelin tout en se gardant de toute souillure du siècle'[88]. 'Il brisait les mâchoires de l'homme injuste, afin, selon le mot de Job, de leur arracher d'entre les dents leur proie. Il le faisait, non certes, comme il arrive trop souvent, emporté par la passion de vengeance, ni séduit par le désir de la gloire du monde, mais enflammé d'ardent amour pour de pauvres gens incapables de pourvoir par eux-mêmes à leur défense'[89]. 'Il est donc parfaitement normal que, laïc, il ait porté le glaive, à son poste, dans la bataille, pour protéger une population désarmée, comme il eût fait, pour parler comme l'Écriture, d'un troupeau inoffensif, contre les loups du soir'[90]. 'Son souci de justice se faisait sans cesse plus ferme et plus exigeant : dès qu'un pauvre se trouvait dans la dépendance de plus puissant que lui, il avait grand soin, tout en soutenant le plus faible, de fléchir le plus fort sans léser ses droits'[91].

'Envers les gens, qui étaient ses sujets, il était si bienfaisant, il était si complaisant, qu'il faisait en cela l'étonnement de ceux qui en étaient témoins. Aussi lui faisaient-ils souvent le reproche de se montrer faible et pusillanime, en laissant des gens de rien, pour sa faiblesse bien connue, lui causer des torts. Or, il était très rare, alors que les maîtres ont d'ordinaire la colère facile, de le voir, si peu que ce fût, s'irriter contre ceux qui lui adressaient ce reproche'[92]. 'Il renonçait pareillement,

[88] Chap. 11; Venzac, 233 (Ep. S. Jacques, I, 27); éd. latine : c. VII, col. 646 : 'Audiens, non assultu, sed ratione cohortatus, ad miserandum et subveniendum flectebatur. Totumque se divinae dispositioni ac misericordiae committens, tractabat qualiter pupillos et viduas juxta apostolicum praeceptum visitaret, ut se ab hoc saeculo immaculatum custodiret'.

[89] Chap. 12; 233 (Romains, XII, 21); = c. VIII, col. 646 : 'Conterebat molas iniqui, ut de dentibus eorum, juxta illud Job, auferret praedam. Non tamen, ut plerisque moris est, ulciscendi libidine percitus, aut vulgaris amore laudis illectus, sed pauperum dilectione, qui seipsos tueri nequibant infervens'.

[90] Chap. 13; 235 (Habacuc, I, 8); = c. VIII, col. 647 : 'Licuit igitur laico homini in ordine pugnatorum posito gladium portare, ut inerme vulgus velut innocuum pecus a lupis, ut scriptum est, vespertinis defensaret'.

[91] Chap. 24; 247; = c. XVII, col. 654 : 'Rectitudinis ejus vigorem hac una re tantum putares acclivem. Quoties pauper apud potentiorem forte obnoxius teneretur, instabat, ut imbecilliorem ita sustentaret, quatenus fortiorem sine laesione fregisset'.

[92] Chap. 31; 251; = c. XXIV, col. 656 : 'Erga ipsos vero qui juris ejus erant, tam beneficus, tamque erat pacificus ut mirum considerantibus esset. Nam frequenter improperabant et quod mollis esset et timidus, qui se laedi ab infimis personis, tanquam impotens, permisisset. Nec facillime tamen, sicut domini solent irasci, contra improperantes vel leviter indignabatur'.

suivant le précepte de l'Apôtre, à user de menaces avec ses serviteurs'[93]. 'Il n'oubliait pas non plus que la justice des chrétiens doit surpasser celle des Pharisiens. Aussi, outre la dîme qu'il faisait également mettre de côté sur toutes ses récoltes, il en faisait également mettre de côté la neuvième partie, qu'il distribuait au fur et à mesure des besoins des pauvres'[94].

'C'est donc à juste titre que tout le monde l'aimait, car de son côté il aimait tout le monde'[95]. 'Quand on lui causait du tort, en effet, il accordait facilement son pardon. ... Il portait toujours peine d'abord pour les pauvres gens, son âme ressentait pour eux grande compassion, et il se désintéressait plus facilement de son sort à lui que du leur'[96]. 'Quand on lui faisait un mauvais coup, il n'oubliait pas pour autant de donner sa protection à ceux qu'il voyait sans ressources'[97]. 'Malgré tout, il se voyait bien parfois obligé d'user des moyens que sa puissance mettait à sa disposition, et de faire courber la tête aux mauvais sujets par la force des armes'[98]. 'Un point peut faire difficulté, savoir, son haut rang dans le monde. Justement, il faut accorder que plus haute et plus louable est la vertu qui, ayant tout pour se repaître d'orgueil, incline au contraire humblement la cime de sa puissance. C'est qu'il n'est nul pouvoir qui ne vienne de Dieu. Et Dieu, selon l'Écriture, ne rejette pas les puissants, puisqu'il est puissant lui-même. Par conséquent, bien qu'il ait été comblé de la gloire du siècle, on ne doit pas trouver extraordinaire que Dieu glorifie aujourd'hui encore un homme qui a travaillé à la gloire de Dieu par l'observation de ses commandements'[99].

[93] Chap. 32; 252 (Éphéciens, VI, 9); = c. XXV, col. 657: 'Minas quoque, juxta Apostoli praeceptum, servis remittebat'.

[94] Chap. 35; 254 (Matthieu, V, 20); = c. XXVIII, col. 658: 'At vero non immemor Christianorum justitia debet justitiam Pharisaeorum supergredi, cum universae fruges ejus rectissime decimarentur, nonas etiam jubebat seorsum recondi, quae in diversis pauperum necessitatibus dispensarentur'.

[95] Chap. 37; 256; = C. XXX, col. 660: 'Merito quippe diligebatur ab omnibus, quoniam ipse cunctos diligebat'.

[96] Chap. 45; 262; = c. XXXVIII, col. 665: 'His enim qui se laedebant, tam facile ignoscebat ... Durior illi causa pro pauperibus semper erat, quam anima ejus illis compatiebatur, faciliusque suam negligere causam poterat quam illorum'.

[97] Chap. 45; 263; = c. XXXVIII, col. 665: 'Sic iste dum laederetur, tamen impotes tueri non omittebat'.

[98] Chap. 47; 264; = c. XL, col. 666: 'Nonnunquam invitus cogebatur potentiae suae vires exerere, et pravorum cervicem vi bellica curvare'.

[99] Chap. 49; 266 (Romains, XIII, 1; Job, XXXI, 5, seulement Vulgate); = c. XLII, col. 668: 'Nam si hoc obstare videtur, quod in saeculo potens fuit, considerandum est quod major et laudabilior virtus sit materiam superbiendi habuisse, et tamen

C'est à bon droit qu'on peut dire de cet écrit qu'il était un message social de Cluny pour la noblesse féodale. De par sa nature même, c'est aussi un message religieux, inspiré par des textes bibliques prononcés dans la liturgie de chaque jour. Sous le double aspect de ce message social et religieux, on discerne un thème apparenté au mouvement de la paix de Dieu qui sera proclamée un demi-siècle plus tard [100]. A ce moment-là Cluny n'a pas pris nettement position [101], ce qui indique d'ailleurs que Cluny se tenait à distance des événements du dehors. Mais ce message nous montre en même temps que Cluny n'était pas simple spectateur, mais qu'il s'était engagé positivement vis-à-vis de la noblesse féodale, notamment en s'efforçant de promouvoir une société plus pacifique dont le rétablissement était une nécessité urgente après la désagrégation de la société carolingienne. D'autre part, dans sa vie spirituelle et dans sa liturgie, Cluny restait fidèle à sa continuité avec le monachisme carolingien.

Je voudrais dire quelques mots sur l'attitude de Cluny à l'égard de la réforme grégorienne, bien que ce ne soit que plus tard que Cluny ait pris plus nettement position. Je ne parlerai pas de questions controversées, comme par exemple : la part de Cluny dans l'abolition du système carolingien des abbayes en commende (Eigenkirchen) ; le rôle dans la Querelle des investitures des monastères de la congrégation d'Hirsau, qui étaient clunisiens par l'observance des mêmes coutumes [102]. Je n'insisterai pas non plus sur le fait qu'Urbain II avait été prieur de Cluny avant de devenir pape. Il me suffira de parler des rapports entre les abbés de Cluny et les papes. On pourrait citer les nombreuses anecdotes sur les contacts de l'abbé Hugues avec Grégoire VII [103]. On pourrait dire aussi qu'Odon a été à l'origine de la réforme grégorienne, puisque dans ses *Collationes* il fait une critique sévère de la société de son temps, non seulement en condamnant les abus de pouvoir des grands féodaux, mais en reconnaissant à l'Église le pouvoir

potentiae culmen humiliter compressisse. Potestas enim non est nisi a Deo. Qui, juxta Scripturam, potentes non abjicit, cum ipse sit potens. Quamvis igitur saeculari gloria fastigiatus fuerit, non debet incredibile videri, si Deus illum glorificat, qui hunc in observantiam mandatorum ejus glorificavit'.

[100] A. Bredero, 'De godsvrede der bisschoppen : markering van een maatschappelijke ommekeer?', dans *Kerk en vrede in oudheid en middeleeuwen* (Kampen, 1980), 95-123.

[101] Fechter (ci-dessus, n. 69), 94-101. Mathe (ci-dessus, n. 3), 247.

[102] H. Jakobs, *Die Hirsauer* (Köln, 1961), 104-134.

[103] A. Stacpoole, 'Hugh of Cluny and the Hildebrandine Miracle Tradition', *Revue bénédictine*, 77 (1967), 341-363.

de demander des comptes aux grands laïcs[104]. Cette conception du pouvoir de l'Église se justifiait alors par la carence du pouvoir laïc.

Comme nous l'avons déjà noté, on a souvent émis l'opinion que Cluny a été au point de départ de la réforme grégorienne, et récemment H. E. J. Cowdrey a de nouveau souligné les liens entre Cluny et la réforme grégorienne tels qu'ils se dégagent de son histoire[105]. Cowdrey cite entre autres un écrit qui jette un coup d'œil rétrospectif sur ces liens dans l'histoire de Cluny, observée du point de vue de Cluny même[106]. Dans la Vie de saint Morand, un moine clunisien mort en 1115, il est raconté comment beaucoup de personnages, ayant vécu comme moines dans une lutte continuelle de l'esprit contre la chair, avaient été choisis pour édifier l'Église, qui comme pape ou évêque, qui comme abbé ou pasteur d'âmes. L'auteur voulait montrer ainsi que la communauté de Cluny était un asile de piété ouvert à tous, auquel le monde entier avait recours pour renouveler ses forces spirituelles[107]. Cette manière de voir demande une mise au point : ce que Cluny était déjà au Xe siècle et ce qu'il est resté par la suite, peut difficilement être interprété en fonction du rôle dans la société et dans l'Église que ses valeurs spirituelles lui ont obtenu plus tard.

Il faut se rappeler que, ni la Vie de Géraud, ni la critique de la société de ce temps-là, qu'Odon a exprimée dans ses *Collationes*, ne contiennent l'essence de la spiritualité monastique, telle qu'il la voyait et qui était sa préoccupation majeure. Je reprends ici les mots de Leclercq : 'Le rayonnement de Cluny ne peut s'expliquer que par l'intensité de vie monastique dont le monastère fut le lieu et le centre'. L'intensité de vie monastique est d'ailleurs une chose que les moines ont rarement

[104] *Collationes* III, c. 24; P L CXXXIII, col. 607-8. Cf. Fechter (ci-dessus, n. 69), 51-55.

[105] *The Cluniacs and the Gregorian Reform* (Oxford, 1970). Voir les comptes rendus de G. Constable, *Speculum*, 46 (1971), 364-366 et de J. Semmler, *Cahiers de civilisation médiévale*, 16 (1973), 158-161.

[106] Cowdrey, (ci-dessus, n. 105) 162-163.

[107] *Vita s. Morandi confessoris, discipuli s. Hugonis abbatis Cluniacensis VI : miracula*, *Bibliotheca Cluniacensis*, 506 : 'Ex his tamen quae scripta sunt, satis patet quantum et qualem filium Germaniae partibus edidit Cluniacus. Ad quam tunc tanquam ad commune pietatis asylum confugiebat quasi universus orbis pro suorum spiritali instauratione locorum. Huius loci habitatoribus continua concertatione carnem spiritui subiicientibus, vere, secundum Apostolum, Christus vivere erat, et mori lucrum. Plures electi et assumpti sunt in aedificationem Ecclesiae, alii in summos pontifices, alii in cardinales, alii vero in episcopos, abbates et pastores. Hinc effusa spiritualium virtutum nardo impleta est tota mundi domus ex odore unguenti, dum religionis monasticae fervor, qui illo tempore pene refriguerat, illorum virorum exemplo studioque recaluit. Gallia, Germania, transmarina quoque Britannia hoc testatur. Hispania, Italia, totaque Europa fatetur, plena monasteriis ab eis aut noviter fundatis, aut ab antiquo senio reparatis'

décrite, du moins autrefois, mais ils la vivaient dans leur liturgie[108]. La majesté du Seigneur était au centre de cette liturgie qui était leur vie même et qui occupait chacune de leurs journées. C'est une des raisons pour lesquelles leur liturgie prit un tel développement. Dans ses *Collationes* et dans son *Occupatio* Odon a révélé cependant quelque chose de l'intensité de la vie monastique[109]. Dans l'*Occupatio*, longue évocation poétique et admirative de tout ce que Dieu a fait et continue de faire jusqu'à la fin du monde pour le salut des hommes, il nous confie qu'il a composé cet ouvrage 'pour occuper l'esprit de son lecteur en le fixant sur des réalités moins instables que celles qu'offre le monde qui passe'[110].

La spiritualité monastique telle qu'elle est mise en pratique dans l'Église et dans la société, n'est pas identique à son essence. La pratique en était plus flexible, s'adaptant à des circonstances concrètes. C'est ainsi que Cluny développa une liturgie d'intercession qui marqua de son empreinte aussi bien les institutions de l'abbaye que de l'ordre. De plus, cette liturgie accentua trop fortement la continuité de Cluny avec le monachisme carolingien.

Un autre effet pratique de l'essence de la spiritualité monastique a été, tout en s'adaptant aux circonstances du temps, le message social paru pour la première fois dans la Vie de Géraud et auquel Cluny s'est toujours tenu. Il en a été de même pour la critique de la société que nous lisons dans les *Collationes*.

En même temps, Cluny noua peu à peu des liens institutionnels étroits avec Rome. C'était une conséquence de la nécessité où se trouvaient les monastères depuis le IXe siècle, de rechercher la protection du pape. Grâce à ces liens, Cluny, en critiquant la société de son temps, prêta son concours à la lutte des papes pour la liberté de l'Église qui sera l'enjeu de la réforme grégorienne[111]. Cluny devint ainsi comme un instrument entre les mains des papes dans leurs efforts pour mener à bien la réforme grégorienne. Mais la poursuite de la réforme ne fut jamais un élément essentiel du monachisme clunisien. L'essentiel demeura ce qu'il avait toujours été, vivre la majesté du Seigneur dans la liturgie, et il le resta encore au XIe siècle, assurant ainsi

[108] J. Leclercq, *L'Amour des lettres et le désir de Dieu* (Paris, 1957), 219-220.

[109] *Odonis abbatis Cluniacensis occupatio*, éd. A. Swobada (Leipzig, 1900).

[110] J. Leclercq, 'L'idéal monastique de saint Odon d'après ses œuvres', dans *A Cluny, congrès scientifique* (Dijon, 1950), 228.

[111] G. Tellenbach, *Libertas, Kirche und Weltordnung im Zeitalter des Investiturstreites* (Stuttgart, 1936).

la continuité avec le monachisme carolingien, nonobstant les complications politico-religieuses qui, dans son rayonnement vers l'extérieur, le reléguèrent au second plan.

Au début du XIIe siècle, la continuité spirituelle ainsi que la discontinuité institutionnelle de Cluny avec le monachisme carolingien se trouvèrent dans une situation délicate. On dut réduire la durée des offices liturgiques afin de s'adapter aux nouvelles circonstances économiques. Ces mêmes circonstances firent apparaître de nouvelles formes de vie monastique qui dissociaient la règle de saint Benoît et les coutumes de Benoît d'Aniane. Rome, de son côté, après la Querelle des investitures, modifia son attitude à l'égard de Cluny par rapport à ses privilèges d'exemption. Les inévitables modifications dans le mode de vie monastique causèrent une crise grave à Cluny, en soulevant une controverse sur le maintien ou l'abandon des coutumes existantes. Le parti conservateur l'emporta et minimisa cette crise en la réduisant à une simple histoire de destitution d'un abbé qui aurait mené une vie indigne et aurait été responsable des difficultés économiques de l'abbaye et de l'ordre. Plus tard, les historiens ont mis un rapport entre cette abdication et le changement d'attitude de Rome en ce qui concerne les privilèges d'exemption. Les détails de cette affaire ne rentrent plus dans notre sujet[112]. Ayant survécu à la crise, Cluny opta pour la continuité avec le monachisme carolingien, ou du moins pour le maintien des coutumes qui en étaient issues. N'ayant rien renié d'essentiel de sa spiritualité monastique, Cluny, par cette option, a survécu depuis lors.

Vrije Universiteit Amsterdam

[112] Cf. par exemple A. H. Bredero, 'Pierre le Vénérable : les commencements de son abbatiat', dans *Pierre Abélard-Pierre le Vénérable : les courants philosophiques, littéraires et artistiques en Occident au milieu du XIIe siècle*, Colloques internationaux du CNRS (Paris, 1975), 99-116. Idem, 'Guillaume de Saint-Thierry au carrefour des courants monastiques de son temps', dans *Saint-Thierry, une abbaye du VIe au XXe siècle, Actes du Colloque international d'Histoire monastique* (Saint-Thierry, 1979), 279-297.

Friedrich Lotter

DAS IDEALBILD ADLIGER LAIENFRÖMMIGKEIT IN DEN ANFÄNGEN CLUNYS: ODOS VITA DES GRAFEN GERALD VON AURILLAC

Vor nunmehr schon einem guten Vierteljahrhundert stellte Kassius Hallinger fest, das Faktum Cluny gelte zwar als bekannte Größe, doch seien wir von einer Durchdringung der historischen Wirklichkeit und insbesondere der geistigen Welt Clunys noch weit entfernt. Im übrigen konnte Hallinger gegen Tellenbach nachweisen, daß von den frühen Reformforderungen, wie sie der zweite Abt Odo etwa in seinen *Collationes* formuliert hat, sich durchaus Verbindungslinien zu den Bestrebungen der humbertinisch-gregorianischen Reform ziehen lassen, wie etwa mit der Forderung nach der Wiederherstellung der rechten Ordnung, in der das Geistliche nicht mehr vom Weltlichen beherrscht werde. Demgegenüber konnte Tellenbach wiederum zeigen, daß Hallingers Standpunkt von der angeblich antifeudalistischen Haltung des frühen Cluny zumindest erheblich modifiziert werden muß und sich jedenfalls nicht in einer grundsätzlichen Ablehnung des Eigenkirchenwesens fassen läßt[1].

Mit dieser Kontroverse wurde eine Diskussion wiederaufgenommen, zu der das letzte Wort noch lange nicht gesagt ist. Doch haben sich mit ihr die alten Fragestellungen, ob der cluniazensische Geist der Frühzeit mit der Kennzeichnung weltoffen oder weltflüchtig zu versehen sei, und ob monastische oder feudale Denkformen vorherrschten, endgültig als unbrauchbare Alternativen erwiesen. Tatsächlich hatte schon Friedrich Heer Abt Odo von Cluny nachdrücklich an die Spitze einer Entwicklung gestellt, die von vornherein den Adel in das Werk der geistlichen Erneuerung einbezog und damit auch seine spezifischen Lebens- und Verfassungsformen im Prinzip anerkannte[2].

[1] K. Hallinger, 'Zur geistigen Welt der Anfänge Klunys', *Deutsches Archiv für Erforschung des Mittelalters*, 10 (1953), S. 417-445 = *Cluny. Beiträge zu Gestalt und Wirkung der cluniazensischen Reform*, hg. H. Richter, Wege der Forschung, 241 (Darmstadt, 1975), S. 91-124; G. Tellenbach, 'Das Reformmönchtum und die Laien im 11. und 12. Jh.', *D.A.E.M.* (1968), S. 371-400, hier insb. S. 391, 396ff.; vgl. zur Diskussion auch C. Violante, 'Das cluniazensische Mönchtum im 10. und 11. Jh.', *D.A.E.M.* (1960), S. 141-225, hier insb. S. 170-176.

[2] F. Heer, *Der Aufgang Europas*, I (Wien-Zürich, 1949), S. 390ff.; vgl. dagegen Hallinger (wie Anm. 1), S. 94f.

Hallinger, der Heer gerade diese Erkenntnis absprechen wollte, hat seinerseits das Element der Laienfrömmigkeit in seine Darstellung der geistigen Welt Alt-Clunys nicht mit einbezogen und eine so wichtige Quelle wie Odos Vita des Grafen Gerald von Aurillac nur am Rande erwähnt, und nicht anders verfährt Cinzio Violante in seiner Untersuchung über das cluniazensische Mönchtum des 10. u. 11. Jh. Dennoch dürfte gerade diesem Spätwerk Odos, das wesentliche Gedanken der *Collationes* aufnimmt, weiterführt und präzisiert, programmatische Bedeutung zuzusprechen sein.

Das wohl in den 30er Jahren des 10. Jh. verfaßte und seit der frühen Edition von Dom Marrier von 1614 in vier Bücher aufgeteilte Werk enthält eine bemerkenswerte Fülle von Detailaussagen zur Kultur-, Sozial- und Verfassungsgeschichte des südfranzösischen Raumes im ausgehenden 9. Jh., so daß es schon aus diesem Grunde in den letzten Jahrzehnten zunehmende Beachtung gefunden hat[3]. Um so mehr ist zu bedauern, daß eine modernen Ansprüchen genügende Edition noch immer fehlt. Vor allem bedürfen auch die Verhältnisse der verschiedenen Fassungen zueinander einer eingehenden Klärung. Die bei Migne am bequemsten zugängliche Edition von Marrier ist naturgemäß mit zahlreichen Mängeln behaftet[4].

Die Vita ist nach dem Muster der rhetorisch-idealisierenden Biographie abgefaßt, die der klassischen Tradition der Antike weit näher steht als die mehr volkstümliche Gattung der eigentlichen hagiographischen Vita, die allein durch die Gabe des Wunderwirkens die Heiligkeit begründet und sich im wesentlichen aus Wunderepisoden zusammensetzt[5]. Zwar schildert auch Odo eine Fülle von Wundern, doch bindet er diese entweder unter übergeordneten Gesichtspunkten in die erzählende Prosa ein oder bringt sie als Zusatz und Anhang im

[3] S. dazu das Lit. Verz. bei J.-C. Poulin, *L'idéal de sainteté dans l'Aquitaine carolingienne* (Québec, 1975), S. 195f.; vgl. ebda., S. 81-98; dazu M. Heinzelmann, 'Sanctitas und "Tugendadel"', *Francia*, 5 (1977), S. 741-752 mit Betonung der traditionellen Züge der Vita Geraldi; ferner P. Lamma, *Momenti di storiografia cluniacense*, Studi storici dell'Istituto storico italiano per il medio evo, 42-44 (Roma, 1961), S. 21ff.; dazu P. Rousset, 'L'idéal chevaleresque dans deux vitae clunisiennes', in *Études de civilisation médiévale (IXe-XIIe siècles). Mélanges offerts à E.R. Labande*. Poitiers, Centre d'études supérieures de civilisation médiévale (Poitiers, 1974), S. 623-633.

[4] Migne PL 133, Sp. 639-704; dazu zuletzt P.G. Vensac, 'Vie de saint Géraud', *Revue de la Haute-Auvergne*, 43 (1972/3), S. 216ff. Zur Überlieferung vgl. auch V. Fumagalli, 'Note sulla *Vita Geraldi*', *Bollettino dell'Istituto storico italiano per il medio evo*, 76 (1964), insb. S. 224ff.; vgl. auch unten Anm. 13.

[5] Vgl. dazu F. Lotter, 'Zur literarischen Form und Intention der Vita Heinrici IV.', *Festschrift für H. Beumann zum 65. Geburtstag*. Hrsg. von K.U. Jäschke und R. Wenskus (Sigmaringen, 1977), insb. S. 293-303.

2. und 4. (ursprünglich 3.) Buch — als ausdrückliche Konzession an den Wunderglauben. Die Disposition des Werkes läßt ebenso wie die anspruchsvolle Prosa erkennen, daß es in erster Linie für Bildungsschichten bestimmt war.

An der Spitze der Vita steht ein Widmungsschreiben an den Abt Aimo von Tulle, der mit seinem Bruder, Bischof Turpio von Limoges, Odo nachdrücklich zur Abfassung der Schrift aufgefordert haben soll [6]. Doch sind diese Bitten ebenso wie das hier anzutreffende *Oboedientia*-Motiv im Sinne der konventionellen Auftraggeber- und Bescheidenheitstopik zu werten und bieten keinen näheren Aufschluß über die eigentlichen Intentionen des Autors.

Mit seinem eigentlichen Anliegen befaßt sich Odo demgegenüber in der *apologetica praefatio* des 1. Buches, indem er die Frage aufwirft, ob jemand, wie es von Graf Gerald behauptet werde, zugleich mächtig und reich, dennoch aber heilig sein könne. Tatsächlich ergibt sich hier, daß der Held der Darstellung, wie es auch sonst bei Heiligenviten meist der Fall ist, in seinem Lebenskreis längst schon als heilig galt, bevor der Biograph die breitere Öffentlichkeit von seiner Lebensführung und seinen Wundertaten unterrichtete. Odo geht es dabei offenbar nicht so sehr, wie dies üblicherweise vorausgesetzt wird, um die Propagierung eines Heiligen, sondern um die Rechtfertigung der Heiligkeit unter bestimmten bisher ungewohnten Bedingungen. Eine wesentliche Aufgabe sieht der Autor dabei darin, schwerwiegenden Mißverständnissen entgegenzutreten, die Geralds Heiligkeit einmal von falschen Voraussetzungen ableiten und andererseits auch falsche Folgerungen ziehen. Zahlreiche Menschen sähen nämlich nur in den Wundertaten den Beweis für Geralds Heiligkeit und pflegten ihr ausschweifendes Leben mit dem Hinweis auf Gerald zu rechtfertigen, der als Heiliger dennoch reich gewesen sei und alle Annehmlichkeiten des Lebens genossen habe [7].

Odo selbst räumt ein, er habe zunächst an Geralds Wundern gezweifelt. Erst später hätten ihn vier Augenzeugen belehrt, daß Gott

[6] Odo, *Vita sancti Geraldi Auriliacensis comitis* (fortan *VG*), *Praefatio*, PL 133, Sp. 639f.; vgl. Vensac (wie Anm. 4), S. 220. Bischof Turpio ist auch der Auftraggeber der *Collationes* (fortan *Coll.*), s. *Epistola nuncupatoria*, PL 133, Sp. 517f. Zum Auftraggeber- und Oboedientia-Topos s. G. Simon, 'Untersuchung z. Topik der Widmungsbriefe ...', *Archiv für Diplomatik*, 4 (1958), insb. S. 66f., 98ff.

[7] *VG* I, *Praef.*, Sp. 639: Alii quoque velut excusationes in peccatis quaerentes indiscrete hunc extollunt, dicentes videlicet, quia Geraldus potens et dives fuit et cum deliciis vixit et utique sanctus est. Qui nimirum suam voluptuosam vitam eius nitantur exemplo excusare ...; vgl. II, *Praef.*, Sp. 668f.

Gerald die Gnadengabe des Wunderwirkens verliehen habe, weil seine Lebensweise ihn als Heiligen auswies [8]. Damit ist zugleich offenbar geworden, — dies ist die neue umstürzende Erkenntnis — daß Adel und Reichtum in der Welt der Heiligkeit nicht im Wege stehen müssen. Niemand dürfe fortan die Einhaltung der Gebote Gottes für zu schwierig oder unmöglich halten, da sie auch von einem mächtigen Manne, der als Laie lebe, befolgt werden könnten, wie dies Beispiel bezeuge. Odo zweifelt nicht, daß dieser Mann Gottes durch seinen gerechten und frommen Lebenswandel gerade den Mächtigen vor Augen gestellt wurde, damit sie ihn als ihren Standesgenossen nachahmen sollen. Odo habe Geralds Taten gerade deshalb aufgezeichnet, um dadurch die Mächtigen zu ermahnen und zur Nacheiferung anzuspornen [9].

Der Autor gliedert die eigentliche Lebensbeschreibung in die *exteriora gesta* im 1. Buch und die *interiora gesta* im 2. Buch. Zu den *interiora gesta*, die Gerald nach der endgültigen Ergebung in den Dienst Gottes vollbracht hat, gehören auch die noch zu Lebzeiten vollbrachten Wunder [10]. Die Vita schließt ab mit einem Bericht über die Gründung des Klosters Aurillac, die letzten Lebensjahre, Tod und Leichenbegängnis sowie der Schilderung der Wunder am Grabe des Heiligen, letzteres ursprünglich im 3. Buch zusammengefaßt. Die Aufteilung der Taten in *gesta exteriora* und *interiora* entspricht jenem Typ der klassischen Biographie, die nach der Schilderung von Vorgeschichte und Jugendjahren die chronologische Darstellung aufgibt, um die einzelnen *gesta* einem Katalog von Tugenden oder anderen Bestimmungs-

[8] *VG* I, *Praef.*, Sp. 640f.: ... et nos dudum audita miraculorum fama nihilominus de his dubitabamus ... Comperto autem quam religiose vixerit, et quod hunc Deus in sua gratia pluribus indiciis esse monstraverit, iam de eius sanctitate dubitare nequivimus ...

[9] *VG* I, *Praef.*, Sp. 641 C; 642 A; vgl. auch 15, Sp. 652 D; 26, Sp. 657 C; 27, Sp. 658 A; 29, Sp. 659 B; 39, Sp. 665 C; 42, Sp. 668 B; II, 9, Sp. 676 A. Rousset, S. 624 behauptet zwar, die *Vita* richte sich an das Mönchtum und diene zu dessen Erbauung, vgl. demgegenüber jedoch schon C. Erdmann, *Die Entstehung des Kreuzzugsgedankens*, Forschungen zur Kirchen- und Geistesgeschichte, 6 (Stuttgart, 1935), S. 78. Odo wendet sich in der *VG* nur insofern an Reformmönche und Klerus, als er diese beauftragt, die hier dargelegten Vorstellungen in die Adelskreise hineinzutragen.

[10] *VG* I, 42, Sp. 667 C: En quaedam de exterioribus gestis et communi conversatione digessimus ... Sp. 668 C: ... De gestis autem eiusdem viri, quae egit, postquam cultui divinae servitutis ex toto se cohaesit, quae dicenda sunt, sequenti libello reservantes hic istum in Dei nomine terminemus; II, 34, Sp. 688 C: Hoc itaque de miraculis eius sufficiat ...; III, *Praef.*, Sp. 689 B: ... restat nunc, ut qualiter a corporeo tegmine spiritualem essentiam emiserit, stylo titulante exprimamus ...

kategorien unterzuordnen[11]. Tatsächlich lassen sich auch im ersten Buch der Geraldvita entsprechende Gliederungskriterien ausmachen. Nach der einleitenden Schilderung von Familie, Vorfahren, Vorzeichen, Jugendzeit und Studien folgen Rubriken wie kriegerische Ausbildung, Körpergestalt, Enthaltsamkeit, Sorge für Bedürftige, Kleidung, Gerechtigkeit, Frömmigkeit, Beliebtheit bei Menschen, Wahrnehmung der weltlichen Pflichten usw.[12]. Wenn auch die Folge der Stichworte den Betrachter verwirrt und Tugendkategorien mit anderen Zuordnungskriterien vermischt sind, liegt doch die Verwandtschaft dieses Teils der Vita mit anderen nicht-hagiographischen Lebensbeschreibungen, die dem Umkreis der karolingischen Renaissance zuzusprechen sind, wie etwa der Karlsvita Einhards oder dem *Epitaphium Arsenii* des Paschasius Radpertus, auf der Hand. Wie letzteres enthält auch die Geraldvita im Zusammenhang mit der Schilderung des Todes Elemente der Consolatio und des literarischen Epitaphium[13].

Freilich finden sich in der Geraldvita mit den Folgen der Wundererzählungen im 2. und 4. (3.) Buch auch Elemente der rein hagiographisch-aretalogischen Vita, die den Heiligkeitsnachweis mit der Gabe des Wunderwirkens begründet. Odo betont aber gerade in der Einleitung nachdrücklich, daß die Wunder nicht eigentlich die Heiligkeit Geralds ausmachen. Auch seine Berichterstatter hätten weniger Wert auf die Wunder gelegt, die das Volk so sehr schätze, sondern mehr die zuchtvolle Lebensweise und die Werke der Barmherzigkeit,

[11] Vgl. Quintilian, *De institutione oratoria*, III, 7, 10-15, ed. L. Radermacher (1907), S. 16: Magis est varia laus hominum ... animi semper vera laus, sed non una ... via ducitur. Namque alias aetatis gradus gestarum rerum ordinem sequi speciosius fuit ... alias in species virtutum dividere laudem, fortitudinis, iustitiae, continentiae ceterarumque ac singulis adsignare, quae secundum quamque earum gesta erunt ...; vgl. dazu Lotter, 'V. Heinrici' (wie Anm. 5), S. 194ff.

[12] patria, maiores: I, 1ff., Sp. 641ff.; auguria: I, 2f.; prima aetas, pueritia, litterarum studia: I, 4, Sp. 644f.; membrorum robur, armata militia: I, 5; modestia: I, 6; misericordia: I, 7; cura pauperum, pietas: I, 8ff., 14-28, Sp. 646ff., 651ff.; humilitas: I, 6, 11, 28f.; corporis habitudo: I, 12; iustitia: I, 17f., 22f., 27f.; carus, diligebatur ab omnibus: I, 29-34, Sp. 659ff.; fortitudo, iustitia: 35-42, Sp. 663ff.

[13] *VG* III, 5, Sp. 692f. (planctus): O quale solatium mundus amittit ...; 6 (beatificatio): Vere beatum et felicem dixerim ... quem auris audiens beatificat ...; 7 (discessio, planctus und beatificatio): ... de illo magis gaudendum quam lugendum ...; 8, Sp. 695f. (laudatio): ... quia sanctos decet laudatio, ad laudem illius laudamus etiam te ... Mit dem Schlußgebet praestante Domino ... per infinita saecula saeculorum, Amen, schloß die *Vita* in einer früheren vermutlich zum Jahresgedächtnis des Verschiedenen verfaßten Version ab. c. 9-12 des III. Buches mit der Darstellung der Beisetzung sowie die später als Buch IV zusammengefaßten Wunder am Grabe wurden erst später hinzugefügt. Zu *Consolatio* und *Epitaphium* s. Lotter, 'V. Heinrici' (wie Anm. 5), S. 294f., 303-316.

die Gott vorziehe, unterstrichen[14]. Die Wundergabe ist Gerald erst geschenkt worden, nachdem er durch seine Gerechtigkeit der Gemeinschaft der Heiligen für wert erachtet worden ist. Die Leute freilich, die den Ruhm eines Heiligen nicht nach dem Maß seiner guten Werke, sondern der Zahl seiner Wundertaten bemessen, würden die Heiligkeit Geralds geringer einschätzen, wenn sie nicht von seinen Wundertaten hörten[15]. Wie auf einem hohen Tribunal sitzend entscheiden sie, ob jemand heilig sei oder nicht, und fordern wie die *judaizantes* Zeichen (I. Cor. I,22). Zwar zweifelt auch Odo nicht daran, daß Gott in dieser Zeit der Erwartung des Antichrist Gerald für wert hielt, durch die Gabe der Krankenheilung berühmt zu werden. Dennoch ist es nur ein Entgegenkommen jenen Leuten gegenüber, wenn Odo eine große Zahl von Wundern Geralds schildert, denn für ihn ist bei Gerald kein gößeres Wunder zu finden als, daß er sein Glück nicht von seinem Reichtum und seinen Schätzen erhoffte[16].

Während so Odo einerseits den Heiligkeitsnachweis ausdrücklich nicht auf die Wunder stützen will, tritt er doch andererseits auch ganz entschieden denen entgegen, die Geralds Heiligkeit überhaupt in Frage stellen und behaupten, er könne nicht Martyrer oder Confessor genannt werden. Hiermit bringt Odo die beiden Idealtypen des Heiligen, den Blutzeugen und den Bekenner, ins Spiel, um jedoch in Anlehnung an ältere theologische Argumentationen — etwa bei Isidor von Sevilla — zu betonen, jeder könne Confessor genannt werden, der den Lastern mit Erfolg widerstehe, sein Kreuz auf sich nehme und Gott durch gute Taten verherrliche[17].

[14] *VG* I, *Praef.*, Sp. 642: ... fidem vero dictis testium adhibui. Qui signa quidem, quae vulgus magni pendet, non multa retulerunt, sed disciplinatum vivendi modum, et opera misericordiae, quae Deo magis placent, non pauca; vgl. *Coll.* I, 25, Sp. 536 ABC. Zur Auffassung des Wunders im frühen Christentum s. F. Lotter, *Severinus von Noricum. Legende und historische Wirklichkeit*, Monographien z. Geschichte des Mittelalters, 12 (Stuttgart, 1976), insb. S. 55ff., mit Hinweisen; zur hagiographisch-arealogischen Vita ders., 'Methodisches zur Gewinnung historischer Erkenntnisse aus hagiographischen Quellen', *Historische Zeitschrift*, 229 (1979), insb. S. 308ff.; zur Ablehnung des Wunderglaubens in der lothringischen Reformbewegung ders., *Die Vita Brunonis des Ruotger*, Bonner Historische Forschungen, 9 (Bonn, 1958), S. 38ff.

[15] *VG* II, 34, Sp. 688 C: Hoc itaque de miraculis eius sufficiat, quae satisfaciant eis, qui gloriam cuiuslibet sancti non ex quantitate bonorum operum, sed ex numerositate metiuntur signorum. Apud quos forte sanctitas eius vilior haberetur, si de miraculis, quae vigens gesserat, nihil audissent ...

[16] *VG* II, *Praef.*, Sp. 667 D; 10, Sp. 676 C; 13, Sp. 678 A; 34, Sp. 688 D: Nihil igitur in Geraldo grandius miraculum quaeras, quoniam hoc est, quod non speravit in pecunia vel thesauris. Hoc quippe est, sicut iam diximus, mirabilia fecisse ...

[17] *VG* II, *Praef.*, Sp. 669f.: ... illi, qui delirant, quod nec martyr nec confessor

Diese Argumentation verdeutlicht wiederum, daß Odo Geralds Heiligkeit auf seine Lebenshaltung allein zurückführt. Diese aber ist vor allem bestimmt durch seine Verwirklichung der Tugenden der *Iustitia*, *Pietas-Misericordia* und *Sobrietas-Modestia* in seinem weltlichen Beruf und Amt. Diesen drei Tugenden ordnen sich Andere wie die *Humilitas* und *Caritas* zu. Das Fazit der Darstellung des ersten Buches zieht Odo jedoch mit der Feststellung, Gerald habe sich stets als der Verehrer der Gerechtigkeit erwiesen und nach dem apostolischen Gebot (Tit. II,12) stets züchtig, fromm und gerecht gelebt[18].

Odo hat demnach in seiner Darstellung Geralds vor allem Wert auf die Verwirklichung der christlichen Tugenden gelegt, wobei das Element der *Humilitas* im zweiten Buch stärker in den Vordergrund tritt. Dabei unterstreicht der Hinweis auf Geralds Reichtum und weltliche Macht nur die Feststellung, daß er im Geiste ein *pauper* gewesen sei[19]. Und so betont er zu Beginn des zweiten Buches, nur die *pauperes spiritu*, die ihre Macht auf die *religio* stützen, könnten heilig sein. Dies gelte für Gerald, der auf der Kampfbahn des irdischen Lebens als Kämpfer der himmlischen Ritterschaft die Sturmtruppen der Laster mutig zurückgeschlagen habe[20].

Die Belege für die Verwirklichung christlicher und asketischer Tugenden, die Odo anführt, erinnern mitunter freilich nur von fern an die strengen Forderungen des Reformmönchtums und bedürfen wiederholt noch besonderer Begründung. So tritt etwa die *Sobrietas* Geralds darin zutage, daß er nicht nur sich, sondern auch seine Tischgenossen vor Trunkenheit bewahrte. Er nötigte seine Gäste nicht zum

valeat dici, sciant, quod utrumque dici possit, non solum ille, sed etiam omnis, qui ut vitiis resistendo crucem portat vel bona gerendo Deum glorificat ...; vgl. Isidor Hispalensis ep., *Etymologiae* VII, 11, 4; dazu H. Delehaye, *Sanctus. Essai sur le culte des saints dans l'antiquité*, Subsidia Hagiographica, 17 (Bruxelles, 1927), insb. S. 109-121.

[18] *VG* I, 42, Sp. 667 C: En quaedam de exterioribus gestis eius et communi conversatione digessimus, per quae videlicet facillime patet, quod vir iste iustitiae cultor fuerit, et iuxta apostolicum praeceptum sobrie et pie et iuste conversatus est ...; vgl. auch *Coll.* II, 1, Sp. 549 B über die Lebensweise der boni: ... mali ... neque enim propterea cupiunt habere pacem ..., ut his bonis bene utantur, hoc est honeste, sobrie, temperanter, pie ...

[19] *VG* II,34, Sp. 689 A: potentia sublimem fuisse, tamen spiritu pauperem permansisse ...; Sp. 690 A: ... in ipso terrenae potestatis culmine mitem se exhibuit; vgl. I,42, Sp. 668 A: ... si hoc obstare videtur, quod in saeculo potens fuit, considerandum est, quod maior et laudabilior virtus sit materiam superbiendi habuisse et tamen potentiae culmen humiliter compressisse ...

[20] *VG* II, *Praef.*, Sp. 668 D: nisi pauperes spiritu fuerint et sicut ille, suam potentiam religione condierint, ca(u)sa eorum parva esse non poterit ...; 1, Sp. 669 B: Athleta coelestis militiae dudum in palestra mundanae conversationis agonizans cuneos vitiorum viriliter debellavit; zum miles Christi s. unten Anm. 46.

Trinken und habe selbst nie mehr als die andern getrunken, berichtet Odo. Bei Tisch hätten nicht Geschwätzigkeit und Possen geherrscht, sondern ernsthafte Gespräche über Gottes Wort. Wenn Gäste anwesend waren, die Witze und Späße von sich gaben, brachte Gerald sie nicht durch unwillige Bissigkeit davon ab, sondern, indem er selbst scherzte. Daran sollten sich alle ein Beispiel nehmen, ruft Odo aus, die bei ihren Gastmählern Zithern, Lauten und Blasinstrumente ertönen ließen und vor Lärm das Wehgeschrei der Armen nicht hörten. Bei Tisch ließ Gerald Lesungen aus der Bibel vornehmen und das Gelesene zwischendurch von Geistlichen erklären. Er unterhielt an seinem Hof nämlich vornehme Kleriker, deren ehrenhafte Sitten und Gelehrsamkeit er nutzen konnte[21].

Weitere Beispiele für Geralds Enthaltsamkeit sind, daß er nur einmal am Tage aß — außer im Sommer — und daß er nur an drei Wochentagen Fleisch aß. Der Einwand, er könne nicht vollkommen sein, da er überhaupt Fleisch aß, bereitet dem Autor offensichtlich Verlegenheit. Er begegnet ihm mit dem Argument, dem Grafen Gerald sei als Laien vieles erlaubt gewesen, was einem Mönch nicht gestattet sei, und mit dem Hinweis auf Elias, der ebenfalls Fleisch aß und dennoch ins Paradies eingegangen sei[22]. Auch weitere Beispiele klingen auffallend gesucht: Gerald trug wollene und leinene Kleider nach der alten Weise, so daß sie nicht in wählerischem Luxus hervorstachen, aber auch nicht durch plebejische Grobheit auffielen. Mit seidenen und kostbaren Gewändern habe er auch an Festtagen und in Gegenwart von Markgrafen nicht mehr geprunkt, als es üblich war. Wenn er einen Pelz über dem Leinengewand trug, so nur, weil dies Kleriker und Laien auch sonst zu tun pflegten, im übrigen hätte er stets nie mehr als nur einen Pelz besessen[23].

In diesem Sinne benutzt Odo in apologetischer Absicht wiederholt das Argument, Gerald wäre immer den mittleren Weg gegangen und hätte nach keiner Seite übertreiben wollen. So habe er einerseits die Pflichten seines weltlichen Amtes nicht verletzt, andererseits sich aber auch von seiner religiösen Verantwortung nicht durch die weltlichen Aufgaben abbringen lassen. Indem er nach *mediocritas* strebte, mißachtete er die Größe seiner Macht[24].

[21] *VG* I, 13, Sp. 651 BC; 15, Sp. 652f.; vgl. *Coll.* III, 7, Sp. 594f.

[22] *VG* II, *Praef.*, Sp. 669.

[23] *VG* I, 16, Sp. 653 BCD; II, 3, Sp. 671f.

[24] *VG* I, 11, Sp. 649 CD: ... medioximum discretionis callem in neutra parte pronior agebat, scilicet ut saeculari negotio sua munia non fraudaret, nec a religionis cultu terrena

Daher war er letztlich jedem gleich zu achten, der das Mönchsgelübde ablegte, denn er verachtete diese Welt und sehnte sich immer nach dem Mönchsgewand. Er habe tatsächlich auch die Absicht gehabt, ins Kloster einzutreten, doch habe ihn Bischof Gauzbert nach reiflicher Überlegung und in Abwägung höherer Gründe wegen des allgemeinen Nutzens der Menschen des Landes von diesem Plan abgebracht und bewogen, wenigstens nach außen hin weiter das weltliche Kleid zu tragen. Indem Gerald zustimmte, erfüllte er die Pflicht des Gehorsams, doch verachtete er stets die Welt, in der er wider seinen Willen festgehalten wurde[25]. Diesen Gedanken wiederholt Odo mehrmals und stellt schließlich fest, Gerald habe, wenn man sein *votum* richtig betrachte, tatsächlich Christus die Ergebenheit wahrer mönchischer Berufung bewiesen. Es sei mehr wert, dem frommen Vorsatz im weltlichen Kleid zu dienen, während es andererseits umso schändlicher sei, im Kleid des Glaubens nach der Welt zu streben. Es sei unvergleichlich viel besser, ein guter Laie zu sein als ein Mönch, der sein Gelübde gebrochen hat[26].

Immer wieder stellt Odo — ebenfalls in apologetischer Absicht — dem Leser das Gegenbild jener Mönche und Geistlichen vor Augen, die als *religionis professores* Gelübde und Pflicht vergessen hättten, die mit schändlichem Eifer nur ihren Körper pflegten, die Fresser und Säufer seien, während man echte Mönche vergeblich suche[27]. Gerald würde auf seine ganze Habe verzichtet haben, wenn es die vollkommenen Mönche gegeben hätte, denen er sie hätte anvertrauen können. So muß sein Wunsch schließlich wie die Tat selbst gewertet werden[28].

se occupatione tricaret ...; II, 2, Sp. 671 A: ... genus conversationis ..., in quo neque commune solatium negligeret, nec sibi quidquam de conversationis perfectione minueret ...; 3, Sp. 672 A: ... mediocritati studens suae potentiae cumulum despexerat ...

[25] *VG* II, 2, Sp. 670f.: ... vir Domini Gausbertus altiori consilio causam inspiciens, tandem suasit in saeculari habitu sese specie tenus, pro communi salute provincialium retineret ... At ille, ne ... inoboedienter egisse videretur, assensus est ... illinc amore proximorum plenus se pro illorum utilitate in habitu, quem nollet, invitum stare coegit ...; 9, Sp. 675 D: Invitus itaque tenebatur in saeculo ..., mirum tamen in modum in Dei opere totum se occupabat ...

[26] *VG* II, 16, Sp. 679 B: ... Si igitur votum illius inspicias, monasticae professionis fidem Christo per devotionem servavit. Et laus valde eminens est, in habitu saeculari religionis proposito deservire, sicut e contra nimis ignominiosum est sub eiusdem religionis indumento saeculum quaesisse ...; 8, Sp. 675 B: ... incomparabiliter melior est bonus laicus quam sui propositi transgressor monachus ...

[27] *VG* I, 16, Sp. 653 CD; II, *Praef.*, Sp. 668 D; 6, Sp. 674 A; 14, Sp. 678 D; vgl. auch *Coll. Ep. nunc.*, Sp. 519 A; II,6f., Sp. 553f.; 29f., Sp. 573ff.

[28] *VG* II, 8, Sp. 675 ABC: ... O si qui mihi daret, ut sub tali pacto religiosos

Die Darstellung der gottgefälligen Lebensweise Geralds gipfelt schließlich in dem Hinweis, er sei — trotz gelegentlicher Anfechtungen — zeit seines Lebens wie ein echter Mönch keusch geblieben und habe sogar die ehrenvolle Eheverbindung mit der Schwester des Herzogs Wilhelm von Aquitanien abgelehnt, obwohl seine eigene Mutter dies sehr gewünscht hätte[29].

So habe denn Gott, fährt Odo fort, in diesen Tagen wie zur Zeit Noahs einen Gerechten gefunden, der die Liebe zur niedergetretenen und vergessenen Religion durch die von ihm bewirkten Taten wiedererwecken sollte. Die Erfüllung seines Lebens habe Gerald in der Gründung der Abtei Aurillac gesehen, die er dem Apostelfürsten Petrus weihte und zugleich dem Papst unterstellte[30]. Geralds Verbundenheit mit Rom tritt auch in seinen zahlreichen Romfahrten, sieben an der Zahl, zutage[31]. Im übrigen bemühte sich Gerald in den letzten Jahren seines Lebens unablässig, für seine Gründung Mönche zu finden, die streng nach der Regel lebten.

Auffällig sind in der Vita die häufigen Vergleiche Geralds mit Hiob, eine flüchtige Durchsicht ergibt zwölf Zitate. Wenn auch die Parallelen nicht durchweg überzeugen, wird doch der Ansatz des Hiobvergleichs deutlich: Wie Hiob war Gerald der reiche Mann, dessen Besitz auf Erden wuchs, der wie jener von Schlangen umgeben war, und der wie jener durch schwerste Heimsuchung geprüft wurde, als er in den letzten sieben Jahren seines Lebens erblindete[32].

Das Hiobmotiv, das noch im Bereich der religiösen Tugenden im engeren Sinne angesiedelt ist, leitet bereits über zur Darstellung des mit Gütern und Verantwortung in der Welt ausgestatteten reichen Herren. Dieser Übergang ist auch im Motiv der Fürsorge für die

monachos invenirem ! ... apparet ..., quod omnia sua relinquere vellet, si non defuissent, quibus ea rationabiliter tradidisset. Verum ... voluntas pro opere computatur ...; vgl. 2, Sp. 670f.; 9, Sp. 675f.; 16, Sp. 679f.

[29] *VG* I, 9, Sp. 648f.; II, 34, Sp. 662 B.

[30] *VG* I, 42, Sp. 668 BC: ... Deus ... etiam nostris temporibus ad resuscitandum conculcatae religionis affectum per hominem, qui sicut in diebus Noe iustus repertus est, signa dignatur operari ...; II, 2, Sp. 670 CD; 4ff., Sp. 672ff.; III, 1, Sp. 690 B; 3, Sp. 691 BC.

[31] *VG* II, 4, Sp. 672f.; 17-25, Sp. 680-685.

[32] *VG* I, 28, Sp. 659 B; 32, Sp. 660 C; III,2, Sp. 690 D; vgl. I, *Praef.*, Sp. 642 B; 6, Sp. 646 A; 8, Sp. 646 D; 18, Sp. 654 B; 41, Sp. 667 A; II, *Praef.*, Sp. 669 D; 14, Sp. 678 C; III, 6, Sp. 693 B. Ein weiteres als solches nicht gekennzeichnetes Hiob-Zitat I, 42, Sp. 668 A, s. unten Anm. 37. Auch in den *Collationes* fällt die Fülle der Hiob-Zitate in die Augen, die sich Odo offenbar bei seiner Arbeit an der Epitome der *Moralia in Iob* Gregors des Großen erschlossen hat.

Bedürftigen, der *cura pauperum*, zu fassen. Zweimal erfahren wir, Gerald habe den neunten Teil seiner Einkünfte der Armenpflege vorbehalten. Im Gegensatz zu andern Standesgenossen ließ er die Armen am Mahle teilnehmen und wies ihnen Sitze im Speisesaal an. Die Zahl der Almosenempfänger war offenbar festgelegt, doch wurden gelegentlich auch mehr zugelassen, wie Odo beteuert. Er unterstreicht nachdrücklich, niemals sei jemand ohne Empfang eines Almosen von seiner Tür abgewiesen worden. Die Armen wurden in bestimmten Häusern untergebracht und mit Nahrung, Kleidung und Schuhwerk versehen. Beständig trug Gerald Münzen bei sich, um sie unterwegs an Bedürftige zu verteilen [33].

Damit nähern wir uns dem Kern der Ausführungen Odos, dem es in Beantwortung der eingangs gestellten Frage vor allem um den Nachweis geht, daß auch ein mächtiger und reicher Mann heilig sein könne, ohne sich aus der Welt zurückzuziehen [34]. Daß es sich bei dieser Beweisführung um ein wichtiges Anliegen Odos im Rahmen seiner Reformvorstellungen handelt, ergibt sich auch daraus, daß er hier insbesondere Gedanken konkretisiert, die er schon etwa ein Jahrzehnt zuvor in seinen *Collationes* entwickelt hatte [35].

Tatsächlich stellt die Antithese 'reich und dennoch heilig' gewissermaßen ein Leitmotiv der Geraldvita dar. Zunächst unterstreicht der Autor noch den Reichtum des Grafen: Die Menge seiner Latifundien sei so groß gewesen, daß er bei Reisen durch mehrere Provinzen stets bei einer seiner eigenen Hauskapellen habe übernachten können [36]. Dennoch hielt sich Gerald stets an die Mahnung des Propheten (Is. V,8), nicht Haus an Haus und Acker an Acker zu reihen, sondern habe nur ein einziges Gütchen hinzugekauft. Trotz seines Reichtums, so folgert Odo daraus, wurde er nicht überheblich. Möglichen Einwänden begegnet er mit dem Argument, es sei ein größeres und lobenswerteres Verdienst, allen Grund zum Hochmut zu haben und dennoch den Gipfel der Macht durch Demut zu erniedrigen. Ein Bibelwort

[33] *VG* I, 8, Sp. 646 D: ... Agebat autem hoc, ne forte ... praeceptum de cura pauperum neglexisse videretur ...; 14, Sp. 651f.; 15, Sp. 652 D, 653 A; 17, Sp. 653f.; 28, Sp. 658 CD; 38, Sp. 665 BC; III, 5, Sp. 692 D; vgl. *Coll.* III, 7f., Sp. 594f.

[34] S. oben Anm. 7.

[35] Vgl. Fumagalli (wie Anm. 4), insb. S. 228f.

[36] *VG* I, 41, Sp. 667 AB: Nam cum alodus eius esset Postomia, et deinceps latifundia ipsius ita sibi succederent, ut usque ad montem magnum Greonem, posset in eundo et redeundo semper in propriis mansitare capellis ...; s. dazu Venzac, 'Vie' (wie Anm. 4), S. 265; s. auch *VG* I, 28, Sp. 659 A: ... tanta praediorum loca per diversas provincias sub ditione sua tenebat, ut ipsis locis, quibus plenus erat, veraciter locuples diceretur ...

stützt die Beweisführung: Gott weise die Mächtigen nicht von sich, da er selbst mächtig sei (Job 36,5)[37].

Die Erfüllung der weltlichen Aufgaben des adligen Grundherren und Kriegers orientiert sich bei Gerald von Aurillac allein an den Forderungen des Glaubens und der Hl. Schrift. Als Geralds Eltern starben und deren ganzer Besitz plötzlich an ihn überging, wurde er nicht hochmütig, wie dies sonst zu geschehen pflegt. Nur das Erbrecht zwang ihn, sich den Bitterkeiten seines weltlichen Amtes zuzuwenden. Er vermied jedoch den Fall in den Tod der Seele, indem er zur Gottesliebe und Versenkung in die Bibel seine Zuflucht nahm[38]. Bald aber beklagten sich seine Leute bei ihm, daß sie Gewalt litten, und führten ihm seine Pflicht vor Augen, die Aufgabe der weltlichen Ritterschaft auf sich zu nehmen und die Frechheit der Gewalttätigen zu zügeln. So wurde Gerald durch die Vernunft dazu veranlaßt, durch tätigen Einsatz im ritterlichen Kampf Barmherzigkeit zu zeigen und den Bedürftigen Hilfe zu leisten[39].

Die kriegerische Tätigkeit, die Gerald aus Mitleid für die Schwachen ausübt, wird so als *tuitio impotentium*, als Schutz der Machtlosen zum wesentlichen Element der *cura pauperum*, der Fürsorge für die Bedürftigen. Gerald reizt nicht wie seine Standesgenossen Rachedurst oder gewöhnliche Ruhmsucht, sondern die Liebe zu den Schwachen, die sich nicht selbst schützen können. Wenn er nämlich in tatenloser Duldsamkeit verharrt hätte, würde er das Gebot der *cura pauperum* mißachtet haben. So sah er sich gegen seinen Willen gezwungen, den Nacken der Bösen mit kriegerischer Gewalt zu beugen[40].

Dieser Punkt bedurfte freilich ganz besonderer Rechtfertigung, um dem bislang gewohnten Heiligenideal nicht allzu kraß zu widersprechen.

[37] *VG* I, 28, Sp. 658f.: ... illi reditus agrorum ac vinearum satis abundarent, numquam tamen auditum est, quod villici eius aliquid accomodassent, sed neque ipse praedium aliquando comparavit, praeter unum agellum ... cum soleant divites quique in hoc vehementer inardescere terribilem prophetae comminationem obliti: Vae qui coniungitis domum ad domum et agrum agro copulatis ...; 42, Sp. 668 AB; ... Potestas enim non est nisi a Deo, qui, iuxta scripturam, potentes non abiicit, cum ipse sit potens (Job 36, 5) ...; vgl. *Coll.* I, 36, Sp. 544 BC; II, 1, Sp. 549 C; s. auch oben Anm. 19.

[38] *VG* I, 6, Sp. 645f.

[39] *VG* I, 7, Sp. 655 BC: ... Causabantur enim sui ...: Cur potens vir ab infimis personis, quae res suas populabantur, violentias pateretur ... Sanctius et honestius esse, ut ius armatae militiae recognosceret, in hostes ferrum stringeret, violentorum audaciam frenaret ... Quod Geraldus audiens ... ratione cohortatus ad miserandum et subveniendum flectebatur ...

[40] *VG* I, 8, Sp. 646f.; 40, Sp. 666 BC.

Odo bemerkt deshalb, daß Gerald nie kämpfte, indem er in fremdes Gebiet eindrang, sondern stets nur, um sein eigenes Recht, vielmehr das Recht der Seinen, zu schützen. Seinen Leuten verbot er, Beute zu machen, und zwar auch dann, wenn sie selbst Mangel litten. Er befahl ihnen, nur mit der stumpfen Seite des Schwertes zu kämpfen. Sein eigenes Schwert hat er nie mit dem Blut von Feinden benetzt, nie einen Feind getötet. Auch kämpfte er immer ohne Täuschung und Hinterhalt und bemühte sich stets darum, seine Feinde zu versöhnen und zum Frieden geneigt zu machen. In dieser Weise sei es dem Laien durchaus erlaubt, das Schwert zu führen, um nämlich das schutzlose Volk vor den Wölfen zu schützen. Wer nach Geralds Vorbild die Waffen gegen die Feinde erhebe, suche nämlich nicht den eigenen Nutzen, sondern den der Allgemeinheit[41]. Ja es ist letztlich seine Pflicht, mit dem Kriegsrecht oder der richterlichen Gewalt diejenigen in die Knie zu zwingen, die sich der geistlichen Zuchtgewalt nicht unterwerfen[42].

Die Bedeutung dieser Aussage und der sie begründenden Ausführungen im folgenden erschließt sich erst voll, wenn sie zu den entsprechenden Darlegungen in den *Collationes* in Beziehung gesetzt wird. Laut dem Widmungsbrief dieses, wie erwähnt, bereits etwa ein Jahrzehnt vor der *Vita Geraldi* verfaßten Werkes ist eines der Hauptthemen die Klage des Auftraggebers, des Bischofs Turpio, über das Fehlverhalten der Schlechten, die stets in Böswilligkeit heranwachsen, die kirchliche Zuchtgewalt gänzlich mißachten und alle Schwachen auf grausame Weise heimsuchen[43]. Die Erwartungen, welche Odo als Sprecher der Reformbewegung von den *boni* unter den *potentiores* hegt, führt er in Buch III, c. 24 näher aus, zunächst unter Bezugnahme auf Gregor von Nazianz:

[41] *VG* I, 8, Sp. 647 BC: ... Nemo sane moveatur, quod homo iustus usum praeliandi, qui incongruus religioni videtur, aliquando habuerit ... Geraldus non aliena pervadendo, sed sua, quin potius suorum iura tuendo confligebat ... potius ad laudem eius proficit, quod semper sine fraude vel insidiarum interventu palam vicerit ... et gladium suum ... numquam humano sanguine cruentaverit ...; vgl. Sp. 647 A; 36, Sp. 664 C; 40, Sp. 666 C; 33, Sp. 662 A; vgl. *Coll.* I, 25, Sp. 536 CD f.

[42] *VG* I, 8, Sp. 647 C: ... Quos ecclesiastica censura subigere nequit, aut bellico iure, aut vi iudiciaria compesceret ... pro causa Dei pugnavit, pro quo pugnat orbis terrarum contra insensatos ...

[43] *Coll. Ep. nuncupatoria*, Sp. 519 A: ... querimoniae, quam de huius vitae qualitate profundis singultibus contexere vos in prima iussione audieram: videlicet de perversitate pravorum, qui semper in malum succrescentes et ecclesiasticam censuram penitus contemnentes quoslibet invalidos crudeliter affligunt ...: vgl. auch die Beispiele *Coll.* I, 22ff., Sp. 534ff.

Werdet Ihr gern hinnehmen, daß Euch das Gesetz Christi der priesterlichen Gewalt unterwirft? Denn uns gab Gott eine bei weitem vollkommenere Macht als Euren Gerichtshöfen. Oder ist es etwa gerechtfertigt, daß das Göttliche vom Weltlichen in den Schatten gestellt wird? Also nehmt doch bitte geduldig unsere Freiheit hin! ... Du Mensch, obwohl über andere gesetzt, hast dennoch die gleiche Natur wie jene; denke also daran, wie sehr Du ein Schuldner Gottes bist, der Dir Macht über Gleiche gab! ... Denn nur aufgrund seiner Anordnung trägst Du das Schwert, ... nur dazu hat er (weltliche) Macht verliehen, damit die Autorität der heiligen Kirche diejenigen, die sie aus eigener Kraft nicht von der Bedrückung der Schwachen abzuhalten vermag, mit ihrer Hilfe niederwerfe ... Jeder Mächtige soll zur Förderung göttlicher Zuchtgewalt die Krone seiner Macht erniedrigen und zugleich ausüben und die Bedrücker der Erniedrigten wie Erdschollen brechen (vgl. Iob 39,9)[44].

Unüberhörbar ist hier bereits der Anspruch der geistlichen Gewalt, über die weltliche des Adels durch die *ecclesiastica censura* Macht auszuüben, unübersehbar die Forderung, die *potentes* sollten nur in ihrem Auftrag das Schwert führen, um die Unterdrücker der Schwachen zu züchtigen, unbestreitbar schließlich auch, daß hier bereits Vorstellungen anklingen, wie sie der *miles Christianus* später als Kämpfer für den Gottesfrieden, als Kreuzfahrer und Ordensritter zu verwirklichen sucht[45]. Während diese Gedanken jedoch in den *Collationes* nur als theoretische Forderungen ausgesprochen werden, gewinnen sie in der Vita des Grafen Gerald erstmals Ausdruck als lebendiges Vorbild und Muster. Christus selbst ist es, der auf seine Weise in Gerald seinen Ritter überaus ruhmvoll im Kampfe selbst adelte[46].

[44] *Coll.* III, 24, Sp. 607f.: Potentiores quidem tanto cautius alloquendi sunt ... An libenter accipietis, quod lex Christi sacerdotali vos subiicit potestati? Dedit enim nobis potestatem multo perfectiorem tribunalibus vestris. Aut numquid iustum est, ut a terreno coelestia superentur? Ergo patienter, quaeso, accipite libertatem nostram! ... Tu, o homo, qui licet aliis praelatus sis, aequalis tamen natura tibi est cum illis; memento igitur quantum Deo debitor sis, qui tibi super aequales tribuit potestatem! ... Ipsius enim dispositione gladium portas, ... idcirco potestatem divinitus tribuit, ut, quos sanctae ecclesiae auctoritas propter propriam virtutem ab oppressione pauperum frenare non sufficit, per istorum opitulationem comminuat ... potens quilibet ad coelestis disciplinae provectum potentiae suae culmen humiliet, et exerceat, oppressoresque humilium quasi glebas refrenet ...; vgl. auch I, 40, Sp. 547 B; II, 1, Sp. 549 B; III, 1, Sp. 590 A u. passim; s. dazu auch Violante (wie Anm. 1), S. 172ff.

[45] Zur Gottesfriedensbewegung H. Hoffmann, *Gottesfrieden und Treuga Dei*, Schriften d. MGH, 20 (Stuttgart, 1964), insb. S. 11ff., freilich ohne ideengeschichtliche Bezüge zu Odo und dem frühen Cluny; dazu am besten noch immer Erdmann, *Entstehung des Kreuzzugsgedankens* (wie Anm. 9), insb. S. 78ff. Zum Ideal der frühen Ritterorden zuletzt J. Fleckenstein, 'Die Rechtfertigung der geistlichen Ritterorden nach der Schrift "De laude novae militiae" Bernhards von Clairvaux', in *Die geistlichen Ritterorden Europas*, Vorträge und Forschungen, 26 (Sigmaringen, 1980), 9-22.

[46] *VG* I, 36, Sp. 664 C: ... Geraldus exturbatis absque sanguine hostibus triumphavit. Ita Christus more suo gloriosius militem suum ipsa adversitate nobilitavit ...; vgl. auch oben Anm. 20.

Als *miles Christi* selbst also kämpft schon Gerald gegen die Unterdrücker der Schwachen. Odo erläutert dies im einzelnen in einer Reihe von Beispielen kriegerischer Auseinandersetzungen des Grafen Gerald mit adligen Gegnern. Stets sind es dabei die Feinde wie etwa Graf Ademar von Poitiers und dessen Bruder Adelhelm oder Graf Gottfried von Turenne, die den Frieden brechen und Gerald herausfordern, stets jedoch kann Gerald sie mit Gottes Hilfe zurückschlagen, so daß sie anerkennen müssen, daß der *vir Dei* unbesiegbar sei[47].

In diesem Zusammenhang wird auch deutlich, daß Odo das Lehnssystem seiner Epoche keineswegs grundsätzlich ablehnt, sondern es eher durch sittliche Untermauerung vervollkommnen möchte. Odo bedauert daher die Schwäche des Königtums, die zahlreiche Adelsfehden hervorgerufen habe, auch hätten die Markgrafen in ihrer Anmaßung viele Königsvasallen sich unterworfen[48]. Gerald selbst leistet derartigen Bestrebungen hartnäckigen Widerstand, so dem Grafen von Poitiers, als dieser mit Gewalt die Anerkennung seiner Lehnshoheit erzwingen wollte. Auch als Herzog Wilhelm von Aquitanien, den Odo aus naheliegenden Gründen freilich nur als lobenswerten Mann charakterisieren kann, Gerald nicht mit Drohungen, sondern mit Bitten zu bewegen versuchte, sich von der königlichen Vasallität loszusagen und ihm zu kommendieren, lehnte er dies ab, zumal er erst kurz zuvor vom König den Grafentitel erhalten hatte[49].

Gerald litt es auch nicht, daß ein Senior aus irgendeiner Laune heraus seinem Vasallen die Lehen entzog, sondern brachte Fälle solcher Art vor Gericht[50]. Wie wir bereits oben sahen, ist auch diese Form des Eintretens für die Schwächeren Bestandteil der *cura pauperum*. Wo auch immer ein Schwacher von einem Mächtigeren unterdrückt wurde,

[47] *VG* I, 35-41, Sp. 663-667. Zu *vir Dei, vir Domini, homo Dei* liegen mehr als zwanzig Belege vor.

[48] *VG* I, 32, Sp. 660 CD: ... rei publicae statu nimis turbato regales vassos insolentia marchionum sibi subiugaverat...; vgl. dazu auch *Coll.* II, 1, Sp. 549 C; s. dazu A. R. Lewis, 'Count Gerald of Aurillac and Feudalism in South Central France in the early 10th century', *Traditio*, 20 (1964), S. 42ff.; G. Fournier, 'Saint Géraud et son temps', *Revue de la Haute-Auvergne*, 43 (1972/3), S. 344f.

[49] *VG* I, 32, Sp. 661 A: ... Wilelmus plane dux Aquitanorum, vir bonus et per multa laudabilis ... non minis quidem sed precibus agebat, ut Geraldus a regia militia discedens sese eidem commendaret. Sed ille favore comitis nuper usurpato nequaquam consensit ...; 35, Sp. 663 BC: ... Ademarus comes vehementer instabat, ut eum suae ditioni subdidisset, quod nullo equidem pacto extorquere potuit. Non solum quippe eidem Ademaro, sed nec Wilelmo quidem duci ... se commendare assensus est.

[50] *VG* I, 17, Sp. 654 A: Neque hoc patiebatur, ut quilibet senior beneficia a suo vasso pro qualibet animi commotione posset auferre.

schützte er den Schwächeren und zwang den Stärkeren zum Nachgeben, ohne Blut zu vergießen. Er vernachlässigte eher seine eigenen Interessen als die der Schwachen. Diese fanden daher stets bei ihm Gehör, und er nahm sich ihrer an, ohne durch Bestechung dazu veranlaßt worden zu sein[51].

Diese Haltung sozialer Verantwortlichkeit, die in der Ausübung der richterlichen *Iustitia* ihren Ausdruck findet, wird ergänzt durch sozialgeschichtlich interessante Beispiele der *Pietas*, wo Gerald jeweils Abhängigen, die sich seiner Gewalt entziehen wollen oder entzogen haben, ohne jede Inanspruchnahme seines Herrschaftrechts frei gibt. Einmal handelt es sich um eine Anzahl *coloni*, welche die ihnen als bäuerliche Lehen zugewiesenen Zinshufen aufgeben, weil ihnen Gerhard Unrecht getan hätte. Anscheinend handelt es sich um arme Freie, die sich von den mit der Übernahme von Bauernlehen eingegangenen Verpflichtungen lossagen, sicher in der Erwartung, anderswo günstigere Bedingungen zu finden[52]. Ein andermal trifft Gerald auf einer Romreise einen entflohenen Unfreien, der vor mehreren Jahren ein *municipium*, wohl Aurillac, verlassen und inzwischen in der Fremde eine geachtete Stellung errungen hat. Auch diesem ehemaligen Knecht läßt Gerald die gewonnene Freiheit und verschweigt auch sein Wissen um die Herkunft des Mannes, um diesem nicht zu schaden[53].

Diesen Akten der Liebe stehen Fälle von Begnadigungen von Verbrechern zur Seite, in denen Gerald offenbar entsprechend dem Standpunkt der alten Kirche gegen die Verhängung der Todesstrafe Stellung nimmt[54]. Odo sagt ausdrücklich, Gerald habe niemals jemand mit dem Tode bestraft oder verstümmeln lassen. Darüber hinaus ließ er im Widerspruch zum geltenden Recht und seiner richterlichen Funktion wiederholt Übeltäter, die Tod oder Verstümmelung zu erwarten hatten, entkommen[55].

Allerding kann hier wie in dem oben erwähnten Fall der *coloni*, die sich von Gerald ungerecht behandelt fühlten, der Verdacht nicht ganz von der Hand gewiesen werden, daß Odos Bild von Gerald

[51] *VG* I, 17, Sp. 653f.; 19, Sp. 654f.; 38, Sp. 665 ABC; III, 5, Sp. 692 D: ... de cura pauperum, de tuitione impotentium plangoris voces ingeminabant ...; vgl. *Coll.* III, 9, Sp. 596f.; 26, Sp. 609 B.

[52] *VG* I, 24, Sp. 656f.; vgl. dazu und zum folgenden A. R. Lewis, *The Development of Southern French and Catalan Society 718-1050* (Austin, Texas 1965), insb. S. 272-282, 392ff.

[53] *VG* I, 30, Sp. 660 AB.

[54] S. dazu Lotter, 'Methodisches' (wie Anm. 14), S. 339f.

[55] *VG* I, 19, Sp. 654f.; 20, Sp. 655 BC; 26, Sp. 657f.; II, 18, Sp. 680f.

stark idealisiert ist und mit der Wirklichkeit nicht voll übereinstimmt. An anderer Stelle erfahren wir nämlich auch, Geralds *milites* hätten Räuber, die sie auf seinen Befehl verfolgten, geblendet, darunter einen Unschuldigen, den allein Gerald später entschädigt[56]. Des weiteren droht Gerald seinen Dienern wegen eines relativ geringfügigen Vergehens, nämlich der unbefugten Weitergabe seines als heilkräftig geltenden Waschwassers, wiederholt Verstümmelung oder gar Tod an[57].

Wenn auch dieser Zug wohl eher hagiographischer Übertreibung anzulasten ist und nur die *humilitas* Geralds unterstreichen soll, der seine Wunderkraft nicht publik machen wollte, so geben doch auch sonst innere Widersprüche, apologetische Argumente und sonstige atypische Aussagen Anlaß zu der Folgerung, daß Odo bei der Darstellung der *conversatio* Geralds mitunter Retuschen vornimmt. So setzt sich Odo an zwei Stellen mit dem Vorwurf auseinander, Gerald habe Schuldnern ihre Schuldsummen nicht ermäßigt, vielmehr ohne Nachsicht Schulden mitsamt den Zinsen eingetrieben[58]. Diese Aussage widerspricht jedenfalls ebenso wie die oben bereits erwähnten Fälle der wiederholten Feststellung Odos, Gerald sei bei allen Menschen beliebt gewesen[59]. Auch verrät Odo später unter nicht ganz einsichtiger Berufung auf Hiob, Gerald wäre von allen Untergebenen gefürchtet worden[60].

Im Zusammenhang mit der Regelung seines Nachlasses teilt uns Odo des weiteren mit, Gerald habe nur hundert von seinen Unfreien freigelassen. Als einige von den Seinen ihn ermahnten, er solle aus seiner riesigen *familia* doch eine größere Anzahl vom Joch der Knechtschaft lossprechen, habe sich Gerald auf das weltliche Recht berufen, das er nicht verletzen wolle. Odo mildert die Anstößigkeit dieses Vorgangs weiterhin durch die Behauptung, viele der Freizulassenden hätten aus Liebe zu Gerald die Freiheit nicht angenommen und so erkennen lassen, wie angenehm die Herrschaft gewesen sei, die er ausgeübt

[56] *VG* I, 18, Sp. 654 BC.

[57] *VG* II, 11, Sp. 677 BC; 12, Sp. 677 CD.

[58] *VG* I, 24, Sp. 657 AB: ... Hoc vero, quod ... quemdam nuper garrientem audivi, scilicet quod debitum wadii nequaquam debitori relaxare solitus erat omnino falsum est, sicut illi testantur, qui saepe viderunt, quod non solum augmentum wadii, sed etiam capitale debitum relaxabat; 25, Sp. 657 C: ... quomodo consequens esset, ut exactiones wadiorum sine indulgentia exegisset? Vgl. auch I, 12, Sp. 651 B; II, 14, Sp. 678 C über Geralds Zurückhaltung im Geben.

[59] *VG* I, 29, Sp. 559f.; 30, Sp. 660 A; 33, Sp. 662 AB.

[60] *VG* II, 14, Sp. 678 C: ... Nam iuxta illud Iob, subditis erat tremendus, et lux vultus eius non cadebat in terram; vgl. Vensac, 'Vie', S. 283, Anm. 4.

habe[61]. Der Autor verkennt dabei, daß dieses Argument im Falle der durch das Testament nach Geralds Tod Freizulassenden kaum Gewicht haben kann.

Die unübersehbaren inneren Widersprüche der Charakterzeichnung ebenso wie die oft weit hergeholten Belege für eine asketische Grundhaltung Geralds lassen erkennen, wie schwer sich Odo damit tat, sein Idealbild aus der Wirklichkeit des Lebens Geralds abzuleiten. Diese Feststellung kann aber nur das Gewicht seines eigentlichen Anliegens unterstreichen, nämlich einmal den Nachweis zu führen, daß der adlige Herr, Grundbesitzer, Richter und Königsvasall im Gegensatz zu den bisher gültigen Normen — auch unter Beibehaltung seiner weltlichen Funktionen — durchaus das christliche Vollkommenheitsideal erreichen und heilig gesprochen werden könne.

So hat denn Abt Odo von Cluny mit der Vita des Grafen Gerald von Aurillac durch die Deutung seiner Lebensweise im Sinne der christlichen Tugenden einerseits der hochkirchlichen Bildungsschicht, durch die Konzession an den Wunderglauben andererseits den der Vulgärtheologie aufgeschlossenen weltlichen Kreisen ein grundlegend neues Heiligenideal vor Augen gestellt, das von adligen Herren ohne zu weitgehenden Verzicht auf herkömmliche Verhaltensweisen und Privilegien zu verwirklichen war. Die Geraldvita steht nicht wie die Masse der gängigen Heiligenviten im Dienste der reinen Erbauung oder der Förderung eines Kultes, vielmehr propagiert sie ein neues Leitbild nicht so sehr durch den Nachweis der im Heiligen wirkenden Wundergabe, ja nicht einmal durch überzeugende Darstellung der Verwirklichung konventioneller asketisch-monastischer Tugenden als vielmehr durch die beispielhafte Manifestation neuer Normen einer christlich-ethischen Haltung in der Ausübung herrschaftlicher Funktionen im Rahmen der säkularen Gesellschaft. Mit der Ausübung von *iustitia*, *misericordia* und *pietas* als *cura pauperum*, dem Schutz aller Schwachen und Bedürftigen vor der Willkür adliger Herren durch tätige Hilfe vor Gericht und nicht zuletzt auch in militärischen Unternehmungen verwirklicht Gerald als *vir Dei* (*Domini*) und weltlicher Arm der kirchlichen Zuchtgewalt die *pax* in dieser Welt. Neben dem stetigen Einsatz gegen den Machtmißbrauch des Adels und für die

[61] *VG* III, 4, Sp. 691 Df.: ... Centum ex mancipiis tantum libertate tunc donavit ... Quamplures autem ex ipsis amore eius perstricti libertatem recusantes permanere magis in servitute eius maluerunt ... Monebatur autem a quibusdam suis, quatenus de familia ... maiorem multitudinem iugo servitutis absolveret. Quibus ait: Iustum, inquit, est, ut lex mundialis in hoc observetur ...

Schwachen im Dienst der Kirche sind Rombindung, Klostergründung und Förderung der Mönche, welche die Regel ernst nehmen, die wichtigsten Elemente dieser vorbildlichen Haltung des neuen 'Adelsheiligen'. Demgegenüber erscheint der Eintritt des adligen Herrn in das Kloster selbst nicht mehr als unbedingt wünschenswert, da er durch sein Wirken in der Welt selbst und durch den von ihm praktizierten kirchlichen Gehorsam dem Gedanken der geistigen Reform besser zu dienen vermag[62].

Damit erschließt Odo der cluniazensischen Reform schon in der Frühzeit der Bewegung ein neues Wirkungsfeld. Über das reine Anliegen der monastischen Reform hinaus entwickelt er schon hier Zielvorstellungen einer von den Adelskreisen selbst zu tragenden allgemeinen Erneuerung von Kirche und Gesellschaft. Offenbar tritt schon hier die Erkenntnis zutage, daß die Reform Stückwerk bleiben müsse, wenn sie nicht über den Umkreis der Klöster hinaus in die Welt hinein zu wirken und hier vor allem die tätige Unterstützung des Adels zu gewinnen vermag.

Diese Feststellung hat umso mehr Gewicht, als Odo in einer Epoche allgemeinen Verfalls und Niedergangs des kirchlichen Lebens ebenso wie der christlichen Laienmoral noch als Sprecher einer umfassenden geistigen Erneuerungsbewegung zu gelten hat, die von Burgund und Aquitanien aus einerseits über Oberlothringen bis nach Flandern, andererseits über die Alpen bis nach Mittel- und Süditalien ausstrahlt[63]. Den Reformbestrebungen, die sich in den einzelnen Räumen unter verschiedenen politischen Bedingungen bald unterschiedlich und teilweise im Gegensatz zueinander entwickeln sollten[64], dürften für die

[62] Ähnliche Gedanken spricht bereits Augustinus gegenüber dem Comes Africae und späteren Heermeister Bonifacius aus, als dieser sein militärisches Kommando niederlegen und sich in ein Kloster zurückziehen wollte, s. Aur. Augustinus, Ep. 220, 3, rec. A. Goldbacher, CSEL, 57 (1911), S. 432: ... te revocavit ... ostendentibus nobis, quantum prodesset Christi ecclesiis, quod agebas ... inter arma corporalia spiritalibus armis tutius fortiusque munitus ...; dazu H.J. Diesner, 'Die Laufbahn des comes Africae Bonifatius und seine Beziehungen zu Augustin', in Ders., *Kirche und Staat im spätrömischen Reich. Aufsätze zur Spätantike u. zur Geschichte der alte Kirche*, 2. Ausg. (Berlin, 1964), S. 100-126.

[63] Vgl. F. Kempf, 'Renovations- und Reformbewegungen von 900-1050', in *Handbuch der Kirchengeschichte*, III, 1, hg. H. Jedin (Freiburg im Br., 1966), S. 367f.; dort auch Literatur. Grundlegend noch immer Sackur, *Die Cluniazenser* ..., 2 Bde (1892/4); vgl. ferner R. Morghen, 'Monastic Reform and Cluniac Spirituality', in *Cluniac Monasticism in the Central Middle Ages*, ed. N. Hunt, Readings in European History (London, 1971), S. 14f.

[64] K. Hallinger, *Gorze-Kluny. Studien zu den monastischen Lebensformen und Gegensätzen im Hochmittelalter*, 2 Bde, Studia Anselmiana, 22-23 (Roma, 1950-51), vgl. dazu

Zeit Odos im Prinzip noch vergleichbare Ausgangspositionen und Zielsetzungen zuzusprechen sein, auch wenn Querverbindungen im einzelnen oft nicht nachzuweisen sind. Die literarische Propagierung von Ideen einer umfassenden Reform, die neben dem Klerus und Mönchtum von Anfang an auch die adligen Herrenschichten ansprach, dürfte jedenfalls vor der Mitte des 10. Jh. noch so gut wie ausschließlich von Cluny aus erfolgt sein.

Tatsächlich haben die damals hier verkündeten Gedanken nicht nur der Kloster- und Kirchenreform, sondern sehr bald auch der Durchsetzung adliger Lebensformen mit christlichen Gehalten die Bahn geöffnet[65]. Es wird kaum ein Zufall sein, daß gerade in den Räumen, die bereits im frühen 10. Jh. von der Reformbewegung erfaßt worden sind, auch der Gedanke des *miles Christianus* zuerst Gestalt annahm, Räume, in denen sich noch vor Ende des 10. Jh. die Gottesfriedensbewegung auszubreiten begann, deren Ritterschaften vornehmlich den ersten Kreuzzug ausführten und aus denen später auch die Gründer und ersten Mitglieder der frühen Ritterorden hervorgingen[66]. Wir gehen kaum zu weit, wenn wir den Schluß ziehen, daß Odo von Cluny nach ersten Ausführungen zum Ideal des christlichen Ritters und Adligen in den *Collationes* insbesondere mit der Vita des Grafen Gerald von Aurillac Anstöße gegeben hat, die unmittelbar zu diesen Entwicklungen hinführten.

Georg-August-Universität Göttingen

für die Frühzeit jedoch J. Wollasch, 'Königtum, Adel und Klöster im Berry während des 10. Jh.', in *Neue Forschungen über Cluny und die Cluniazenser*, hg. G. Tellenbach (Freiburg im Br., 1959), insb. S. 116ff.

[65] Zu beachten wäre in diesem Zusammenhang auch der Wandel in der Auffassung bestimmter Heiliger, die im 9./10. Jh. zu aktiven Schlachtenhelfern wurden, wie Santiago, Laurentius, Mauritius, Georg und andere, s. dazu zuletzt F. Graus, 'Der Heilige als Schlachtenhelfer ...', in *Festschrift für H. Beumann* (Stuttgart, 1977), S. 330ff., insb. S. 336ff.; zu Santiago vgl. A. Castro, *Spanien. Vision und Wirklichkeit* (1957), S. 138-160, 200ff.

[66] Vgl. dazu oben Anm. 45.

Pierre Riché

LES MOINES BÉNÉDICTINS, MAÎTRES D'ÉCOLE VIIIe-XIe SIÈCLES

Chacun doit à sa façon célébrer l'année saint Benoît, et je le fais en présentant une question dont les historiens n'ont pas assez parlé. L'histoire de l'éducation en Occident commence heureusement depuis quelques années à être à l'ordre du jour, comme si la crise de la culture et la mise en cause de l'école obligeaient à mieux connaître les conditions dans lesquelles se sont déroulées l'enfance et l'adolescence de cette école. En remontant dans son passé en-deça des temps modernes nous découvrons le Moyen-Age et son système éducatif. Mais que de sottises n'a-t-on pas dites sur cette école médiévale? 'Il faut en finir' avec tous les lieux communs, les fables, les légendes qui courent sur la pédagogie médiévale.

Dans le cadre de cette collection d'études, ouvrons le dossier des écoles du Haut Moyen-Age, époque déterminante pour l'histoire de la culture occidentale. C'est alors que l'Église remplace l'empire romain défaillant pour prendre en charge l'éducation. C'est vers cette époque que les moines bénédictins entrent en scène et donnent à l'éducation une empreinte qu'elle gardera longtemps. Au départ, rien ne détermine les bénédictins à être des maîtres d'école et des pédagogues. Les premiers monastères sont créés hors du monde, ce sont des familles religieuses adonnées au travail manuel et à la prière. Les moines bénédictins n'ont pas comme les Jésuites du XVIe siècle vocation d'éduquer la jeunesse. Pourtant comme le monastère doit amener ceux qui y demeurent à une nouvelle vie, à une *conversio morum* à partir de la pauvreté, de la chasteté et de l'obéissance, plus on s'engage tôt dans cette voie plus on a des chances d'accéder à la perfection. C'est à bon droit que saint Benoît a dit que son monastère était une *dominici scola servitii*, une école au service du Seigneur. On a beaucoup discuté sur le sens de ce mot *scola*, car au VIe siècle *scola* peut signifier salle, groupe, corporation. Pour certains, Benoît aurait comparé le monastère à une milice où l'on s'entraîne pour le service de Dieu. Pourtant avec d'autres tel le Père de Vogüé, je pense que lorsque Benoît parle d'école, il oppose son monastère à l'école du siècle qu'il avait fréquentée[1].

[1] P. Riché, *Éducation et Culture dans l'Occident barbare* (Paris, 1962; 3e édition

Les moines sont des élèves sous l'autorité de l'abbé qui représente le Christ : *ausculta fili praecepta magistri.* Jean Leclercq de son côté estime qu'on ne peut parler 'd'école monastique' car le monastère est un lieu d'éducation permanente et l'école est tout le monastère[2]. Je veux bien, mais il n'empêche que le monastère reçoit les jeunes enfants dont il faut s'occuper spécialement, qu'il faut préparer à la vie religieuse.

En effet dès l'origine, dès le temps de saint Benoît, les enfants sont admis au Mont-Cassin comme ils étaient admis dans d'autres monastères en Occident et en Orient. La lecture des règles antérieures qui maintenant est familière grâce à l'ouvrage de Dom Desprez[3], nous permet de constater la place des enfants dans les monastères. Or ces enfants ne sont pas considérés avec mépris comme on le faisait dans l'Antiquité. Ce sont des êtres fragiles qu'il faut entourer de soins, dont il faut respecter la personnalité naissante, qui doivent trouver dans les monastères les conditions de leur épanouissement. Les législateurs monastiques, et parmi eux saint Benoît, ont pris en compte la nouveauté du Christianisme en ce qui concerne l'enfant et ont été fidèles à l'enseignement du Christ : 'Le Christ aime l'enfance, maîtresse d'humilité, règle d'innocence, modèle de douceur', écrivait Léon le Grand au milieu du Ve siècle. Au début du siècle suivant, un contemporain de saint Benoît, Épiphane commentant les paroles de Jésus concernant les enfants, évoque les qualités innocentes de cet âge : pureté, confiance, douceur. Nous retrouverons par la suite sous la plume des moines du VIe au IXe siècle, la quadruple définition de l'enfant : 'il ne persévère pas dans la colère, il n'est pas rancunier, il est pur, il dit ce qu'il pense'[4].

L'abbé qui dirige le monastère bénédictin remplace le père de famille. Benoît dans le chapitre 70 de la Règle demande qu'on montre beaucoup de mesure et de douceur vis-à-vis des enfants âgés de moins de quinze ans. D'autres législateurs ont suivi ce conseil, tel l'auteur de la Règle de Paul et Étienne qui souhaite 'que l'on fasse confiance aux jeunes avec calme et simplicité, sans vivacité, mauvaise humeur et

1973), p. 150; A. de Vogüé, *La Règle de saint Benoît*, Sources chrétiennes, 185 (Paris, 1971).

[2] J. Leclercq, 'Pédagogie et formation spirituelle du VIe au IXe siècle', dans *La scuola nell'occidente latino dell'alto medioevo*, Settimane di studio del Centro Italiano di Studi sull'Alto Medioevo, 19 (Spoleto, 1972), p. 254-290.

[3] V. Desprez, *Règles monastiques d'Occident, IVe-VIe siècles* (Abbaye de Bellefontaine, 1980).

[4] Riché, *Éducation*, p. 48 et 505-506.

éclats de voix'[5]. Un autre législateur du VIIe siècle compare l'abbé à une nourrice qui prend soin de ses petits en donnant à chacun amour et réconfort: 'qu'il les aime de tout son cœur comme s'ils étaient ses propres enfants. S'il en voit un qui transgresse les préceptes du Seigneur qu'il soit animé envers lui non par la colère mais par la pitié et la compassion'[6].

Tels sont les principes de base. Peut-on en voir l'application? Quels sont les textes qui nous découvrent la vie de l'école monastique? D'abord les commentaires de la *Règle* qui furent écrits au IXe siècle, ceux de Smaragde de Saint-Mihiel et surtout celui que l'on attribuait à Paul Diacre et qui doit être en fait d'Hildemar de Civate son disciple[7]. Nous avons ensuite les coutumes monastiques qui sont maintenant l'objet d'éditions savantes[8]. On y trouve des chapitres spécialement consacrés aux enfants. Ainsi le coutumier de Farfa a un chapitre sur la confession, sur les enfants à la cuisine, les coutumiers de Cluny ont permis à Guy de Valous d'écrire quelques pages excellentes sur les enfants dans les monastères clunisiens[9].

Lorsque l'on parle des enfants dans un monastère, la première question que l'on doit se poser est celle de l'âge. Benoît ne fait pas de distinction entre *infantes* et *pueri*, il les englobe dans la catégorie des moins de quinze ans. Au contraire Hildemar, reprend la division classique: enfant jusqu'à sept ans, jeune de sept à quatorze ans, puis adolescent. Dans le premier groupe, celui des *infantes*, se trouvent des oblats qui ont été offerts quelquefois très jeunes au monastère. Le problème de l'oblation a fait l'objet de nombreuses études et je ne l'envisagerai que d'un point de vue, celui de la liberté de l'enfant. Si l'enfant est considéré comme une personne qu'il faut respecter, peut-il être contraint à demeurer, malgré lui, toute sa vie dans le monastère? Ou bien peut-il à l'âge de raison remettre en question la décision de ses parents? Saint Benoît au chapitre 51 de la *Règle* consacré à l'oblation, n'envisage pas, comme l'avait fait saint Basile, que l'enfant puisse reprendre sa liberté. Selon la tradition romaine

5 Pauli et Stephani abbatum *Regula ad monachos*, PL 66, 951 (traduction Desprez, *Règles monastiques*, p. 347).

6 Cujusdam Patris *Regula ad monachos*, PL 66, 992.

7 Smaragde de Saint-Mihiel, *Expositio in regulam s. Benedicti*, ed. A. Spannagel-P. Engelbert, *Corpus consuetudinum monasticarum*, VIII (1974); Hildemar de Corbie-Civate, *Expositio regulae*, Bibliotheca Cassinensis, IV (Regensburg, 1880).

8 *Corpus consuetudinum monasticarum*, ed. Hallinger (Siegburg, 1963 ...).

9 Guy de Valous, *Le monachisme clunisien des origines à nos jours* (Paris, 1935, réédition 1970), tome I.

la toute-puissance paternelle ne saurait être contestée. Jusqu'au IXe siècle on ne parle pas autrement de l'oblation comme en témoignent le canon du Concile de Tolède de 633 et la réponse de saint Boniface à Grégoire II. Hildemar lui-même dit qu'il faut contraindre l'enfant qui désirerait retourner dans le siècle[10]. Pourtant l'affaire Gottschalk en 829 montre l'évolution en faveur de la liberté du moine. Raban Maur a beau dans son traité *De oblatione puerorum* multiplier les arguments en faveur de l'autorité parentale, il n'est pas suivi par les évêques du concile de Mayence. A partir de cette date, si la pratique de l'oblation se poursuit, si les chartes d'oblation se multiplient, les partisans d'une tendance plus libérale sont de plus en plus nombreux. En effet on se rend compte que les monastères sont remplis d'enfants boiteux, manchots, aveugles, bossus, inaptes à la vie séculière dont les parents veulent en quelque sorte se débarrasser. 'C'est, dit Ulrich à Guillaume de Hirschau au XIe siècle, la cause de la ruine de tous les monastères en France et en Allemagne'[11]. Ainsi pour être moine, il faut le vouloir, le vouloir personnellement, les règlements du XIe siècle, tel celui de Lanfranc, considèrent l'oblat comme un novice qui après une période probatoire peut s'il le désire quitter le monastère : 'Quand il sera en âge de faire sa profession tout se passera comme nous l'avons dit pour les novices'[12]. Les chartes clunisiennes sont à ce sujet fort explicites. Dans le cartulaire de Sauxillanges, monastère auvergnat, on prévoit le cas où les oblats veulent reprendre leur liberté. Ainsi un certain Bernard offre son fils, il demande qu'il soit élevé en dehors de la clôture jusqu'à ce qu'il ait l'âge de prendre l'habit monastique. S'il refuse, que les moines et ses parents tentent de le convaincre, mais qu'en définitive sa liberté soit respectée[13]. Un père se fait moine avec son fils et précise que ce dernier soit accepté lorsqu'il en aura l'âge. S'il refuse, il peut partir[14]. Même constatation dans d'autres cartulaires, tel celui de Sainte-Croix de Quimperlé[15].

Il faut bien reconnaître que et les moines et les parents, tout en reconnaissant la liberté de l'enfant, sont assez embarrassés dans la conduite à tenir. Les abbés qui prennent en charge un petit moine

[10] Riché, *Éducation*, p. 508 et *Écoles et enseignement dans le Haut Moyen Age* (Paris, 1979), p. 201.

[11] Cf. P. Delhaye, 'L'organisation scolaire au XIIe siècle', *Traditio*, 5 (1947), p. 230; Guibert de Nogent, *De vita sua*, I, 8, est du même avis.

[12] Lanfranc, *Decreta*, 105, éd. *Corpus consuetudinum monasticarum*, III, p. 90.

[13] *Cartulaire de Sauxillanges*, éd. H. Doniol (Paris, 1864), n. 857.

[14] *Cartulaire de Sauxillanges*, n. 854.

[15] *Cartulaire de Quimperlé*, éd. L. Maitre et P. de Berthon, p. 200.

reçoivent des biens mobiliers et immobiliers. Ainsi on prévoit souvent qu'en cas de rupture du contrat, les biens donnés restent la propriété du monastère. Les parents offrent leur enfant dans un but bien précis, attirer sur eux et leur famille la bénédiction du ciel et le salut de leur âme. L'oblation est un acte de piété, l'enfant est en quelque sorte un otage spirituel, à tel point que l'on prévoit qu'en cas de la mort du jeune oblat, un de ses frères le remplacera. On s'est engagé vis-à-vis du monastère, les clauses du contrat doivent être remplies.

La pratique de l'oblation qui s'est généralisée dans le Haut Moyen-Age, a donc multiplié le nombre d'enfants 'nourris' dans le monastère jusqu'à l'âge de la profession. Les *infantes* et *pueri*, ceux qui ont moins de douze ans, sont confiés à des maîtres qui doivent les surveiller jour et nuit. Ils vivent à part, ils ont leur chapitre particulier dans lequel a lieu leur 'révision de vie' et leur confession. Ils retrouvent les moines à l'office et au réfectoire. Les enfants participent à tous les offices même aux Nocturnes, ce qui devait être assez héroïque. Dans le *Colloque* d'Aelfric Bata, du début du XIe siècle, texte très riche pour connaître la vie des petits moines, le maître reproche à un enfant de ne pas se réveiller : 'Toi, enfant, n'étais-tu pas cette nuit avec tes camarades à Nocturne? Pourquoi n'as-tu pas voulu y aller? — Je n'ai pas entendu le signal, mon Père. — Pourquoi ne pas avoir demandé à un camarade de te réveiller? — Je l'ai fait, mais il a oublié' [16]. Les enfants à peine réveillés risquaient de se rendormir, alors nous dit le coutumier de Farfa, le maître appelait le somnolent et lui faisait tenir sur les bras un grand livre ouvert [17]. On tient pourtant compte de l'âge : à Cluny, les retardataires ne sont pas soumis à faire amende honorable à l'ambon comme les moines adultes.

Les enfants chantent sous la direction du *cantor*. L'apprentissage du chant est une des parties essentielles de l'enseignement. Les moines apprécient ces jeunes voix claires qui entonnent antiennes et répons. Les enfants ont leurs places particulières dans les processions et l'on veille à ce que tout se déroule dans l'ordre. On racontait qu'à Saint-Gall, un prince avait tenté les enfants en procession en envoyant des fruits au milieu de l'église, mais pas un n'avait bronché [18]. Une anecdote semblable se lit dans la Vie de la comtesse Mathilde. Il s'agit du marquis de Toscane, Boniface, qui, se trouvant au monastère de

[16] *Colloque d'Aelfric Bata*, éd. Stevenson, dans *Medieval and Modern Studies*, 15 (Oxford, 1929), p. 35.

[17] *Coutumier de Farfa* II, 16, éd. Albers, I, p. 154.

[18] Ekkehard, *Casus sancti Galli*, I, MGH SS II, p. 84.

Pomposa, tenta sans succès de détourner les petits enfants de leur prière en leur envoyant cette fois quelques pièces de monnaie[19].

A Cluny, les enfants sont les premiers dans la procession. Tout est réglé comme dans un ballet : 'Lorsqu'il s'agit d'une procession funéraire où l'on porte le cercueil d'un défunt, ce sont les enfants qui avancent les premiers derrière la croix. Quand ils arrivent à la porte du vestibule, ils se tiennent face à face jusqu'à ce que la collecte *Absolve Domine* soit dite par le prieur; puis peu à peu, une partie des enfants se retire et s'éloigne de ceux qui portent la croix et les autres enseignes de la procession. Les enfants qui suivent jusqu'à l'église restent près de l'entrée pour entourer le mort, puis s'avancent jusqu'à l'autel de la sainte Croix et là ils restent debout du côté gauche; leur maître est au milieu d'eux pour ne pas qu'ils gênent le prêtre qui doit s'avancer trois fois vers l'autel. Lorsque la cérémonie est terminée, ils se déplacent du côté gauche vers le milieu de l'église et tournés vers l'autel, ils chantent et récitent les Psaumes. A toutes les processions qui ont lieu dans la clôture, les enfants marchent toujours derrière la croix, etc'[20].

La place des enfants au réfectoire est également l'objet d'une réglementation. Reprenons le coutumier d'Udalric : 'Pendant les repas, les enfants sont séparés et dispersés un par un au milieu des pères qui ne cachent pas s'ils ont vu quelque négligence de leur part quand ils mangent. Ils ne se lèvent même pas pour apporter le sel, un plateau ou d'autres choses que certains frères apportent. Ils ne reçoivent rien de personne si ce n'est ce que l'on donne généralement à tous. Si l'abbé principal voit qu'il leur manque quelque chose, si le cellérier leur apporte un mets supplémentaire, seul l'enfant qui se tient à la table principale va vers le maître si l'abbé ou le prieur lui fait signe qu'on a besoin de lui. Le maître se lève, va réclamer le nécessaire à la cuisine, le pose devant l'enfant pour qu'il l'apporte. Le maître demande aussi à celui qui est assis ce dont il a besoin'[21]. L'enfant qui arrive en retard, après le *Benedicite*, n'a pas à demander comme les autres moines la permission d'aller manger. D'autres enfants aident le sommelier à la cuisine.

La nourriture des enfants fait l'objet d'une réglementation particulière. Saint Benoît avait interdit la viande à tous les moines sauf aux malades.

[19] Donizon, *Vita Mathildis*, MGH SS XII, p. 373.

[20] Udalric, *Consuetudines*, III, 8, *De pueris et eorum magistris*, PL 149, 744.

[21] Udalric, *Consuetudines*, PL 149, 744-745.

Mais l'on sait que cette question avait fait l'objet de bien des débats au IXe siècle. Au Mont-Cassin, on tolère que les jeunes enfants en mangent. Selon Hildemar, les jeunes enfants doivent s'habituer à ne plus manger de viande graduellement jusqu'à onze ans, la viande alors n'est donnée que les jours de fête. D'autre part, Benoît prévoit que l'on donnerait moins de nourriture aux plus jeunes et que les heures des repas seraient avancées (chap. 37). Hildemar remarque que les jeunes enfants ont toujours faim. Il prévoit pour eux, poisson, laitages et œufs. A Cluny, les enfants sont dispensés du jeûne. Lorsqu'il n'y a qu'un seul repas, on leur donne un supplément; le dimanche, ils reçoivent du lait et pour les plus faibles du pain et du vin [22].

Les Règles et les Coutumiers parlent, plus que d'autres textes, des soins du corps. Les moines voulaient participer à la vie angélique mais ils ont comme les autres un corps qui a ses exigences. Au VIe siècle, les enfants dormaient dans le même dortoir que les moines, par la suite, ils ont un dortoir spécial. Udalric de Cluny écrit : 'Les enfants de notre communauté ne sont pas plus de six, ils ont deux maîtres, quelquefois davantage, jamais moins. Voici leur règle : ils dorment ensemble dans un dortoir et leurs lits sont de part et d'autre de ceux des maîtres, c'est pourquoi que personne n'ose s'approcher d'un autre. Si l'un des enfants a besoin la nuit d'aller aux latrines, il doit d'abord réveiller le maître qui est le plus près en faisant du bruit. Celui-ci se lèvera, allumera une chandelle, enverra l'enfant avec la lumière réveiller un autre enfant. L'un des enfants tient la chandelle pour éclairer et le maître marche entre les deux. Ainsi il les conduit et les ramène en toute sécurité' [23].

A tous saint Benoît interdisait les bains qui rappelaient trop la civilisation païenne : Hildemar les accepte pour les malades et pour les enfants deux fois par an. Nous verrons tout à l'heure que le bain tient une grande place dans la vie des petits moines anglo-saxons.

Les enfants ont par nature besoin de bouger et de courir. Les Règles ignorent ces besoins. Pourtant Hildemar prévoit des moments de détente mais cela ne va pas très loin : 'Afin de fortifier les enfants et de satisfaire aux exigences de la nature humaine, on doit les emmener, hebdomadairement ou mensuellement au choix du maître, dans un pré ou dans quelque lieu où les enfants puissent jouer une heure sous

[22] Cf. Guy de Valous, *Le monachisme clunisien*, I, p. 305.
[23] Udalric, *Consuetudines*, PL 149, 742.

la surveillance de leur maître'[24]. D'autre part, les enfants pouvaient participer aux travaux de jardinage, ce qui était une excellente détente.

Enfin le cas des malades est prévu à Cluny: 'Si un enfant doit aller à l'infirmerie, deux autres enfants l'accompagnent; aussi longtemps qu'il reste, il est recommandé à l'infirmier le plus vigilant de veiller sur lui jour et nuit, et la nuit partout où il va, il doit porter une lanterne devant lui et même un bâton. S'il a mangé de la viande, il revêt sa chape, se dirige vers l'église avec les autres malades, mais il va du côté de l'autel de saint Jean-Baptiste; alors que les autres entrent dans l'église, lui reste à l'extérieur près du bénitier pour que tous puissent le voir. Le maître principal des enfants vient souvent à l'infirmerie rendre visite à celui qui est malade. Quand le maître voit qu'il commence à guérir il ramène aussitôt l'enfant avec celui qui l'avait déjà conduit de la même manière; l'enfant rejoint les autres et doit déjà retourner à l'église dès Prime ou Tierce si c'est en hiver ou si c'est un jour particulier. Cependant on prend soin de lui donner avant de la viande à satiété. S'il commet des erreurs il n'a pas besoin d'en demander pardon au chapitre'[25].

Cette dernière phrase doit nous amener à parler de la discipline. Lorsqu'on parle de l'éducation au Moyen Age, on en vient immédiatement à évoquer les méthodes dites 'médiévales' de brutalité et de dressage. Que peut-on dire de la discipline dans les monastères bénédictins? Sans doute le fouet n'est pas inconnu. Benoît le recommande pour les enfants récalcitrants comme pour les moines adultes mais il exige la discrétion, vertu bénédictine par excellence: 'Si quelqu'un se permet de châtier, même les enfants, sans discrétion, il sera soumis à la discipline régulière' (chap. 70). Hildemar, à deux reprises, développe ce conseil. 'Le maître ne doit pas trop les fouetter, car après le fouet et la punition, les enfants reviennent vite à leurs sottises', et ailleurs, 'l'abbé ne doit pas permettre que les enfants soient punis ou fouettés, car si on le fait pour les sots ou les négligents, par contre la méthode forte peut rendre les enfants plus mauvais qu'auparavant et ne pas les amender'[26]. Nous retrouvons là l'expression et les principes que nous avons rappelés tout à l'heure: la douceur et la persuasion sont de beaucoup préférables à la contrainte. Par suite nous constatons que beaucoup de maîtres réagissent contre les méthodes du fouet. Dunstan

[24] Hildemar, *Expositio regulae*, ch. 37.
[25] Udalric, *Consuetudines*, PL 149, 745.
[26] Hildemar, *Expositio regulae*, ch. 37.

de Canterbury avait eu si bien la réputation d'un maître doux que les enfants qui risquaient d'être battus l'invoquaient pour qu'il endorme l'écolâtre à l'heure de la punition. A Ramsey, toujours en Angleterre, un abbé est mal vu car il refuse de corriger brutalement les enfants et préfère leur faire comprendre leur faute[27]. 'O maîtres, dit Aelfric Bata, ne provoquez pas vos fils à la colère par une rigueur excessive, mesurez votre sévérité, et avec bienveillance, tantôt en les blâmant, tantôt en leur faisant voir leur erreur, afin qu'ils fassent des progrès'[28].

On pourrait multiplier les textes de ce genre. Je me contenterai d'un passage de la Vie de saint Anselme du Bec, texte bien connu mais que l'on relit toujours avec intérêt. 'Un jour, un abbé lui parlait des moines de son monastère et l'entretenait des enfants élevés dans le cloître, ajoutant à ce propos: 'que puis-je faire d'eux, je te le demande? Ils sont pervertis et incorrigibles; jour et nuit nous ne cessons de les battre à coups de fouet et sans cesse ils empirent'. Alors Anselme de s'étonner: 'Vous ne cessez de les battre? Et quand ils deviennent grands, comment sont-ils? — Tout à fait hébétés'. Alors Anselme: 'C'est un bien mauvais signe que de dépenser de la nourriture qui transforme des hommes en bêtes! — Que pouvons-nous faire, dit l'abbé, nous les forçons à avancer par tous les moyens et ils n'avancent pas. — Vous les forcez? Dis-moi, seigneur abbé, si tu plantes un arbre dans ton jardin et si par la suite tu l'enfermes de telle sorte que ses rameaux ne peuvent s'étendre, l'ayant ainsi empêché de croître pendant des années, je te demande de me dire comment se présentera cet arbre? Assurément ses rameaux seront recourbés et enchevêtrés, et à qui la faute sinon à toi qui l'a contraint avec excès. Vous faites de même avec vos enfants. Les parents qui les ont offerts au monastère, les ont plantés dans le champ de l'Église pour qu'ils croissent et fructifient en Dieu, et vous les contraignez, par la terreur, les menaces et les coups de fouet, sans leur permettre aucune liberté. C'est pourquoi par suite d'un excès d'autorité qui les étouffe, les enfants entretiennent en eux des méchancetés et des sentiments enchevêtrés comme des épines; ils les aiment, ils s'en nourrissent et s'en nourrissant, ils en tirent force, si bien que, l'esprit obstiné, ils se dérobent à tout ce qui pourrait les aider et corriger leurs fautes. C'est parce qu'ils ne sentent en vous aucun amour, aucune pitié, aucune bienveillance ou douceur, parce qu'ils n'espèrent pas voir venir de vous quelque chose de bon, mais

[27] Osbern, *Vita Dunstani*, AASS, Maii IV, p. 380; *Chronique de Ramsey*, ch. 64.
[28] *Colloque d'Aelfric Bata*, ch. 4, éd. Stevenson.

qu'ils croient que tout ce que vous faites est provoqué par la haine et la colère. Et il arrive malheureusement que lorsqu'ils grandissent, la haine et la défiance grandissent en eux et qu'ils soient à jamais tournés vers les vices. Comme ils n'ont été nourris de vraie charité, ils ne peuvent regarder que d'un œil oblique et d'un air sourcilleux'[29].

Avec ce passage d'une biographie, nous avons abandonné les sources jusqu'ici utilisées, à savoir des règles et des coutumiers, donc des textes normatifs. Mais comment s'introduire réellement dans une école pour voir vivre les enfants? Pour cela je ferai appel à un autre type de sources qui paraît bien refléter l'atmosphère scolaire du Haut Moyen-Age. Il s'agit des 'Colloques' utilisés par les maîtres insulaires du Xe et XIe siècles, pour apprendre le latin aux jeunes moines et pour les entraîner aux discours. Ce genre de dialogues pédagogiques est très ancien puisque déjà le grammairien connu sous le nom de Dosithée les avait utilisés lorsqu'il voulait apprendre le grec aux jeunes romains. Or les colloques du pseudo-Dosithée ont été recopiés aux IXe et Xe siècles et ont servi d'exemples pour les maîtres gallois et anglo-saxons. Édités en 1929 par Stevenson, ces colloques scolaires n'ont pas encore été, à mon sens, assez exploités[30]. Le plus célèbre est celui de l'abbé d'Eynsham, Aelfric, qui vivait au début du XIe siècle. Un disciple d'Aelfric, Aelfric Bata, a écrit à son tour un Colloque dans lequel il évoque la journée d'un enfant-moine du lever au coucher. Nous pouvons en tirer quelques traits qui intéressent notre sujet.

Nous assistons d'abord aux réveils. Il y a en effet deux réveils. D'abord les enfants comme les moines doivent aller à *Nocturne*. Ils se recouchent ensuite et se lèvent pour *Laudes* ou *Matines*: 'Toi, bel enfant, lève-toi et réveille vite le sacristain pour qu'il donne le signal avec la cloche car les coqs ont chanté trois ou quatre fois'. Les enfants alors s'encouragent: 'Lève-toi, mon frère, de ton lit car il est temps de nous lever, de nous laver les mains et après de gagner l'église et de faire nos prières selon notre habitude.

— Donne-moi mes vêtements, mes chaussures, mes guêtres, et je me lèverai et j'irai aux latrines et j'irai me laver.

— Entendu, enfant, viens vite ici, apporte de l'eau limpide avec un broc afin que nous puissions laver nos mains, nos yeux et notre figure.

[29] Eadmer, *Vita Anselmi*, 22, éd. R.W. Southern (Oxford, 1962), p. 37.

[30] W. H. Stevenson, 'Early Scholastic Colloquies', dans *Medieval and Modern Studies*, 15 (Oxford, 1929).

— J'irai rapidement. Je t'apporte l'eau, le savon, lave-toi les mains et ensuite essuie-toi avec notre serviette'.

Après les offices du matin, le travail scolaire commence. Les enfants sont installés dans la salle de classe, le maître n'est pas encore arrivé : 'Toi, enfant, va et cours dehors, et vois où est notre maître et s'il approche, avertis-nous.

— J'irai, cher frère, et j'obéis à votre ordre. Il arrive, o mes camarades, et je le vois sortir de l'église dans le cimetière et parler avec un laïc. Où est-il? Il arrive! Attention! soyez attentifs et prenez vos livres, lisez et chantez avant qu'il n'arrive pour qu'il ne vous trouve pas oisifs' (*Ecce homo adest ... Cavete vos ... Ecce post ostium stat modo et auscultat si legentes aut cantantes aliquid erimus. Et ecce modo adest*).

'O mes chers enfants, qu'avez-vous fait tout le jour? — Cher maître, nous avons lu et chanté, écrit, avant *Prime* et après *Prime* jusqu'à *Tierce* et quand le sacristain a donné le premier signal, alors sans retard nous nous sommes levés, nous sommes allés aux latrines, nous avons lavé nos mains en chantant les sept Psaumes'.

Le maître commence alors la leçon : 'Je vous demande, j'ordonne que vous lisiez ce que vous avez appris hier de vos maîtres, et que cela vous le reteniez bien pour que demain vous puissiez le restituer et ainsi le conserver dans votre cœur. — Nous le voulons, mon maître, et écouter humblement tout ce que tu nous enseignes'. Les enfants s'entraînent mutuellement. 'O toi, frère, donne-moi mon livre et assieds-toi avec moi sur ce tabouret et lis-moi la leçon pour que tu puisses la restituer. — Je viendrai et je le ferai'. Mais un enfant a oublié son livre. 'Prête-moi ton livre pour que je puisse lire et retenir ce que j'ai appris hier, parce que je ne puis aujourd'hui trouver mon livre nulle part et je n'ose devant mon maître le chercher car il est très sévère ...' Mais le camarade est peu serviable : 'Pourquoi me prier ainsi, je ne veux pas te prêter mon livre et m'inquiéter si tu l'as ou ne l'as pas? Pourquoi as-tu voulu perdre ton livre? Tout le jour tu vas ici et là, ne fais rien de bon, ni veux lire avec nous, ni apprendre, ni écrire sur une tablette, ni un parchemin ou un cahier, ni rester ici avec tes camarades. Mais tu veux aller là où est la sottise et la paresse. Nul d'entre nous ne sait où tu es si ce n'est lorsque nous devons manger, boire et nous amuser. Tu le fais chaque fois lorsque notre maître est dehors. Crois-moi, je veux t'accuser près de notre maître parce que tu nous fais honte tous les jours, et à cause de ta sottise, nous sommes mis au fouet par notre père (*nostro papate*)'.

Un autre élève n'a pas les instruments de travail : 'O mon camarade, prête-moi ton couteau pour que je puisse tailler ma plume, car elle est mal taillée'. *Non habeo librum ad cantandum in eo neque ad legendum; non habeo tabulam neque graphium, neque artavum* (canif), *nec cultellum, nec subalam* (poinçon), *neque novaculam ad scribendum... Nullus artifex sine instrumentis bene potest operari.* N'oublions pas que ce Colloque doit apprendre le vocabulaire; ainsi le matériel scolaire est énuméré.

Le maître commence sa leçon, fait recopier le modèle (*exemplar*) sur la tablette ou le morceau de parchemin, interroge sur la psalmodie et sur le calendrier : 'Jeune homme, quel jour est-on? — Je pense que c'est dimanche. — Combien de jours dans la semaine? — Je ne sais. — Quelle est la lune aujourd'hui? — Je ne sais. Je ne l'ai jamais appris. — Combien y a-t-il de jours lunaires dans le mois? — Tantôt 30, tantôt 29. — Sais-tu les compter? — Non. — Eh bien, apprends-les par cœur'. Ensuite le maître demande quels sont les arbres qui poussent dans le jardin, le nom des plantes, il parle du travail du scribe, etc ...

Mais les enfants sont fatigués et veulent prendre quelque moment de récréation : 'Seigneur maître, laisse-nous jouer un peu puisque nous avons bien su nos leçons et nos répons et nos antiphones. — D'accord, puisque c'est fête, je vous donne permission de jouer jusqu'au signal de Vêpres. — C'est bien que nous puissions vivre (*bene est nobis modo quod vivimus*). Allons ensemble jouer avec nos bâtons, nos balles et nos cerceaux. Toi, enfant, donne-moi un bâton et moi je peux te prêter deux bâtons si tu veux. — J'ai assez et si tu veux jouer avec moi au cerceau, je te donnerai un fouet pour que nous puissions jouer ensemble. Si tu veux jouer avec des balles, je te donnerai et ma balle et mon bâton. — Fais ainsi, c'est bien, j'ai l'impression que tu es mon ami, pour cela je veux t'aimer d'une amitié sincère et non feinte'.

Immédiatement après cela, commence un pique-nique en plein air. Il ne s'agit pas du repas dont on a parlé ailleurs. En effet dans un autre passage les enfants disent : 'Quand nous avons entendu sonner, alors nous sommes partis avec empressement et silencieusement selon notre rang au réfectoire pour notre repas, et nous avons chanté notre verset, et nous avons mangé notre nourriture et bu ce que nous avions en remerciant Dieu et après notre repas ensemble nous sommes allés à l'église en chantant et ensuite, en ordre, avec discipline, nous sommes allés aux latrines pour faire nos besoins'.

Dans le passage qui suit les jeux, nous assistons à une scène curieuse, échange de toasts, voire un concours de beuverie qui semble peu digne de la vie des monastères ... même anglais. Mais jugez-en vous-mêmes. 'Toi mon ami, va à la cuisine et demande au cuisinier de me préparer ma nourriture et si elle est cuite apporte-la pour que nous mangions et sers-nous bien et après je t'en prie joue le rôle de cabaretier, prends un verre, emplis-le et donne-le moi à boire. — Je veux bien. — Prends, frère, et bois avec joie librement et sois heureux avec tes frères et nous autres ... Que Dieu te rende heureux et te conserve dans une joie spirituelle et qu'Il te réjouisse dans une joie charnelle et fraternelle ... Que le Seigneur soit avec toi, frère et avec moi ...'

'Toi, enfant, viens ici (il semble qu'il s'agisse d'un dialogue entre un petit moine et un plus âgé). Je suis ici, Seigneur, que dois-je faire, je suis prêt à tout ce que tu veux. — C'est bien. As-tu mangé? — Non, crois-moi, frère. — Quand veux-tu manger? Je veux manger et boire ici avec toi et tes frères. — As-tu ta nourriture, ta boisson, ta cervoise? — Non. — Va, et demande ta nourriture et ta cervoise. — D'accord'. Le frère revenu se met à manger et à boire, mais à un moment il n'en peut plus: '*Plenum sum modo*. Je n'ai plus faim. — Tu ne dis pas vrai! — Je dis vrai. — Tu as à peine mangé et presque pas bu, ce n'est pas bien. — Oui, j'ai assez bu et mangé. — Prends et mange plus, et bois librement pour l'amour de Dieu et notre fraternité. — J'ai assez mangé et bu, aimable seigneur. Je te le demande humblement (*cessa modo invitare me*; *non possum certe plus manducare neque bibere hac vice quia venter meus infirmus est nimis et stomaco meo insanabile est plus gustare quam poterit portare*). — Prends seulement un petit morceau pour l'amour de moi et bois une fois. — Je le ferai puisque tu l'ordonnes. Pour l'amour du Christ, permets-moi d'aller sur mon lit et d'y dormir un peu car il est temps pour moi de dormir, je ne puis plus longtemps manger ni boire. — Va donc, frère, en paix et bonne nuit'.

Tous les jeunes moines ne sont pas des 'petites natures'. Certains au contraire acceptent de boire *ad profundum*, jusqu'à plus soif. 'Viens, échanson, et donne-nous une grande corne à boire, bien remplie avec de la meilleure cervoise, donne-lui vite pour qu'il ait à la main une corne à boire. — Tu parles admirablement. — Bois et sois heureux. — D'accord, je vais prouver que j'en suis capable'. Suit alors une sorte d'hymne bachique que l'on peut citer en latin: '*Cornu bibere volo. Cornu habere debeo. Cornu tenere. Cornu vocor. Cornu est nomen meum. Cum cornu vivere, cornu quoque jacere volo et dormire, navigare, equitare, ambulare et laborare atque ludere. Omnes propinqui mei et amici cornua habuerunt et ebiberunt et mori volo cum cornu*'. On continue à boire, on appelle les autres, on appelle l'échanson qui semble dormir, les toasts sont échangés: 'Toi, frère un tel, bois à ce frère qui est ici. — Je le ferai, frère, la paix soit avec toi. — Et avec toi que le Rédempteur nous sauve, sois heureux et bois avec joie. Que Dieu tout-puissant te garde à jamais. — Tous nous serons heureux, si tu veux être heureux... Allons maintenant au lit car il est temps'.

Un autre moment de détente est permis le samedi au moment des bains. Les enfants se plaignent d'être sales, d'avoir les cheveux longs, de ne pas avoir de ciseaux, de savon, d'eau chaude : 'Personne ne veut nous laver et s'occuper de nous'. Alors on organise une séance de bains. On demande au préposé de préparer les cuves de plomb, de faire chauffer l'eau et d'avertir lorsque tout est prêt :

'Le bain est-il prêt? — Oui. — Vois ami, ôte-moi mes chaussures, suspends mes vêtements à ce pieu ou ce bois ou pose-les ailleurs pour que je puisse les reprendre après mon bain. — Je le fais. — Prends mon rasoir, aiguise-le avec ta pierre, et rase ma barbe et la couronne de ma tête ... Regarde si je suis bien rasé. — Ta barbe est bien rasée, frère et toute ta tête. — C'est bien, adolescent. Viens, prends le savon, lave-moi la tête avec le savon et avec l'eau chaude. — Attends un peu, je veux que l'eau soit bonne et laver mon peigne et ensuite te laver la tête, ton dos et tes bras. — Fais-le vite. — Maintenant que tu es bien lavé et rasé, mets-toi dans ton bain et lave-toi, moi je vais pendant ce temps laver tes chaussures et les essuyer, les oindre de graisse afin que tu puisses en disposer lorsque tu sors du bain. — Tu fais bien, fais de même pour les autres frères'. On fait appel aux préposés aux bains, ils remplissent les bacs et on les rémunère pour qu'ils s'achètent de la cervoise.

En ce qui concerne la discipline, notre Colloque offre des dialogues savoureux. Les enfants sont allés dans le verger du monastère pour jouer et ramasser des fruits. Ils affirment avoir eu la permission de le faire et du maître et du jardinier. Pourtant les enfants sont allés seuls dans le verger, ont volé des fruits, les ont cachés dans leurs poches et jusque dans leur lit. D'ailleurs, ils volent tout, disent leurs camarades, et ce qu'ils ont volé ils le donnent aux paysans en l'échangeant contre du lait et des poulets. Les délinquants avouent et sont alors corrigés. Il ne s'agit pas cette fois de méthode douce : 'Avez-vous quelques verges? — Non, mais nous voulons te les apporter. — Donnez-moi de bonnes verges. — Les voici. — Voulez-vous le fouetter? — Oui, tout de suite, si vous le dites. — Prenez ces deux verges, et frappez l'une dans la partie droite de son cul, l'autre dans la partie gauche, et ainsi frappez sur son cul, sur son dos et frappez bien et moi je le ferai après'. Le malheureux demande grâce. '*Indulge pater, mihi modo et parce. Jam satis est*'. Mais le maître de dire : 'Frappez plus, il se rit de nos coups et ne les sent pas. — Je suis assez puni, sois indulgent et bienveillant, je vais mourir (*jam moriturus sum*). — Tu n'es pas mort encore, mais tu vis. — C'est là mon malheur, je serais mieux mort que de supporter ces coups. Que je suis malheureux d'être né, de tous côtés le malheur me poursuit'. Suit une plainte qui rappelle celle de Job et qui se poursuit pendant trente-huit lignes : 'O mort comme tu es douce! (*Pro dolor, quod mors tam tarde venit! O mors quam dulcis es miseris cunctis, quam suavis es o mors!*) 'Cessez donc frères, ne le frappez plus longtemps', dit enfin le maître.

Suit une exhortation morale. D'ailleurs Aelfric se méfie des effets du fouet puisque, comme nous l'avons dit, il recommande aux maîtres de mesurer la sévérité afin que les enfants fassent des progrès. Pour redresser la conduite des garnements le maître peut se contenter de les injurier. Dans un autre passage du Colloque, Aelfric Bata met dans la bouche du maître toute une série d'injures grossières. Non seulement le garçon est fils du diable mais il mérite d'être comparé à tous les excréments : '*Tu sochors, tu scibalum hedi, tu scibalum ovis, tu scibalum equi, tu fimus bovis, tu stercus porcis… Ego vellem ut totus esses cacatus et minctus. Habe scibalum in barba tua et in ore tuo stercus …*' On ne saurait être plus aimable.

Le calme revient, le maître recommande le silence. 'Faites ce que vous avez promis et conduisez-vous bien dans la chapelle, le réfectoire et de même dans le dortoir. Ne conversez pas sans permission et gardez-vous en tous lieux. Nous le voulons par Dieu et de toutes nos forces. — Agissez ainsi, chers enfants, et gardez-vous afin que demain nul frère ne vous accuse auprès de vos maîtres'. Puis c'est le coucher : 'Écoute, ami, ne te mets pas entre moi et la lumière. Mais tiens-la un peu plus en haut, permets-moi d'avoir l'éclat de la lumière. Grâce à Dieu je ne suis ni aveugle ni trop ivre. — Allez, frère, dresse ton lit, pose sur lui la couverture, le tissu, l'oreiller pour que tu puisses dormir avec quiétude si tu le veux ainsi. — Silence, frère, je dors. — Je vous demande, frères, de dormir également, d'aller à vos lits et de dormir tous avec la bénédiction. — Donne-nous la bénédiction, père. — Que le Dieu tout-puissant nous donne la bénédiction céleste'. Ainsi se termine la journée d'un petit moine.

Quant à moi je voudrais terminer cette contribution en évoquant le cas des enfants qui n'étaient pas destinés à être moines et qui pourtant étaient éduqués dans le monastère. La pédagogie monastique connut un tel succès que les laïcs ont voulu confier aux moines leurs enfants. Cela ne s'est pas fait à l'origine, mais seulement à partir du VIIIe siècle, du moins sur le Continent. Cette innovation a été introduite sous l'influence insulaire. Dans les Iles Britanniques, avant l'arrivée du Christianisme était pratiquée la coutume du *fosterage* ou 'mise en nourriture'. A côté de leurs parents naturels, les enfants avaient des 'parents nourriciers' qui se chargeaient, moyennant finance ou paiement de bétail, de l'éducation des jeunes. Les moines sont devenus à leur tour, tout normalement, des *nutritores* qui ont accepté de se charger des jeunes laïcs en les maintenant *in saeculari habitu*. Des pays celtes, le système passe en Angleterre au VIIe siècle, puis sur le Continent au VIIIe siècle[31]. À l'époque carolingienne, beaucoup d'enfants d'aristocrates sont élevés dans les monastères, qu'il s'agisse de Pépin le Bref à Saint-Denis ou d'Eginhard à Fulda.

Cette arrivée d'enfants qui se mêlaient aux oblats n'est pas sans poser des problèmes car la vie religieuse en est perturbée. Ainsi en 817, Benoît d'Aniane fait décider par le concile d'Aix que les écoles monastiques seront réservées uniquement aux futurs moines. Cette décision a été certainement mal reçue par l'aristocratie. À qui confier les enfants qu'on ne peut éduquer chez soi? Certains grands monastères ont trouvé la solution en séparant les enfants en deux groupes : les petits moines et les autres. Ainsi sont apparues les écoles doubles, *Doppel-Schulen*, sur lesquelles on a beaucoup écrit. Je n'entrerai pas dans le débat concernant la date du plan de Saint-Gall, mais je constate après d'autres, l'existence d'une *schola* indépendante du quartier des novices. Le *Casus Sancti Galli* qui parle des écoles signale la *schola claustri* et les élèves de l'extérieur ou *canonici* logés à l'hostellerie. Bien des jeunes laïcs et des clercs sont passés à Saint-Gall aux IXe et Xe siècles. Mais y a-t-il eu d'autres écoles doubles à l'époque carolingienne? Les sources n'en signalent pas. On constate qu'en fait, malgré le concile de 817, les monastères continuent à recevoir des enfants. Les cent petits moines dont parle Hariulf dans la Chronique de Saint-Riquier ne peuvent être tous des oblats.

À chaque période de réforme, on tente de revenir aux décisions de 817. À lire la *Vita Abbonis*, il semble bien qu'à Fleury les deux écoles aient existé au milieu du Xe siècle. De même au XIe siècle, les écoles doubles existent à Saint-Hubert et à Lobbes. Les sources mentionnent çà et là un *scholasticus exterior* et un *scholasticus*

[31] Riché, *Écoles et enseignement*, p. 293.

interior[32]. À Waulsort le cas est différent puisque Erembert (+ 1033) décide de transporter l'école de l'autre côté de la Meuse à Hastière pour que les moines puissent prier en paix. Mais contrairement à ce que dit Lesne, il ne s'agit pas d'une école de séculiers puisque le texte ajoute que les enfants y resteront : '*usque ad tempus ordinationis beati Benedicti*' [33]. En Italie, l'abbé Didier a fermé son école du Mont-Cassin et Pierre Damien l'en félicite.

Si tous ces monastères se font particulièrement remarquer en appliquant la Règle, ailleurs il est presque certain que les abbayes reçoivent tous les enfants qu'on leur confie. Nous le constatons en Angleterre, dans les pays nouvellement christianisés, Pologne, Hongrie où il n'y avait pas d'autres écoles, en Germanie, en France. Lors de l'entrée dans l'école monastique, un contrat est établi entre les parents et l'abbé. Ce dernier prescrit les conditions d'admission, remise de biens et durée de l'éducation.

Reprenons le Cartulaire de Sauxillanges : un intendant est malade et confie son fils à Saint-Pierre jusqu'au moment où il pourra s'occuper des biens familiaux. Si l'enfant meurt, la donation reste aux moines[34]. L'enfant d'un chevalier est offert à cinq ans, le père l'amène avec sa literie, l'enfant restera là jusqu'à dix ans[35]. Un chevalier demande que son fils soit confié à un moine jusqu'à sept ou dix ans afin qu'il soit éduqué et nourri. Le père fournit les vêtements et le lit. Si l'enfant meurt, un autre le remplacera. On retrouve donc le souci déjà constaté plus haut, mais ici on désire autant assurer les prières pour la famille laïque que faire instruire un enfant[36]. Dans une autre charte, un enfant est installé au prieuré de Tauves en attendant qu'un enfant quitte Sauxillanges; on inscrit par avance[37]. Même précaution à Marmoutier où l'on réserve une place à un fils de marchand[38]. Quelquefois, les parents précisent le programme de l'enseignement à donner. Une mère et son fils sont reçus au prieuré de Pontchâteau dépendant de Marmoutier: l'enfant devra apprendre à lire puis retourner dans le siècle[39]. À Châteaudun en 1071, le fils d'un bienfaiteur est nourri deux ans et instruit du psautier. C'est également du seul psautier

[32] Riché, *Écoles et enseignement*, p. 192.
[33] *Historia Walziodensis monasterii*, 44, MGH SS XIV, p. 260.
[34] *Cartulaire de Sauxillanges*, n. 885.
[35] *Cartulaire de Sauxillanges*, n. 894.
[36] *Cartulaire de Sauxillanges*, n. 895.
[37] *Cartulaire de Sauxillanges*, n. 859.
[38] *Cartulaire de Marmoutier*, éd. Mabille, p. 134.
[39] Martène, *Histoire de Marmoutier*, I, p. 529.

(*tantum modo psalterium*) que le fils d'un bourgeois du Mans est instruit par les moines de Saint-Vincent[40]. Les parents indiquent ainsi qu'ils ne veulent pas que l'enfant devienne moine.

Cette pratique de l'éducation monastique des jeunes laïcs est très répandue. Dom Berlière, dans un article sur les écoles claustrales datant de 1921, a rassemblé bien des témoignages concernant surtout les jeunes garçons[41]. Le cas des filles est moins bien connu. Pourtant, il est certain que les abbayes de femmes prennent en charge l'instruction des petites filles.

Ainsi malgré les efforts des réformateurs, les moines conservent dans certains cas la charge d'instruire les enfants. Les parents continuent à voir en eux l'éducateur le plus apte à donner à leurs enfants l'instruction élémentaire et la formation religieuse. Ceci n'est d'ailleurs pas sans risque. Ainsi un marchand de Huy confia au milieu du XIIe siècle son fils Abundus aux moines cisterciens de Villers-en-Brabant. Le père avait précisé que l'enfant serait instruit du rudiment, lire, écrire, compter qui lui permettrait de reprendre le négoce paternel (*ut patris debita sive commercia stylo disceret annotare*)[42]. Le jeune garçon se plut au milieu des moines et se fit remarquer par sa sainteté. On comprend dans ces conditions que les citadins préfèrent envoyer leurs enfants à l'école de la ville et que les petites écoles se multiplient au XIIe siècle. Ainsi les moines qui, depuis le VIIIe siècle avaient été des pédagogues par excellence, doivent s'attacher à d'autres tâches. Mais ce qu'ils ont fait pendant cinq siècles ne saurait être oublié.

Paris-X, Nanterre

[40] *Cartulaire de Saint-Vincent*, éd. R. Charles, p. 331.

[41] U. Berlière, 'Écoles claustrales au Moyen Age', *Bulletin de la classe des Lettres de l'Académie royale de Belgique* (1921), p. 556 ss.

[42] *Gesta sanctorum Villariensium*, MGH SS XXV, p. 232. Ce texte avait été analysé par H. Pirenne dans 'L'instruction du marchand au Moyen Age', *Annales d'histoire économique et sociale*, 2 (1929), p. 13 ss.

JOHN M. McCULLOH

HISTORICAL MARTYROLOGIES IN THE BENEDICTINE CULTURAL TRADITION

History, as a modern scholarly discipline, undertakes to study the human past in as many as possible of its various manifestations, but a fundamental limitation on historians' ability to attain this goal is the availability of the sources on which all historical study must be based. Those of us who undertake to investigate the Carolingian period are particularly aware of the historian's dependence on the availability of sources. Regardless of our specific interests — whether they be in politics or economics, institutions or practices, ideas or beliefs — we constantly discover that many of the questions which we as scholars would gladly pose as subjects for investigation cannot be answered satisfactorily. Sometimes the sources necessary to provide the answers simply do not exist, but even when they do exist, they are sometimes so few in number as to circumscribe very narrowly the generalizations we can make from them.

In order to compensate for this lack of material, historians are frequently compelled to use source materials in ways that their original authors never intended. Thus, to mention only a few well known examples, Gregory of Tours did not refer to oriental merchants and products to provide information about early medieval trade[1], and kings did not issue charters to reveal the personnel and structure of their chanceries[2]. Yet only through such imaginative use of the

[1] See the classic analysis of these materials by Henri Pirenne, *Mohamet et Charlemagne*, 2nd ed. (Paris-Bruxelles, 1937), esp. pp. 62-78. For overviews of other interpretations, see Anne Riising, 'The Fate of Henri Pirenne's Theses on the Consequences of the Islamic Expansion', *Classica et mediaevalia*, 13 (1952), 89-98, and Bryce Lyon, *The Origins of the Middle Ages: Pirenne's Challenge to Gibbon* (New York, 1972).

[2] As illustrations of this use of royal diplomas, see the studies by Paul Kehr in *Abhandlungen der preussischen Akademie der Wissenschaften, Philos.-hist. Kl.*: 'Die Kanzlei Ludwigs des Deutschen', Jg. 1932, Nr. 1 (Berlin, 1932); 'Die Kanzlei Karlmanns und Ludwigs des Jüngeren', Jg. 1933, Nr. 1 (Berlin, 1933); 'Die Kanzlei Karls III.', Jg. 1936, Nr. 8 (Berlin, 1936); 'Die Kanzlei Arnulfs', Jg. 1939, Nr. 4 (Berlin, 1939); 'Die Kanzlei Ludwigs des Kindes', Jg. 1939, Nr. 16 (Berlin, 1940); and *idem*, 'Die Schreiber und Diktatoren der Diplome Ludwigs des Deutschen', *Neues Archiv*, 50 (1935), 1-105.

sources that exist have historians managed to discover much of what we now know about the past[3].

One general category of sources that long escaped this sort of indirect exploitation is medieval hagiography[4]. Until relatively recently the Passions and Lives of saints were held in disregard by many historians. Except in so far as these texts could be mined for 'factual' information, they were treated as legendary and, therefore, as unworthy of investigation. Yet this, too, has changed. In our century, and especially in our own day, scholars have begun to make effective use of these texts to investigate a wide range of topics, including literary, intellectual, religious and social aspects of the past[5]. In doing so they have

[3] The continuing need for historians to make exhaustive use of the sources that exist provides the justification for one of the most valuable collective works now in progress, see L. Genicot, *Introduction*, *Typologie des sources du moyen âge occidental*, 1 (Turnhout, 1972), 8.

[4] For surveys of the development of hagiographical studies and criticism, see R. Aigrain, *L'hagiographie : ses sources, ses méthodes, son histoire* (Paris, 1953), pp. 291-388; F. Graus, *Volk, Herrscher und Heiliger im Reich der Merowinger* (Praha, 1965), pp. 25-39; *idem*, 'Hagiographische Schriften als Quellen der 'profanen' Geschichte', in *Istituto storico italiano per il medio evo, Fonti medioevali e problematica storiografica = Atti del congresso internazionale tenuto in occasione del 90° anniversario della fondazione dell'Istituto storico italiano* (1883-1973), 1 (Roma, 1976), 375-96 (esp. pp. 375-7); and F. Lotter, 'Methodisches zur Gewinnung historischer Erkenntnisse aus hagiographischen Quellen', *Historische Zeitschrift*, 229 (1979), 290-356 (esp. pp. 290-305). On the role of the modern Bollandists, see B. de Gaiffier, 'Les Bollandistes et les légendes hagiographiques', in *Classica et Iberica, Festschrift in honor of the Rev. Joseph M.-F. Marique, S.J.* (Worcester, Mass., 1975), pp. 261-71 (rpr. in B. de Gaiffier, *Recueil d'hagiographie*, Subsidia hagiographica, 61, Bruxelles, 1977).

[5] The works cited in the previous note provide broad surveys of recent hagiographical literature, and Sofia Boesch Gajano has assembled an extensive bibliography in her anthology, *Agiografia altomedioevale* (Bologna, 1976), pp. 261-300. A few examples suffice to illustrate the variety of recent studies: B. de Gaiffier, 'Mentalité de l'hagiographie médiévale d'après quelques travaux récents', *Analecta Bollandiana*, 86 (1968), 391-9; *idem*, 'Hagiographie et historiographie: Quelques aspects du problème', in *La storiografia altomedievale*, Settimane di studio del Centro italiano di Studi sull'alto medioevo, 17 (1970), pp. 139-66, 179-96 (rpr. in De Gaiffier, *Recueil*, above n. 4); F. Prinz, 'Gesellschaftsgeschichtliche Aspekte frühmittelalterlicher Hagiographie', *Zeitschrift für Literaturwissenschaft und Linguistik*, Jg. 2, Hft. 11 (1973), 17-36; F. Graus, 'Sozialgeschichtliche Aspekte der Hagiographie der Merowinger- und Karolingerzeit: Die Viten der Heiligen des südalemannischen Raumes und die sogenannten Adelsheiligen', in A. Borst, ed., *Mönchtum, Episkopat und Adel zur Gründungszeit des Klosters Reichenau*, Vorträge und Forschungen, 20 (Sigmaringen, 1974), pp. 131-76; H. Keller, 'Mönchtum und Adel in den Vitae patrum Jurensium und in der Vita Germani abbatis Grandivallensis: Beobachtungen zum frühmittelalterlichen Kulturwandel im alemannisch-burgundischen Grenzraum', in K. Elm et al., edd., *Landesgeschichte und Geistesgeschichte: Festschrift für Otto Herding*, Veröffentlichungen der Kommission für geschichtliche Landeskunde in Baden-Württemberg, B, 92, (Stuttgart, 1977), pp. 1-23; J.-C. Poulin, *L'idéal de sainteté dans l'Aquitaine carolingienne d'après les sources hagiographiques*

revealed the value of these works as sources which can help to illuminate the 'general culture' of the Middle Ages[6].

These changes have occurred because scholars are now asking new questions of sources that, in many cases, have been known for centuries, and the effect of these changes has been to draw hagiography into the mainstream of historical scholarship. There is, however, at least one genre of hagiographical literature which has not participated in this historiographical transition : this is the historical martyrology, a literary form the production of which attained its zenith in the Carolingian age.

Up to the present day the questions that scholars have raised in the investigation of these texts are essentially the same questions which prompted the beginning of their critical study in the seventeenth century; namely what information do historical martyrologies provide about the lives and cults of the saints they describe and how reliable is this information? The traditional study of these martyrologies received its classic formulation in 1908 with the publication of Dom Henri Quentin's monumental work *Les martyrologes historiques du moyen âge*. In this book Dom Quentin enunciated a fundamental principle for the study of these texts, which he — even then — could describe as 'une vérité devenue banale', that is that the notices of a historical martyrology have no value distinct from that of the sources from which they derive[7]. Given the goals of this traditional approach, Dom Quentin's precept is obviously correct. With few exceptions the historical notices in martyrologies are nothing more than excerpts from,

(750-950) (Québec, 1975); K. F. Morrison, 'The Structure of Holiness in Othloh's *Vita Bonifatii* and Ebo's *Vita Ottonis*', in K. Pennington and R. Somerville, edd., *Law, Church and Society : Essays in Honor of Stephan Kuttner* (Philadelphia, 1977), pp. 131-156; M. Heinzelmann, 'Neue Aspekte der biographischen und hagiographischen Literatur in der lateinischen Welt : 1. bis 6. Jh.', *Francia*, 1 (1973), 27-44; *idem*, *Translationsberichte und andere Quellen des Reliquienkults*, Typologie des sources du moyen âge occidental, 33 (Turnhout, 1979); P. J. Geary, *Furta sacra* : *Thefts of Relics in the Central Middle Ages* (Princeton, 1978); R. C. Finucane, *Miracles and Pilgrims* : *Popular Beliefs in Medieval England* (London, etc., 1977); Charles W. Jones, *St. Nicholas of Myra, Bari and Manhattan* : *Biography of a Legend* (Chicago, London, 1978); J. Szövérffy, 'A Mirror of Medieval Culture : St. Peter Hymns in the Middle Ages', *Transactions of the Connecticut Academy of Arts and Sciences*, 42 (1965), 97-403; J. F. O'Malley, 'An Introduction to the Study of the Hymns on St. James as Literature', *Traditio*, 26 (1970), 255-91.

[6] B. de Gaiffier, 'L'hagiographie et son public au XIe siècle', *Miscellanea L. van der Essen*, 1 (Bruxelles, 1947), 135 (rpr. in De Gaiffier, *Études critiques d'hagiographie et d'iconologie*, Subsidia hagiographica, 43 (Bruxelles, 1967), p. 475).

[7] H. Quentin, *Les martyrologes historiques du moyen âge* : *Étude sur la formation du Martyrologe romain* (Paris, 1908), p. 56.

or résumés of, previously existing texts. As a result, anyone who wishes to obtain information about the life of a saint or about the development of a saint's legend or cult will only rarely find anything in a martyrology which is not available in a form better suited to his purpose in the source that the martyrology's compiler employed. Thus, both the nature of the texts themselves and the purposes for which they have been employed have contributed to confining the study of martyrologies within fairly narrow limits, and the investigation of these texts has emphasized almost exclusively the identification of the sources of their historical notices. A few, more modern works have gone beyond these critical boundaries in various ways. The outstanding example is Dom Jacques Dubois's study of Usuard's martyrology, which includes investigations of the author's geographical knowledge and his method[8]. Even here, however, the investigator's primary concern is to use the results of these inquiries to assess the reliability of the author's information about the saints he describes[9]. More recently, in his general introduction to the genre, Dubois hinted at other possible ways in which scholars might exploit these texts, but he did not elaborate on them[10], and thus, in spite of his suggestions, the nature of the study of historical martyrologies remains much as it was at the beginning of this century.

Martyrologies do, indeed, have more to offer the modern scholar than they have revealed in the past, but to discover this value we must depart somewhat from the traditional goals of their investigation[11]. We must ask of these sources new questions. One avenue of approach is to inquire not what the martyrologies reveal about the

[8] *Le martyrologe d'Usuard: Texte et commentaire*, Subsidia hagiographica, 40 (Bruxelles, 1965), pp. 75-121.

[9] *Ibidem*, pp. 120f.

[10] *Les martyrologes du moyen âge latin*, Typologie des sources du moyen âge occidental, 26 (Turnhout, 1978), pp. 80-2 and *passim*. Of particular value for the methodology of research is the section (pp. 71-9) where Dubois illustrates the possibilities of extending the investigation of topographical data, which he had undertaken for Usuard's text, to other martyrologies. Dubois elaborated yet another use of martyrologies in his article 'Un témoin de la vie intellectuelle à Saint-Germain-des-Prés au IXe siècle : le martyrologe d'Usuard', *Revue d'histoire de l'Église de France*, 43 (1957), 35-48, but this study is less concerned with assessing Usuard's intellectual achievement than with exposing the resources of his library.

[11] See, for example, the suggestions of J. Hennig, '*Martyrologium* and *Kalendarium*', *Studia patristica*, 5 (= Texte und Untersuchungen zur Geschichte der altchristlichen Literatur 80, Berlin, 1962), 69-82, esp. p. 82; *idem*, 'Kalendar und Martyrologium als Literaturformen', *Archiv für Liturgiewissenschaft*, 7 (1961), 1-44.

saints but rather what they can tell us about the authors who compiled them. A martyrology, like any other text, is the product of intellectual activity. As such it reflects the scholarly method its author employed, and that method is worthy of consideration in its own right and not merely as an indication of the author's reliability. A martyrology is a witness to its author's assessment of the trustworthiness or authority of the sources he used and to his standards of historical criticism[12]. Likewise, since one purpose of a martyrology is to convey information about the saints in brief narratives, an examination of the contents of these narratives can offer insight into the author's conception of sanctity[13].

To illuminate these suggestions for the further study of historical martyrologies, I would like to concentrate on the two texts with which I am most familiar. As an illustration of the potential value of martyrologies as sources of intellectual history, I will offer some preliminary results from my ongoing investigation of the work of Notker the Stammerer[14], and to illustrate the broader topic of hagiographical themes in these texts, I will summarize some evidence gleaned from work with Hrabanus Maurus' martyrology[15].

One aspect of the scholarly activity involved in the composition of martyrologies has been studied extensively in the past. This is the value of the dates that various authors assigned to individual festivals[16].

[12] For evidence of criticism in other hagiographical genres, see G. Menge, *Haben die Legendenschreiber des Mittelalters Kritik geübt*? (Münster i. Westf., 1908); Graus, *Volk*, pp. 451-5; K. Schreiner, '*Discrimen veri ac falsi*: Ansätze und Formen der Kritik in der Heiligen- und Reliquienverehrung des Mittelalters', *Archiv für Kulturgeschichte*, 48 (1966), 1-53, esp. pp. 14-20, 25-33; K. Guth, *Guibert von Nogent und die hochmittelalterliche Kritik an der Reliquienverehrung* (Augsburg, 1970).

[13] The investigation of conceptions, patterns or structures of sanctity as well as 'types' of saints is a common theme in modern hagiographical research; see the works cited in nn. 4 and 5 above.

[14] Notker's martyrology was edited from the unique surviving manuscript for the first and only time by Henricus Canisius, *Lectiones antiquae*, 6 (Ingolstadt, 1604), 759-932. It was most recently reprinted in J.-P. Migne PL 131, 1025-1164. The passages quoted in this article are from Migne's text with corrections from the ms. On the work, see E. Dümmler, 'Das Martyrologium Notkers und seine Verwandten', *Forschungen zur deutschen Geschichte*, 25 (1885), 197-220 (esp. pp. 202-8); Quentin, *Mart. hist.*, pp. 679f.; W. von den Steinen, *Notker der Dichter und seine geistige Welt* (Bern, 1948), I, 69-71, 494f; Dubois, *Martyrologes*, p. 57.

[15] *Rabani Mauri Martyrologium*, ed. J.M. McCulloh, Corpus Christianorum, Continuatio mediaevalis 44 (Turnholti, 1979); and McCulloh, 'Hrabanus Maurus' Martyrology: The Method of Composition', *Sacris erudiri*, 23 (1978-9), 417-61.

[16] Quentin, *Mart. hist.*, discusses the value of the dates in the works of Bede (pp. 112-4), the anonymous of Lyon (pp. 217-9), Florus of Lyon (pp. 375-83), and Ado (esp. pp. 584-9). For Usuard, see Dubois, *Usuard*, pp. 113-7; and for Hrabanus, McCulloh, 'Hrabanus Maurus' Martyrology', pp. 445-8.

Dates have been a subject of significant interest because they constitute factual information, and determining the standards by which an author selected his dates is a necessary prerequisite to determining whether the dates chosen represent any sort of traditional commemoration. If they do reflect such commemorations, then the dates provide evidence for the history of the saints' lives or cults, but if they do not, they may be nothing more than inventions of the martyrologist. Thus, the selection of dates also reflects the standards of scholarly accuracy that the author applied to his work, and here we move out of the realm of hagiology in the strict sense and into the broader area of intellectual history.

A critical analysis of the dates assigned to the various feasts in a martyrology requires an investigation of two topics in particular: one is whether the author ever arbitrarily selected dates for his commemorations; and the other is the principles the author followed in choosing between contradictory dates in different sources. At this point, I cannot deny the possibility that Notker might have selected some dates arbitrarily, but I have found no evidence that he did so. On the other hand, his martyrology offers significant information about his manner of dealing with contradictory dates.

One of the fundamental problems facing the compiler of any martyrology was that the sources available to him often assigned several different dates to the same saint. A leading source of such confusion was the so-called *Martyrologium Hieronymianum*, which is well known for the number of doublets and homonyms it contains[17]. Notker made extensive use of the *Hieronymianum* as a source of brief references to saints, but most of his historical notices derive from the martyrologies of Ado of Vienne[18] and Hrabanus Maurus. Since the publication of Dom Quentin's *Martyrologes historiques*, Ado has been justly infamous for the arbitrary manner in which he assigned dates to undated events and resolved the contradictions in his sources[19].

[17] Critical edition by H. Quentin with commentary by H. Delehaye in *Acta sanctorum*, Nov. II, 2 (Bruxelles, 1931). On the repetition of names in the text, see Delehaye, *ibidem*, pp. XVII f.; *idem*, *Cinq leçons sur la méthode hagiographique*, Subsidia hagiographica, 21 (Bruxelles, 1934), pp. 54-6.

[18] On Ado's martyrology, see Quentin, *Mart. hist.*, pp. 465-675; Dubois, *Martyrologes*, pp. 42-5. None of the existing editions (Quentin, p. 465) presents the contents of the text as established by Quentin, but the most convenient version is that in Migne, PL 123, 143-436.

[19] See above, n. 16. Particularly damaging to Ado's reputation was Quentin's exposition (pp. 409-64, 649-72) of his probable responsibility for the so-called *Vetus* or

Hrabanus was much more careful than Ado and avoided arbitrary dating, but he was also frequently uncritical. When faced with a contradiction, Hrabanus often avoided making a decision that might prove wrong by making no decision at all. Thus, to mention only a few examples, he offered on different dates three notices for St. Thecla, three for Longinus, and four for Zeno of Verona (two for Zeno's martyrdom and two for his translation)[20].

One way Notker dealt with such contradictions was to accept one date and reject another without comment. On 14 January (XIX Kl. Feb.) he gave a notice for Pontianus drawn from Hrabanus, but he made no mention of Ado's notice for the same saint on 19 January. On 28 July (V Kl. Aug.) he inserted a notice for Pantaleon and ignored Hrabanus's commemoration on 18 February. On 27 January (VI Kl. Feb.) Notker copied in its entirety Ado's eulogy for Paula and supplemented it with a few words from Hrabanus, but he said nothing of the fact that Hrabanus's notice appeared on the preceding day. These examples could be multiplied with ease. They do not suffice to define the criteria Notker used in resolving contradictions in his sources, but they do show that he sometimes decided such issues without discussing them in his text.

This practice of passing over contradictions in silence was by no means unusual among authors of martyrologies. Indeed, Dom Quentin's investigations suggest that this procedure was the one most commonly used. There were, however, a number of contradictions that Notker apparently could not resolve so easily, for in some cases he inserted more than one notice for the same festival. In doing so he approached Hrabanus's method of dealing with contradictions, but whereas Hrabanus's procedure was notably uncritical, Notker introduced an element of criticism. Thus, on IX Kl. Aug. Notker gave a historical notice for St. Christina. The text comes from Ado's eulogy on the same date and Hrabanus commemorated her on that day as well. But on XIV Kl. Aug. we find the following in Notker's work: *In Italia, civitate Tyro, natale sanctae Christinae virginis iuxta quosdam.* Here the words *iuxta quosdam* refer apparently to the *Hieronymianum* and perhaps also to the *Passio Christinae* in the *Passionarium maius*

Parvum Romanum, with which he tried to enhance the authority of his own martyrology.

[20] Thecla, 22 Feb., 23 Sep., 20 Dec.; Longinus, 15 Mar., 24 Oct., 22 Nov.; Zeno, 12 Apr., 8 Dec., and translation 20 June and 21 July.

of St. Gall[21]. Likewise, on II Kl. Maii, Notker presented a historical notice drawn from Ado for SS. Marianus and Iacobus, but on II Non. Maii he stated: *Item Mariani et Iacobi iuxta quosdam* ... Here the unnamed sources presumably include Pseudo-Jerome, Hrabanus and the Passion of these saints in the *Passionarium maius*[22]. A rather more complex situation lies behind Notker's two notices for Quiriacus Iudas, bishop of Jerusalem. On IV Non. Maii Notker offered a historical notice for this saint. Ado eulogized the same saint on the same date, but Notker's text does not come from Ado. It derives rather from the *Passio Quiriaci* in the *Passionarium maius*, although the *Passio* places the saint's death on IV Id. Maii rather than IV Non.[23]. Finally, at the end of his notice Notker stated: *Dies passionis eius secundum alios hic, secundum martyrologium vero sancti Hieronimi Kalendis Maii celebris habetur*. And, indeed, on 1 May, Notker's entry includes a notice for Quiriacus, but although the date does correspond to an announcement in the *Hieronymianum*, the text of Notker's eulogy is drawn mostly from Hrabanus.

In all of these examples Notker pointed out the existence of contradictory dates in the sources he used. In some cases, however, he went beyond such references to try to explain the contradictions that confronted him. Thus, on VII Id. Ian. Notker borrowed from Ado a commemoration of the *relatio pueri Iesu ex Aegypto*. Then on III Id. Ian. he copied from Hrabanus the *eductio Domini de Aegypto*, and he added a statement noting that this event was celebrated according

[21] St. Gall's tenth-century catalog of hagiographical texts indicates that the *Passio Christinae* appears in the *Passionarium maius* under XIV Kl. Aug., but the dating in the passionary itself is somewhat confused, E. Munding, *Das Verzeichnis der St. Galler Heiligenleben und ihrer Hss. in Codex Sangall. No. 566*, Texte u. Arbeiten, hrsg. durch die Erzabtei Beuron, I. Abt., Hft. 3/4 (Beuron, Leipzig, 1918), pp. 9, 50. For further evidence of the commemoration of Christina at St. Gall on 19 July, see *idem*, *Die Kalendarien von St. Gallen aus 21 Hss. 9. bis 11. Jh.*, Texte u. Arbeiten, I, 36/37 (Beuron in Hohenzollern, 1948/51), I, 62f.; II, 80. On the *Passionarium maius* (*Cod. Turic.* C 10i), see Munding, *Verzeichnis*, pp. 42-68; W. Levison, 'Conspectus codicum hagiographicorum', *MGH. SS. rer. Merov.* 7 (Hannover, 1920), 691; Albert Bruckner, *Scriptoria medii aevi Helvetica*, 3 (Genève, 1938), 123; L.C. Mohlberg, *Mittelalterliche Handschriften*, Katalog der Hss. der Zentralbibliothek Zürich, 1 (Zürich, 1951), pp. 18f.; G. Philippart, *Les légendiers latins et autres manuscrits hagiographiques*, Typologie des sources du moyen âge occidental, 24-25 (Turnhout, 1977), index, p. 138. Hrabanus used a similar passionary, J.M. McCulloh, 'The *Passio Mauri Afri* and Hrabanus Maurus' Martyrology', *Analecta Bollandiana*, 91 (1973), 404-9.

[22] See Munding, *Verzeichnis*, pp. 7, 47.

[23] *Ibidem*. Such errors in dating are common; see Delehaye's comments on the repetition of names in the works cited in n. 17 above.

to some on VII Id. Ian. and according to others on Non. Ian.[24] because the journey lasted many days. Notker's explanation of this duplication is unlikely to convince a modern reader. Nevertheless, the accuracy or inaccuracy of his statement is less significant than the fact that he made it at all. We must give him credit for what he was attempting to do, namely to provide a historical explanation for a contradiction in his sources.

A more revealing example of Notker's desire to clarify the dates of feasts appears in his handling of St. Afra of Augsburg. Notker found eulogies of this saint in the martyrologies of both Ado and Hrabanus on 5 August (Non. Aug.), but her *Passio* in the *Passionarium maius* and all of the St. Gall calendars which mention her place her feast on 7 August (VII Id. Aug.)[25]. Notker resolved this contradiction by relying on the *Martyrologium Hieronymianum*. In this text the saint appears on both dates, but while her name occurs in the proper feminine form on 7 August, she appears in a masculine guise as *Afri* on 5 August. On this basis Notker presented a notice under the latter date beginning with the words: *In Augusta Eufratensi natale sancti Afri martyris*. The designation *Eufratensi* does not occur in any of the *codices pleniores* of the *Hieronymianum*[26], and it may well be Notker's own emendation, for he added to his notice the following explanation: *Quorum nominum similitudine, id est et Augustae et Afri, nostrates inducti, hac die apud Augustam Rhetianam sive Vindelicam passionem sanctae Afrae consummatam putaverunt. De qua in sequentibus Deo volente dicetur*. And, in fact, shortly later, on VII Id. Aug., Notker presented a notice for Afra of Augsburg.

[24] Despite Notker's statement, I know of no text that commemorates this event on Non. Ian.; cf. Munding, *Kalendarien*, II, 25f., and *Martyrologium Romanum ad formam editionis typicae scholiis historicis instructum*, Propylaeum ad Acta sanctorum Decembris (Bruxelles, 1940), pp. 9f.

[25] Munding, *Verzeichnis*, pp. 9, 52; *idem*, *Kalendarien*, I, 66; II, 87. Between the two eulogies discussed here, Notker presented a third, brief notice for Afra on 6 Aug. The text comes from MH, and Notker — misled by the form of his source, which implied that Afra's passion occurred on this date in Rome — apparently thought this was yet another saint of the same name.

[26] The similar notice in the abbreviated Hieronymian martyrology (*s* XI) of *Cod. Sangall.* 915 probably derives from Notker, *Acta sanctorum*, Nov. II, 1, p. [101]. On the ms. and text, see G. B. de Rossi, *ibidem*, pp. [xxx]f.; J. Autenrieth, 'Der Codex Sangallensis 915: Ein Beitrag zur Erforschung der Kapiteloffiziumsbücher', in *Landesgeschichte und Geistesgeschichte* (cited above, n. 5), pp. 42-55, esp. p. 51; and W. Haubrichs, 'Neue Zeugnisse zur Reichenauer Kultgeschichte des neunten Jahrhunderts', *Zeitschrift für die Geschichte des Oberrheins*, 126 (1978), p. 4, n. 18.

Notker's handling of St. Afra introduces us to an aspect of his source criticism that is rather different from what we observed earlier. In the earlier examples he simply cited sources to justify the doublets in his text. In the case of Afra/Afer, however, Notker made a more significant judgment: he declared, in effect, that some of his sources had erred.

Thus we see that when Notker chose to deal directly with conflicting dates in his sources, he took one of two approaches: either he simply stated that the conflict existed, or he tried to explain and, if possible, to resolve the conflict. Both of these approaches have parallels in situations where Notker was faced with conflicting biographical data about the saints he described. An example of Notker's simple notation of contradictory evidence appears in his notice for Dionysius, bishop of Milan (VIII Kl. Iun.). The first portion of this eulogy comes directly from Ado's entry on the same date, and it recounts the bishop's exile, death and translation back to Milan. At the end of Ado's text Notker added the words *Licet alii contendant quod* ..., and then proceeded to present a different account of the same series of events.

A more critical approach, in which Notker corrected false information, appears in his eulogy for Philip, one of the first seven deacons (VIII Id. Iun.). Here again Notker began by following Ado's text, compiled mostly from the Acts of the Apostles, which described Philip's life and mentioned that he had four daughters who were prophetesses. Ado then added that other writers thought these four were the daughters of Philip the Apostle[27]. Dom Quentin described this final section of Ado's notice as a 'strange amalgam' of the information Ado had compiled about Philip the Deacon with traditions relating to Philip the Apostle reported by Eusebius, and he condemned Ado's compilation as having no historical value[28]. Notker, however, took the account seriously and refuted it with a quotation from Acts (XXI, 8-9), which clearly identifies the four prophetesses as daughters of Philip the Deacon. As an indication of Notker's scholarly method this notice is particularly revealing, for although he was convinced that Ado had reported false information, he did not simply omit it. Rather he included it and openly refuted the error.

On V Id. Aug. Notker presented a notice for Faustinus, Marcellinus, Secundianus and Verianus, which he identified specifically as coming

[27] Quentin, *Mart. hist.*, pp. 598f.

[28] *Ibidem*, p. 599.

from the martyrology of St. Jerome. He then added the following critical comment: ... *cum a nostratibus, apocriphorum deliramenta sectantibus, a beato Syxto propter continuationem temporum baptizati, et a Decio dicantur interempti*[29]. Notker's reference to the *continuatio temporum* is not entirely clear. One possible interpretation is that he intended to criticize those who thought that Sixtus II (257-258) was pope during the reign of Decius (249-251)[30], but this is improbable since on VIII Id. Aug. Notker's own notice for Sixtus places the pope's passion in the reign of Decius[31]. It seems more likely that his comment concerns hagiographers who had dated the passion of Faustinus or Secundianus and their companions to the time of Sixtus because of the close proximity of their anniversary to those of Sixtus and his companions (Faustinus et al., V Id. Aug.; Sixtus, VIII Id.; Romanus, V Id.; Laurentius, IV Id.)[32]. In any case this notice reveals once again that instead of suppressing doubtful information Notker sometimes published it and declared it to be false.

One further example will help to clarify Notker's critical approach to his sources. On 3 August (III Non. Aug.) he presented a notice for the *Inventio corporis sancti Stephani*. Here he briefly recounted Stephen's death and burial and the vision of the priest Lucianus, to whom the location of the saint's body was revealed. Then Notker wrote: *Cuius* [*sc.* Luciani] *visionis seriem commodius, Deo donante in tempore suo, id est septimo die Kalendarum Ianuarii* [26 Dec.], *quando*

[29] The apocryphal work to which Notker refers may well be the *Passio Secundiani, Marcelliani et Veriani* in *Cod. Sangall.* 551 (Munding, *Verzeichnis*, p. 111), but this copy of the text is approximately contemporary with — and perhaps less ancient than — the martyrology. Bruckner dates *cod.* 551 to the early tenth century, *Scriptoria*, III, 43, 107f.

[30] See the comments of P. Boschius, *Acta sanctorum*, Aug. II, 402.

[31] Notker's notice comes from Ado's martyrology, but on the same date the martyrologies of Hrabanus and Bede also place Sixtus's passion under Decius. The *Passio Sixti* (BHL 7801) that appears in the *Passionarium maius* under this date (Munding, *Verzeichnis*, p. 52) begins with the words: '*Eodem tempore Decius Caesar et Valerianus praefectus iusserunt* ...' The Life of Sixtus in the *Liber pontificalis* (ed. L. Duchesne, I, 2, Paris, 1886, p. 155) offers similar information: '*Fuit autem temporibus Valeriani et Decii, quo tempore fuit maxima persecutio*'. The opening sentence of the *Passio Secundiani* (BHL 7550; *Acta sanctorum*, Iun. I³, 34) suggests that its author was acquainted with these or similar materials: '... *temporibus Decii Caesaris, sub Valeriano Praefecto, maxima persecutio orta est Christianis*'.

[32] For Notker's use of the word *tempus* to refer to a specific date, see the passage from his notice for the *Inventio Stephani* quoted in the following paragraph. Notker could possibly have known a text of the *Martyrologium Hieronymianum* in which Sixtus appeared on V Id. Aug. along with Faustinus et al.; see the text (cited above, n. 17), p. 427, words 31, 92, and Delehaye's commentary, p. 428, word 25.

sacrum corpus eius [*sc.* Stephani] *patefactum et Ierosolimam translatum est, vita comite curabimus aperire. Quam revelationem quidam minus caute legentes, hoc tempore* [*i.e.* 3 Aug.] *putant actitatam, cum et circa principia Decembris inchoata, et iuxta finem eiusdem mensis probetur absque dubio consummata, ut celebritas protomartyris Christi subiiceretur nativitati Domini nostri Iesu Christi.* The *Vita* and more detailed description of Lucianus's vision that Notker intended to present on 26 December do not survive — if, indeed, he ever composed them[33]. Yet the information offered here is sufficient to show that Notker was following the *Epistula Luciani presbyteri*, which appears in the *Passionarium maius*[34]. According to this text Lucianus had his first vision on Friday, 3 December. These apparitions recurred over a period of several weeks until the body itself was discovered on 18 or 19 December. But after the discovery, the tomb was resealed until 26 December when Stephen's relics were translated into the city.

In his account of these events Notker made use of a hagiographical document to criticize other authorities whom he designated with the general phrase 'certain people reading less carefully' [*quidam minus caute legentes*]. Who were these authors? A look at Notker's sources suggests that he was referring to the martyrologists whose works he used — namely Ado, Hrabanus and even St. Jerome — all of whom presented notices for the *Inventio corporis Stephani* on 3 August. Thus, Notker here openly rejected the authority of the Hieronymian martyrology, an action which contrasts sharply with his citation of that text to justify the date or content of the other notices discussed earlier. That he should thus call into question the validity of information he found in a text, which he accepted as the work of St. Jerome, reveals that Notker's standards of judgment were not based exclusively on his perception that a text was ancient or on the reputation of its author. There can be no question that Notker respected Jerome as an authority on matters relating to the saints of antiquity;

[33] Notker's martyrology is preserved in a unique ms., *Cod. Sangall.* 456, which ends with the entry for VII Kl. Nov. Other lacunae in the text occur between II Id. Iun. and XIV Kl. Iul., VI and II Non. Iul., and XV and VII Kl. Sep. On the ms., see Bruckner, *Scriptoria*, III, 45, 106.

[34] BHL 7850-51; Munding, *Verzeichnis*, p. 52. In the ms. the compiler did not indicate at either the beginning or end the date of the feast the text commemorates, but it is surrounded by hagiographies bearing dates in early August, and in the St. Gall catalog the text is placed on 2 Aug. (or possibly on an unspecified date between 2 and 5 Aug.), *ibidem*, pp. 9, 58. Within the letter itself, however, the dates mentioned all fall within the month of December.

his many references to the *Martyrologium Hieronymianum* make that point abundantly clear. Yet he did not treat Jerome as infallible, for in this case, faced with making a choice between the authority of Jerome and that of a text that had every appearance of being authentic, Notker rejected the testimony of Jerome.

This discussion of Notker's martyrology has emphasized one specific aspect of the author's scholarly approach, namely his method of resolving the contradictions he found in the sources he employed. The fact that Notker dealt with such conflicting evidence does not make him unique, or even unusual, among martyrologists. Every author of a martyrology faced such contradictions, and every author had to deal with them. What does make Notker unusual is the surprising number of notices in which he announced to his audience that his sources disagreed or in which he actually refuted the errors in his sources. These particular characteristics of Notker's work allow us to observe his thought with unusual clarity and thus to see something of the potential worth of historical martyrologies for the student of Carolingian monastic scholarship.

In order to illustrate my second point regarding the historical value of martyrologies — namely that they can provide information relevant to certain of their authors' spiritual conceptions — I would like to turn to another text of this genre, the martyrology of Hrabanus Maurus.

For this purpose Hrabanus's work has two features that facilitate its investigation. In the first place, Hrabanus composed two prologues to his martyrology in which he recorded information about both the method and purpose of his composition. Second, in compiling his own martyrology Hrabanus employed only one other historical martyrology as a source [35]. This was the work of the Venerable Bede [36]. As a result, it is possible to compare directly Hrabanus's depiction of the martyrs with the pattern he found in his source. The historical notices in Bede's martyrology recount almost exclusively the passions of martyrs, while Hrabanus — like the other martyrologists of the

[35] For Hrabanus's martyrological sources, see McCulloh, *Rabani Martyrologium*, pp. XXV-XXIX.

[36] The fundamental study of Bede's text is still Quentin, *Mart. hist.*, pp. 17-119; cf. Dubois, *Martyrologes*, pp. 38f. There is still no critical edition of Bede's work, but the most recent publication of his text is J. Dubois and G. Renaud, *Édition pratique des martyrologes de Bède, de l'Anonyme lyonnais et de Florus* (Paris, 1976), which should be used in conjunction with Quentin's study.

ninth century — devoted much more attention than Bede had to the lives of confessors. But by restricting our attention to martyrs we can focus specifically on those points at which Hrabanus consciously chose to depart from the received tradition.

Hrabanus described and explained his composition in two dedicatory prologues, one in prose to Abbot Ratleik of Seligenstadt and one in verse to Abbot Grimald of St. Gall. In the prologue to Ratleik, Hrabanus stated in general terms that he had noted as briefly as possible whatever he could find in the writings of his predecessors regarding the deaths and martyrdoms of the saints[37]. The poetic dedication to Grimald is more rhetorical and also more interesting. Here Hrabanus announced that he had put together his little book,

Vt quorum celebres festa, tu noueris actus
Et finem uitae, quo hinc abiere polum;
Sicque bene ipsorum meritis precibusque iuuatus,
Ad caeli regnum laetus et ipse migres,
Quo Deus aeternus, hominum fortissimus auctor,
Cum sanctis temet collocet atque beet[38].

In short, Hrabanus proclaimed that he had described briefly the lives, deaths and heavenly reward of the saints and that he expected his composition to offer spiritual benefits to his audience.

Bede has left us no similar introduction to his work, but he described it in the list of his writings at the end of his *Historia ecclesiastica* thus: 'A martyrology of the festivals of the holy martyrs, in which I have diligently tried to note down all that I could find about them, not only on what day, but also by what sort of combat and under what judge they overcame the world'[39]. The form of Bede's historical notices parallels this description very closely. They begin with a statement of the place and the name of the saint, to which the author adds the name of the reigning emperor and often that of the judge who persecuted the saint. Then Bede describes the combat, the series of tortures, by which the saint attained his holy death.

Hrabanus copied all of Bede's historical notices *ad verbum* into his own text, but those eulogies for martyrs that he compiled himself often differ somewhat in content from those he copied from Bede. These differences correspond very closely to the two authors' descrip-

[37] *Rabani Martyrologium*, p. 3.

[38] *Ibidem*, p. 4.

[39] *Bede's Ecclesiastical History of the English People*, edd. B. Colgrave and R. A. B. Mynors (Oxford, 1969), V, 24, p. 571.

tions of their works. Bede stated that his martyrology emphasized the struggles of the saints, and his text confirms that statement. Hrabanus announced that he had done this and more besides. He said he had noted the acts of the saints and also the manner by which they passed from earth to heaven.

Hrabanus's broader interest in the acts of the saints, even in the case of martyrs, appears in his frequent emphasis on one aspect of their lives that Bede often saw fit to omit. This is the reason for their persecution. Whereas Bede normally moved directly from a statement of the place and the names into a description of the tortures, Hrabanus often paused to mention the specific cause of the saint's sufferings. These justifications include such varied activities as preaching and converting others to Christianity, steadfastness in faith or chastity, and the working of miracles, but the most frequently stated ground is the saint's refusal to sacrifice to the pagan gods[40]. In addition to these relatively specific explanations, Hrabanus also frequently noted in general terms that the martyrs had suffered for the Christian faith[41].

The second point that distinguishes Hrabanus's description of his text from Bede's is his statement regarding the transit of the saints to heaven. Both Hrabanus and Bede employed a variety of expressions to describe the actual deaths of the martyrs, but Hrabanus often made use of phrases of a type that appears only once in Bede's work. These expressions stress death as a transition by which the saint moved from this world to God, to the heavenly kingdom or to the eternal life[42]. In this way Hrabanus placed particular emphasis on the reward that followed the martyrs' deaths.

These differences between the contents of Bede's notices and Hrabanus's are paralleled by differences in the two authors' methods of composition. Bede composed his notices in accordance with a scholarly method, which has been described in detail by Dom Quentin[43]. Briefly stated, Bede's approach was to paraphrase his

[40] McCulloh, 'Hrabanus Maurus' Martyrology', pp. 431f.

[41] *Ibidem*, p. 437.

[42] *Ibidem*, pp. 439f. The notices for martyrs containing such expressions are Valerius and Vincentius, 22 Jan.; Conon, 20 May; Erasmus, 2 June; Margarita, 13 July; Christina, 24 July; Mammes, 17 Aug.; Hyacinthus, 9 Sep.; Protus and Hyacinthus, 11 Sep.; Lucia and Geminianus, 16 Sep.; Sergius and Bacchus, 7 Oct.; Mennas, 11 Nov.; Romanus, 18 Nov.; Marculus, 25 Nov.; Gregorius, 23 Dec.; and Eugenia, 25 Dec. The one similar example in Bede's martyrology appears in the notice for Speusippus et al., 17 Jan., Quentin, *Mart. hist.*, p. 62.

[43] See especially *Mart. hist.*, pp. 117f; cf. McCulloh, 'Hrabanus Maurus' Martyrology', pp. 424f.

sources, borrowing words or phrases from them but only rarely going to the extreme either of quoting from them at length or of writing extended passages without some verbal reliance on his source. Hrabanus's approach was much more varied than Bede's, for while he often paraphrased in a manner similar to Bede's, he also frequently copied passages *verbatim* from his sources, and he often composed phrases, clauses and sentences without verbal echoes of his source.

We can see this variety in all of the three characteristic features of his notices for martyrs I described earlier, but the contrast with Bede is most obvious in that feature which they most frequently have in common, the descriptions of tortures. In this portion of his notices Hrabanus's favorite approach was to paraphrase his sources much as Bede had done[44]. Examples of the entire description of a saint's passion copied *ad verbum* exist, but they are relatively rare. The notices constructed in this manner are commonly eulogies of saints who were only minor characters in the hagiographical works from which the texts derive. But regardless of whether the saint's role in the original story was major or minor[45], Hrabanus preferred to copy *verbatim* the description of a passion only when the saint's sufferings and death were recounted in a compact form. For only then could he transcribe his source without sacrificing his goal of brevity[46]. In contrast to the small number of such descriptions that Hrabanus copied bodily into his text, the number that he summarized briefly in his own words is quite large. In such cases he often reduced the detailed descriptions in the *Passiones* to a few words with little, if any, verbal reliance on his source[47].

[44] E.g. Theodosia, 3 Apr., and Mennas, 11 Nov.

[45] Minor characters whose passions were copied verbatim include Ursicinus in the notice for Vitalis (28 Apr.), Castulus and Marcus and Marcellianus in that for Tiburtius (11 Aug.), and Gregorius in the eulogy of Eusebius (14 Aug.). In the latter case the passion of the primary saint, Eusebius, is also recounted in a passage transcribed from the *Passio*, as is that of Marcellus (4 Sep.). In the notice for Crispinus and Crispinianus (25 Oct.) relatively long verbatim transcriptions provide most of the details of their torments, but to describe the actual moment of their death Hrabanus borrowed only one word from his source: *uitam praesentem* felici *morte finierunt*.

[46] In a few notices for martyrs Hrabanus copied from his source at the expense of brevity: Iulianus and Basilissa, 13 Jan.; Crispinus and Crispinianus, 25 Oct.; and Maurus, 21 Nov. But only in the case of Crispinus and Crispinianus is the description of the passion primarily responsible for the extraordinary length of the notice. Indeed, Hrabanus's longest eulogy is for a confessor, Nicolaus, 6 Dec.

[47] As in the notices for Processus and Martinianus (2 July) and Longinus (22 Nov.).

Among his explanations of the reasons for the saints' persecution, Hrabanus's notice for Torpes (29 Mar.) contains an unusually detailed description of the saint's arguments against paganism constructed with a style of paraphrase similar to Bede's, and his eulogy for Eusebius on 14 August explains the persecution of Gregorius, Eusebius's companion, in words copied directly from the *Passio Eusebii*. For the most part, however, such explanations are more like those in the commemorations of Gordianus (10 May) and Barbara (4 Dec.), where Hrabanus summarized in a brief passage information that his source presented in the form of an extended dialogue. Likewise, Hrabanus's general statements that the saints suffered for their Christianity or their orthodoxy seem nearly all to be his own compositions[48].

Finally, the passages in Hrabanus's eulogies that describe the saint's death as a *migratio ad Dominum* or otherwise convey an assurance of the martyr's heavenly reward also have varied origins. Hrabanus copied one from Bede and six from other source texts, but he composed fifteen more on his own[49].

Thus, in spite of his intimate knowledge of Bede's martyrology and of the pattern Bede followed in his depiction of the martyrs, Hrabanus's own pattern often diverged somewhat from Bede's in placing greater emphasis on both the beginning and the end of their passions. At the beginning Hrabanus emphasized the reasons for the martyrs' persecution, that they suffered for their adherence to Christianity or to some Christian virtue. At the end he stressed far more than Bede the ultimate result of the martyrs' sufferings, and that result was not merely a holy death but a heavenly reward. Furthermore, the variety of methods Hrabanus adopted to expose this pattern shows that his divergence from Bede was clearly intentional. If he found a passage appropriate to his needs, he copied it word for word into his own text. If no such succinct description was ready to hand, Hrabanus composed his own, with or without verbal reliance on his source.

Why, then, did Hrabanus choose thus to go beyond what Bede had done and to emphasize these particular aspects of the martyrs' passions? The answer lies, I believe, in his poetic dedication to Grimald, where

[48] See above, n. 41.

[49] Notices containing such passages of Hrabanus's own composition and his single borrowing from Bede are listed above, n. 42. The other transcribed descriptions appear in his eulogies for Thecla, 22 Feb.; Pudentiana, 19 May; Gervasius and Protasius, 19 June; Praxedis, 21 July; and Tiburtius, 11 Aug. (two passages).

he described not only what he had written but also the spiritual benefits he expected his audience to obtain from his work. In the first place he linked his composition intimately to the liturgy, for he stated that its purpose was to provide Grimald with information about the saints whose feasts he celebrated. Hrabanus added that Grimald should have this information so that, aided by the merits and prayers of the saints, he too might enter the heavenly kingdom. Once we recognize this goal, we can see that Hrabanus's additions to Bede's image of the martyrs have an obvious purpose. His emphasis on the reasons for their persecution makes clear to his audience that the sufferings of the martyrs were a direct result of their Christian commitment, and his stress on their final reward provides further assurance that these martyrs are worthy of both liturgical and personal veneration. Possessed of this knowledge, the readers and hearers of Hrabanus's martyrology could ask with confidence for assistance from the saints in their own struggle to attain eternal life.

We have looked briefly at selected aspects of two historical martyrologies to illustrate several avenues of potentially valuable research into this genre of Carolingian monastic literature. In closing, however, I must emphasize that the type of research I propose can add to, but it can never replace, the more traditional approach to the study of historical martyrologies. Indeed, a traditional investigation with its emphasis on identifying the sources of individual notices is an indispensable prerequisite to the kind of work I have described. Nonetheless, we can and should extend the study of martyrologies beyond the traditional boundaries. We should regard martyrologies in the same way we do other materials that survive from the past. That is, we should see them as texts that can provide us with sorts of information that their authors may never have imagined. By doing so, we can add both to the number and to the variety of our sources for the understanding of Carolingian monastic culture.

Kansas State University
Manhattan, Kansas

Ludolf Kuchenbuch

PROBLEME DER RENTENENTWICKLUNG IN DEN KLÖSTERLICHEN GRUNDHERRSCHAFTEN DES FRÜHEN MITTELALTERS

Wenn in diesem Band verschiedene Aspekte der kulturellen Leistungen der Benediktiner zur Sprache kommen sollen, dann hat es seinen guten Sinn, die Wertung solcher Leistungen nicht ohne die Untersuchung des Handlungsspielraums vorzunehmen, der im jeweiligen Leistungsbereich gegeben war. Es müssen, anders gesagt, die dem Willen der Einzelpersonen mehr oder weniger entzogenen Voraussetzungen für ihr Handeln geklärt werden, wenn man Leistung beurteilen will. Von solchen Problemen will ich handeln im Bereich der *wirtschaftlichen Versorgung*.

Zu diesem Thema wage ich vorweg eine grundsätzliche Bemerkung: Diese Versorgung ist im frühen Mittelalter maßgeblich, wenn auch nicht ausschließlich bestimmt durch punktuelle Stiftungsakte Anderer und durch kontinuierliche Arbeit Anderer, also durch Schenker(innen) und Bauern. Mit der territorialen Struktur ihres Besitzes und den Produktionsformen ihrer Bauern 'müssen' die Mönchsgemeinschaften leben. Diese Voraussetzungen sind der Lebensweise der Mönche nicht gerade günstig: dem Prinzip klaustraler Residenz steht die Streulage des Grundbesitzes entgegen, den klösterlichen Verbrauchsnormen und -gewohnheiten die 'bäuerliche' Gestalt der Versorgungsgüter. Die Verbindung mit den räumlichen, sachlichen und persönlichen Bedingungen der materiellen Existenzsicherung ist also eine prekäre.

Ich möchte zur Klärung der Frage, wie Konvente, Äbte und ihre *ministri* mit diesem Voraussetzungen zurechtkommen, d.h. wie sie sie hinnehmen und zugleich auf sie einwirken, aus dem Blickwinkel der bäuerlichen Versorgungsleistungen für die Klöster beitragen.

Hierzu eine weitere Vorbemerkung zu den gewählten Leitbegriffen. Mein Ausgangspunkt ist der Begriff der *Rente*. Aus der Sicht der empfangenden Klöster ist Rente das grundherrliche *Einkommen*, aus der Sicht der in die Klosterherrschaften eingebundenen gebenden Bauern ist Rente *Mehrarbeit*, d.h. nicht für den eigenen Verbrauch verausgabte Arbeit in welcher Form immer. Welche Gegenleistung die Bauern dafür erwarten bzw. empfangen, ist in diesem Zusammenhang nicht zu erörtern, bleibt aber eine für Bestand, Ausbau und Legitimation frühmittelalterlicher Herrschaft über Bauern grundlegende Frage.

Diese begrifflichen Festlegungen, mögen sie auch ihre wissenschaftstheoretische und -politische Kritik finden, haben sich mir als heuristisch ausgesprochen sinnvoll erwiesen, denn sie entheben der theoretischen und praktischen Schwierigkeiten, die sich unweigerlich einstellen bei dem Versuch, die Vielfalt der bäuerlichen Leistungen allein oder vorwiegend mithilfe der Quellentermini zu ordnen.

Eine dritte Bemerkung zur Forschungssituation. Ich nehme hier Probleme wieder auf, die sich im Rahmen einer Untersuchung der Grundherrschaft der Abtei *Prüm* anhand bestimmter empirischer Befunde zu den Rentenverhältnissen ergaben, dort aber nicht angemessen behandelt werden konnten[1]. Aber selbst heute bin ich mir nicht sicher, ob ich über Spekulationen provisorischer Natur hinauszukommen vermag. Mein Beitrag kann nur als eine Zwischenbilanz verstanden werden, deren Aufgabe es ist, durch empirisch genauere Fallstudien und methodisch dichtere Analysen der ökonomischen und sozialen Wirkungszusammenhänge, um die es hier geht, möglichst bald gegenstandslos zu werden. Impulse hierzu gehen einerseits von der verbreiterten Diskussion um Genese und Entwicklung der 'klassischen' bipartiten Domäne (und ihren Neben- sowie Gegenformen) aus[2], zum anderen ist eine intensivere Erforschung der frühmittelalterlichen Urbare, Polyptychen und Register in Gang gekommen[3], die nach den

[1] *Bäuerliche Gesellschaft und Klosterherrschaft im 9. Jahrhundert. Studien zur Sozialstruktur der Familia der Abtei Prüm*, Vierteljahrschrift f. Sozial- u. Wirtschaftsgeschichte, Beih. 66 (Wiesbaden, 1978), S. 195ff., bes. 233-44.

[2] Eine neue Bilanz hat A. Verhulst auf dem deutsch-französischen Historikerkolloquium in Xanten (30.9.1980) gezogen. Sie soll demnächst in der *Francia* erscheinen.

[3] Ich nenne hier nur:
(a) an neuen Editionen J.F. Breggi, *Le polyptyque de l'abbaye St.-Victor de Marseille. Essai de réédition, Thèse Droit* (Paris X, 1975); P. Gasnault, *Documents comptables de St.-Martin de Tours à l'époque mérovingienne* (Paris, 1975); F.-L. Ganshof — F. Godding-Ganshof — A. de Smet, *Le polyptyque de l'abbaye de St.-Bertin (844-859), Edition critique et commentaire* (Paris, 1975); I. Schwab (Bremen) hat eine neue Edition des Prümer Urbars v. 893 vorbereitet, die die alte von H. Beyer (s. Anm. 16) ersetzen soll; die kritische Edition und Interpretation eines atypischen Registers aus Gent legte vor A. Verhulst, 'Das Besitzverzeichnis der Genter Sankt-Bavo-Abtei von ca. 800 (Clm 633). Ein Beitrag zur Geschichte und Kritik der karolingischen Urbarialaufzeichnungen', *Frühmittelalterliche Studien*, 5 (1971), S. 193-234;
(b) an neuen Kritiken B. Lützow, 'Studien zum Reimser Polyptychum Sancti Remigii', *Francia*, 7 (1979), S. 19-99; H. Wolfram, 'Die Notitia Arnonis und andere Formen der Rechtssicherung im nachagilolfingischen Bayern', *Vorträge und Forschungen*, 23 (1977), S. 115ff.; allgemein jetzt R. Fossier, *Polyptyques et censiers*, Typologie des sources du moyen âge, fasc. 28 (Louvain, 1978);

verschiedensten Seiten hin neue Erkenntnisse verspricht — die Differenzierung unseres Bildes von der Entwicklung der Rentenformen im lokalen, regionalen und überregionalen Rahmen natürlich eingeschlossen. Als Ausgangspunkt für eine Untersuchung der Rentenentwicklung in den klösterlichen Grundherrschaften empfiehlt sich der 'Fall' Prüm deshalb besonders, weil man mit dem *Prümer Urbar* eine Quelle hat, die sich in mehrfacher Hinsicht besonders gut eignet:

1. Das Urbar[4] ist wahrscheinlich zwischen 882 und 892 durch reisende Kommissionen vor Ort erhoben, dann in Prüm zusammengestellt und dann 893 endgültig redigiert worden[5]. Damit kann es als letztes großes grundherrliches Register der Karolingerzeit gelten.

2. Die im Urbar registrierten Güter(komplexe) und Einkünfte verteilen sich insgesamt über einen Raum, der, verglichen mit allen anderen Inventaren vergleichbaren Inhalts, sich am weitesten erstreckt. Erfaßt werden: der Niederrhein und Sachsen ('*saxonia*'), die mittlere Maas, die Ardennen, das mittlere Lothringen (Luxembourg, Seille), die Kölner Bucht (Jülich-, Zülpich-, Bonn- und Ahrgaue, dazu rechtsrheinisches Streugut), die mittlere Mosel mit dem nördlich anschließenden Bidgau, die mittlere Nahe, der Lahngau und das linksrheinische Rheinhessen[6]. Es sind also Regionen erfaßt, die sich nach geographischen Grundbedingungen, Siedlungsalter und -struktur, Agrarverhältnissen und Herrschaftsformen zum Teil beträchtlich unterscheiden.

3. Auch die Zahl der inventarisierten Bauernhöfe, ca. 1700, zeichnet das Urbar vor anderen Registern aus.

4. Hinzukommt, daß Teile der Güter in regionalem Kontakt, ja auch Gemenge mit solchen anderer Grundherrschaften liegen, über die urbariale Aufzeichnungen vorliegen. Diese sind zwar nicht zeitgleich, gehören aber ins 9. bzw. 10. Jahrhundert (Lobbes, Werden,

(c) an neuen Interpretationen allein zum Prümer Urbar: F. Staab, *Untersuchungen zur Gesellschaft am Mittelrhein in der Karolingerzeit*, Geschichtliche Landeskunde, XI (Wiesbaden, 1975), S. 36ff., 332-57 passim; V. Henn, 'Zur Bedeutung von "Mansus" im Prümer Urbar', in *Verführung zur Geschichte. FS z. 500. Jahrestag der Eröffnung einer Universität in Trier (1473-1973)* (Trier, 1973), S. 35ff.; G. Despy, 'Villes et campagnes du IXe et Xe siècles: l'exemple du pays mosan', *Revue du Nord*, 50 (1968), S. 145ff.; J.P. Devroey, 'Mansi absi: indices de crise ou de croissance de l'économie rurale du haut moyen âge?', *Le moyen âge*, 82 (1976), S. 425ff.; ders., 'Les services de transport à l'abbaye de Prüm au IXe siècle', *Revue du Nord*, 61 (1979), S. 543-69.

[4] Zum Terminus Urbar R. Fossier (Anm. 3), S. 16.

[5] L. Kuchenbuch (Anm. 1), S. 12-27, in engem Anschluß an Ch.-E. Perrin, *Recherches sur la seigneurie rurale en Lorraine d'après les plus anciens censiers*, Publications de la Faculté des Lettres de l'Université de Strasbourg, 71 (Paris, 1935), S. 4ff.; dazu demnächst vor allem Schwab (Anm. 3).

[6] Vgl. die beiliegende Karte.

Reims, Mettlach, Marmoutier, Gorze, Lorsch, Weißenburg). Hier bietet sich der Vergleich geradezu an.

5. Es sind besonders die Rentenverhältnisse, über die das Prümer Urbar ausführlich Auskunft gibt, während man etwa zur inneren Form der Bauernwirtschaften und -familien(-bzw. -haushalte), zur Struktur von Salland und Herrenhof nur Bruchstückhaftes erfahren kann, das wenig für regionale Verallgemeinerung taugt. Als Register primär von Rentenansprüchen, die Domäne für Domäne, Ort für Ort unterschieden sind, ist es befragbar nach den Gründen der räumlichen Verteilung von Mehrarbeitsordnungen und dem Entwicklungsstand der Rentenverhältnisse.

Die Untersuchung besteht aus folgenden Abschnitten: Zuerst wird das allgemeine System der Mehrarbeit innerhalb der Prümer Grundherrschaft umrissen: es geht um die kurze Erläuterung und Gewichtung aller Rentenformen. Zweitens sind die Prinzipien des Vollzugs und der Veränderbarkeit gegebener Rentenverhältnisse grob anzusprechen. Drittens soll dann ein gerafftes Referat der regionalen Differenzierung der Rentenverhältnisse in der Prümer Grundherrschaft folgen, wobei die Verhältnisse benachbarter Klostergrundherrschaften vergleichend einbezogen werden. Im vierten Teil möchte ich einige allgemeinere Erwägungen an diese Ergebnisse anschließen, um dann im fünften Teil einige Tatbestände aus den Prümer Rentenverhältnissen erneut aufzugreifen und auf ihre Ursachen hin zu diskutieren, wobei eine Öffnung zu Hypothese und Spekulation unvermeidlich sein wird.

I

Die inhaltliche Bestimmung der in den Quellen belegten Rentenformen und deren Beziehungen zueinander ist eine Aufgabe, die nur durch die Kombination landesgeschichtlicher Detailforschung mit ständigem überregionalen Vergleich gelöst werden kann. Nur durch die Klärung aller Formen und Formeln ist die Deutung der Kombination bestimmter Formen möglich. Für das Prümer Urbar im besonderen wie die frühmittelalterlichen Urbare im allgemeinen kann man hierzu auf Ch.-E. Perrins grundlegende Arbeiten zurückgreifen[7].

[7] *Recherches* (Anm. 5), Glossar S. 741ff.; ders., 'Une étape de la seigneurie. L'exploitation de la réserve à Prüm au IXe siècle', *Annales d'histoire économique et sociale*, 6 (1934), S. 450ff.; ders., *Seigneurie rurale en France et en Allemagne du début du IXe à la fin du XIIe siècle*, I: *Les antécédents du régime domanial: la villa à l'époque carolingienne*, Les Cours de Sorbonne (Paris, 1966), S. 72ff.

ORT	URBAR-NR.	MANSUS		ARBEITSRENTE																										PRODUKTENRENTE												GELD	BEMERKUNGEN
								STÜCK-DIENST			WALDNUTZUNG				WEITERVERARBEITUNG				INSTANDHALTUNG				TRANSPORT					SONSTIGES												WEITERVERARBEITUNG			
		ZAHL	TYPUS	DIES in EBDOMADA	NOCTES	CORVADA	ERNTE-DIES	JUGERA	PICTURA	LECTUS	HOLZSCHLAG	HUTUNG	SAMMELN	'PASTIO'	DRUSCH u.a.	BACKEN/BRAUEN	HANF-FLACHS WOLLE	HOLZ	HAUSBAU u.a.	ZÄUNUNG	WACHEN	FÜTTERUNG	CARROPERA	ANGARIA c.	HOSTILICIUM	SCARA	PARAFREDUS	VERKAUF	'in adventu regis' 'in adventu senioris'	GETREIDE	WEIN	LEINEN/WOLLE	HÜHNER	EIER	SUALIS	FRISKINGA	SCHAF	ROHHOLZ	DUNG	HEMD/STOFF	SONSTIGES		
ROMMERSHEIM	1	30	MS	3	x	x	x	3		x		1e.				x	(x•)	xx		x	x		(3)	1	x							1l.	3	18	v.20d.			x	(5c)	(x•)			
WETTELDORF	2	5½	MS	3	x	x	x	3		x		1e.				x	(x•)	xx		x	x		(3)	1	x							1l.	3	18	v.20d.			x	(5c.)	(x•)			
HERSDORF	3	2+6	MS	3	x	x	x	3		x		1e.				x	(x•)	xx		x	x		(3)	1	x							1l.	3	18	v.20d.			x	(5c.)	(x•)			° WEIN u. SALZ
[GIESDORF]	4	3	M	3	x	x	x	3		x		1e.				x	(x•)	xx		x	x		(3)	1	x			x°				1l.	3	18	v.20d.			x	(5c.)	(x•)			[VERWANDELT IN SCARA]
[DINGDORF]	5	5	MS	3	x	x	x	3		x		1e.				x	(x•)	xx		x	x		(3)	1	x			x°				1l.	3	18	v.20d.			x	(5c)	(x•)			
WALLERSHEIM	6	12	MS	3	2	6	x	3								x	(1)	x		x	x		2	1	/5d.				1 HUHN			(1)	3	15	v.20d.			x					
KALENBORN	7	15	MS	3	2		x	2		1						x		x			x		3	1				x°				1l.	4	24	1								
SARRESDORF	8	11½	MS	3	1	3	x	3		1						x		x		x	x		4	1	x			x°	1 HUHN				5	20	v.24ˣ	v.4ˣd.				1½			ˣ NUR 6 M
BIRRESBORN	9	5	M	3	1	3		2										x		x			1										3	15									
ETTELDORF	10	5½	M	x⁺		2+1	x	3		x		1e.	ˣ 5m.			x	(x)	xx	x□	x	x		3	1½	x		x	x°	1 HUHN			1l.	4	20		•v.4d.				(x)			□ STAUWEHRDIENST
BADEM	11	5½	M	x⁺		2+1	x	3		x		1e.	ˣ 5m.			x	(x)	xx	x□	x	x		3	1½	x		x	x°	1 HUHN			1l.	4	20	v.24	•v.4d.				(x)			+ QUICQUID PRECIPITUR EI
GINDORF	11	1	M	x⁺		2+1	x	3		x		1e.	ˣ 5m.			x	(x)	xx	x□	x	x		3	1½	x		x	x°	1 HUHN			1l.	4	20	v.24	•v.2d.				(x)			• in alio anno
SCHLEID	12	9	M	x⁺		2+1	x	3		x		1e.	ˣ 5m.			x	(x)	xx	x□	x	x		3	1½	x		x	x°	1 HUHN			1l.	4	20	v.24	•v.4d.				(x)			
SEFFERN	13	6½	M	x⁺		2+1	x	3		x		1e.	ˣ 5m.			x	(x)	xx	x□	x	x		3	1½	x		x	x°	1 HUHN			1l.	4	20	v.24	•v.4d.				(x)			
SEFFERWEICH	14	3	M	x⁺		2+1	x	3		x		1e.	ˣ 5m.			x	(x)	xx	x□	x	x		3	1½	x		x	x°	1 HUHN			1l.	4	20	v.24	•v.4d.				(x)			
– " –	16	14	M	x⁺		2+1	x	3		x		1e.	ˣ 5m.			x			x□	x	x		1	1½						8m.			4	12									
[HEILENBACH]	15	1	M	x⁺		2+1	x	3		x		1e.	ˣ 5m.			x	(x)	xx	x□	x	x		3	1½	x		x	x°	1 HUHN			1l.	4	20	v.24	•v.4d.				(x)			[s.o.]
MALBERGWEICH	17	3	M	x⁺		2+1	x	3		x		1e.	ˣ 5m.			x			x□	x	x		1	1½						8m.			4	12									
HUSCHEID	18	1	M	x⁺		2+1	x	3		x		1e.	ˣ 5m.			x	(x)	xx	x□	x	x		3	1½	x		x	x°	1 HUHN			1l.	4	20		•v.4d.				(x)			
FLIESSEM	19	1	M	x⁺	2	2		2																								1l.	2	10									
NATTENHEIM	20	1	M	x●	x	3	x	1																									3	20									● DIES SUOS ET XV NOCTES SICUT ALII
DENSBORN/BALESFELD	21	5	M	3	1	3		1																								1l.											
MÖTSCH	23	44	ML		2	3(+1)	x	3		1		1e.				x	x	xx	x□	x	x		3	1	/4d.		x		1 HUHN 5 EIER			1l.	4	20	v.24	•v.4d.			(1)				
TRIMPORT		?	M	3									ˣ (5m.)				x		x□					2				x	(x)	(5m.)			(1)	(5)									
MEHRING	24	56?	M	3		3	3x		x	2			5m.			x	x	xx xx		x	x			2					(x)		15m.		3	20							SENF		
SCHWEICH	25	15	M	3		x♦			x				x					xx xx						1	x						10m.	(1)	3	15	v.12d.					(1)			♦ IN VINEA COTIDIE cum BOVE et MANCIPIA
		15½	M	(+3)		(+x♦)			(+x)				(+x)					x		x				+1																1			
FÖHREN	26	2	M	3		x♦				2			x					xx xx						1	x						10m.	(1)	3	15	v.12d.					(1)			(+) ERGÄNZT ANALOG KAPITEL 25
HETZERATH	27	7½	M	(+3)									5m.					xx x						1	x				x				3	15	1					1			
KLÜSSERATH	28	7	M	(+3)		(+x♦)			(+x)									x						1							13m.		3	15									
TRITTENHEIM	29	20	M	(+3)		(+x♦)			(+x)									x						1							x	x	3	15		8d.? v.12d.							

ORT	URBAR-NR.	MANSUS		ARBEITSRENTE																												PRODUKTENRENTE												GELD	BEMERKUNGEN
								STÜCK-DIENST			WALDNUTZUNG				WEITERVERARBEITUNG					INSTANDHALTUNG				TRANSPORT					SONSTIGES													WEITERVERARBEITUNG			
		ZAHL	TYPUS	DIES in EBDOMADA	NOCTES	CORVADA	ERNTE-DIES	JUGERA	PICTURA	LECTUS	HOLZSCHLAG	HUTUNG	SAMMELN	'PASTIO'	DRUSCH u.a.	BACKEN/BRAUEN	HANF-FLACHS	WOLLE	HOLZ	HAUSBAU u.a.	ZÄUNUNG	WACHEN	FÜTTERUNG	CARROPERA	ANGARIA c.	HOSTILICIUM	SCARA	PARAFREDUS	VERKAUF	'in adventu regis'	'in adventu senioris'	GETREIDE	WEIN	LEINEN/WOLLE	HÜHNER	EIER	SUALIS	FRISKINGA	SCHAF	ROHHOLZ	DUNG	HEMD/STOFF	SONSTIGES		
'GLANE'	30	4½	M		2	4	2x	2								x												x							2	10	20d.			10c.					
		41½	M		2	4	2x	2								xx					x	x						x							2	10				10c.					
ODENBACH	31	6	ML		2		2x	3																5c./7d.											2	10				5c.?					
		2	MS	x+												xx						x		1+1			x								2	10									+omnia opera servilia
WEINSHEIM	32	16	M	x+ =	x(3)	2	3x					1e.			2m.	xx					xx	x	x	3	1		x		x						1	10		v.6d.				x/10d.			+cotidie operatür in dominico (=noctes)
REMICH	33	6½	M		1			3											xx		x			1+1°	2	2d.		3						½e.	3	10	1/20d.			x°	15c.°				
BESCH		2	M		1			3											xx		x			1+1°	2	2d.		3						½e.	3	10	1/20d.			x°	15c.°				
SCHWEBSINGEN		5	M		1			3											xx		x			1+1°	2	2d.		3						½e.	3	10	1/20d.			x°	15c.°				
WINCHERINGEN		2	M		1			3											xx		x			1+1°	2	2d.		3						½e.	3	10	1/20d.			x°	15c.°				
REMERSCHEN		1	M		1			3											xx		x			1+1°	2	2d.		3						½e.	3	10	1/20d.			x°	15c.°				
STADTBREDIMUS		6½	M		1			3		x						xx	x		xx		x	x		1+1°	2	10d.								½e.	3	10	1/20d.			x°	15c.°				
HERDER MÜHLE		2	M		1			3								xx			xx		x	x		1+1°	2	2d.		?						?	3	10	1/20d.			x°	15c.°	1			
		3½	M		1			3		x						xx	x		xx		x	x		1+1°	2	10d.								?	3	10	1/20d.			x°	15c.°	1		5d.+	+Heiratszins
RODEMACK/SCHENGEN		11	M		?			?		?						?	?		x?x		?	?		?	?	?		?						?	?	?	?			?	?	?			
LEUDELANGE	34	9	M			?	?																												4	10				x				17d.	
RUETTE	35	12	M																									1						½e.	5?	19?				x		3+		27?	+züsammen
MONTIGNY	36	21	M					1+1						10d.												15d.																	+6d.		+pro vermicülo
	37	6	MF		2	6		2																x?	2	30d.?									6?	15	20d.			x?				+12d.	+Martini
		2	MS		2	6		2																x?	?	?									3?	15				x?					
S.-PANCRÉ	38	6	M			1		+8																1	1										3	10				x?				28d.	+züsammen?
'BOVELICURT'	39	2	M					5																											15	50								+24d.	+in censum
VANCE	40	1	M																															20f.										20d.	
HALANZY		1	M																																									24d.	
FAXE	42	15½	M	x+	1	3	2x	3								xx						x			1										3	15									+quicquid ei precipitür operatür
PUZIEUX	43	1	M	x+	1	3	2x	3								xx						x			1										3	15									
ALAINCOURT		1	M	x+	1	3	2x	3								xx						x			1										3	15									
MORVILLE		1	M																																									24d.	
AWANS	44	49	M								5d.			24d.																		10m.		12d.	3	15		4d.		2c.			4d.	=49d.x	x Sümme aller definitiven geldzinse
LONCEINT		10	M								5d.			24d.																		10m.		12d.	3	15		4d.		2c.			4d.	=49d.x	

ORT	URBAR-NR.	MANSUS		ARBEITSRENTE																												PRODUKTENRENTE												GELD	BEMERKUNGEN
								STÜCK-DIENST			WALDNUTZUNG				WEITERVERARBEITUNG					INSTANDHALTUNG				TRANSPORT					SONSTIGES													WEITERVERARBEITUNG			
		ZAHL	TYPUS	DIES in EBDOMADA	NOCTES	CORVADA	ERNTE-DIES	JUGERA	PICTURA	LECTUS	HOLZSCHLAG	HUTUNG	SAMMELN	'PASTIO'	DRUSCH u.a.	BACKEN/BRAUEN	HANF-FLACHS	WOLLE	HOLZ	HAUSBAU u.a.	ZÄUNUNG	WACHEN	FÜTTERUNG	CARROPERA	ANGARIA c.	HOSTILICIUM	SCARA	PARAFREDUS	VERKAUF	'in adventu regis'	'in adventu senioris'	GETREIDE	WEIN	LEINEN/WOLLE	HÜHNER	EIER	SUALIS	FRISKINGA	SCHAF	ROHHOLZ	DUNG	HEMD/STOFF	SONSTIGES		
VILLANCE	4 INHABER	1	MI	3	2	2		½+4io.			(x)														2	(4)/20d.						*2m.		60f.	3	20	4/20d.	4/16d.	(4)	(x)	x				* aüt troctae XX
45 47MI	3 -"-	1	MI	3	2	2		½+4io.			(x)														2	(3)/15d.						*2m.		60f.	3	20	3/15d.	3/12d.	(3)	(x)	x				
	2 -"-	1	MI	3	2	2		½+4io.			(x)														2	(2)/10d.						*2m.		60f.	3	20	2/10d.	2/10d.	(3)	(x)	x				
	1 -"-	1	MI	3	2	2		½+4io.			(x)														2	(1)/5d.						*2m.		60f.	3	20	1/5d.	1/8d.	(1)	(x)	x				
	1 -"-	½	MI	3	2	2		½+4io.			(x)														2	(1)/5d.						*2m.		30f.	2	10	1/5d.	1/8d.	(1)	(x)	x				+ omne servitium, quicquid ei iubetur
	1 -"-	7	MS	+x				½+4io.											x							5d.																			
MABONPRÉ	46	16	M	3	1+½	4+1	2	3io.																1	2+(1)							*2m+1m.		40f./8d.	3	15	15d.	1/4d.							* aüt troctae X
		4	MS	+x				x														x													1	5									
TAVIGNY	47	17	MI	3	1+½	3	x+2	2io.																1	2+(1)(x)							(1m.)		40f./8d.	3	15	v.20d.	1/4d.							
BASTOGNE	48	1	¼M	3	(1)	1		1io.											(x) xx		XX				1	+6d.									1	5	+20d.	+4d.•							+ census regalis
WARDIN	49	6	¼M	3	(1)	1		1 io.											(x) xx		XX				1	+6d.									1	5	+20d.	+4d.•							• corvidica
LONGVILLY	50	4	¼M	3	(1)	1		1io.											(x) xx		XX				1	+6d.									1	5	+20d.	+4d.•							
NOVILLE	51	1	¼M	3	(1)	1		1io.											(x) xx		XX				1	+5d.									1	5	+20d.	+4d.•					+2*		* troctae
BOEUR/BURET	52	10	M		2	4		2																	1	5d.								12d.	3	10	1/20d.								
WEISWAMPACH	53	14	M		1	4	xx	3					(5m.)			xx					x	x			2	×/(4d.)						(5m.) (2m.)		1	2	10	1/20d.						20*		
HOLLER	54	12	M	3	2			3																1	2	×/(4d.)						(2m.)		1	2	12	v.20d.						+10*		+ erlassen
GOEDANGE		3	M	3	2			3																1	2	×/(4d.)						(2m.)		1	2	12	v.20d.						+10*		
JVERSHEIM	55	27	M		2+(1)	2	4x	3		1		x			15m/7m	xx	x		•x x		x	(2e.)			2	6d.	5		x					½/12d.	3	15	v.24d.	•v.4d.		(5c.)	(10c.)	+1			+ si linum habundat
WEINGARTEN	56	10	M		2(1)	2	4x	3		1		x			15/7	xx	x		•x x		x	(2e.)			2	6d.	5		x					½/12d.	3	15	v.24d.	•v.4d.		(5c.)	(10c.)	+1			• in alio anno
EICHERSCHEID	57	3	M		2+(1)	2	4x	3		1		x			15/7	xx	x		•x x		x	(2e.)			2	6d.	5		x					½/12d.	3	15	v.24d.	•v.4d.		(5c.)	(10c.)	+1			
NÖTHEN	58	18½	M		2+(1)	2	4x	3		1		x			15/7	xx	x		•x x		x	(2e.)			2	6d.	5		x					½/12d.	3	15	v.24d.	•v.4d.		(5c.)	(10c.)	+1			
PÜTZFELD	61	10	M		2+(1)	2	4x	3		1		x			15/7	xx	x		•x x		x	(2e.)			2	6d.	5		x					½/12d.	3	15	v.24d.	•v.4d.		(5c.)	(10c.)	+1			
RODERT	92	4	M		2(+1)	2	4x	3		1		x			15/7	xx	x		•x x		x	(2e.)			2	6d.	5		x					½/12d.	3	15	v.24d.	•v.4d.		(5c.)	(10c.)	+1			
ROHR	93	9	M		2+(1)	2	4x	3		1		x			15/7	xx	x		•x x		x	(2e.)			2	6d.	5		x					½/12d.	3	15	v.24d.	•v.4d.		(5c.)	(10c.)	+1			
HOSPELT	59	24	M		2	2	3x	3		½						xx					x	x			2	4d.	x							(1)	3	15	v.12d.					(1)			
EFFELSBERG	60	8	M		2	2	3x	3		½						xx					x	x			2	4d.	x							(1)	3	15	v.12d.				5c.	(1)			
KESSELING	62	21	M		2	2	3x	3		1						xx	x		x		x	x		(x)	2	3d.	x								2	10	12d.				+(8c.)	2/12d.			+ pro lignario
LIND	63	24	M		2	2	3x	4		1						xx	x				x	x				6d	x							1	2	10	v.20d.			5c.					
KREUZBERG	63a	5	M		2	2	3x	3								xx					x	x			1	12d.	x								2	10									
VISCHEL	64	31	M		2		3x	3		1						xx	x				x	x		(5c.)	2	4d.	x							(1)/(12d.)			v.12d.			(5c.)		(1)			
AHRWEILER	65	24	M		2			2		1						xx			•xx xx x		x			(15c.)	1	6d.	x						1s.	12d.	2	10					(15c.)				
KRECHELNHEIM		5	MS					3		1						xx			•xx x		x	x				(x)	x						6s.	(x)	4	10				5c.	(15c.)				
'ARA'		1	M		1			6								xx					x	x			1									1	1	6		v.6d.							

Ich habe nun — nach Klärung ihres Inhalts — alle Formen in eine Ordnung zu bringen versucht, die als Grundlage der Tabellierung jeder besonderen Kombination vor Ort dienen kann (s. Tabelle).

Zunächst ist diese Ordnung kurz zu erläutern. Die gröbste Gliederung ergibt sich aus der Unterscheidung von Arbeitsrente (*servitium*), Produktenrente und Geldrente (*census*). Die größte Bedeutung haben mit Abstand die Arbeitsrentenformen[8]. Hier ist zwischen Zeit- und Stückdiensten zu differenzieren, innerhalb letzterer zwischen primärer Bearbeitung des Bodens (einschließlich der Waldnutzung) sowie der Weiterverarbeitung von Rohprodukten, der Instaltung herrschaftlicher Einrichtungen, den Transport-, Verkaufs- und Gastungsleistungen.

Zeitdienste : Sehr selten sind die zeitlich ungemessenen *opera servilia*, ungemein häufig dagegen die *tres dies in ebdomada* und die *quindecim noctes*, eine ein- bis dreimal jährlich erhobene 14-tägige Fronarbeit. Ansätze zur inhaltlichen Ausfüllung sind bei diesen Zeitdiensten zu erkennen. Den Übergang zu den Stückdiensten bilden die *corvadae*, Pflugtage, und die Ernte-*dies*, zwei ähnlich weit verbreitete Tagesdienste, die mehrmals zu den agrikolen Stoßzeiten fällig werden, letztere häufig mit zusätzlichen Arbeitskräften aus dem Bauernhaushalt (*mancipia*).

Unter den Stückdiensten, mithilfe derer die Prümer Mönche ihre *terra dominicata* bearbeiten ließen, steht die *iugera/iornales/pertigada*-Leistung allen voran : ein Ackerlandparzelle wird vom Mansusbauern eigenständig kultiviert, der Gesamtertrag geht an die Mönche. Die dieser Fronform analoge Arbeit auf herrschaftlichen Weingutparzellen ist der *pictura*-Dienst, verbreitet in den Weinbaugebieten an Mosel, Ahr und Rhein. Schon seltener begegnet man dem *lectus*-Dienst, der Pflege von Beeten im Garten der Domäne.

Verbreitete Stückdienste, durch die der herrschaftliche Wald genutzt wird, sind der Holzschlag (*lignarium/caplim*), die Hutung von Schweinen zur spätherbstlichen Mastzeit und das Sammeln von Beeren und Eicheln.

Die Dienste zur Weiterverarbeitung beziehen sich auf das Rohgetreide (Drusch, Malzen-Brauen, Backen), auf Textilfasern (Flachs und Wolle aufbereiten, verspinnen, verweben, vernähen) und Holz (Schindeln, Scheite, Latten, Tonnen u.a.). Unter die Instandhaltung sind zu zählen : der Hausbau, die Ausbesserung von Stauwehren und Zäunen, die Wachdienste auf dem Herrenhof oder im Felde und die

[8] L. Kuchenbuch (Anm. 1), S. 124-45.

winterliche Stallfütterung des herrschaftlichen Viehs im Bauernhof. Vielfältig sind auch die Transportfronden[9]: die *carropera*-Fuhren im *villa*-Bereich, die *angariae*, durch die Getreide und Wein zum Kloster und anderen Zentren befördert werden, die *scarae*, Boten- und Begleitdienste zu Fuß, Pferd und Schiff, das zum grundherrlichen Fuhrdienst verwandelte *hostilicium*, ehemals Troßdienst zum Heereszug, und endlich die Pack- und Reitpferdgestellung (*paraveredus*). Im Bedarfsfall ist, an wenigen Orten, der Mansusbauer zum Verkauf von grundherrlichem Wein und Salz angehalten, und in Domänen, die als Stationen von Reiserouten des Abtes (und des Königs) fungieren, sind Gastungsleistungen zu erbringen.

Sekundäres Gewicht haben die Produktrentenformen[10]. Der Ackerertrag wird den Mansusbauern der Prümer Grundherrschaft meist überlassen, daher sind Getreidezinse recht selten. In Weinbaugebieten sind Weinzinse vertreten. Viel weiter verbreitet: die Flachs- bzw. Leinabgaben; aus dem bäuerlichen Garten dagegen geht nichts an die Mönche weiter. Von der Viehzucht haben die *mansuarii* jedoch mehr abzuzweigen: ubiquitär ist der Hühner/Eierzins, sehr häufig die Lieferung von ausgewachsenen und jungen Schweinen (*sualis*, *friskinga*/*porcus donativus*), Schafe und Dung kommen deutlich weniger vor. Es ist auffallend, daß die Produktrentenformen als Rohprodukte zu übergeben sind, also Schweine statt Schinken, Korn statt Brot; allein aus dem Bereich der häuslichen Textilarbeit kommen die häufigen Abgaben von Stoffen und Hemden.

Noch weniger Bedeutung hat die Geldrente[11]. Drei Stufen der Einwirkung des Geldes auf Dienste, besonders aber Realabgaben sind festzustellen: die Bewertung bestimmter Leistungen in Geldquanta, die alternative Leistung in der Naturalform oder in Geld oder der definitive Geldzins, dessen Herkunft meist nur noch nach Höhe und Abgabetermin bestimmbar ist. Von diesem Umwandlungsprozeß sind aber fast nur ganz bestimmte Produktrentenformen betroffen: Schweine-, Lein-, Stoff- und Holzzinse sowie das *hostilicium*; es fehlt der Getreidezins. Frondienste werden nur ganz selten abgelöst. Geschieht dies, dann sind nur solche Formen erfaßt, die sich nicht un-

[9] Hierzu jetzt die erschöpfende Detailstudie von J. P. Devroey (Anm. 3).

[10] L. Kuchenbuch (Anm. 1), S. 146-50.

[11] AaO., S. 156-67. Vgl. hierzu jetzt auch W. Bleiber, *Naturalwirtschaft und Ware-Geld-Beziehungen zwischen Somme und Loire während des 7. Jahrhunderts*, Forschungen zur mittelalterlichen Geschichte, 27 (Berlin, 1981), S. 127ff., frühere Entwicklungen in West-franzien betreffend.

mittelbar auf den Getreidebau beziehen. Fronarbeit selbst wird nie in Geld bemessen.

II

Nun zu den Prinzipien der Veränderbarkeit der Rentenstruktur[12]. Den ohnehin sehr seltenen direkten Belegen über die Änderung eines Rentengefüges fehlen häufig Angaben darüber, mit welchen Mitteln, durch welche Verfahren die neuen Zustände hergestellt werden. Man muß derlei Spurenelemente, die in einigen Urkunden, Kapitularien und Passagen in Urbaren enthalten sind, also mit Indizien kombinieren, die Auskunft über die gewohnheitsrechtlich eingespielten Mittel der Aneignung geben. Die Art und Weise des Vollzugs der *consuetudo* also kann Aufschluß über deren Veränderung geben. Die Indizien hierzu enthüllen das Formelgut und die Terminologie der Einkunftsregister.

Grob vereinfacht kann man von folgenden Motiven und Beziehungen ausgehen: Das Grundmotiv der herrschaftlichen Aneignung ist die *necessitas* bzw. *honestas necessaria*. Zu deren Befriedigung, d.h. zur Durchsetzung ihrer Ansprüche nutzen die Grundherren die Institutionen der Bitte (*precatio/(cor)rogatio/petitio*) und des (domanialen) Bannes — viele Ausführungsbestimmungen zu einzelnen Frondienstformen sind von Gebots- und Befehlsformen durchdrungen: *facit ... quicquid ei iniungitur, imperatur, precipitur, iubetur* o.ä. Der Bittdienst, der meist mit Verpflegung (*prebenda*) zu 'vergüten' ist, wird vorwiegend gegenüber den Inhabern von *mansi ingenuiles* bzw. *lidiles* angewandt, der Bann gegenüber den Inhabern von *mansi serviles*. Hierzu kommt seitens der Bauern zum einen die Abgabe 'außer der Reihe', das Geschenk (*donum*, *exemium*, *eulogia*), mithilfe dessen versucht wird, die Herren milde und geneigt zu stimmen. Für diese dem Opfer nahestehenden Gaben gibt es vielerlei Anlässe: Huldigung, Besuch, Feste, Gottesdienst u.a. Zum anderen: das Ziel der Bauern ist die Reproduktion ihrer eigenen Haushalte, Fron und Zins stören den Weg dorthin, ja können gefährdend wirken. Dies ist der Herrschaft selber klar, sie weiß, wie leicht die *necessitas* die *possibilitas* der Bauern mißachten bzw. übersteigen kann. Die *subtractio* und andere Widerstandsformen sind die Folge.

[12] AaO., S. 179-92.

So könnte man die Grundlage der Beziehung, die zur jeweils lokalen *consuetudo* geronnen ist, auf die Formel bringen: Der Herr befiehlt und bittet, *ut oportet*, bzw. *in casu necessitatis*, der Bauer gibt, opfert und gehorcht *secundum possibilitatem*.

Es geht jedoch eindeutig aus den Quellen hervor, daß Bitte, Bann und Geschenk nicht allein zur schlichten Reproduktion der *consuetudo* dienen, sondern ebenso zu deren Erweiterung. Zusätzliche Dienste werden über Bitte und Bann durchgesetzt, einmalige Geschenke werden zu regelmäßig zu entrichtenden Abgaben. Im Prümer Urbar zeugen davon die weit verbreitete Abgabe des *porcus donativus* (meist in jedem 2. Jahr fällig), die zusätzlich zu den üblichen *iugera* erhobenen *iornales precatorii*. Dazu kommen aber noch weitere Indizien. Ch.-E. Perrin hat anhand des Prümer Urbars im einzelnen ausgeführt, wie ursprünglich ständisch scharf getrennte Rentenverhältnisse innerhalb der Domänen durch die Imposition neuer Rentenformen mithilfe von Bann, Bitte und Geschenk nivelliert bzw. angeglichen worden sind[13]. Hierauf ist zurückzukommen. Und auch an Einzelheiten in anderen frühmittelalterlichen Registern lassen sich ähnliche Prozesse ablesen, genauso wie an einigen Bestimmungen in Kapitularien und Gerichtsurkunden. Doch zu diesem Problem sind noch mannigfaltige Untersuchungen anzustellen, insbesondere monographische zu den wichtigsten Polyptychen und Urbaren.

III

Die Grundzüge der regionalen Differenzierung der Rentenverhältnisse lassen sich am besten erkennen, wenn man das Verhältnis besonders wichtiger Rentenformen zueinander beim betreffenden *mansus* bzw. den *mansi* einer Domäne oder Region beachtet. Ich nenne diese Formen *Leitrentenformen*. Als solche haben m.E. zu gelten: ungemessene *opera servilia*, *duos/tres dies in ebdomada*, *quindecim noctes*, *corvadae* und Ernte-*dies*; dazu kommen noch die Getreide- und Schweinezinse sowie der Entwicklungsstand der Geldrente. Eine zweite Korrelation ist wichtig: die der Leitrentenformen mit den *mansus*-Typen (*mansus ingenuilis/lidilis*, *mansus servilis*). Aus Urkunden, Kapitularien und Urbaren ist ja bekannt, daß die grundherrliche Bauernschaft rechtsständische Unterschiede aufweist, welche verschiedene

[13] 'Une étape' (Anm. 7), passim.

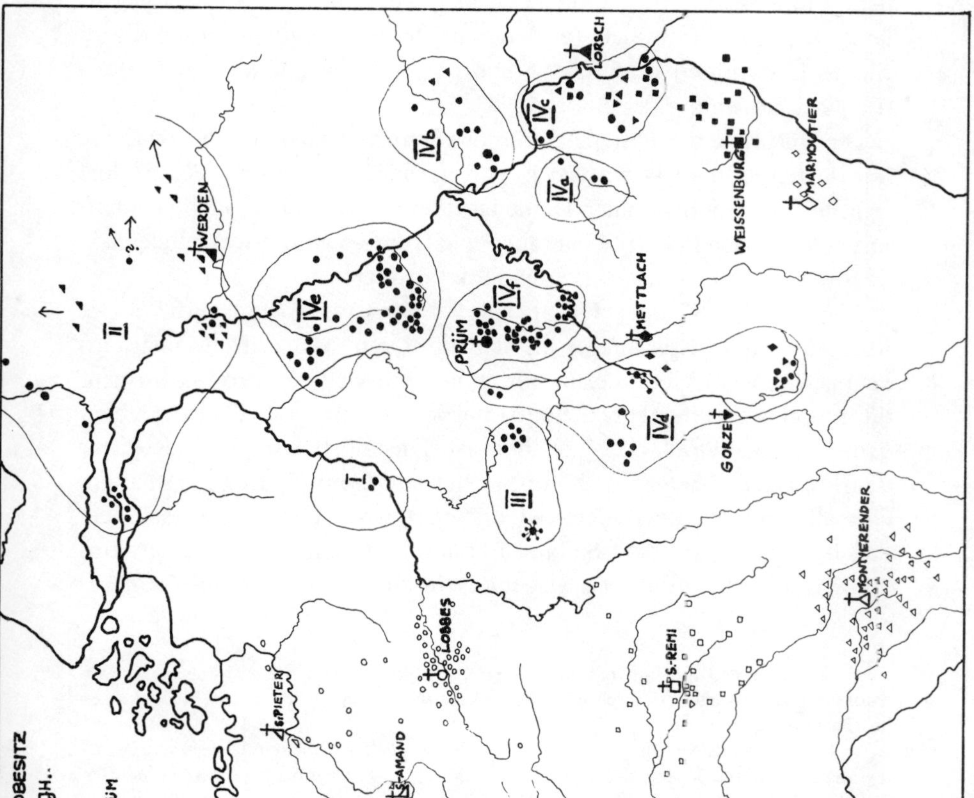
URBARIAL ERFASSTER GRUNDBESITZ
VON KLÖSTERN IM 9. UND 10. JH.
I-IVf: RENTENTYPEN DER GRUNDHERRSCHAFT PRÜM
S.-BERTIN
S.-AMAND
St. PIETER
LOBBES
S.-REMI
S.-MAUR
S.-GERMAIN
MONTIERENDER
I
II
III
IVa
IVb
IVc
IVd
IVe
IVf
WERDEN
PRÜM
METTLACH
GORZE
LORSCH
WEISSENBURG
MARMOUTIER
L.K. 5/81

Grade persönlicher Unfreiheit beinhalten, bezogen auf Familienbildung, Freizügigkeit, Gerichtsbefugnisse, Heeresdienst, Strafzumessung u.a. Diese Rechtsstände sind — im 9. Jahrhundert — vielfach 'verdinglicht' : innerhalb der Grundherrschaften werden die *mansi*, das gegenüber den Bauernfamilien (und deren Heiratsverhalten) beständigere Element, ständisch qualifiziert. Dies ist Ausdruck einer rentenspezifischen Einordnung des Bodens.

Die Resultate der Untersuchung des Prümer Urbars — im Vergleich mit Urbaren und Polyptychen von Grundherrschaften, deren dort erfaßte Güter im regionalen Gemenge oder in räumlicher Nachbarschaft mit solchen der Prümer Grundherrschaft liegen und etwa zeitgleich[14] sind (9.-10. Jh.) — lassen sich wie folgt ordnen[15] :

Rententyp I: Prümer Urbar Kapitel 44 (Awans/Lonceint)[16]. Die Mansen (*mansi ingenuiles*?) an der mittleren Maas (b. Maastricht) kennzeichnet der Getreidezins zusammen mit weiteren Produktformen, die schon weitgehend in Geldquanta verwandelt sind. Dienste fehlen ganz[17], obwohl Salland verzeichnet ist. Dies dürften auch die Register von Lobbes (ca. 866-869)[18] und St. Pieter in Gent (9. Jh.)[19] enthalten. Obwohl schlecht überliefert, ist ersterem wohl doch zu entnehmen, daß neben dem mit dem Salland ökonomisch nicht verbundenen, also von Fronden freien *mansus ingenuilis* ein zu den *tres dies in ebdomada*

[14] 'Zeitgleichheit' ist hier methodisch als Perspektive zur Untersuchung 'säkularer' Strukturen zu verstehen; der Begriff verliert sofort seinen Sinn, wenn nach Entwicklungen im Einzelnen gefragt wird.

[15] Das Folgende ist ein — z. Teil wörtliches — Referat meiner Untersuchung der regionalen Differenzierung der Rentenstruktur in: L. Kuchenbuch (Anm. 1), S. 195-244, bes. 233ff. (Abschnitt 2.2.5.4.). Die Gliederung der Rententypen habe ich teilweise neu überdacht. Manches Urteil über das Prümer Urbar und die Vergleichsquellen mußte bei dieser Arbeit vorsichtiger ausfallen. Dies ist auch auf die Diskussionen mit A. Verhulst und Berliner Kollegen zurückzuführen, denen ich an dieser Stelle herzlich danke. Zur Veranschaulichung möge die beigefügte Karte dienen. Die Eintragungen weisen hohe Unschärfe auf. Es soll nur ein ungefährer Eindruck vermittelt werden. Auch Vollständigkeit ist nicht beabsichtigt.

[16] MUB I (= *Urkundenbuch zur Geschichte der jetzt die Preußischen Regierungsbezirke Coblenz und Trier bildenden mittelrheinischen Territorien*, Bd. 1, hg. v. H. Beyer, Coblenz, 1860), S. 165f.

[17] Dies nehme ich an, obwohl es zu den *mansi* in Lonceint (zur Domäne von Awans gehörend) heißt: *sunt etiam in L. mansa X, que similiter serviunt et solvunt sicut in A*(wans); dort fehlen Dienste.

[18] Druck: J. Warichez (hg.), 'Une "descriptio villarum" de l'abbaye de Lobbes à l'époque carolingienne', *Académie royale de Belgique. Bulletin de la commission royale d'histoire*, 79 (1909), S. 249ff.

[19] Druck: M. Gysseling-A. C. F. Koch (hg.), *Diplomata Belgica ante annum millesimum centesimum scripta* (Brüssel, 1950), Nr. 49 (IV 3-5), S. 128f.

verpflichteter *mansus servilis* existieren kann[20]. Fehlt dieser, dann wird das Salland mithilfe von *haistaldi/puellæ* bearbeitet worden sein. Dies hat schon F.-L. Ganshof ermittelt[21]. Es hat — nach der Lage der in diesen drei Quellen erfaßten Güter zu schließen — den Anschein, daß diese Koppelung zweier Rententypen für die Landstriche im Viereck von Lüttich, Antwerpen, Gent und Valenciennes typisch gewesen sein könnte[21a].

Rententyp II: Prümer Urbar Kapitel 97-103[22]. Relativ einheitlich scheinen die Rentenverhältnisse auch für die Prümer *mansi* am Niederrhein von Duisburg bis Tiel/Deventer und die — leider nicht lokalisierbaren — Güter *in Saxonia* gewesen zu sein. Die Hufen, wahrscheinlich meist *mansi lediles* (urkundliche Zeugnisse), leisten vorwiegend Getreide-, Schweine- und Geflügelzinse sowie Geldquanta. Es treten aber, unregelmäßig verteilt, verschiedentlich die *duos dies in ebdomada*, die *noctes* und einzelne Pflugtage/*corvadae* auf. Von einem 'vollentwickelten' Arbeitsrentensystem, das dicht und gleichmäßig am Niederrhein und *in Saxonia* verbreitet gewesen sei, kann jedoch keine Rede sein. Dies bestätigen urbariale Überlieferungen der Abtei Werden a.d. Ruhr[23] — sieht man hier einmal von der auf Königsgut zurückgehenden Villikation von Friemersheim ab. Sowohl Droege wie Hömberg, für spätere Inventare des Frauenstifts Essen auch Weigel haben die Verbreitung der sog. Hebeverfassung am Niederrhein und in Westfalen hervorgehoben, eine Form der Grundherrschaft, in der die Produktenrente vorherrscht, die Rolle des Sallandes — für die abhängige Bauernschaft wenigstens — gering zu veranschlagen ist[24].

[20] J. Warichez (Anm. 18), S. 258 (Ladeuze), 263 (Biercée) u. evtl. öfter; zur Einschätzung vgl. L. Kuchenbuch (Anm. 1), S. 200 Anm. 16.

[21] F.-L. Ganshof, 'Le domaine gantois de l'abbaye de Saint-Pierre-au-Mont-Blandin à l'époque carolingienne', *Revue belge de philologie et d'histoire*, 26 (1948), S. 1038.

[21a] A. Verhulst, *De Sint-Baafsabdij te Gent en haar grondbezit (VIIe-XIVe eeuw)* (Brüssel, 1958), S. 142 verweist darauf, daß in den Niederlanden und Teilen Belgiens im 8. und 9. Jh. Pflugdienste weitgehend fehlen. Außerdem nimmt A. Verhulst (Anm. 3, S. 209 Anm. 62) an, daß in diesen Regionen der *mansus servilis* selten gewesen ist.

[22] MUB I, S. 190-92.

[23] Druck: R. Kötzschke (hg.), *Die Urbare der Abtei Werden an der Ruhr*, Publikationen der Gesellschaft f. Rheinische Geschichtskunde, 20: *Rheinische Urbare*, Bd 2 (Bonn, 1906), S. 19, 39f., 42ff. u.ö.

[24] G. Droege, 'Fränkische Siedlung in Westfalen', *Frühmittelalterliche Studien*, 4 (1970), S. 278ff., 286 (ob sich die Unterscheidung Droeges zwischen 'sächsischer Abgabengrundherrschaft' und 'fränkischer Betriebsgrundherrschaft' halten läßt, müssen genauere Untersuchungen erweisen); A.K. Hömberg, 'Münsterländer Bauerntum im Hochmittelalter', *Westfälische Forschungen*, 15 (1962), S. 29-42, hier bes. S. 33f.; H. Weigel, *Studien zur Verfassung und Verwaltung des Grundbesitzes des Frauenstifts Essen 851-1803*, Beiträge z. Geschichte v. Stadt und Stift Essen, 76 (1960). Dazu schon

Rententyp III: Prümer Urbar Kapitel 45-47 (bzw.-51)[25]. Eine völlig andere Struktur lernen wir bei den Prümer Bauern in den Ardennen kennen[26]. Hier sind die *mansi ingenuiles* mit den *tres dies in ebdomada*, die *mansi serviles* mit den ungemessenen *opera servilia* verbunden. Nur die *jugera*-Leistung ist für beide Mansustypen verbindlich. Alle anderen Zeitdienste (*noctes, corvada*, Ernte-*dies*), Stückdienste (besonders: *angaria*, Holzschlag) und Produktzinse (Lein, Hühner, Schweine, Schaf, Dung) haben allein die *mansi ingenuiles* zu entrichten. Also eine klare ständische Opposition der Rentenpflichten! Vergleichbare Formen dieses Gegensatzes zwischen *mansus ingenuilis* und *mansus servilis* lassen sich auch in Westfranzien, auf Domänen der Abtei St.-Germain-des-Prés (Inventar kurz vor 829)[27] und St.-Amand-les-Eaux (vor 872)[28] nachweisen. Wäre das inhaltliche Verhältnis der Formeln *manopera et carropera* und *omne servitium sibi injunctum* dem obigen gleichzusetzen, dann würden die Rentenverhältnisse der grundhörigen Bauern von St.-Remi (Reims)[29] in der Champagne enge Verwandtschaft zu diesem Typ aufweisen[30]. Im übrigen sind — nach

R. Kötzschke, *Studien zur Verwaltungsgeschichte der Großgrundherrschaft Werden an der Ruhr* (Leipzig, 1901), S. 17ff., 61ff.

[25] MUB I, S. 166-74.

[26] Schöne Analysen dieser Domänen — unter Teilaspekten — bei G. Despy (Anm. 3) und J.P. Devroey, 'Mansi absi' (Anm. 3).

[27] Druck: A. Longnon (hg.), *Polyptyque de l'abbaye de Saint-Germain-des-Prés rédigé au temps de l'abbé Irminon* (Paris, 1886-95); hier: IX (Villemeux), 6, 9; XIII (Boissy), 1, 64; XX ('*villa supra mare*'), 3, 30. E. Coleman, *The Serfs of Saint-Germain-des-Prés. A Social and Demographic Study*, phil. Diss. (Wisconsin Univ. 1972), befaßt sich leider nicht mit den hier behandelten Fragen. Insofern ist man noch auf die summarischen kurzen Bemerkungen von B. Guérard angewiesen (*Polyptyque de l'abbé Irminon de Saint-Germain-des-Prés ou dénombrement des manses, des serfs et des revenues sous le règne de Charlemagne*, Bd. 1: *Prolégomènes* (Paris, 1848), S. 822). Seine Behandlung der Frage ist aber zu einseitig auf den allgemeinen Verschmelzungsprozeß der Rentenpflichten zwischen den verschiedenen Mansustypen angelegt. Eine Spezialuntersuchung hierzu wäre dringend geboten.

[28] Druck: B. Guérard (Anm. 27), S. 925f. (Éclaircissement XIX), vgl. dazu: H. Platelle, *Le temporel de l'abbaye de Saint-Amand des origines à 1340* (Paris, 1962), S. 105ff.

[29] Druck: B. Guérard (hg.), *Polyptyque de Saint-Remi de Reims ou dénombrement des manses, des serfs et des revenues de cette abbaye vers le milieu du neuvième siècle de notre ère* (Paris, 1853); zur Quellenkritik jetzt B. Lützow (Anm. 3).

[30] B. Guérard (Anm. 29) III, 2, 5; VI, 2, 9; XIV, 3; XV, 2, 12; XVIII, 2, 9; XIX, 1, 8; XX, 2, 16; XXII, 2, 15; XXVIII, 2, 20. Aus diesen Belegen geht eine deutliche Zuordnung der beiden im Text genannten Leitdienste zu den Mansentypen hervor. Im übrigen tragen auch andere Rentenformen noch weitgehend *mansus-ingenuilis*-typischen Charakter: etwa der Lämmerzins, der Getreidezins, das *hostilicium*. Schon häufiger sind *corvadae* und *mappae* (die den *jugera* der Prümer Hufen entsprechenden Stückdienste) von beiden Mansustypen zu leisten. Diese 'Zeichen' der

dem 844-859 erstellten Register der *mensa fratrum* — die grundhörigen *ingenui* des Klosters St.-Bertin (Picardie) zu den *duos dies in ebdomada*, die *servi* zu *tres dies* pro Woche verpflichtet[31].

Rententyp IV: Die in den Prümer Domänen weitaus am häufigsten vertretene Rentenstruktur besteht in der Verbindung der *noctes* mit den *mansi lediles* und der *tres dies in ebdomada* mit den *mansi serviles*. Doch gibt es hier die verschiedensten Ausformungen und, besonders wichtig, verschiedene 'Stufen' der Annäherung oder Verschmelzung beider Verbindungen.

IVa: Prümer Urbar Kapitel 30-32[32]. Am deutlichsten voneinander abgehoben sind beide Mansustypen im Nahe-Glan-Gebiet. Der *mansus servilis* leistet ungemessene *opera servilia* (statt der *tres dies*) und hat nicht einmal die sonst (bereits) ständetypisch indifferenten *jugera* zu bearbeiten. Doch sind schon manche Stückdienste im Bereich Transport, Weiterverarbeitung und Instandhaltung im Rentenkatalog zu finden. Beim *mansus ledilis* fällt auf, daß zum Teil der Schweinezins fehlt; dies kann aber auf lückenhafte Überlieferung zurückgehen.

IVb: Prümer Urbar Kapitel 104-111[33]. Zwischen Rhein, Lahn und Taunus, auf den Domänen, die das Filialkloster St.-Goar versorgen, herrscht eine etwas 'gemilderte' Form des Gegensatzes zwischen *noctes*-verbundenen *mansi lidiles* und *dies*-verbundenen *mansi serviles*: die Ernte-*dies*, *angaria*, *jugera* und *jornales precatorii* kennzeichnen bereits den *mansus servilis*. In Grundzügen gleiche Rentenverhältnisse weisen Lorscher Hufen in Lahngau und Wetterau noch im 10. Jahrhundert auf[34].

Annäherung beider Typen sind noch deutlicher in Breve XII, 2, 4; XIX, 9 (im Verhältnis zu 1 und 8); XX, 10 (im Verhältnis zu 2 und 16); besonders aber XVII, 2 und 22 zu beobachten. Dieser Hinweis hat aber keine 'Beleg'-Funktion im eigentlichen Sinne, sondern soll nur zeigen, wie viel zur Entwicklung der Rentenformen aus dieser Quelle noch herauszuholen sein dürfte.

[31] Druck: F.-L. Ganshof u.a. (hg.) (Anm. 3), S. 13-24. Ich halte es für mißverständlich, wenn die Vf. in ihrem Kommentar (S. 32) ausführen, die *tres dies in ebdomada* würden andere Zeit- und Stückdienste (wie die *corvada* u.a.) in sich bergen oder umfassen. Mag dies sachlich zutreffen, es verstellt auf jeden Fall den Zugang zur Rechtsqualität der verschiedenen Dienstformen und damit auch zur Lösung der Frage nach der Entwicklung der Rentenformen, verstanden als Prozeß der Auseinandersetzung zwischen Grundherren und Bauern und innerhalb der ständisch differenzierten Bauernschaft selber.

[32] MUB I, S. 160f.

[33] MUB I, S. 192-95.

[34] Druck: K. Glöckner (hg.), *Codex Laureshamensis*, Bd. 3 (Darmstadt, 1936), Nr. 3678, S. 177f.; dazu L. Kuchenbuch (Anm. 1), S. 197f., 234. Ob Nr. 3678 als verkrusteter alter Zustand seit dem 8. Jahrhundert (S. 199) anzusehen oder Ausdruck jüngerer Entwicklung ist, müßte noch eingehend untersucht werden. Ansätze dazu bei

IVc: Prümer Urbar Kapitel 112-119[35]. Im Worms- und Speyergau sind beide Rententypen — in verschiedenen Stufen und geprägt von Fronden, die dem Weinbau dienen, von Domäne zu Domäne anders — wesentlich stärker einander angeglichen. Entsprechend häufig fehlt auch die Angabe des *mansus*-Typus. Meist heißt es schlicht: *mansus solvit* ... Die sehr guten Vergleichsquellen, das Lorscher Reichsurbar (830-50)[36], die ersten 25 Kapitel des *Codex Edelini* aus Weißenburg (855-60)[37] und eine Urkunde urbarialen Inhalts (charte-censier) über Güter der Abtei Gorze im Wormsgau (3. Viertel d. 10. Jhs.)[38] zeigen Ähnliches, obwohl hier meist der *mansus ingenuilis* dem *mansus servilis* gegenübersteht. Zugleich aber zeugen die Verhältnisse auf den Prümer Domänen — im Vergleich mit denen von Lorsch und Weißenburg — von stärkerer Annäherung der ständespezifischen Rententypen. Diese Assimilation kann man auch als Vorgang innerhalb einer Grundherrschaft erkennen: der Vergleich der Weißenburger Rentenkataloge gleicher Domänen aus dem 9. und 10. Jahrhundert zeigt die deutliche Tendenz, die (*mansus-servilis*-spezifischen) *tres dies in ebdomada* durch die *noctes* zu ersetzen, nachdem jene durch die schrittweise Einführung verschiedener Stückdienste ausgehöhlt worden sind. Außerdem werden Produktrentenformen durch Geldzinse verdrängt[39].

IVd: Prümer Urbar Kapitel 33-43, 52-54[40]. Die Prümer *mansi* in Seillegau und um Luxembourg regiert vorwiegend das *noctes*- Prinzip, obwohl auch *dies*-Regelungen vorkommen. Manche sonst übliche Dienste, besonders die *corvada*, Ernte-*dies* und Schweinezins sind nicht durchgehend bekannt. Viele Produktzinse haben bereits Geldform angenommen. Dementsprechend vielleicht fehlt die ständische Typisierung oder ist, wenn vorhanden, bereits ohne Belang für die Rentenverhältnisse. Vergleichsquellen des 10. Jahrhunderts aus den Grundherrschaften von Gorze[41] und Mettlach[42] stehen nicht in deutlichem

F. Staab (Anm. 3), dort passim aber nicht explizit zum Thema gemacht; es geht Vf. vorwiegend um Kontinuität und königlichen Einfluß auf das Siedlungs- und Verkehrsgeschehen.

[35] MUB I, S. 196-99.

[36] Druck: K. Glöckner (Anm. 34), S. 173-77.

[37] Druck: C. Zeuss (hg.), *Traditiones posessesionesque Wizenburgenses. Codices duo cum supplementis* (Speyer/Leipzig/Wien, 1842), S. 273-80.

[38] Druck: A. d'Herbomez (hg.), *Cartulaire de l'abbaye de Gorze*, Mettensia II (Paris, 1898), Nr. 11, S. 24ff.

[39] L. Kuchenbuch (Anm. 1), S. 214ff.

[40] MUB I, S. 161-65, 174f.

[41] A. d'Herbomez (Anm. 38), Nr. 19 (Quinzy), S. 43; Nr. 116 (Brouch), S. 211.

[42] Druck: H. Müller (hg.). 'Die Mettlacher Güterrolle', *Zs. f. d. Geschichte d. Saargegend*, 15 (1965), S. 116-23.

Widerspruch zu diesen Verhältnissen. Dem allgemeinen Trend entsprechend spielen die Geldzinse dort aber eine größere Rolle.

IVe: Prümer Urbar Kapitel 55-96[43]. Die bisher angedeuteten Stufen oder Formen der Annäherung zwischen *noctes*-geprägten *mansi* (*lediles*) und *dies*-geprägten *mansi* (*serviles*) finden sich fast alle wieder auf den vielen Gütern nördlich der Eifel an Ahr, Erft, Rur und Rhein. Vielleicht läßt sich dies noch regional präzisieren. Es hat den Anschein, daß im südlichen Bereich nur der *noctes*-verbundene *mansus* existiert, während im nördlichen diesem der *dies*-verbundene zur Seite tritt. Nur noch selten werden die *mansi* typisiert; dort, wo dies geschieht, stellt es eine veraltete Etikettierung dar, weil die Rentenpflichten bereits ihren ständetypischen Charakter verloren haben. Die Rentenverhältnisse der — nördlich quasi anschließenden — Villikation Friemersheim, ehemaliges Königsgut in der Hand der Abtei Werden[44], ähneln dem *noctes*-System der Prümer Bauern sehr; auffällig ist nur, daß die *corvada* fehlt.

IVf: Prümer Urbar Kapitel 1-23[45]. Um Prüm und die mittlere Kyll scheinen beide Systeme vielfach völlig verschmolzen, besser: aufgehoben zu sein. Daraus kann man nur schließen, daß entweder die *tres dies in ebdomada* oder die Kombination von *noctes*, *corvada* und Ernte-*dies* als Leerformel ohne dahinter stehender Wirklichkeit oder Ausdruck des grundherrlichen Willens zu verstehen sind, in Klosternähe möglichst große Frondienstreserven zur Verfügung zu haben. Die um Prüm selbst verbreiteten *mansi serviles* stellen, von dieser Titulatur her gesehen, einen Anachronismus dar.

Vielleicht ist es angebracht, an dieser Stelle darauf hinzuweisen, daß es auch außerhalb dieser rheinischen Regionen, über die die Prümer Hufen mit *noctes*- oder *dies*-System verstreut liegen, im 9. und 10. weitere Grundherrschaften gibt, in deren urbarialer Überlieferung verschiedene Formen *noctes*-bestimmter Rentengefüge bei *mansi ingenuiles* (und *dies*-bestimmter Rentengefüge bei *mansi serviles*) nachweisbar sind: die Domäne Staffelsee des Bistums Augsburg in Bayern (Anfang 9. Jh.)[46], die Domänen der Abtei Montierender in der süd-

[43] MUB I, S. 175-90.

[44] Druck: R. Kötzschke (Anm. 23), S. 15ff.

[45] MUB I, S. 144-154. Die Urbarkapitel 24-29 an der mittleren Mosel weisen auf den Weinbau zugeschnittene Rentenformen auf, die an dieser Stelle außer Betracht bleiben können.

[46] Druck: MGH, *Capitularia regum francorum*, I, hg. v. A. Boretius (Hannover, 1883), Nr. 128 (*Brevium exempla ad res ecclesiasticas et fiscales describendas*, c. 1-8), S. 250ff. Dazu Ph. Dollinger, *L'évolution des classes rurales en Bavière depuis la fin de*

lichen Champagne (vor 845)[47] und in Burgund die Herrschaften des Kathedralkapitels von Autun in Champdôtre (937)[48] und des Klosters St.-Bénigne (Dijon) in Mélisey (878/938)[49].

Der Wert der Ordnung, die ich hier für die Rentenverhältnisse der Prümer Klosterherrschaft erstellt habe, hängt natürlich daran, ob man dem Formelgut des Urbars nicht allein Rechts-, sondern auch *Realitätsgeltung* zuerkennen kann. Wer grundsätzlich bezweifelt, daß mindestens versucht wurde, diese Forderungskataloge in Wirklichkeit umzusetzen, muß über erneute Quellenkritik den Beweisgang dazu antreten[50]. Sicher wird es dabei darauf ankommen, das Verhältnis zwischen lokaler Bevölkerung, erhebender Kommission und Redaktion im Kloster (samt der folgenden Überlieferungsgeschichte bis zur Kopie von Caesarius 1222) zu bestimmen. Mit pauschalen Hinweisen, bestimmte Rentenformen — besonders die *tres dies in ebdomada* — seien als inhaltsleere Floskel aufzufassen, ist es nicht getan[51]. Weiter steht und fällt der Wert dieser Ordnung mit der Annahme, daß das Urbar Ausdruck des Bemühens ist, möglichst *alle* Rentenformen zu registrieren, zu denen die Bauernwirtschaften dem Prümer Abt und Konvent gegenüber verpflichtet sind. Nur wenn man nicht annimmt, daß neben

l'époque carolingienne jusqu'au milieu du XIIIe siècle (Paris, 1949), S. 144ff. (leider eine für die Frühzeit zu geraffte Darstellung; zudem werden die einzelnen Rentenformen nicht in ihrem Zusammenhang, als spezifische Ganzheit behandelt), kurze Zusammenfassung S. 481f.

[47] Druck: Ch. Lalore (hg.), *Cartulaire de l'abbaye de Chapelle-aux-Planches, Chartes de Montierender etc.*, Collection des principaux cartulaires du diocèse de Troyes, Bd. 4 (Paris/Troyes, 1878), S. 89ff. Der Artikel von Y. Morimoto, 'Un cas du régime domanial "classique" non développé. Analyse du polyptyque de Montierender', *Keizaigaku, Kenkyu* (Bulletin de la Faculté des sciences économiques. Université de Kyushu), 37, S. 209-29 (japanisch m. frz. Résumé) war mir noch nicht zugänglich. Auffällig an diesem Register: *Mansi serviles* fehlen fast ganz. Dort, wo sie einmal genannt sind (Ch. Lalore, a.a.O., S. 96, Kap. XII), ist ihr Rentenkanon dem der dortigen *mansa ingenilia* sehr ähnlich, nur die Höhe der Zinse bzw. die Zahl der Dienste ist meist geringer. Charakteristisch für das Rentensystem der *mansa ingenilia* ist die Koppelung von (wohl neuerlich auferlegten) *noctes* und *corvadae, boneficia, carropera/ manopera* (ungemessen). Es fehlen Schweine-, Getreide- und aus Kommutation herrührende Geldzinse; neben Kopfzinsen.

[48] Druck: A. Déléage, *La vie rurale en Bourgogne jusqu'au début du onzième siècle*, 2 Bde (Mâcon, 1942), S. 1207ff. m. ausführlichem Kommentar.

[49] Druck: A. Déléage (wie Anm. 48), S. 1214ff. m. ausführlichem Kommentar.

[50] Dazu sicher demnächst I. Schwab (Anm. 3).

[51] C. Billen-C. Dupont, 'Problématique marxiste et histoire rurale du Moyen Age (VIIIe-XIIIe s.) entre Loire et Rhin', in *Acta Historica Bruxellensia*, IV, *Histoire et Méthode* (Bruxelles, 1981), S. 120, Anm. 116 (im verallgemeinernden Anschluß an Ch.-E. Perrin). Auf diese anregende Untersuchung ist in allgemeinerem Zusammenhang zurückzukommen.

dem Urbar etwa ergänzende Getreidezinslisten o.ä. existierten, ist es sinnvoll, z.B. die jeweilige Summe der Rentenpflichten pro *Mansus* im Urbar als Mehrarbeits — bzw. *Rentenquote* (taux du prélèvement[52]) zu verstehen. Die ganze Untersuchungsperspektive hängt an diesen Voraussetzungen. Sollten sie nicht zutreffen, dann muß ich mich damit abfinden, eine Quellenuntersuchung durchgeführt zu haben, deren Ergebnisse nicht als Ausdruck realer Verhältnisse verstehbar sind.

IV

Ausgehend von obiger Ordnung der Prümer Verhältnisse läßt sich nun eine allgemeinere *Typologie* aufstellen, in der — stark schematisierend — die m.E. wichtigsten Rentenformen in Beziehung zur ständischen Qualität der Hintersassen bzw. der von ihnen genutzten Böden (Mansustypen) gebracht sind:

Haupttyp A (bipartite Domäne, Betriebsgrundherrschaft)

1. die auf Salhof und -land bezogene Koppelung von *mansus-ingenuilis*-spezifischen *tres dies in ebdomada* mit *mansus-servilis*-spezifischen ungemessenen *opera servilia*;
2. die auf Salhof und -land bezogene Koppelung von *ingenuus*-spezifischen *duos dies in ebdomada* mit *servus*-spezifischen *tres dies in ebdomada*;

3a. die auf Salhof und -land bezogene Koppelung von *mansus-ingenuilis/ledilis*-spezifischen *noctes* plus Stückdiensten mit *mansus-servilis*-spezifischen *tres dies in ebdomada* plus Stückdiensten;

3b. die auf Salhof und -land bezogenen *mansus-ingenuilis*-spezifischen *noctes* samt Stückdiensten;

4. die auf Salhof und -land bezogene Koppelung von *ingenuus*-spezifischen Stückdiensten plus Produktzinsen mit *servus*-spezifischen *tres dies in ebdomada*;

5a. die dem Salhof angeschlossene bzw. auf ihn bezogene Koppelung *mansus-ingenuilis*-spezifischer Produktzinse mit *mansus-servilis*-spezifischen *tres dies in ebdomada*;

5b. die dem Salhof angeschlossenen *mansus*(*-ingenuilis/ledilis*)- spezifischen Produkt(- und Geld-)zinse, dazu Bewirtschaftung des Sallands mithilfe hofhörigen Personals oder durch Kätner;

[52] C. Billen-C. Dupont (Anm. 51), S. 120.

Haupttyp B (Hebegrundherrschaft)

1. *mansus-ingenuilis/ledilis*-spezifische Produkt- und Geldzinse;
2. auf allein das Land (*mansus*, *hoba*, *colonia*, *factus*, *iugera* o.ä.) radizierte Produkt- und Geldzinse;
3. auf die Person als solche (nicht deren Rechtsqualität) radizierte Produkt- und Geldzinse.

Diese Typologie ist nur ein erster Versuch. Sie wird durch Hinzuziehung weiterer Quellenbereiche wie Ostfranzien, England, Italien, Südfrankreich maßgeblich zu ergänzen oder umzuformen sein.

Wozu kann sie nützen?

1. Ich meine, daß sie bisherigen Ordnungsversuchen zur Struktur der Grundherrschaft, die entweder vorwiegend auf deren Verwaltungsweise, räumlichen Aufbau [53] oder Ausrichtung auf bestimmte Produktionszweige [54] abzielen, mit ergänzenden Aufgaben zur Seite gestellt werden kann. Dies kann der Stimulierung zur Erarbeitung eines allgemeinen Konzepts zur Typisierung der Formenvielfalt mittelalterlicher Grundherrschaften [55] und damit auch der Arbeit am Begriff der feudalen Produktionsweise [56] dienlich sein.

2. Da diese Typologie nur die frühmittelalterlichen Rentenformen zu erfassen sucht (8.-10. Jh.), und dies nur in einem begrenzten Raum, enthält sie Züge, die zur Deutung gerade der *Eigenart dieser Epoche* und ihrer besonderen Entwicklungen beitragen können.

Wichtig scheint mir hierbei zu sein, daß sie der Rolle des frühmittelalterlichen Ständewesens innerhalb der bäuerlichen Bevölkerung Rechnung trägt und damit Ergänzungen bieten kann zur Ständeforschung, deren Quellengrundlage (Leges, Kapitularien, Urkunden) dem Aussagegehalt nach so begrenzt ist. Man kann noch weiter konkretisieren: der Großteil der auf die Stände bezogenen Auskünfte in den grundherrlichen Registern legt Zeugnis ab von einer Entwicklungstendenz, die in der verfassungs- und wirtschaftsgeschichtlichen Literatur

[53] B. H. Slicher van Bath, *The Agrarian History of Western Europe A.D. 500-1850* (London, 1963), S. 41ff.

[54] P. Toubert, 'L'Italie rurale aux VIIIe et IXe siècles. Essai de typologie domaniale', in *Settimane di Studio ...*, XX, 1 (Spoleto, 1973), S. 103ff.

[55] Hierin ging in Deutschland F. Lütge voran: *Deutsche Sozial- und Wirtschaftsgeschichte. Ein Überblick*, 3. Aufl. (Berlin, 1966), S. 115ff., ders., *Die mitteldeutsche Grundherrschaft und ihre Auflösung*, 2. Aufl., Quellen und Forschungen z. Agrargeschichte, 4 (Stuttgart, 1957), S. 291ff.

[56] L. Kuchenbuch-B. Michael, 'Zur Struktur und Dynamik der 'feudalen' Produktionsweise im vorindustriellen Europa', in *Feudalismus — Materialien zur Theorie und Geschichte*, hg. dies. (Frankfurt/Berlin/Wien, 1977), S. 710-717, bes. 714f.

meist 'Verdinglichung' genannt wird. Damit ist ein Prozeß bezeichnet, der in der Ablösung der Rentenpflichten von der persönlichen Rechtsqualität des Pflichtigen hin zur Radizierung derselben auf den Grund und Boden besteht. In der Typologie sind drei 'Phasen' dieses Prozesses greifbar: 1. die klare Radizierung auf den persönlichen Stand (A2 und 4, B3), 2. die Verlagerung der Standesqualität auf den Boden (Mansustyp) (A1, 3, 5, B1) und 3. das Verschwinden dieser Qualität selbst (B2). Der Boden hat sie geschluckt, geblieben ist die Rentenpflicht als Ausdruck der Unfreiheit des Boden, egal, welche Person ihn nutzt und mit der Rente diese bodenvermittelte Beschränkung ihrer Produktionsfreiheit anerkennt. Da die Typologie besonders die zweite Phase dokumentiert, dürfte sie entsprechend geeignet sein, zur Erforschung des zweistrangigen Prozesses beizutragen, durch den eine einheitliche Bauernschaft innerhalb des grundherrschaftlichen Rahmens entstanden ist, nämlich — in der Terminologie F. Lütges[57] — die 'Vergrundholdung der Freien' und die 'Verbäuerlichung der Unfreien'. Es geht um Verwandlungsprozesse auf der Basis bodenvermittelter Abhängigkeit. Die rechtlichen Aspekte dieser Vorgänge waren bisher vorwiegend im Blick der Forschung. Ihr ökonomischer Sinn ist jedoch noch wenig aufgeklärt. Man kennt die Ausgangspunkte — Kommendation/Prekarie der Freien, 'Casatierung' der Unfreien —, und man kennt den Endpunkt — die grundherrliche *familia*. Die Etappen dieses Prozesses aber sind unklar.

3. Die Typologie kann weiter helfen, die wirtschaftliche und soziale Gesamtentwicklung im Frühmittelalter als ein 'Bündel' von Prozessen zu verstehen, die durch binnen-, besonders aber *zwischenräumliche Ungleichheit* und *zeitliche Diskontinuität* charakterisiert sind.

Es geht hier um ein Konzept, das einerseits Vorstellungen von Eindimensionalität, Linearität, Gleichzeitigkeit und Gleichmäßigkeit vermeiden hilft, ohne daß andererseits die Erscheinungsvielfalt sich in lauter Einzelfälle auflöst, die untereinander nicht vergleichbar zu sein scheinen. Es geht, zugespitzt gesagt, um ein Konzept, das durch den Engpaß von wirtschafts- und verfassungsgeschichtlichem Schematismus und landesgeschichtlichem Historismus mithilfe von Begriffen führt, deren Ausgangspunkt allgemein genug ist, um die grundlegenden Beziehungen der frühmittelalterlichen Gesellschaft im Auge zu behalten, die sich aber so differenzieren lassen, daß sie an den Einzelfall, also

[57] F. Lütge (Anm. 55), S. 68; dazu auch R. Fossier, *Histoire sociale de l'Occident médiéval* (Paris, 1970), S. 59ff.

auch an die speziellen Quellentermini heranführen. Und dies mit dem Zweck, von diesem Einzelfall und seiner Quellensprache nicht falsifiziert, sondern differenziert zu werden. Man neigt ja dazu, die Eigenart des konkreten Falles zum Negativtest für den Typenbegriff zu benutzen. Dies ist nötig und unzureichend zugleich. Der zweite Schritt sollte folgen: der Typusbegriff sollte so ergänzt bzw. umgeformt werden, daß der 'eigene' Fall unter ihn subsumierbar wird. So allein kann der Historiker den Prozeß der Theoriebildung mit dem Ziel kontrollieren, daß ihm für *seine* Zwecke — und nicht nur für die der 'theoretischen' Wissenschaften — anschauliche Begriffe zur Verfügung stehen.

Am Beispiel der Analyse des Zustandes einer Grundherrschaft mit der für das Frühmittelalter so typischen Streulage der Güter hieße das: neben den Eigenheiten, die durch zentrale, periphere, verkehrs- oder ressourcenbedingte Lage bedingt sind, gebührt der Tatsache angemessene Beachtung, daß diese Güter in Klein- oder Großräumen mit differenten Siedlungs-, Wirtschafts-, Herrschafts- und Austauschverhältnissen liegen. Die ethnische und rechtliche Gliederung der Bevölkerung, das Alter der Siedlungen und deren Geschichte tun ein Übriges. Von so verschiedenen Lebensbedingungen und den dazu gehörenden Verhaltenskonventionen der dort ansässigen Bevölkerung kann das grundherrliche Abschöpfungsinteresse und -verhalten wohl schwerlich abstrahieren. Welche Einflußmöglichkeiten zur Befriedigung der herrschaftlichen *necessitates* sind gegeben?

Es ist zu prüfen, ob die regionale Verbreitung der genannten Rententypen geeignet ist, zur Klärung solcher Fragen beizutragen. Ich habe dies am Prümer Urbar versucht und das Ergebnis dann — vorläufig — *Rentenlandschaft* genannt. Sollten diese Ergebnisse, die ja oben umrissen wurden, der Kritik standhalten, und sollte damit der Eindruck zutreffen, daß die Hörigen verschiedener Grundherren in der gleichen Region dem in den Grundzügen gleichen Rentenregime unterliegen, dann wäre zunächst einmal an *einem* frühmittelalterlichen Fall erwiesen, was die Agrarhistoriker des Spätmittelalters (und der frühen Neuzeit) längst für einen maßgeblichen Bestandteil ihrer Kenntnisse halten. Man denke nur — für den deutschen Raum — an die Arbeiten F. Lütges[58]. Aber auch für das frühe und hohe Mittelalter sind neuerlich Impulse erkennbar, regionalisierend und typisierend zugleich zu denken[59].

58 S. o. Anm. 55; dazu J. de Vries, *The Economy of Europe in an Age of Crisis, 1600-1750* (Cambridge, 1976), S. 47ff.

59 P. Toubert (Anm. 54), passim; ders. 'Les féodalités méditerranéennes: un problème

Neben diesem Anschlußeffekt an die Forschung anderer Gebiete bzw. Epochen wäre aber etwas weiteres gewonnen. Man könnte die eingangs gestellte Frage nach dem *Handlungsspielraum* von Abt und Konvent als Grundherren differenzierter beantworten, denn der Regionalismus bäuerlicher Existenzformen käme als wichtige Voraussetzung für die Durchsetzung grundherrlicher Ziele ins Spiel.

Auch für die Präzisierung von Fragen nach der *Verlaufsweise* der Rentenevolution kann die Rententypologie von Nutzen sein, wenn man die Einzelelemente eines Typs oder der ganzen Typologie gewissermaßen 'morphologisch' zu nutzen sucht, d.h. die systematischen Beziehungen der Einzelformen bzw. der ihrer Kombinationen zueinander in die Zeit projiziert, als Entwicklung begreift. Also Fragen stellt nach der 'Logik' des Übergangs einer Form oder eines Formenbündels in ein(e) andere(s), nach dem Stellenwert der Einzelform im konkreten Gesamtgefüge pro Haushalt bzw. pro Grundherrschaft. Wenn halbwegs geklärt ist, welche Rolle die Einzelformen im bäuerlichen Abgabe- und herrschaftlichen Aneignungskalkül spielen, ist mehr darüber zu erfahren, warum und wie eine lokale *consuetudo* durch die Herrschaft und die Bauern 'schleichend', peu à peu, modifiziert wird oder warum sie schubweise und im ganzen für den einzelnen Bauernhof, alle *mansi* einer Domäne oder eines Hebebezirkes umgeordnet wird, was ja bis zur Reorganisation des Rentenregimes einer ganzen Grundherrschaft führen kann. Für all diese Verhaltensweisen gibt es Belege!

Der Gebrauchswert von Rententypologien dürfte also für die Sozialgeschichte des frühen Mittelalters nicht infragestehen. Sie können helfen, die konkreten Verhältnisse — so oft durch Dialekt und örtliche Konvention ummantelt — begrifflich zu erfassen, gleichzeitig aber dem Regionalismus ihrer Struktur und der Zeitform ihrer Entwicklung gerecht zu werden. Damit würden auch Rechts- bzw. Verfassungs- und Landesgeschichte so verbunden, daß das Eigentümliche der sozialen Beziehungen zwischen Bauern und Herren, das sich in der Partikularität von Rechten äußert, nicht durch die Arbeitsteilung der Wissenschaft zerrissen und verschüttet wird.

d'histoire comparée', in *Structures féodales et féodalisme dans l'Occident méditerranéen (Xe-XIIIe siècles). Bilan et perspectives de recherches*, Collection de l'école française de Rome, 44 (Rome, 1980), S. 1-13.

V

Nun zurück zum 'Fall' der Prümer Grundherrschaft am Ende des 9. Jahrhunderts. Den Rentenverhältnissen, wie sie das Urbar von 893 dokumentiert, wohnen mehrere Entwicklungstrends inne, zu deren Analyse ich im Sinne meiner Erwägungen zum Wert der Rententypologie — hier anknüpfend an meine Untersuchung von 1978 — beitragen möchte. Es geht um die *Geldrente*, die dem *Ackerbau* dienenden *Arbeitsrentenformen* bzw. die *Getreidezinse* und endlich die *Angleichungsstufen* von *mansus-ledilis*-spezifischem *noctes*-Typ und *mansus-servilis*-spezifischem *dies*-Typ.

Die Entwicklung der Geldrente im ganzen, dies hatte ich bereits angedeutet, läuft in der *Francia media* dieser Zeit auf die Kommutation bestimmter Produktrentenformen zu in Denaren zu zahlenden Geldquanta hinaus: die Schweine-, Textilien- und Holzzinse sind besonders betroffen; hinzu kommt die Umwandlung des Troßdienstes bzw. der Troßzinse (*hostilicium*).

Hierzu läßt sich erst einmal allgemein sagen: Die Mönchsgemeinschaften haben erkannt, daß sie Münzgeld als Anteil ihrer gesamten Einkünfte brauchen können und daß für die bäuerlichen Haushalte die Möglichkeit besteht, dieses Münzgeld gegen eigene Produkte zu erwerben, und zwar auch gegen solche, die nicht identisch sind mit denen, an deren Stelle nun das Geldquantum zu entrichten ist. Geldrente bedeutet so den Zwang zum Tausch, d.h. zum Marktkontakt, und weniger Abhängigkeit des bäuerlichen Betriebes vom Rentenempfänger in Bezug auf die sachliche Ausrichtung des Produktionsprozesses. Die Geldrente bezeugt hier also den Ansatz zu wichtigen Veränderungen der Mansuswirtschaft. Der ökonomische Kalkül und das Arbeitsverhalten beginnt, sich an Absatzchancen besonders nachgefragter Güter auf erreichbaren Märkten zu orientieren. Das Bewußtsein vom Unterschied zwischen der Höhe der Geldrente und dem Verkaufspreis des Überschusses bestimmt das Wirtschaftsverhalten nun mit[60]. Bei den 'empfangenden' Grundherrn zeigt die Geldform der

[60] Hier tritt das schwierige Problem zutage, wie eigentlich die Höhe der einzelnen Geldzinse zustandekommt. Sicher läßt sich nicht leugnen, daß dies mit Vorstellungen über eine Art 'Durchschnittswert' des abzulösenden Produkts in Verbindung steht. Es fragt sich aber, ob diese Erklärung ausreicht. Sieht man sich allein den Geldausdruck an, den die *sualis*-, *porcus donativus*- und *hostilicium*-Zinse im Prümer Urbar annehmen (hierzu L. Kuchenbuch (Anm. 1), S. 158f.), dann muß man zugeben, daß die überaus großen Unterschiede in der Höhe dieser Zinse keinesfalls Ausdruck eines 'überregionalen' Durchschnittswertes sein können. Was bedeutet es nun, wenn für die *sualis*-Abgabe

Einkünfte eine Orientierung an, die schon auf der hier angesprochenen allgemeinen Ebene mehrschichtig zu deuten is. Einerseits erscheinen die von der Umwandlung betroffenen Realabgaben am Ort ihrer Entrichtung wertloser zu sein als das 'entsprechende' Geldquantum. Dies kann zweierlei heißen: der Transport zum Verbrauchsort ist zu aufwendig, oder die Güter haben eben dort (beim Mutterkloster oder seinen Filialen) wenig Gebrauchswert. Da für andere Produktrentenformen bzw. Produkte aufwendige Transportanstrengungen nachweisbar sind — darauf ist zurückzukommen —, muß man wohl an letzteres denken. Die Schweine und Textilien bzw. Fasern der Domänenbauern braucht man im Claustrum nicht mehr in dem Ausmaß, wie sie durch die Abgaben verfügbar sein könnten, der Bedarf an ihnen ist zurückgegangen. Da die Kommutation in Geld und nicht die in andere Produktzinse vorliegt, muß sich umgekehrt der Gebrauchswert des Geldes erhöht haben. Dies ist wohl so zu deuten, daß das Kloster mehr kaufen möchte und kaufen kann. Dieses gesteigerte Kaufinteresse bezieht sich sicher hauptsächlich auf Güter, die überwiegend dem Fernhandel entstammen (hochwertige Textilien, liturgisches Gerät, Gewürze u.a.) und durch eigene *negotiatores* beschafft werden[61]. Man kann also sagen, daß die Abtei ihre Bauern auf die lokalen Märkte drängt, um anstelle für sie relativ wertloser Produkte sich Güter zu beschaffen, die ihren speziellen sozialen Funktionen und einem angemessenen Lebensstandard dienen.

Interessant ist nun, daß die Umwandlung der angesprochenen Produktrentenformen zu Geld in den verschiedenen Güterkomplexen der Prümer Grundherrschaft verschieden weit fortgeschritten ist. Zu diesen regionalen Unterschieden einige Erklärungsversuche:

in den Ardennen zwischen 5 und 15 Denare, an Ahr, Erft und Rur zwischen 12,20 und 24 zu geben sind, ihr Geldwert um Prüm zwischen 20 und 24 wechselt, an der mittleren Mosel mit 12, im Lahngau und Rheinhessen jedoch mit 60 Denaren beziffert wird? Ich weiß es bislang nicht. Um diese Unterschiede zu erklären, bedarf es sicher noch ausgiebiger Untersuchungen. Bei der Entstehung solcher Zinse ist sicherlich Vieles zu beachten: der regionale Produktstandard, das regionale Münzsystem, die Intensität des regionalen Marktverkehrs, die aktuelle Preis- und Ertragssituation, nicht zuletzt aber das herrschaftliche Geldbedürfnis und die Kräftekonstellation zwischen den Herren und Bauern. In diesem letzten Sinne wird man davon ausgehen müssen, daß die Kommutation zu dieser Zeit nicht als rein ökonomischer, d.h. hier: vom regionalen Tauschverkehr regulierter Vorgang anzusehen ist, sondern als ein Interessenausgleich oder -oktroi im Rahmen von Herrschaftsverhältnissen.

[61] L. Kuchenbuch (Anm. 1), S. 302ff.; vgl. allgemein E. Lesne, *Histoire de la propriété ecclésiastique en France*, Bd. 6 (Lille, 1943), S. 232.

1. Verstreut liegende Einzelhufen[62] — sie machen nur ein halbes Prozent der Gesamtzahl der Prümer *mansi* aus — entrichten aus verschiedenen Gründen ausschließlich Geldrente. Die abgelegene Lage ohne domanialen Bezug, besondere Vereinbarungen beim Erwerb und die bewußte Ausgliederung aus dem örtlichen Domanialverbund (Benefizialgut) kommen hier in Frage. Alle brauchen den lokalen Markt.

2. G. Despy[63] hat überzeugend dargelegt, daß die Geldzinse, die die Hintersassen der Prümer Domänen in den Ardennen und an der Maas entrichten[64], in gutem Erklärungszusammenhang einerseits mit einer demographischen Expansion[65] stehen, die für die Hufner der Region relativen Reichtum bedeutete, und andererseits mit der Entstehung von Landmärkten in diesem Gebiet (Fosses, Bastogne, St. Hubert), neben den Fernhandels-*portus* an der Maas. Dort werden die Bauern ihre Überschüsse abgesetzt haben. Und die Klosterführung wird dies eher gefördert als nur geduldet haben, die Gründe wurden oben erläutert.

Solches Zusammenspiel von lokale Absatzchancen wahrnehmenden Bauern und grundherrlichem Geldbedürfnis wird es auch in den Güterkomplexen nördlich der Eifel gegeben haben — bei zum Teil entgegengesetzter demographischer Situation[66]. Prüm hat, allerdings erst 898, dort für Münstereifel ein Marktprivileg erworben[67]. Auch für die Bauern am Niederrhein und in Holland ist der Geldzins eine geläufige, zum Teil schon bestimmende Rentenform, für das Kloster war diese Form der Einkünfte der großen Entfernung vom Zentrum wegen sicher die bequemste[68]. Ähnliches wird man eventuell auch für die Hufen im mittleren Lothringen sagen können[69].

3. Gerade wegen der Marktnähe bestimmter Güter und Hufner kann das Kloster die Entwicklung zur Geldrente aber auch bewußt gebremst haben, und zwar aus Interesse am eigenen Verkauf der bäuerlichen Überschüsse. Dies scheint in Rheinhessen[70] der Fall gewesen

[62] L. Kuchenbuch (Anm. 1), S. 162f.
[63] G. Despy (Anm. 3), passim.
[64] *Prümer Urbar*, Kapitel 44-53, MUB I (Anm. 16), S. 165-74.
[65] J.-P. Devroey, 'Mansi absi' (Anm. 3), S. 428ff.
[66] A.a.O., S. 425ff., betr. *Prümer Urbar*, Kapitel 76, 77, 80, 81 (MUB I, S. 183-85).
[67] L. Kuchenbuch (Anm. 1), S. 304f.
[68] *Prümer Urbar*, Kap. 97-103, MUB I, S. 190-92.
[69] *Prümer Urbar*, Kap. 34-40, MUB I, S. 162-64.
[70] *Prümer Urbar*, Kap. 112-118, MUB I, S. 196-99.

zu sein. Hierauf hat W. Hess schon vor Jahren aufmerksam gemacht[71]. Definitive Geldzinse fehlen hier bei allen *mansi*, im Vordergrund stehen eben Versorgungsleistungen der Domänen für die Gastung des Prümer Abtes mit seinem Gefolge und der fronarbeitsintensive Weinbau, dessen jährlichen Ertrag die Hufner in Rheingönnheim verkaufen müssen[72]. Märkte für diesen Frondienst hat es in dieser Region genügend gegeben[73].

Ähnliches hat man auch für die Bauern in der Umgebung Prüms zu vermuten. Die Abtei verfügte seit 861 in Rommersheim über einen Markt, die Bauern der Umgebung haben dort Wein, wohl von den Prümer Gütern an der Mosel[74], und Salz, sicher aus den Prümer Pfannen in Vic-sur-Seille[75], zu verkaufen. Geldrente fehlt im Rentenkatalog dieser Hufen, nur wenige *hostilicium*-Zinse können in Geldform entrichtet werden.

4. Dagegen hat man sich die Geldrenten-'Armut' der Hufner im Lahngau und an der Nahe bzw. Glan[76] umgekehrt zu erklären. Diese Bauern dürften eher abseits von Märkten gelegen haben, die ihnen Verkaufschancen geboten hätten. Erst die Vervielfältigung der lokalen Märkte in der kommenden Zeit wird hier Abhilfe geschaffen haben.

Man sieht am Fall der Geldrente: Es besteht ein enges Wechselverhältnis zwischen den regionalen Eigenheiten, hier die Entwicklung der bäuerlichen Austauschverhältnisse betreffend, und den herrschaftlichen Verwertungsweisen dieser Eigenheiten. Sie reichen von der passiven Hinnahme über die Förderung bis hin zur tätigen Indienstnahme.

Auch für den 'morphologischen' Aspekt kann die Betrachtung dieser Verhältnisse etwas erbringen. Die regional verschiedenen Stufen der Kommutation ergreifen eben nur bestimmte Rentenformen. Gerade zwischen den Schweinen, den Textilien und Holzprodukten aus der Mansusproduktion und dem Geld bestehen enge Beziehungen[77]. Und

[71] 'Geldwirtschaft am Mittelrhein zur Karolingerzeit', *Blätter für deutsche Landesgeschichte*, 98 (1962), S. 26ff.

[72] *Prümer Urbar*, Kap. 114, MUB I, S. 197.

[73] W. Hess (Anm. 71), S. 50ff.

[74] *Prümer Urbar*, Kap. 24-29, MUB I, S. 154-160.

[75] *Prümer Urbar*, Kap. 41, MUB I, S. 164f.

[76] *Prümer Urbar*, Kap. 104-111, 30-32, MUB I, S. 192-94, 160f.

[77] Ebenso — dies klang bereits öfter an — zum *hostilicium*. Diese Rentenform bestand ursprünglich im jährlichen Troßdienst zum Heereszug, meist zwischen Mai und August. Mit der Entwicklung der abteiherrlichen Panzerreiterei, die sich — über Benefizien — selbst zu versorgen hatte, wird dieser Dienst, nun obsolet, zur grundherrlichen Leistung verwandelt: in Ochsengestellung, Pflugdienst, Getreide-, Dung-,

diese Beziehungen werden sich — das weisen manche Quellen aus — im 10. Jahrhundert weiter entwickeln. Die Geldrente wird diese Produktzinse fortschreitend aufsaugen, bis man überhaupt nicht mehr erkennen kann, woher erstere sich 'ableiten'[78]. Einzig der Zinstermin erlaubt dann noch Vermutungen.

Warum aber bestehen so gut wie keine Beziehungen zwischen dem Geld und den wichtigsten Arbeitsrentenformen sowie den Getreidezinsen?

Die Frage leitet über zum zweiten Problemkreis: der Rolle der Getreidezinse und derjenigen Arbeitsrentenformen, die dem Getreidebau unmittelbar dienen oder der Getreideverwertung zugeordnet sind.

Folgende Beobachtungen sind hierzu von Bedeutung:

1. Es ist auffällig, daß der mehrfach belegte Verkaufsdienst Prümer Hintersassen sich — soweit erkennbar — nur auf Salz und Wein bezieht, nicht jedoch auf Getreide[79].

2. Getreidezinse sind, davon war schon die Rede, überhaupt recht selten.

3. Wo Getreidezinse erhoben werden, wird ihr Wert weder in Geldquanta ausgedrückt, noch sind sie in Geldzins kommutierbar. Vielmehr besteht eine mehrfach auffällige Korrespondenz zwischen fehlendem *sualis*- und geringem Getreidezins[80]. Oft rühren Getreidezinse auch aus der Kommutation von anderen Abgaben[81], nie jedoch von Ackerfronden. Es ist vielmehr umgekehrt: es fehlen gerade wichtige Ackerbaufronden im Rentenkanon, wo hohe Getreidezinse verlangt werden[82].

4. Die überregionale Gütertransportordnung der Prümer Grundherrschaft, die *angaria*-Leistung der Hintersassen, besteht ausschließlich aus Getreide-, Wein- und Salzfuhren — über verschiedene Zwischenstationen — zu den klaustralen Konsumtionszentren Prüm,

Lämmer- und Geldzins. Die letztere Form ist die häufigste. Das *hostilicium* hat deshalb eine Sonderstellung im System der Rentenbeziehungen inne. Vgl. L. Kuchenbuch (Anm. 1), S. 139f., 164, 338f.

[78] L. Kuchenbuch (Anm. 1), S. 164, 166, 208f., 215f. Hierzu müßten noch genauere Einzeluntersuchungen an urbarialen Quellen, die aus der gleichen Grundherrschaft zu verschiedenen Zeitpunkten stammen, erfolgen. Ich denke an die Grundherrschaften von Marmoutier (Elsaß), Weißenburg, Saint-Remi, Fulda.

[79] A.a.O., S. 145.

[80] Dies in 6 Urbarkapiteln (16, 17, 22, 76, 86, 112).

[81] L. Kuchenbuch (Anm. 1), S. 146f.

[82] *Prümer Urbar*, Kap. 44, 97, 103, MUB I, S. 165f., 190, 192.

Münstereifel, St. Goar und Altrip, sowie zu wichtigen Aufenthaltsorten des Abtes (Aachen, Worms, Frankfurt)[83].

Aus diesen Beobachtungen resultiert bereits: Die Klosterleitung ist bestrebt, die jährlichen Getreideerträge der Domänen, gleichgültig ob sie vom Salland oder den Hufen stammen, vom kleinräumigen Marktgeschehen abzuschotten. Sie betrachtet sie also nicht als dort profitabel absetzbaren Überschuß, sondern läßt sie durch aufwendige, schwer auf den *mansi* lastende Transportfronden zu den Herrschaftszentren schaffen. Das Getreide wird also dort gebraucht[84]. Nur im Ausnahmefall stammt es aus den Bauernwirtschaften selber, obwohl das Bestreben erkennbar ist, die Getreideeinkünfte durch Kommutation anderer Produktrentenformen zu erhöhen.

Die räumliche Verbreitung der wenigen hohen Getreidezinse dürfte keine zufällige sein. Betroffen sind die Regionen an der Maas und am Niederrhein, in Holland und *Saxonia* (also die Prümer Rententypen I und II). Es fragt sich, ob die Prümer Grundherren auf den Gütern in diesen Regionen eine über Arbeitsrente organisierte Betriebsgrundherrschaft, auf Getreideproduktion ausgerichtet, nicht durchsetzen konnten oder wollten. Ich kann diese Frage nicht beantworten, meine aber, daß einerseits die durch Erwerbsbedingungen und -datum geprägte Struktur dieser Güter, zum anderen die regionalen Eigenarten der bäuerlichen Betriebe zur Erklärung heranzuziehen sind.

Da die große Linie der weiteren Rentenentwicklung in diesen Regionen zum Getreide- und Geldzins führt[85], ist man leicht geneigt, die Zustände am Ende des 9. Jahrhunderts für progressiv zu halten. Wie fragwürdig dies ist, kann man an den Untersuchungen ablesen, die sich mit Regionen befassen, deren Agrarverfassung und Renten-

[83] Meine kurzen systematischen Bestimmungen sind jetzt überholt durch die Untersuchung von J.-P. Devroey, 'Les services' (Anm. 3), passim.

[84] Das Gleiche gilt mutatis mutandis auch für den Wein. Hierzu wäre eine eigene Untersuchung nötig.

[85] Vgl. die Literaturhinweise in Anm. 24. Dazu: Ch.-E. Perrin, *Les classes paysannes et le régime domanial en France du début du IXe siècle à la fin du XIIe siècle*, Les Cours de Sorbonne (Paris, 1941), S. 124ff.; E. Linck, *Sozialer Wandel in klösterlichen Grundherrschaften des 11. bis 13. Jahrhunderts. Studien zu den familiae von Gembloux, Stablo-Malmedy und Saint-Trond*, Veröff. d. Max-Planck-Instituts f. Geschichte, 57 (Göttingen, 1979), S. 269ff. u. ö.; zu Holland: A. Verhulst, 'Die Niederlande im Hoch- und Spätmittelalter', in *Handbuch der europäischen Wirtschafts- und Sozialgeschichte*, hg. v. H. Kellenbenz, Bd. 2: *Europäische Wirtschafts- und Sozialgeschichte im Mittelalter*, hg. v. J.A. van Houtte (Stuttgart, 1980), S. 263, 273ff.; zu Westfalen und Emsland auch: H.H. Kaminsky, *Studien zur Reichsabtei Corvey in der Salierzeit*, Veröff. d. historischen Kommission Westfalens, 10 (Köln/Graz, 1972), S. 37f., 146ff.

strukturen im frühen und auch hohen Mittelalter eben nicht von Arbeitsrente und Betriebsgrundherrschaft geprägt sind[85a]. Aber selbst wenn man nicht vom späteren Ergebnis der Entwicklung her denkt, ist man das Problem noch nicht los, welche *innerbetrieblichen* Gründe für die regionale Vorherrschaft bestimmter Produktrentenformen infrage kommen könnten. Nicht auszuschließen ist, daß man Räume mit höherer getreidewirtschaftlicher Produktivität der Einzelbetriebe vor sich hat, mag dies nun aus stärkerer Vergetreidung der Betriebsstruktur, besseren Böden, dichterer Besiedlung u.ä. resultieren, oder der Bündelung solcher Gründe.

Doch nun noch zwei weitere Beobachtungen:

5. Da die Prümer Hufen in der Regel direkt kein Getreide zinsen, ist immerhin denkbar, daß sie beim — herrschaftlich gebotenen — Mahlgang in der (Bann-)Mühle die Verrentung ihrer Getreideerträge erwartet. Dies ist ja aus späterer Zeit nur zu gut bekannt. Am Ende des 9. Jahrhunderts aber sind die lokalen Mühlen, ebenso die Back- und Brauhäuser, noch nicht zum Monopolinstrument 'sekundärer' Appropriation ausgebaut. Die Höhe der Mühlenzinse, soweit überliefert, schließt dies aus[86].

6. Der oben festgestellte Bedarf an Getreide für die Zentren wird durch die Produktion auf dem Salland der Domänen gedeckt. Dies geschieht aber eben nicht primär mithilfe landloser Arbeitskräfte am Fronhof selber oder in benachbarten Katen, und ebenso nicht mithilfe von Tagelöhnern[87], sondern durch ein Bündel von Arbeitsrentenformen, die für möglichst alle *mansuarii* am Ort verbindlich waren, egal auf welchem Mansustyp sie saßen. Vieles weist darauf hin, daß der Bedarf an solchen Diensten schier unstillbar gewesen ist, das Kloster zielte auf ihre Vermehrung und ihre Qualifizierung ab. Nur solche Dienste sind kommutierbar, die dem Ackerbau nachgeschaltet sind, deren Bedarf also mit dem jährlichen Ertrag schwankt, also besonders Weiterverarbeitungs- und Transportdienste.

Am verbreitetsten sind die *iugera*, dazu treten die *iornales precatorii* und die *corvadae*. Sie alle, das hat Ch.-E. Perrin herausgearbeitet,

[85a] Lehrreich in diesem Zusammenhang: J.-P. Poly, *La Provence et la société féodale (879-1166). Contribution à l'étude des structures dites féodales dans le Midi* (Paris, 1976), S. 99-112; ders. 'Régime domanial et rapport de production "féodalistes" dans le Midi de la France (VIIIe-Xe siècles)', in *Structures féodales* (Anm. 59), S. 59ff.; V. Fumagalli (zu Oberitalien), ebd. S. 313-25; P. Toubert, 'L'Italie rurale' (Anm. 54), bes. S. 101-110.

[86] L. Kuchenbuch (Anm. 1), S. 279ff.; Ch.-E. Perrin (Anm. 85), S. 179.

[87] A.a.O., S. 251ff.

werden unter grundherrlichem Einsatz von Bitte und Bann vervielfältigt[88]. Auch weitere Leistungen dienen diesem Gesamtzweck: der Dungzins[89], die Stellung des Saatguts durch die Hufner[90], vereinzelte Kommutation anderer Rentenformen in Ackerdienste[91] und die Erhebung von Ernte-*dies*. Dabei nimmt die Abtei häufig — insbesondere bei neu erhobenen Diensten — die Verpflegung der Fronenden inkauf.

Nach den Austausch-, Verkehrs- und Produktionsbedingungen zu urteilen wird also ein deutliches Konsumtionsziel verfolgt[92]. Warum dieser Getreidehunger der Abtei Prüm am Ende des 9. Jahrhunderts? Und da viele der genannten Beobachtungen auch für die Register anderer Klostergemeinschaften dieser Zeit zutreffen: warum dieses allgemeine Bedürfnis? Hierzu nur Andeutungen in pauschaler Form, da es an Quellen zu Prüm selbst mangelt. Ein Grund liegt sicher in den *Konsumnormen* der Benediktiner, die nach ihrer Regel zum Verzehr von Brot, Obst und Gemüse, Geflügel und Wein, nicht aber Fleisch von Vierfüßlern angehalten werden (Reg. Ben. c. 39, 40). Dies hat zuletzt E. Linck herausgestellt[93]. Dazu kommen ebenso sicher Versorgungshandlungen für Kranke, Arme und Gäste aller Art, die man zum Teil als den Wiederverteilungsaufwand interpretieren kann, der die Legitimität der eigenen sozialen Position abstützen hilft[94]. Ebenso kann man an Gastungsbedarf für weltliche Schutzmächte, insbesondere das Herrscherhaus und dessen *missi*, und an das Heeresaufgebot[95] neben den eigenen *milites* denken, also an *servitia* und *militia*[95a]. Gerade für residenzgebundene Versorgungsleistungen eignet sich das Getreide mit seinen guten Aufbewahrungsqualitäten besonders. Über Begründung, Ausmaß und Entwicklung dieser Bedarfselemente wird noch viel

[88] Ch.-E. Perrin (Anm. 7), S. 456ff., dazu auch L. Kuchenbuch (Anm. 1), S. 123ff.

[89] A.a.O., S. 149.

[90] *Prümer Urbar*, Kap. 114, 116, MUB I, S. 197f.

[91] *Prümer Urbar*, Kap. 65, MUB I, S. 179.

[92] Für den Verkauf von Getreide in großem Maßstab vom Zentrum aus finden sich keine Belege.

[93] S. o. Anm. 85, S. 15f.; zum Brotverbrauch in den Klöstern M. Rouche, 'La faim à l'époque carolingienne: essai sur quelques types de rations alimentaires', *Revue historique*, 97 (1973), S. 295-320.

[94] L. Kuchenbuch (Anm. 1), S. 57f.; f. Prüm: MUB I, Nr. 57 (826); allgemein: E. Lesne (Anm. 61), S. 16-184; E. Boshof, 'Untersuchungen zur Armenfürsorge im fränkischen Reich d. 9. Jahrhunderts', *Archiv für Kulturgeschichte*, 58 (1976), S. 265ff.; S. Epperlein, 'Zur kirchlichen und weltlichen Armenfürsorge im karolingischen Imperium', *Jahrbuch für Wirtschaftsgeschichte*, (1963), 1, S. 41ff.

[95] A. Verhulst (Anm. 3), S. 213.

[95a] Hierzu W. Metz, 'Quellenstudien zum Servitium Regis (900-1250)', I, *Archiv für Diplomatik*, 22 (1976), S. 187ff.

nachzudenken sein, da sie ja den Antrieb für ein herrschaftliches Verhalten bilden, das vor Ort den Bauern als *necessitas* gegenübersteht. Auch für die bessere Bestimmung der Unterschiede zwischen kirchlichen, laikal-adligen und königlichen Grundherrschaften wird solche Arbeit von Nutzen sein[96].

Die Maßnahmen zur Getreidebeschaffung, besonders aber die zur Steigerung der domanialen Getreideproduktion offenbaren weiter ein Aneignungskalkül, das man, zugespitzt formuliert, als die verallgemeinerte Indienstnahme der wichtigsten Produktionsmittel der Bauernwirtschaften und die verbesserte Anpassung an die natürlichen Bedingungen des Getreidebaus ausmachen kann.

Wenn, wie G. Duby treffend meint, 'l'interdépendance des activités pastorales et agricoles constitue en Europe la clé du système de culture traditionnel'[97], dann bedeutet die Intensität der domanialen Nutzung von *bäuerlichem Pflug* und *Wagen*, vor allem aber *Zugvieh*, d.h. *Ochsen*, wie dies in den genannten Diensten zum Ausdruck kommt, einen grundherrlichen Lernschritt erster Ordnung: die — unter den gegebenen Bedingungen — bessere Eignung des bäuerlichen Kleinbetriebs für die Reproduktion von Arbeitsmitteln, die (auch) der Appropriation von Mehrarbeit dienen sollen, wird hier anerkannt und organisiert. Der Unterhaltsaufwand dieser Produktionsmittel am Herrenhof rentiert sich demgegenüber nicht (mehr). Dies dürfte mindestens den klösterlichen Grundherrn dieser Zeit klargeworden sein. Sprechenden Ausdruck findet dieses Kalkül schon im Kapitular von Le Mans (ca. 800)[98], wo das Verhältnis der *tres dies in ebdomada* zum Pflugdienst (*corvada*) — bei gleicher Landmenge des Pflichtigen — danach bestimmt wird, ob der Pflichtige über Zugvieh verfügt. Erst wenn er weniger Land hat, *secundum estimationem sui telluris opera faceret*[99]. In späteren Quellen wird dieses Bestimmungskriterium, der Besitz oder Nichtbesitz solcher entscheidender Produktionsmittel wie Wagen oder Ochsen, häufiger zur Fixierung bzw. Differenzierung von Fronpflichten benutzt[100].

[96] In Betracht zu ziehen wären hier: die *stabilitas loci*, das kirchliche Unveräußerbarkeitsprinzip und die Vogtei.

[97] *Guerriers et paysans VIIe-XIIe siècles. Premier essor de l'économie européenne* (Paris, 1973), S. 35.

[98] MGH, *Capitularia* (Anm. 46), Nr. 31, S. 81f.

[99] Auch im berühmten Titel I, 13 der *Lex Baiuuariorum* (MGH, *Leges* V, 2, Hannover, 1926, S. 286ff.) klingt dies bereits an, wenn es zu den Dienstpflichten der *servi ecclesiae* neben den *tres dies* heißt: *Si vero dominus eius dederit eis boves aut alias res, quas habet, tantum serviat, quantum ei per possibilitatem impositum fuerit.*

[100] *Prümer Urbar*, Kap. 24, 25, MUB I, S. 154ff.; *Polyptychum-Fragment von*

Mit der Verbreitung der zeitlich und sachlich definierten Ackerbaufronden (Stückdienste), die ja, wie Perrin gezeigt hat, einer Korrosion des 3-Tagedienstes gleichkommt, wird im Grunde der Aneignungsprozeß der Mehrarbeit mit dem Wachstumsprozeß zur Deckung gebracht. Gegenüber dem 'unnatürlichen' Schematismus des 3-Tagedienstes ist der Stückdienst dem Wachstumsprozeß organisch angepaßte Saisonarbeit. Außerdem übernimmt der Bauer die Reproduktion der dabei verwendeten Betriebsmittel. Mit der im Stückdienst enthaltenen Verbindung von Mensch, Ochse und Pflug bzw. Wagen wird die dem Getreidebau angemessene *Arbeitseinheit* für die Appropriation instrumentalisiert, und im termingerechten Einsatz wird diese Einheit auch *zeitlich effektiv* genutzt.

Zusammenfassend kann man vielleicht sagen: Bedeutet — gegenüber dem Prinzip der Sallandbestellung durch Hofsklaven und herrschaftliche Betriebsmittel — die Casatierung der *servi* die Anerkennung der Überlegenheit selbständiger bäuerlicher Haushalte für die Reproduktion der schieren Arbeitskräfte, so ist die Ablösung des formal gegliederten Zeitdienstes (3-Tagesdienst) durch den Stückdienst Ausdruck davon, daß die bäuerliche Wirtschaft nun auch als der geeignetere 'Ort' für die Reproduktion der Betriebsmittel angesehen wird. Indirekt zeigt sich an diesen Maßnahmen, wie sich die *Hegemonie* der bäuerlichen Familienwirtschaft als Betriebseinheit gegenüber der Domanialwirtschaft entwickelt hat — oder sich stufenweise im frühen Mittelalter entwickelt[101].

Morphologisch gewendet kann die Typologie der Arbeitsrentenformen also zur Klärung ganz wesentlicher langfristiger sozioökonomischer Prozesse beitragen: die historische Betrachtung der Beziehungen wichtiger Frondienstformen zueinander zeigt, daß die effektivste Form der Arbeitsrente für ein herrschaftliches Ziel, nämlich die Getreideproduktion ohne maßgeblichen Anteil hofhörigen und durch Lohnarbeit vergüteten Personals auf dem Salland, in der *engen Anpassung* an den *einzelbetrieblichen Arbeitsprozeß* der *Bauernwirtschaften* und ihrer *wichtigsten Arbeitselemente* gesucht werden mußte.

Saint-Amand-les-Eaux, hg. B. Guérard (Anm. 27), S. 925; *Polyptychum Fossatense*, hg. B. Guérard (Anm. 27), S. 283ff.: c. 1ff. *mansi manoperarii* bzw. *carroperarii*, c. 10: *corbadas II, unamquamque cum VI bovibus, et tertiam cum duobus* (betrifft den *mansus ingenuilis*). Man denke auch an die Unterscheidung von *manopera* und *carropera* in den Registern von Saint-Germain, Saint-Remi und Montierender.

[101] Hierzu allgemein auch C. Billen/C. Dupont (Anm. 51), S. 113ff.

Vielleicht sind mit diesen Folgerungen, deren Tragweite mir noch nicht ausreichend klar ist, auch Möglichkeiten gegeben, zu erklären, warum, trotz des verallgemeinerten Drucks auf die Mansusbauern, die Sallandproduktion zu steigern bzw. zu effektivieren, in der Prümer Grundherrschaft selbst dort, wo der gleiche Rententyp vorherrscht, von Region zu Region, ja Domäne zu Domäne so verschiedene Ausformungen dieses Typs existieren. Ich beziehe mich hier nur auf die Rententypen IVa-f, also die Koppelung von *mansus-ingenuilis/ledilis*[102]-spezifischem *noctes*-System und *mansus-servilis*-spezifischem *dies*-System. Es geht also darum, Gründe für die Differenzierung der Rentenverhältnisse *innerhalb* einer 'Rentenlandschaft' zu finden, also um den dritten Problemkreis.

Ch.-E. Perrin[103] hat zu dem Zweck, den Prozeß der Annäherung der Rentenpflichten zwischen den *mansi ingenuiles/lediles* und *mansi serviles* zu rekonstruieren, sich zuerst auf den 'archaischen' Ausgangspunkt der Lex Baiuuariorum (Tit. I,13) und der Lex Alamannorum (Tit. XXI-XXII) bezogen, Texte, in denen die Rentenpflichten der freien und unfreien Hintersassen überdeutlich geschieden sind. Im zweiten Schritt hat er, diesem Ausgangspunkt entsprechend, die alten Unterschiede zwischen den Prümer Mansustypen ermittelt. Den folgenden Verschmelzungsprozeß erklärt er sich so, daß den *mansi ingenuiles/lediles* über die Bitte neue Rentenformen wie *corvada*, *noctes* und *mancipia*-Stellung auferlegt wurden, den *mansi serviles* mithilfe des Bannrechtes sowohl alte *mansus-ingenuilis*-spezifische Stückdienste (*iugera*, *clausura* u.a.) wie die neuen Formen wie *corvada*, *noctes* und *mancipia*-Stellung (d.h. Ernte-*dies*). So sei die Aushöhlung des Zeitdienstes in Gang gekommen. Das Ergebnis: die *mansi ingenuiles/lediles* sind schwerer belastet, die *mansi serviles* leichter. Den Annäherungsprozeß haben beschleunigt: das interständische Konnubium[104], die lokale Verteilung der Mansustypen und eine Verallgemeinerung der Anwendung des Bannrechts.

Warum trotz geduldiger Verfolgung des Zieles, die Rentenstrukturen zu vereinheitlichen, den Prümer Äbten dies nur für Güter in bestimmten

[102] Zur Gleichstellung von *mansus ingenuilis* und *mansus ledilis* im Rheinland des 9. Jahrhunderts: L. Kuchenbuch (Anm. 1), S. 238ff. (dort weitere Literatur).

[103] Es geht hier nur darum, Perrins Argumentation nachzuzeichnen. Die Details sind dabei unwesentlich, also auch eine entsprechende kritische Auseinandersetzung mit ihnen.

[104] An folgenden Vorgang ist zu denken: ein *servus*, der eine *ingenua/lida* heiratet bzw. in einen *mansus ingenuilis/ledilis* einheiratet, 'verankert' gewissermaßen im verdinglichten Rentenkanon seine knechtsspezifischen Pflichten.

Regionen, also nicht überregional gelang, kann sich Perrin nicht erklären. Er deutet aber Möglichkeiten an, die zu einer Vereinheitlichung genutzt worden sein könnten. Sie können auch für unsere hier anschließende Frage Zugang bieten.

1. Es gab die Möglichkeit, das Rentengefüge einzelner Domänen umzuordnen. Dies ist inzwischen durch W. Goffart für die Reimser Grundherrschaft nachgewiesen[105], hat sich wohl noch im Polyptychum von St.-Remi niedergeschlagen[106] und dürfte auch für die *ingenui* und *servi* von St.-Bertin gelten, ihre Landausstattung und Rentenpflichten betreffend[107].

2. Es gab die Möglichkeit, die pauschalen Fixierungen von Rentenpflichten, die die älteren Register enthielten, durch 'präzisere' Regelungen zu unterlaufen. Konflikte, die aus solchem Verhalten resultierten, sind aus mehreren Quellen bekannt. Ebenso bekannt ist, daß Klerus und König Mittel und Wege kannten, wie zusätzliche Dienste und Abgaben im Bedarfsfall erhoben werden konnten, deren Umformung zur regulären Leistung dann der nächste Schritt war. Hierüber wurde korrespondiert, wurden Vorschriften erlassen und kopiert[108].

3. Man ließ jenen beschleunigenden Faktoren, die oben benannt wurden, freies Spiel. Gerade für das Interesse von *servi*, *ingenuae/colonae* zu ehelichen (und vice versa) hat E. Coleman Nachweise innerhalb der Grundherrschaft von St.-Germain-des-Pres erbracht[109]. Auch dem Polyptychum von St.-Remi dürften Belege dafür zu entnehmen sein, daß durch Konnubium standesspezifische Rentenpflichten in den Rentenkatalog des betreffenden *mansus* eingehen konnten.

Die drei — hier durch Belege ergänzten — Vermutungen Perrins zeigen, daß der Durchsetzung herrschaftlicher Vorstellungen zur Vereinheitlichung der Rentenverhältnisse Wege offen-, zugleich aber auch Hindernisse entgegenstanden. Ich möchte Ergänzungen zu dieser widersprüchlichen Konstellation beibringen, um zur Beurteilung bestimmter Erscheinungen im Prümer Urbar Hypothesen zur Verfügung zu haben.

[105] W. Goffart, 'From Roman Taxation to Mediaeval Seigneurie: three Notes', *Speculum*, 47 (1972), S. 373ff.

[106] *Polyptychum Saint-Remi* (Anm. 29), XI, 2ff., dazu B. Lützow (Anm. 3), S. 52ff.

[107] F.-L. Ganshof (Anm. 3), S. 131ff.

[108] L. Kuchenbuch (Anm. 1), S. 126ff., 185ff., W. Metz, *Das karolingische Reichsgut. Eine verfassungs- und verwaltungsgeschichtliche Untersuchung*, Teil I (Berlin, 1960), S. 11ff.

[109] E. Coleman, 'Medieval Marriage Caracteristics: A Neglected Factor in the History of Medieval Serfdom', *The Journal of Interdisciplinary History*, 2 (1971), S. 205ff.

Man muß berücksichtigen, daß die Grundherren selber die *ständische Spaltung* der ihnen dienenden Landbevölkerung nicht nur abzubauen, sondern auch zu betonen suchten — oder anerkennen mußten. Wie anders ist es z.B. zu erklären, daß im Polyptychum von St.-Bertin den *ingenui* und *servi* auf den meisten picardischen Domänen einerseits die gleiche Landmenge pro *mansus* (*XII bunuaria*) zuerkannt wurde, zugleich aber die Rentenpflichten deutlich geschieden blieben: 2 Tage Fron pro Woche für die *ingenui*, 3 Tage für die *servi*. Mit rein ökonomischem Kalkül ist diese Neuordnung nicht zu erklären. Die Unterschiede verweisen darauf, daß *ingenuitas* und *servitus* im grundherrschaftlichen Rahmen Rechtsverhältnisse sind, die regional und ökonomisch andere Inhalte haben können, gleichgültig, wie allgemein sie in den Leges oder Kapitularien abgehandelt werden. Hier hat eben der Kolone oder Inhaber einer freien Hufe den 3-Tagedienst, dort den 2-Tagedienst und wieder dort die *noctes* plus diverse Stückdienste zu leisten. Diese verschiedenen Inhalte sind Ausdruck von sozialen Kräfteverhältnissen. Hier haben die freien Hintersassen ihre alte Stückdienststruktur bewahren können, dort sind sie dem Zeitdienstdruck der Herrschaft erlegen. Soziale Kräfteverhältnisse existieren aber nicht allein zwischen Grundherren und Bauern, sondern ebenso zwischen Bauern selber. Man versuche einmal, die soziale Tragweite der folgenden Bestimmung zu durchdenken, die, für die *mansuarii* in Fleury-La-Rivière (südl. Reims) geltend, im Polyptychum von St.-Maur-des-Fossés (c. 10) überliefert ist: (*mansus ingenuilis*) *debet ducere annonam ad farinariam super carrum suum de suis diebus, et in ipsa farinaria debet stare servilis mansus, qui ipsam annonam provideat et cooperetur. Debet etiam de suis diebus fimum ducere in campum et expandere de suo carro, et servilis mansus debet levare fimum super carrum*[110]. Ist in der Picardie der persönliche Stand — unabhängig von der Landausstattung — bestimmend für die Quantität der Mehrarbeit, so wird in Fleury im 10. Jahrhundert die soziale Trennwand am Ort, auch bedingt durch verschiedene Ausrüstung, quer durch Kooperationsprozesse im Rahmen der Appropriation gezogen! Der ständische Dualismus ist also nicht allein wichtig für die Herren, sondern auch für die Bauern: lokale Hierarchie und daraus folgende soziale Spannungen. Dort, wo es gelang, diese lokalen 'Gräben' wirtschaftlich und rechtlich einzuebnen, bedeutete dieser Prozeß für jede Seite etwas anderes.

[110] B. Guérard (Anm. 27), S. 285; dazu Ch.-E. Perrin, 'Une étape' (Anm. 7), S. 463, Anm. 1.

Mit der Aushöhlung und Auflösung des Tagesdienstes pro Woche hat die Herrschaft nicht nur ihre eigenen Interessen, die auf Vergetreidung ausgerichtet waren, befördert, sondern die rechtlich inferioren Bevölkerungsteile am Ort ökonomisch aufgewertet. Dies war nur deshalb möglich, weil die materielle Ausstattung der *mansi serviles* die Erhebung termingerechter Stückdienste erlaubte. Sie verfügten eben nun über Ochsen, Pflug und Wagen. Die neue Form der Verrentung ist Ausdruck einer lokalen Entwicklung der casatierten Unfreien zur *Vollbäuerlichkeit*, also 'Anpassung' des Appropriationskalküls an den wirtschaftlichen Aufstieg der betreffenden Rentenpflichtigen.

Diesen Prozeß vor Augen wird man nicht danach fragen müssen, ob *servi* oder Inhaber von *mansi serviles* an Reklamationsprozessen, d.h. formellen Widerstandshandlungen gegen herrschaftliche *novae consuetudines* beteiligt gewesen sind. Ganz anders die *ingenui/coloni*. Sie sind es, die der 'erbetene' Oktroi von neuen Rentenformen vor die Gerichte, zu Flucht und Verweigerung treibt[111]. Für sie bedeutet die Imposition der *noctes*, *corvadae* und Ernte-*dies* eine reale Verschlechterung ihrer Lage.

Diese entgegengesetzten Wirkungen des Angleichungsprozesses für die freien und unfreien Hintersassen bzw. die Inhaber freier oder unfreier Hufen dürften auch eine Erklärung dafür bieten, warum der Prozeß der 'seigneurialisation' in den Kernlandschaften des Frankenreichs, wo gentile Überschichtung weit zurücklag, so *lautlos*, also ohne bemerkenswerte Aufstände[112] vor sich gegangen ist. Die freien Bauern rangen eben vereinzelt und vor Ort mit den herkömmlichen Rechtsmitteln um die Aufrechterhaltung ihres status quo — von der Zentralgewalt dabei nur bedingt unterstützt[113] —, die unfreien stiegen auf, gewissermaßen im Schatten ihrer Herrschaften ökonomische Chancen nutzend, dies über Rodung, also Ausweitung ihrer agrikolen Nutzungsfläche, über gesteigerte Fertilität, d.h. Vergrößerung des familialen

[111] S. Epperlein, *Herrschaft und Volk im karolingischen Imperium. Studien über soziale Konflikte und dogmatisch-politische Kontroversen im fränkischen Reich*, Forschungen z. mittelalterlichen Geschichte, 14 (Berlin, 1969), S. 20ff., 108ff.; L. Kuchenbuch (Anm. 1), S. 185ff.

[112] Ich klammere hier den Stellinga-Aufstand und die durch die Normannenplünderungen ausgelösten Erhebungen aus.

[113] E. Müller-Mertens, *Karl der Große, Ludwig der Fromme und die Freien. Wer waren die liberi homines der karolingischen Kapitularien (742/743-832)? Ein Beitrag zur Sozialgeschichte und Sozialpolitik des Frankenreiches*, Forschungen z. mittelalterlichen Geschichte, 10 (Berlin, 1963); S. Epperlein (Anm. 111), S. 69ff. Vgl. zu den Liberi jetzt die umfassende Studie von J. Schmitt, *Untersuchungen zu den Liberi Homines der Karolingerzeit*, Europäische Hochschulschriften, III, 83 (Frankfurt/Bern, 1977).

Arbeitsvermögens, und über Aufstockung und Verbesserung der Ausrüstung. Dort, wo die lokalen Gräben über herrschaftlichen Vereinheitlichungsdruck[114], innerbäuerliches Assimilationsverhalten oder durch die demographische Situation zugeschüttet werden konnten, oder wo eine einseitige Verteilung der Stände dies nicht nötig machte, wird auch die Möglichkeit größer gewesen sein, lokale Solidarität, Genossenschaftlichkeit gegenüber den herrschaftlichen Rentenansprüchen und Kontrollmaßnahmen zu entwickeln. *Auch* aus dem Nivellierungsprozeß seit dem frühen Mittelalter resultiert dann die dörfliche 'Geschlossenheit' der ländlichen Bevölkerung[115], die die Herrschaften im hohen Mittelalter vor so andere Probleme stellen sollte.

Im frühen Mittelalter stellen der Entwicklungsgrad des ständischen Dualismus, besonders in seiner verdinglichten Form, und dessen Beziehungen zur ökonomischen Differenzierung der bäuerlichen Wirtschaften vor Ort bzw. im betreffenden Siedlungsraum entscheidende Kriterien dafür dar, in welchem Maße die grundherrschaftlichen Aneignungsinteressen artikuliert und durchgesetzt werden konnten, d.h. welche konkrete Gestalt die Rentenverhältnisse annahmen. Fügt man dem noch weitere Kriterien hinzu wie die Eignung eines Siedlungsgebietes — unter den damaligen Produktionsbedingungen — für den Getreidebau, den Entwicklungsstand der Austauschverhältnisse und den Einfluß konkurrierender Herrschaften, dann hat man ein Bündel hypothetischer Ursachen zur Hand, mit deren Hilfe man der Frage zuleiberücken kann, warum etwa am Ende des 9. Jahrhunderts in den Prümer Domänen an der Nahe, im Lahngau, in Rheinhessen, an der Mosel, im Luxemburgischen, um Prüm und an Ahr, Rhein, Erft und Rur so verschiedene 'Stufen' der Annäherung des *noctes*- und *dies*-Systems zu finden sind. An Nahe und Glan sowie im Lahngau ist

[114] *Prümer Urbar*, Kap. 113, MUB I, S. 196: *Glavem I circa curtem et in messem. Si quid furatum fuerit in curte per noctem et per sepem exierit, componet ille, per cuius glavem exierit, et si per totam, component omnes de villa.* Hieraus geht eine kollektive Haftung *omnium de villa* hervor. Die Vereinheitlichung ist im Sanktionbereich 'vollzogen'.

[115] Zur Herausbildung des Dorfes bis vor der Jahrtausendwende vgl. den Überblick von F. Cheyette, 'The Origins of European Villages and the First European Expansion', *The Journal of Economic History*, 37 (1977), S. 182ff. Knappe Hinweise zur ökonomischen Integration der dörflichen Bevölkerung zu dieser Zeit bei F. Schwind, 'Beobachtungen zur inneren Struktur des Dorfes in karolingischer Zeit', in *Das Dorf der Eisenzeit und des frühen Mittelalters*, Abhh. d. Akad. d. Wiss. in Göttingen, phil.-hist. Klasse, 3. Folge, Nr. 101 (Göttingen, 1977), S. 489ff.

der ständische Dualismus noch bestimmender als anderswo, der *mansus servilis* ist sicherlich kleiner und mit 'Personal' und 'Sachmitteln' schlechter ausgestattet als der *mansus ledilis*, ja selbst als der halbe *mansus ledilis*. Auch der niedrigere Entwicklungsgrad der Austauschverhältnisse, soweit aus der Geldrente ersichtlich, bestätigt diesen Eindruck. Ob Landesnatur und Herrschaftssituation zu dieser Einschätzung passen, muß der Siedlungs- und Landeshistoriker entscheiden[116].

In den fruchtbaren Altsiedellandschaften wie Rheinhessen und der Kölner Bucht haben die *mansi serviles* mit den *mansi lediles* eher schon ökonomisch und rechtlich 'gleichgezogen'. Für lokalen Austausch wurden Belege beigebracht. Das Gleiche gilt für die Hufner in der Umgebung Prüms. Hier wird die konzentrierte Einflußnahme der nahen Abtei — man denke an den Arbeitsbedarf im großen Bannforst östlich von Prüm und an zusätzlichen Verwaltungsbedarf, der sich an den Scharmannenhufen zeigt — das Ausmaß der Vereinheitlichung bewirkt haben, das man dort beobachten kann. Dies könnte — da *mansi lediles* dort weitgehend fehlen — auch durch eine vorwiegend unfreie Bevölkerung erleichtert worden sein, die vor Zeiten zielbewußt angesiedelt (casatiert) und zur Rodung angehalten worden ist. Die Fortexistenz der alten pauschalen Arbeitsrentenformen in den Rentenkatalogen der *mansi* zeugt davon, daß das Kloster ein großes Interesse an 'buchstäblich' unbegrenzter Arbeitsreserve gehabt hat[117].

Mit diesen — zugegeben — nur pauschalen Erwägungen breche ich ab. Um sie besser zu fundieren, bedürfte es weiterer Arbeitsschritte, die sich besonders auf die Siedlungs-, Besitz- und Personengeschichte, bei genauer Beachtung der naturräumlichen Grundgegebenheiten, zu konzentrieren hätten[118].

Die Frage, ob dem Prümer Urbar Indizien abzugewinnen sind, die es gestatten, mindestens Teile der Altsiedelgebiete des Rheinlands als Räume für die *frühe Entstehung* und *Verbreitung* des 'régime domanial

[116] Dies wäre anhand der Arbeit von F. Staab (Anm. 3) zu prüfen.

[117] 1222 fügt der Kopist des Prümer Urbars, Exabt Caesarius von Mylendocnk, dem Inventar von Etteldorf eine aufschlußreiche Bemerkung über den Gebrauch des Urbars hinzu (MUB I, S. 150, Anm. C): *Querantur ab eis* (i.e. *scabini* und *familia*) *iura ecclesie diligenter et super hoc audiantur. Et si tacent de aliquibus, que expressa sunt in hoc libro, hoc eis prudenter proponatur, et ita magis sibi timeburt!*

[118] Zwei instruktive Studien, die hier methodisch weiterhelfen, seien genannt: M. Gockel, 'Die Träger von Rodung und Siedlung im Hünfelder Raum in karolingischer Zeit', *Hessisches Jahrbuch f. Landesgeschichte*, 26 (1976), S. 1-24; A. Verhulst, 'Le paysage rural en Flandre intérieure: son évolution entre le IXe et le XIIIe siècle', *Revue du Nord*, 62 (1980), S. 11-30.

classique' — neben den fruchtbaren Regionen Nordfrankreichs — in Anspruch zu nehmen[119], wäre nur positiv zu beantworten, wenn Aussagen über das *Tempo* der Annäherungsprozesse zwischen den Rentenpflichten der Mansustypen in den Gebieten etwa der Kölner Bucht, der Bitburger Senke und Rheinhessen möglich wären. Gerade aber dies ist besonders schwierig, weil Reihen urbarialer Quellen fehlen — mindestens für das 9. Jahrhundert. Wäre es methodisch klar gerechtfertigt, den in eine Urkunde von 886 eingefügten Rentenkatalog der 11 *oboviae* in Villip mit den Rentenpflichten der 11 *mansi* ebendort im Prümer Urbar zu vergleichen, dann könnte man vermuten, daß im Laufe von nur 6 Jahren jenen *oboviae* so wichtige Arbeitsrentenformen wie *iugera*, *corvadae*, Zäunung und Beetpflege im herrschaftlichen Garten auferlegt worden sind[120]. Alle diese Fronden sind Stückdienste! Ist diese Differenz der Rentenkataloge nur auf unvollständige Inventarisierung in der Urkunde zurückzuführen, oder steckt dahinter der Wille, die 'neuen' Hufen dem regionalen Arbeitsrententyp anzupassen? Ich weiß es nicht. Weitere Möglichkeiten, das Tempo der Rentenentwicklung zu studieren, bieten sicher die Weißenburger, Reimser, Fuldaer und eventuell die Werdener urbarialen Quellen.

Es wäre schon verlockend, die domaniale Grundstruktur der Prümer Domänen ins etwa 7. Jahrhundert zurückzudatieren, da so der Aufstieg der Karolinger auch als ökonomisch fundierter Vorgang besser zu begreifen wäre. Beim jetzigen Stande der Arbeit muß dies jedoch Vermutung bleiben. Es bedürfte der oben genannten Arbeitsschritte, um diese Vermutung zu prüfen. Auch für eine Untersuchung der 'Frühgeschichte' der Grundherrschaft in der *Francia media* dürften Rententypologie und -entwicklung ihren heuristischen Wert haben.

Technische Universität Berlin

[119] So meine Vermutung a.a.O. (Anm. 1), S. 238, 389.

[120] MUB I, Nr. 120 (886), S. 125f. sowie Nr. 135 (*Prümer Urbar*), Kap. 72, S. 182; dazu L. Kuchenbuch (Anm. 1), S. 224f.

Carlos Steel

NOBIS RATIO SEQUENDA EST RÉFLEXIONS SUR LE RATIONALISME DE JEAN SCOT ÉRIGÈNE*

On a longtemps eu tendance à considérer Jean Scot Érigène comme un phénomène exceptionnel dans la culture carolingienne. Qu'il suffise de citer ici quelques phrases qu'on peut lire dans les manuels d'histoire de la philosophie médiévale les plus employés. Ainsi, on lit dans la célèbre *History* de F. Copleston : 'John Scotus Eriugena ... stands out like a lofty rock in the midst of a plain' [1], et chez G. Leff : 'John's outlook remained an isolated landmark in medieval thought ... ; it was a stray sample from another world' [2] ; et dans l'admirable *Evolution of Medieval Thought* de D. Knowles, on trouve : 'Erigena is a voice in the wilderness' [3]. Il semble donc que Jean Scot n'ait que peu à faire avec l'essor carolingien. Cette conception remonte au début du XIXe siècle, époque où la pensée de l'Érigène fut redécouverte : on reconnut en lui un précurseur de la philosophie spéculative dans laquelle la séparation entre religion et raison est surmontée [4]. Plusieurs études récentes, par contre, ont démontré très clairement que sa pensée, si originale soit-elle, ne se comprend que dans le contexte de la politique culturelle des Carolingiens [5].

* À première vue cette étude se situe un peu en marge du cadre général de ce volume. Les éditeurs nous ayant demandé une contribution qui illustrerait l'apport *philosophique* de la culture bénédictine dans la période allant de 750 à 1050, nous nous sommes trouvé embarrassé. Car, si personne ne conteste que cette période a été capitale pour le développement futur de la pensée médiévale, le seul philosophe digne de ce nom à cette période est Jean Scot Érigène, mais, malheureusement, celui-ci n'était ni bénédictin, ni même moine, pour autant que nous sachions. Cependant, nous pouvons considérer sa pensée comme l'accomplissement et en même temps la radicalisation d'un idéal de culture chrétienne qu'on retrouve chez plusieurs auteurs 'monastiques' de cette époque, bien qu'avec moins d'éclat et plus timidement.

[1] F. Copleston, *A History of Philosophy*, II. *Mediaeval Philosophy* (London, 1950), p. 112.

[2] G. Leff, *Medieval Thought. From St. Augustine to Ockham* (Chicago, 1959), p. 71.

[3] D. Knowles, *The Evolution of Medieval Thought* (London, 1962), p. 77.

[4] Cf. W. Beierwaltes, 'Die Wiederentdeckung des Eriugena im Deutschen Idealismus', dans *Platonismus und Idealismus* (Frankfurt, 1972), p. 188-201.

[5] Une bibliographie des études consacrées à Jean Scot a été publiée par M. Brennan, 'Bibliography of Eriugenian Studies 1800-1975', *Studi Medievali*, 18 (1977), p. 401-447. Pour les études récentes sur la culture carolingienne, voir G. Schrimpf, 'Gelehrsamkeit

Cette politique ne visait pas seulement à réorganiser les structures de l'éducation et à propager un niveau élémentaire de connaissances. Elle était menée dans une perspective beaucoup plus vaste : la réalisation dans l'empire carolingien d'une culture chrétienne qui pouvait être considérée comme la continuation, ou plutôt l'accomplissement de la culture antique, une culture dans laquelle les différentes disciplines du savoir rationnel étaient intégrées dans la sagesse chrétienne. Les capitulaires qui instaurent cette politique sont si bien connus qu'ils ne doivent plus retenir notre attention. Qu'on nous permette cependant d'évoquer ici la célèbre lettre que Charlemagne adressa à l'abbé de Fulda, et qui est mieux connue sous le titre général *Epistola de litteris colendis*[6]. Le roi y exprime le souhait que les moines ne se contentent pas de vivre une vie monastique selon les règles de l'ordre et les préceptes de la religion, mais il leur demande aussi de s'adonner, selon leurs capacités, à l'étude et à l'enseignement. Car, dit-il, sans connaissance on ne peut bien agir. Il insiste donc pour que les moines apprennent à parler et à écrire d'une façon correcte afin d'éviter des malentendus. Mais la motivation principale pour l'étude des lettres, c'est qu'elle facilitera l'interprétation de l'Écriture sainte. En effet, on trouve dans l'Écriture des schèmes, des figures, des tropes et autres formes littéraires. Il est donc évident que celui qui est mieux instruit dans les lettres, comprendra plus aisément l'Écriture d'une manière spirituelle (*spiritaliter*). Il ne fait guère de doute que cette lettre a été inspirée par Alcuin. Or, nous avons de ce dernier un petit dialogue, parfois intitulé *De vera philosophia*, dans lequel il développe la conception de la sagesse chrétienne qui était sous-jacente à la réforme culturelle de cette période[7]. Il y montre au disciple le long chemin qui mène à la sagesse dans laquelle réside le vrai bonheur. Dans sa jeunesse le disciple est incapable d'accéder à cette sagesse parfaite : il doit se laisser conduire par des degrés de connaissance, du niveau

und Philosophie im Bildungswesen des 9. und 10. Jahrhunderts. Ein Literaturbericht für die Jahre 1960 bis 1975', *Zeitschrift für philosophische Forschung*, 31 (1977), p. 123-137. Dans son étude 'Die Sinnmitte von "Periphyseon"' (publiée dans les actes du colloque *Jean Scot Érigène et l'histoire de la philosophie*, Paris, 1977, p. 289-305), le même auteur a montré comment on peut comprendre l'intention de l'Érigène à partir du contexte culturel.

[6] *Epistola de litteris colendis*, ed. E. E. Stengel, *Urkundenbuch des Klosters Fulda*, Bd. I, 2 (Marburg, 1956), n° 166, p. 251-254.

[7] Le texte d'Alcuin est édité dans la PL CI, 849-854. Excellent commentaire chez F. Brunhölzl, 'Der Bildungsauftrag der Hofschule', dans *Karl der Grosse. Lebenswerk und Nachleben*, Bd. 2. *Das geistige Leben*, édité par B. Bischoff (Düsseldorf, 1965), p. 28-41.

le plus élémentaire au niveau supérieur, jusqu'à ce qu'il ait assez de force pour s'envoler lui-même dans l'éther pur de la pensée spéculative. Or, les *gradus eruditionis* qui préparent le disciple patiemment à l'acquisition de la sagesse ne sont rien d'autre que les sept *artes liberales*, qui sont comme les sept colonnes qui supportent le temple de la sagesse[8]. Sans ces disciplines, souvent si rebutantes pour les jeunes, on ne peut parvenir à la science parfaite qui consiste dans la compréhension de l'Écriture. Il faut donc s'adonner pendant la jeunesse à l'étude de ces disciplines, si on veut acquérir la capacité de comprendre l'Écriture. Car seules les *artes* nous permettent de présenter, en partant de l'Écriture, la doctrine chrétienne comme un ensemble cohérent et intelligible. En lisant ce dialogue d'Alcuin, on parvient à comprendre un peu mieux l'intérêt considérable dont témoigne cette période pour l'étude des *artes*, l'engouement pour un livre aussi abstrus que le manuel de Martianus Capella, qui a connu alors ses premiers commentateurs. Les *artes* étaient considérées comme un ensemble encyclopédique de toutes les connaissances rationnelles accessibles à l'homme — ou, selon Jean Scot, connaturelles à l'âme[9] — sans qu'elles constituent pour autant un système qui pourrait entrer en concurrence avec la sagesse chrétienne, comme l'était la philosophie païenne. Les *artes* sont des disciplines rationnelles qui n'impliquent aucun système philosophique, bien que ce soit par elles que les philosophes sont devenus célèbres : elles peuvent donc être intégrées dans la *doctrina christiana* qui seule permet de développer une synthèse du savoir.

C'est dans cette conception de la sagesse chrétienne qu'il faut situer l'œuvre de Jean Scot Érigène, 'ce fameux irlandais à la cour' de Charles le Chauve. C'est ainsi qu'il est mentionné pour la première fois (vers 850-51), lors de la discussion sur la prédestination, quand on eut recours à lui pour réfuter la doctrine de la double prédestination défendue par Godescalc[10]. Tandis que les autres traités de l'époque

[8] 'vos per quosdam eruditionis gradus ab inferioribus ad superiora esse ducendos reor' — 'sapientia liberalium litterarum septem columnis confirmatur; nec aliter ad perfectam quemlibet deducit scientiam, nisi his septem columnis vel etiam gradibus exaltetur' — 'vobis ad videndum ostendam septem philosophiae gradus, per eosdemque ... ad sublimiora speculativae scientiae deduxero' — 'Per has vero, filii charissimi, semitas vestra quotidie currat adolescentia, donec perfectior aetas et animus sensu robustior ad culmina sanctarum Scripturarum perveniat'.

[9] Cf. *Periphyseon*, I, 136, 20-30. Nous citons le texte du *Periphyseon* selon l'édition de I. Sheldon-Williams pour les livres I et II (pages et lignes), seon la PL CXXII pour les livres III à V.

[10] 'scotum illum qui est in palatio regis' (cf. M. Cappuyns, *Jean Scot Érigène*, Louvain-Paris, 1933, p. 54 et 111-112).

sur ce sujet se contentent de développer la doctrine traditionnelle en alignant une série de textes d'autorités, Jean Scot, dès le premier chapitre, situe le début à un niveau plus fondamental. Avant de s'engager dans la complexité d'une discussion dogmatique, il faut poser la question préalable : que signifie le terme 'prédestination', quand nous l'attribuons à Dieu? La prédestination est-elle autre chose que la prescience divine? Et qu'est cette dernière sinon une expression métaphorique pour dire que l'Éternel connaît, d'une manière immuable et atemporelle, tout ce qui se passe dans le temps? A vrai dire on ne peut parler d'une prescience chez Dieu, puisque ce terme implique une temporalité qu'il faut nier en lui. Comment veut-on alors parler d'une prédestination double, ce qui est absolument incompatible avec la simplicité divine, comme la raison nous le montre (*duas praedestinationes ratio non sinit esse*)?[11] C'est donc l'ignorance des disciplines rationnelles qui induit les gens en erreur. Ce petit traité provoqua un scandale dans le monde théologique : ce qui a surtout choqué ses lecteurs, jusqu'à ses éditeurs modernes, c'est l'intention de l'auteur de trancher un débat dogmatique par un recours à la philosophie qui, dit-il, expose les règles de la religion[12]. Malgré la réaction et la condamnation de son traité, Jean Scot, qui se savait protégé par la Cour, continua ses recherches, mettant à profit une série de traductions du grec.

Ce qu'il avait entamé encore timidement et dans un domaine particulier par son *De praedestinatione* sera développé vigoureusement dans son chef-d'œuvre, le *Periphyseon*. Cette œuvre se présente en même temps comme une théorie dialectique qui explique la totalité de la nature dans ses structures rationnelles et dans ses mouvements constitutifs (*processus/reditus*), et comme une interprétation de l'Écriture, dont la cohérence et le caractère systématique sont garantis par les règles de la dialectique. Il n'est pas question ici d'entrer dans le détail de ce système. Dans cette étude, nous essaierons de préciser la rationalité telle qu'elle est recherchée par Jean Scot. Nous le ferons en partant de l'interprétation d'un passage célèbre du Livre I où Scot examine la relation entre autorité et raison (508 C-513 C). Ce texte a d'ailleurs souvent été pris comme point de départ dans les discussions sur le 'rationalisme' de Jean Scot, tant par ceux qui y reconnaissent le

[11] *Johannis Scotti De diuina praedestinatione liber*, ed. G. Maldec (Turnholti, 1978), cap. 3.

[12] *De praed.*, I, 1, 13-16 : 'quid est aliud de philosophia tractare, nisi uerae religionis ... regulas exponere?'

début de la pensée spéculative que par ceux qui, comme Dom Cappuyns, refusent une telle interprétation[13]. Car, disent ces derniers en substance, les textes qui sont souvent cités en faveur du 'prétendu rationalisme' de Jean Scot sont ceux dans lesquels la raison est confrontée à l'autorité des Pères : or, il est évident que c'est la raison qui, en dernier ressort, détermine la valeur d'une autorité, et non l'inverse. Par contre, quand Jean Scot parle de l'autorité de l'Écriture, il ne prétend nullement que celle-ci est fondée sur la raison : au contraire, tout raisonnement est commandé par le primat de l'Écriture[14]. Examinons donc de plus près comment Jean Scot comprend la relation entre la raison et l'Écriture sainte. La position qu'il défend est si hardie qu'un traducteur récent a, par erreur d'interprétation, simplement interverti les fonctions qui sont respectivement attribuées à l'autorité et à la raison : il attribue à la raison la fonction de l'Écriture et vice versa[15].

Le texte qui nous occupe ici est une digression dans la longue discussion concernant l'application des catégories à Dieu. Jean Scot y montre qu'aucune catégorie ne peut être appliquée à Dieu[16]. Le cas est particulièrement difficile pour la catégorie 'agir' (*facere*). Est-ce qu'on peut dire de Dieu qu'il 'agit' ou qu'il 'fait' quelque chose? Une analyse logique de la catégorie 'agir' montre qu'elle implique chez le sujet qui agit un mouvement ainsi qu'une distinction entre substance et accidents. Aucune de ces implications ne peut être admise dans le cas de Dieu. Il faut donc ou bien rejeter l'analyse logique ou bien refuser d'appliquer la notion d'agir à Dieu. Au cours de la discussion le disciple essaie vainement d'échapper à ce dilemme en

[13] Plusieurs études ont été consacrées au rationalisme de Jean Scot : cf. les n°s 236, 252, 317, 318, 320, 328, 373 dans la bibliographie de M. Brennan, citée en n. 5.

[14] Cf. M. Cappuyns, *Jean Scot Érigène*, p. 289. Plus loin cependant (p. 304), l'auteur cite la phrase célèbre qui affirme l'identité de la vraie philosophie et de la vraie religion ; cette phrase aussi est 'un des principaux appuis du prétendu rationalisme d'Érigène'. Il est évident pourtant que ce dernier texte est un appui plus solide à l'interprétation rationaliste de Jean Scot.

[15] *John the Scot. Periphyseon. On the Division of Nature.* Translated by Myra L. Ulfelder, with summaries by Jean A. Potter (Indianapolis, 1976). À la page 89 de cette traduction, le passage I, 192,33-194,3 (texte cité en n. 19) est interprété ainsi : 'True authority is no obstacle to right reason or right reason to true authority, since both undoubtedly flow from a single source, Divine Wisdom. The one (i.e. reason) has made many concessions to those ...' Les mots 'i.e. reason' ont été ajoutés par le traducteur pour spécifier 'una quidem'. Mais le contexte montre à l'évidence que 'una quidem' se rapporte à l'autorité, et 'altera vero' à la raison.

[16] L'exposé sur les catégories et leur application à Dieu occupe les deux tiers du Livre I (p. 84,15-220,26). Les catégories *facere* et *pati* sont examinées à partir de 176,17.

revenant sur les conclusions qu'il a déjà acceptées, mais le maître lui rappelle chaque fois qu'on ne peut échapper à la nécessité de l'analyse logique sans tomber dans l'incohérence et le ridicule. Le dilemme devant lequel se trouve le disciple — en fait chaque croyant — est bien formulé par les paroles suivantes[17] : 'Je me suis fait coincer par la violence de votre raisonnement. Car si je rejette votre conclusion comme fausse, la raison elle-même se moquera de moi et ne permettra point que je remette en question tout ce que j'ai déjà admis. Par contre, si j'accepte votre raisonnement comme vrai, je serai forcé d'admettre qu'aucun verbe actif ou passif ne s'applique à Dieu : il n'agit donc pas, il ne fait pas le monde, il n'aime pas, il n'est pas aimé, et mille autres choses. Mais comment puis-je alors éviter d'être accablé de tout côté par les flèches de l'Écriture sainte? En effet, elle parle tout le temps de Dieu comme agissant, créant, aimant et aimé ... Vous n'ignorez pas, je pense, combien il est difficile de convaincre les âmes simples (*simplicibus*) d'une telle vérité, même si ceux qui passent pour des sages (*sapientes*) sont horrifiés en entendant de telles choses.' — Mais le maître rassure le disciple effrayé: 'N'ayez pas peur. Car pour le moment nous devons suivre la raison qui recherche la vérité des choses et ne se laisse entraver par aucune autorité, qui n'admet en aucune manière qu'on l'empêche de révéler publiquement et de proclamer ce qu'elle a recherché avec application et trouvé péniblement par le chemin du raisonnement'[18]. Et plus loin il conclut : 'Que donc aucune autorité ne vous effraie ni ne vous empêche de contempler ce que les considérations droites de la raison nous ont appris. Car l'autorité vraie ne s'oppose pas à la droite raison, ni la droite raison à l'autorité vraie, puisque toutes deux sont sorties de la même source, la sagesse divine'[19]. Ce dernier passage, comme d'ailleurs la phrase célèbre qui affirme l'adéquation de la *vera religio* et de la *vera philosophia*[20], a souvent été commenté dans le débat sur le 'rationalisme' de l'Érigène. Comme telles, ces formules n'affirment pas grand-chose

[17] I, 186,29-188,3 (la première partie du texte est paraphrasée).

[18] I, 188,4-7 : 'Noli expauescere; Nunc enim nobis ratio sequenda est quae rerum ueritatem inuestigat nullaque auctoritate opprimitur, nullo modo impeditur ne ea quae et studiose ratiocinationum ambitibus inquirit et laboriose inuenit publice aperiat atque pronuntiat'.

[19] I, 1, 192,32-194,2 : 'Nulla itaque auctoritas te terreat ab his quae rectae contemplationis rationabilis suasio edocet. Vera enim auctoritas rectae rationi non obsistit neque recta ratio uerae auctoritati. Ambo siquidem ex uno fonte, diuina uidelicet sapientia, manare dubium non est'.

[20] *De praed.*, I, 1, 16-18 (ed. G. Madec); cf. n. 14.

sinon que, en principe, la révélation et la raison sont compatibles. Elles pourraient être reprises par des penseurs aussi divers que S. Augustin ou S. Thomas, voire Hegel. L'originalité de la position de Jean Scot ne se précise que dans la suite du texte, quand on voit quelles fonctions il attribue respectivement à l'autorité de l'Écriture et à la raison. Nous le suivrons dans son exposé[21].

On ne s'étonnera pas de ce que Jean Scot affirme dès le début, comme dans toute son œuvre, la primauté de l'Écriture, source infaillible de toute vérité, authentifiée par l'autorité de Dieu lui-même. En effet, comme nous venons de le voir, dans le contexte culturel de l'époque carolingienne, toute spéculation se présente avant tout comme une interprétation de la Révélation. C'est l'Écriture qui fournit le point de départ de toute argumentation, de toute recherche du vrai. 'Car, dit Jean Scot, il faut suivre l'autorité de l'Écriture sainte en toutes choses puisque la vérité y est établie comme en son siège secret'[22]. Avant qu'on puisse comprendre la Parole divine, il faut y entrer par la foi. C'est la foi qui prépare l'accès à l'intelligence, bien que l'intelligence à son tour pénètre plus profondément dans l'Écriture, comme nous le verrons. La foi dans la Parole divine est la condition même de toute pensée rationnelle[23]. En effet, pour Jean Scot — qui reprend ici des formules chères à S. Augustin, bien qu'en leur donnant un autre sens — la vraie philosophie ne peut être que la compréhension de la vraie religion. Car la philosophie, qui recherche la raison de

[21] Voici ce texte capital que nous commenterons dans la suite: 'Vna quidem (= auctoritas) de natura incomprehensibili ineffabilique pie quaerentibus multa concessit ac tradidit et cogitare et dicere ne uerae religionis studium in omnibus sileat ut et rudes adhuc in fidei simplicitate doctrinae nutriat et catholicae fidei aemulis instructa armataque atque diuinis propugnaculis munita respondeat; altera uero (= ratio) ut simplices adhuc in cunabulis ecclesiae nutriti pie casteque corrigat ne quid indignum de deo uel credant uel aestiment, ne omnia quae sanctae scripturae auctoritas de causa omnium praedicat proprie praedicari existiment ...' (I, 194,2-10). L'*auctoritas* dont il s'agit dans ce texte (qui fait suite au texte cité en n. 19) n'est pas l'autorité des Pères, mais l'autorité de l'Écriture et de l'expression dogmatique que celle-ci a reçue dans la tradition.

[22] I, 188,8-9: 'Sanctae siquidem scripturae in omnibus sequenda est auctoritas quoniam in ea ueluti quibusdam suis secretis sedibus ueritas possidet'. À l'appui de cette thèse Jean Scot cite un long passage du pseudo-Denys, qu'il fait suivre de ces mots: 'Haec de sequenda auctoritate solummodo sanctae scripturae in diuinis maxime disputationibus sufficiunt' (190,27-28).

[23] Cf. le très beau passage dans l'homélie sur le prologue de S. Jean, III, p. 212-215 (ed. Éd. Jeauneau), et les autres textes rassemblés par Éd. Jeauneau dans l'introduction à son édition du commentaire sur l'évangile de S. Jean (Paris, 1972), p. 43-44. Cf. aussi *Periphyseon*, V, 907 A-B: 'ut de fidei catholicae simplicitate disputare incipiamus, ex qua omnis assensus in purissimam rerum cognitionem *inchoat*'.

toutes choses, que fait-elle sinon comprendre ce qui est vénéré et recherché dans la religion, Dieu, la cause suprême et principale de toutes les choses[24]? Or, une réflexion philosophique sur la 'cause de toutes les choses' n'est possible qu'à partir d'une tradition religieuse. Comment un discours sur Dieu serait-il possible si Dieu, qui transcende absolument tout être et toute connaissance. ne s'était exprimé lui-même dans l'Écriture? Le seul moyen de parler de l'ineffable, c'est d'employer les mots et les images dont Dieu s'est servi lui-même pour se révéler. Voilà donc la fonction de l'Écriture: elle nous permet d'exprimer ce qui, en soi, est au-delà de tout discours, elle nous donne à penser ce qui est impensable[25].

Cette médiation de l'Écriture est nécessaire à cause de l'état 'déchu' dans lequel nous vivons. Liés à un corps animal et au monde sensible à cause du péché, nous sommes devenus incapables de connaître directement les réalités divines, bien que nous soyons des natures rationnelles. Sans l'Écriture nous ne sommes même pas capables de déchiffrer le monde créé, dans lequel Dieu s'est manifesté. Si l'homme n'avait pas péché, il n'aurait eu aucun besoin de l'Écriture. 'C'est donc à cause de l'intelligence humaine que la sainte Écriture a été composée, selon la diversité de ses symboles et de ses enseignements, pour que, par cette initiation, notre nature rationnelle, que sa propre faute avait fait déchoir de la contemplation de la vérité, fût ramenée vers le sommet de la contemplation pure dont elle jouissait à son origine'[26]. L'Écriture est donc un acte de condescendance de Dieu: par pitié pour notre infirmité il s'est exprimé dans un langage adapté à nos facultés cognitives. Par des métaphores et des images sensibles, par des récits et des paraboles, nous sommes amenés à rechercher et à contempler les raisons (*rationes*) divines.

En nous donnant quelque chose à penser sur ce qui est ineffable et incompréhensible, les paroles divines nourrissent la foi et établissent la religion vraie. Sans l'autorité de l'Écriture, dit Jean Scot, le zèle de

[24] *De praed.*, I, 1,9-18 (ed. G. Madec).

[25] I, 188,15-18: 'In hoc enim diuina student eloquia ut de re ineffabili incomprehensibili inuisibilique aliquid nobis ad nutriendam nostram fidem *cogitandum tradat* atque suadeat'. — 194, 2-4: 'de natura incomprehensibili ineffabilique pie quaerentibus multa concessit ac *tradidit* et *cogitare et dicere*...' — 68,22-24: 'ut de re ineffabili atque incomprehensibili religiosi piorum animorum motus *aliquid cogitare ac praedicare* possent...'.

[26] *Exp. in Ierar. coel.*, II, 151-158 (ed. J. Barbet). Nous reprenons la traduction de ce passage à l'étude de R. Roques, '*Valde artificialiter*: le sens d'un contresens', dans *Libres sentiers vers l'Érigénisme* (Rome, 1975), p. 60.

la vraie religion se tairait (*uerae religionis studium in omnibus sileat*)[27]. Car, si la foi n'était pas nourrie par une doctrine articulée en dogmes (péché originel, prédestination, rédemption, résurrection, la peine éternelle ou le paradis...), elle ne serait qu'un sentiment vague et muet, sans contenu, faute de pouvoir s'exprimer. L'Autorité nourrit donc la foi des hommes simples par le lait de la doctrine (*lacte, hoc est simplici doctrina ueritatis*)[28]. Les hommes rudes, ou simples, sont ceux qui se tiennent à la simplicité de la foi, qu'ils acceptent sans comprendre. Ils ne font que reprendre les symboles, les récits, tout comme d'ailleurs les formules dogmatiques de la foi, dans leur littéralité. Ils sont, dit Jean Scot, en manipulant un peu un texte de S. Paul, comme des enfants qui ne supportent pas encore la nourriture solide et sont allaités par leur mère; ils sont nourris par la doctrine telle qu'ils la reçoivent dans la catéchèse et la prédication[29]. C'est donc grâce à l'autorité que la foi peut s'exprimer dans la vraie religion. En même temps l'autorité défend par ses formulations authentiques l'orthodoxie de la foi, en repoussant les déviations des hérésies et les attaques des incroyants. Sans articulation dogmatique, aucune défense contre les hérésies n'est possible[30]. La nécessité d'un ensemble doctrinal cohérent était d'ailleurs bien comprise par les Carolingiens, qui sont fréquemment intervenus dans les débats dogmatiques. Résumons : l'autorité de l'Écriture, dans son expression dogmatique, nourrit et fortifie la foi, parce qu'elle permet à celle-ci d'exprimer la vérité divine dans une doctrine authentique, la vraie religion. Personne ne peut donc prétendre pouvoir se passer de la simplicité de la foi[31].

Toutefois, s'il faut suivre en tout l'autorité de l'Écriture, il faut encore savoir comprendre ce qui y est exprimé. C'est ici qu'intervient la raison : c'est elle qui nous permet de dépasser la simplicité de la

[27] *Periphyseon*, I, I, 194,4; cf. 210,2 : 'ne in tantum uera ac pia xristiana religio de creatore omnium sileat ut nil de eo fari audeat'.

[28] *In Iohannis euangelium*, I, XXXI, 24-25.

[29] *Periphyseon*, I, 188,13-15 : '(auctoritas sanctae scripturae) ... infirmitati nostrae condescendens nostrosque adhuc rudes infantilesque sensus simplici doctrina erigens. Audi Apostolum dicentem, 'Lac uobis potum dedi non aescam'; I, 194,4: 'ut et rudes adhuc in fidei simplicitate doctrinae nutriat ...'; *In Iohannis euangelium*, VI, II, 3 : 'Philippus, lacte doctrinae nutritus, solidum uerae fidei atque cognitionis cibum capere non ualens'.

[30] *Periphyseon*, I, 194,5 : 'ut ... catholicae fidei aemulis instructa armataque atque diuinis propugnaculis munita respondeat ...'; I, 210,3-6 : 'ad simplicium animorum instructionem hereticorumque semper ueritati insidiantium eamque eruere laborantium minusque in ea eruditos fallere appetentium refellendas astutias'. — cf. 68,24-28.

[31] Cf. *In Iohannis euangelium*, VI, III, 7-15.

foi. La simplicité est le niveau de l'enfance dans la foi, le niveau de ceux qui ne supportent pas la nourriture solide de la connaissance parfaite, de ceux qui ne savent pas progresser vers la maturité de l'homme complet, qui comprend ce qu'il croit. Évidemment, la grande masse des hommes charnels se contente d'accepter les récits bibliques et la doctrine de la foi dans leur littéralité, donnant aux termes leur sens propre; ils sont en effet incapables d'en comprendre la signification profonde, laquelle dépasse l'expérience sensible. La multitude des simples fidèles (*simplex fidelium turba*) reste dans la vallée, où l'herbe est abondante: c.-à-d. ils restent assis sous la domination de la lettre et des sens corporels et sont nourris par le simple récit historique (*simplici historia*). Il n'y a que très peu de gens qui savent, avec le Christ, gravir la montagne vers les hauteurs de la signification spirituelle. En effet, sous la simplicité de la doctrine, une multiplicité de sens s'offre à la contemplation, du moins pour ceux qui savent la déchiffrer[32]. On comprend ainsi la fonction que Jean Scot attribue à la raison: 'elle corrige les simples qui sont encore nourris dans les berceaux de l'Église, pour qu'ils ne croient ou ne pensent rien qui est indigne de Dieu, et qu'ils n'aillent pas penser que tout ce que l'autorité de l'Écriture sainte dit de la cause de toutes choses, doit être compris au sens propre des termes'[33].

Par sa critique du sens littéral la raison nous invite à chercher le sens profond du texte. Pour arriver à cette *altior theoria*, Jean Scot développe une interprétation de l'Écriture dans laquelle il met à profit les différents arts libéraux. Cette méthode herméneutique se justifie du fait que l'Écriture elle-même a eu recours aux *artes* pour exprimer l'inexprimable. De même que la poésie, dit Jean Scot, fait passer un message moral ou une doctrine physique par des contes inventés ou des allégories, de même la Parole de Dieu façonne l'Écriture, y utilisant des images pour s'adapter à notre intelligence. Ainsi, à partir des sens corporels, notre intelligence peut être élevée jusqu'à la connaissance parfaite des réalités intelligibles[34]. En beaucoup d'endroits, Jean Scot a examiné l'art et l'ingéniosité de l'Écriture, qui a déployé toutes les techniques persuasives pour amener l'homme à comprendre ce qui le dépasse. Car il n'y a probablement aucun texte de l'Écriture dans

[32] Cf. le très beau commentaire du récit de la multiplication des pains dans *In Iohannis euangelium*, VI.

[33] *Periphyseon*, 194,7-10 (texte cité en n. 21).

[34] *Exp. in Ierar. coel.*, II, 141-151. Sur le lien très étroit qui existe entre les *artes* et l'Écriture, cf. l'excellente étude de R. Roques citée en n. 26.

lequel les règles des arts ne soient pas appliquées. 'Toute l'Écriture est inclue dans les limites des arts', sans lesquels elle n'aurait pu s'exprimer[35]. Si tel est le langage de l'Écriture, il faut faire appel aux *artes* pour l'interpréter. Et parmi les *artes*, c'est la dialectique ou la *disciplina bene disputandi* qui occupe la place principale. Pour Jean Scot, elle est 'la mère des arts' et elle se sert des autres, surtout de la grammaire et de la rhétorique, comme d'instruments[36]. Car ce sont finalement les règles logiques qui déterminent la cohérence et la rationalité du discours. Seule donc la raison, en appliquant rigoureusement ses règles, peut nous libérer des contradictions que soulève le sens littéral et des absurdités blasphématoires qui menacent tous ceux qui y restent attachés.

Prenons, par exemple, les paroles qui sont prêtées à Dieu quand il expulse l'homme du paradis : 'Nunc ergo ne forte mittat manum suam et sumat de ligno uitae et comedat et uiuat in aeternum ...' Si on prend ce texte à la lettre, il s'agit d'une condamnation de l'homme, auquel l'accès au paradis est définitivement interdit. Dieu parle dans un esprit de vengeance : il veut punir l'homme et le tenir éloigné de l'arbre de la vie, afin de se réserver l'immortalité. Une telle conception est évidemment indigne de Dieu. Et d'ailleurs, le paradis, comme le montre l'Érigène très ingénieusement, ne peut être compris comme un espace ou un état historique. L'homme n'a jamais été dans le paradis avant le péché : *nullo temporali spatio primos homines fuisse in paradiso*[37]. Par la description d'un paradis, l'Écriture nous fait connaître l'état primordial de l'homme, l'intégrité de la nature humaine, que l'homme aurait gardée s'il n'avait péché. Mais l'homme a toujours péché. La description d'un état passé a donc une signification eschatologique : le paradis donne une description de la pureté de la nature humaine vers laquelle nous retournons. C'est dans ce sens aussi qu'il faut comprendre les paroles de Dieu expulsant l'homme du paradis. Il ne s'agit nullement d'un acte de vengeance, mais d'une promesse de Dieu d'amener l'homme à l'arbre de la vie, c.-à-d. à la vie éternelle[38].

C'est évidemment pour nous présenter l'état eschatologique que l'Écriture a le plus besoin d'images et de métaphores sensibles. C'est le

[35] *Exp. in Ierar. coel.*, I, 558-561 : '... naturales artes, intra quarum terminos tota diuina concluditur scriptura ... Nulla enim sacra scriptura est que regulis liberalium careat disciplinarum'.

[36] *Periphyseon*, V, 870 B.

[37] *Periphyseon*, V, 809 A.

[38] Cf. T. Gregory, 'L'eschatologie de Jean Scot', dans *Jean Scot Érigène et l'histoire de la philosophie*, p. 377-392.

sujet à propos duquel une critique rationnelle est le plus nécessaire. Quand, à la fin de son livre, Jean en vient à exposer ses vues sur le *reditus*, le retour de toutes choses en leurs causes et par leurs causes en Dieu, il s'élève contre la tradition qui ne peut se représenter le bonheur ou la damnation éternelle que selon le modèle de cette vie terrestre. La Bible et les Pères parlent de l'enfer et du ciel comme de deux espaces déterminés où séjourneront, d'une part, les damnés, qui y subiront dans leurs corps et leurs âmes une torture perpétuelle, et d'autre part les bienheureux, qui auront des corps béatifiés. Quand, dit Jean, je lis chez ces auteurs vénérés toutes ces divagations (*deliramenta*), je suis vraiment stupéfait. Frappé d'horreur, je me demande comment ces hommes ont pu écrire de telles choses. La seule explication que j'en puisse donner est qu'ils pensaient ainsi amener à contempler des choses spirituelles tous ceux qui se sont livrés aux pensées terrestres et charnelles et qui se nourrissent avec les rudiments d'une foi simple. En effet, les gens simples, si on ne leur décrit pas les réalités spirituelles en images sensibles, en concluront qu'il n'y aura plus rien après la mort. C'est donc pour secourir les pensées timides des fidèles simples que les Saints Pères et l'Écriture elle-même ont préféré employer ce langage grossier pour décrire le *reditus in Deum*[39].

En appliquant une méthode allégorique qui recherche le sens profond et spirituel du texte biblique et veut dépasser le sens historique ou littéral auquel se limite la foi des simples, Jean Scot se situe évidemment dans une longue tradition chrétienne. L'exemple le plus éclatant de cette herméneutique est incontestablement Origène[40]. Mais cette méthode a été radicalisée par l'Érigène : non seulement il a rejeté la littéralité de plusieurs textes bibliques, qui était généralement acceptée[41],

[39] *Periphyseon*, V, 986 B-C : 'Sed dum talia in libris sanctorum Patrum lego, stupefactus haesito ...; facilius ducor existimare, non aliam ob causam ad haec excogitanda et scribenda attractos fuisse, nisi ut saltem vel sic terrenis carnalibusque cogitationibus deditos, *simplicisque fidei rudimentis nutritos* ad spiritualia cogitanda sublevarent'; 986 D : 'timidisque fidelium simplicium cogitationibus consulentes ...'.

[40] Cf. Origène, *De principiis*, IV, II-III. L'influence d'Origène sur Jean Scot a été étudiée par T. Gregory, *Giovanni Scoto Eriugena. Tre Studi* (Firenze, 1963), p. 58-82. Jean Scot a également été profondément influencé par la méthode herméneutique de Maxime le Confesseur, dont il a traduit les deux œuvres principales.

[41] Bien sûr, comme tous ceux qui prônent une interprétation spirituelle de l'Écriture, Jean Scot se défend de vouloir mépriser la lettre ou l'histoire. Il distingue d'ailleurs très judicieusement entre *allegoria facti et dicti* et *allegoria dicti et non facti* (*In Johannis euangelium*, VI, V; cf. l'appendice III dans l'édition de Éd. Jeauneau). Cependant, on ne peut nier que Jean Scot rejette la littéralité de plusieurs récits bibliques qu'après lui on n'oserait plus mettre en question pendant des siècles.

mais, ce qui est plus important, il a reconnu que toute la Révélation ne nous livre qu'une vérité métaphorique. Ceci vaut aussi pour des propositions aussi fondamentales que 'Dieu a fait le monde'. Tous les verbes qui sont employés pour décrire l'activité divine — qu'on dise de Dieu qu'il crée, qu'il sauve, qu'il prédestine, qu'il prévoit, qu'il aime, qu'il condamne... — servent seulement à signifier de quelque manière le mystère ineffable de Dieu. Toute l'Écriture, dans la complexité de ses structures littéraires, n'est qu'un immense effort poétique pour exprimer la nature divine dans sa simplicité, sa transcendance et son immutabilité, afin que le zèle pour la religion ne tarisse pas par manque d'expression[42]. On comprend dès lors le peu d'intérêt de Jean Scot pour les discussions dogmatiques (telle la prédestination), discussions qui ne se meuvent qu'au niveau des expressions métaphoriques.

Après avoir examiné la fonction de la raison par rapport à l'autorité de la révélation, nous pouvons nous demander si une telle conception peut être caractérisée comme 'rationaliste'. Si on comprend par 'rationalisme', une 'doctrine d'après laquelle on ne doit se fier qu'à la raison et n'admettre dans les dogmes religieux que ce qu'elle reconnaît pour logique et satisfaisant selon la lumière naturelle'[43], il est évident que Jean Scot n'est pas un rationaliste. Non seulement parce qu'il proclame la primauté de l'Écriture et de la foi, mais aussi parce que la *ratio vera* sur laquelle il s'appuie, n'est pas la raison du rationalisme, mais la raison illuminée par Dieu[44]. D'où les nombreuses invocations à la Vérité divine pour qu'elle le dirige dans sa spéculation difficile[45]. Ainsi, le projet philosophique de l'Érigène ne se comprend-il que dans la conception de la sagesse chrétienne élaborée par S. Augustin. Mais cela ne doit pas nous faire oublier l'originalité et la hardiesse de la position défendue par Jean Scot. Il a donné à la raison des prérogatives qui dépassent de loin ce qui était accepté par S. Augustin. En effet, la *ratio* est devenue pour lui 'la norme et le critère' de l'interprétation de la Révélation[46], parce que c'est elle qui définit et applique les règles de toute intelligibilité. Ce

[42] *Periphyseon*, I, 208,31-210,10.

[43] A. Lalande, *Vocabulaire technique et critique de la philosophie*, 9e éd. (Paris, 1962), p. 889, *sub* 'rationalisme', sens E (spécialement chez les théologiens).

[44] Cf. M. Jacquin, 'Le rationalisme de Jean Scot', *Revue des sciences philosophiques et théologiques*, 2 (1908), p. 747-748.

[45] Cf. le beau texte dans *Periphyseon*, III, 650 B, cité et traduit par M. Cappuyns, *Jean Scot Érigène*, p. 273-274.

[46] Cf. R. Roques, 'Remarques sur la signification de Jean Scot Érigène', *Divinitas*, 11 (1967), p. 268.

qui fait l'originalité de la démarche de Jean Scot — et ce qui le différencie des Pères grecs et latins qui l'ont profondément influencé — c'est la fonction capitale qu'il attribue à la discussion logique et à l'analyse sémantique dans la recherche du *sensus spiritualis* de l'Écriture. Ce n'est pas la recherche du sens spirituel, comme telle, qui fait l'originalité de sa pensée, mais bien plutôt la place qu'il accorde à la raison et à ses règles dans cette recherche. C'est ici qu'on retrouve l'importance des *artes* et surtout de la *mater artium*, la dialectique, pour l'interprétation de la Révélation. Le recours fréquent au dilemme est une belle illustration de cette méthode. Souvent Jean Scot aime amener son interlocuteur, par le jeu subtil d'un raisonnement dialectique, à un choix douloureux : ou bien il accepte ce qui résulte comme une nécessité logique d'un raisonnement cohérent, et il doit rejeter une doctrine à laquelle il croit fermement; ou bien il croit fermement et simplement à la doctrine révélée, mais alors il est obligé d'avouer que ce qu'il croit est en contradiction avec le raisonnement dont il avait cependant accepté les prémisses. Devant un tel dilemme, il n'y a qu'une solution : c'est de dépasser le sens littéral de la doctrine et la simplicité de la foi pour s'élever au sens spirituel. C'est parce que la *ratio vera* détermine les conditions de la compréhension de la religion, que la vraie philosophie et la vraie religion sont identiques. On est bien loin de la *vera philosophia* telle que S. Augustin l'a conçue, bien que Jean Scot aime s'y référer. Et on ne peut nier que les interprètes de l'Érigène au XIXe siècle avaient quelque raison d'y reconnaître une anticipation de la thèse bien connue de Hegel selon laquelle la philosophie 'comprend' la religion.

Notons toutefois que Jean Scot n'a jamais eu la prétention de vouloir comprendre intégralement les données de la Révélation, ni de substituer aux métaphores et aux termes impropres des concepts rationnels et un langage approprié. On ne peut donc prétendre, comme une interprétation récente l'a fait, que l'intention de Jean Scot aurait été de remplacer les images et les métaphores de l'Écriture par un système cohérent de propositions rationnelles dans lesquelles les termes seraient employés dans un sens univoque et propre[47]. Pour Jean Scot

[47] Cf. G. Schrimpf, 'Die Sinnmitte von "Periphyseon"', dans *Jean Scot Érigène et l'histoire de la philosophie*, p. 303 : 'Der bei der Ableitung dieses Wahrheitsgehalts aus der Hl. Schrift formal bestimmende Gelehrsamkeitsbegriff macht aus der Wahrheit der christlichen Weisheitslehre ein im Medium des Begriffes systematisch geordnetes Wahrheitsganzes, das in widerspruchsfreie und insofern eindeutige Aussagesätze gefasst ist'.

la raison ne peut ni ne veut remplacer la langue biblique ou l'expression dogmatique de la simplicité dans la foi : elle a seulement une fonction critique et correctrice vis-à-vis de cette expression, pour amener les croyants à dépasser la lettre. Somme toute, la démarche de la raison est commandée par l'exigence de la théologie négative qui nous fait rejeter toutes les affirmations sur Dieu comme impropres et indignes de lui. On trouve des passages où l'auteur se demande sincèrement s'il ne vaut pas mieux se tenir en silence devant le mystère de Dieu et respecter la simplicité de la foi, au lieu d'essayer de comprendre par une argumentation rationnelle ce que signifie l'expression de la foi : *aut enim per omnia tacendum est et 'simplicitati orthodoxae fidei' commitendum*; *nam exsuperat omnem intellectum*[48]. Le croyant se trouve parfois devant cette alternative : ou bien vénérer la profondeur du mystère par un silence respectueux (*silentio honorifica*) ou bien en rechercher le sens par un raisonnement. Mais, pour Jean Scot, il ne s'agit nullement d'une alternative : il faut les deux démarches (*utrumque*)[49]. Nous devons examiner la vérité par tous les moyens; sinon, nous serions coupables d'inertie et de paresse (*desidia*). Mais quand nous constatons que le mystère dépasse nos possibilités rationnelles, alors, oui, nous devons lui rendre honneur par le silence du cœur et de la bouche. Elle est bien caractéristique de notre auteur, cette affirmation qu'il ne faut pas trop vite s'arrêter dans un silence mystique.

Après l'exposé du maître sur la relation entre l'autorité et la raison, le disciple termine cette digression par ces paroles admirables : 'Je ne suis pas terrifié par l'autorité et je ne crains pas les attaques des hommes moins capables au point de ne plus oser proclamer ouvertement tout ce que la *vera ratio* a conclu avec clarté et défini indubitablement. Et surtout quand il s'agit d'un entretien entre savants (*sapientes*). Pour nous, en effet, rien n'est plus doux à entendre, rien plus délicieux à examiner quand on la cherche, rien plus beau à contempler quand on la trouve, que la raison vraie'[50]. Dans ce passage, et dans plusieurs autres, Jean exprime sa fierté d'avoir dépassé la foi rudimentaire des simples et d'avoir accédé par le moyen de la *ratio* à une intelligence supérieure, à la nourriture solide qui n'est pas accessible à 'ceux qui

[48] *Periphyseon*, I, 72,29-33.

[49] *Periphyseon*, III, 638 C : 'Proinde nil aliud restat, ut aestimo, nisi ut aut ista penitus prae nimia sui altitudine silentio honorificetur, aut, si quid tibi de ea videtur investigandum, investigare incipias. *Mag.* Vtrumque mihi videtur ...'.

[50] *Periphyseon*, I, 194,30-196,2.

sont moins capables' (*minus capacium animorum*). Il sait bien que, par cette position, il s'expose à des critiques sévères et il ne se fait pas trop d'illusions de pouvoir convaincre ses opposants[51]. On ne s'étonnera donc pas que son traité sur la prédestination ait été condamné *ne mentes christianorum inde corrumpantur et excidant a simplicitate et castitate fidei*[52]. Quant à son chef-d'œuvre, le *Periphyseon*, il a dû attendre jusqu'au début du XIIIe siècle pour être brûlé comme hérétique.

Bien que nous sachions très peu de chose sur le contexte historique de la vie et de l'enseignement de Jean Scot, le fait même de son œuvre et l'originalité de sa pensée témoignent indirectement de son milieu. Il nous semble que la position défendue par l'Érigène et la liberté de réflexion que son œuvre manifeste n'auraient pas été possibles ailleurs qu'à la cour de Charles le Chauve, dont l'intérêt pour les recherches théologiques est bien connu[53]. C'est probablement sous la protection de ce roi qu'il a pu s'adonner à la recherche en toute liberté, avec des amis comme Wulfad, un autre protégé du roi, son 'collaborateur dans l'étude de la sagesse'[54]. Ceci nous permet de formuler une hypothèse en connexion avec le thème de ce volume. Le renouveau de la pensée rationnelle à cette époque, si important pour les siècles à venir, ne s'explique-t-il pas en premier lieu par une politique culturelle? La 'culture bénédictine' (même au sens large de 'culture monastique') n'y entrerait que pour très peu, sinon par le fait que certains monastères ont été les instruments de cette politique. Même si Jean Scot a appartenu à un monastère à la fin de sa vie — ce qui n'est pas sûr — sa pensée n'a que très peu à faire avec la spiritualité monastique. Il doit avant tout être considéré comme le représentant le plus brillant de ce qu'on a parfois appelé le 'rationalisme carolingien'. Sa recherche passionnée de la vérité 'pour elle-même'[55] se situe dans la logique du programme d'études tel qu'il a été formulé par Alcuin ou encore par Raban Maur dans son *De institutione*

[51] Cf. *Periphyseon*, I, 142,30-31 : 'aduersus stultitiam pugnare nil est laboriosius; nulla enim auctoritate uinci fatetur, nulla ratione suadetur'.

[52] Condamnation au concile de Valence en 855. Texte cité chez G. Madec, Introduction à son édition du *De praedestinatione*, p. IX.

[53] Cf. P. Riché, 'Charles le Chauve et la culture de son temps', dans *Jean Scot Érigène et l'histoire de la philosophie*, p. 37-46.

[54] 'in studiis sapientiae cooperator' (*Periphyseon*, V, 1022 A); notons que le *Periphyseon* est dédié à Wulfad.

[55] 'propter seipsam appetenda sapientia' : la formule vient de Loup de Ferrières (cf. M. Cappuyns, *Jean Scot Érigène*, p. 41).

clericorum. C'est dans la même perspective qu'il faut situer également les autres protagonistes de la vie culturelle vers le milieu du IXe siècle (tels Paschase Radbert ou Loup de Ferrières). Bien que, beaucoup plus que Jean Scot, ils soient restés dans les limites de l'orthodoxie, ils auraient pu prendre à leur compte les paroles qui résument si bien sa pensée: *non enim alia fidelium animarum salus est quam de uno omnium principio quae uere praedicantur credere et quae uere creduntur intelligere*[56].

Après le déclin de l'empire carolingien, et surtout après les réformes monastiques du Xe siècle, les monastères seront les principaux supports de la vie culturelle. Ils continueront dans la tradition carolingienne l'étude des *artes* et de la dialectique, bien qu'avec moins de verve et sans faire preuve de beaucoup d'originalité. Mais pendant une période difficile ils contribueront silencieusement, comme principaux centres d'éducation, à former et à préparer ce que D. Knowles a appelé 'the awakening of Western Europe'. Un premier nom surgit vers l'an mille, Gerbert d'Aurillac. Mais ce n'est que dans la deuxième moitié du XIe siècle qu'on peut constater l'éclosion d'une pensée rationnelle qui peut être considérée sans exagération comme un fruit de la culture bénédictine. L'exemple le plus brillant en est incontestablement S. Anselme. Le même D. Knowles a dit de lui qu'il était dans la longue histoire monastique le seul moine qui puisse revendiquer une place parmi les plus grands penseurs de l'humanité. Et en même temps il a été un des hommes qui a le mieux incarné l'idéal de l'abbé bénédictin[57]. Mais, avec S. Anselme nous dépassons les limites de ce volume.

Katholieke Universiteit Leuven

[56] *Periphyseon*, II, 70,14-17.
[57] D. Knowles, *Saints and Scholars* (Cambridge, 1962), p. 31.

Maria Lodovica Arduini

'MAGISTRA RATIONE': 'AUCTORITAS', 'TRADITIO', 'RATIO' VON ANSELM BIS ADELARD VON BATH[1]

Hildebrand Bascour und Rhaban Haacke gewidmet

Das Problem der Begriffe *auctoritas*, *traditio*, *ratio* hat sich als ausgesprochen aktuell in mehreren Studien erwiesen[2]. Jeder dieser Begriffe

[1] Vorlesung an der Katholischen Universität von Löwen, Instituut voor Middeleeuwse Studies, am 13. Juni 1980. Für diese große Ehre und die freundliche Zusammenarbeit möchte ich herzlich danken, besonders Herrn Prof. G. Verbeke, Direktor des 'Instituut voor Middeleeuwse Studies', und Herrn Prof. J. M. De Smet. Mein Dank gilt auch allen Hörern, die an der Diskussion lebhaft teilnahmen. Zum Ausdruck 'magistra ratione' vgl. unten Note 211.

[2] Hier werden — in alphabetischer Folge — nur die Arbeiten angeführt, die im Verlauf unserer Studie nicht öfters genannt sind. Weil das Problem des Verhältnisses von *auctoritas-traditio-ratio* seine Wurzeln, theologische wie historische, in der Antike und im patristischen Zeitalter hat, ergibt sich angesichts einer wissenschaftlich adäquaten Behandlung des bedeutsamen Themas, das wir behandeln, die Notwendigkeit, daß wenigstens die wichtigsten Arbeiten bewertet werden, was einen nützlichen Bezug zu einer exakten Problemerfassung für diese mittelalterliche Zeit darstellt: E. Amelung, 'Autorität', in *Theologische Realenzyklopädie*, 4, 1-2 (1972), 36-40; S. W. Baron, *A Social and Religious History of the Jews* (New York, 1957), Bd. V: 'Religious Controls and Dissensions', 209-285; 'Socioreligious Controversies', 82-137; Bd. VIII: 'Faith and Reason', 55-137; Ch. Baumgartner, 'Tradition et magistère', *Recherches de science religieuse*, 41 (1953), 161-187; H. Beintker, 'Autorität', in *Theologische Realenzyklopädie*, 4, 1-2 (1972), 40-51; E. Caspar, *Geschichte des Papsttums*, II (Berlin, 1921), 67-82; W. J. Collinge, *Faith and Reason. Augustinian and Analytic Approach*, Diss. (Yale, 1974); Y. M.-J. Congar, *La Tradition et les Traditions. Essai historique* (Paris, 1961); ders., *La Tradition et les Traditions. Essai théologique* (Paris, 1965); O. Cullmann, *Die Tradition als exegetisches, historisches und theologisches Problem* (Zürich, 1954); J. B. Franzelin, *Tractatus de divina Traditione et Scriptura* (Rom-Turin, 1870); T. Gregory, 'Filosofia e teologia nella crisi del XIII secolo', *Belfagor*, 29, 1 (1964), 1-16; W. Heßler, 'Auctor', in *Mittellateinisches Wörterbuch*, 1 (1967), 1167-1172; ders., 'Auctoritas', ebd, 1173-1182; H. Holstein, *Die Überlieferung in der Kirche* (Köln, 1967); W. Kasper, *Die Lehre von der Tradition in der Römischen Schule* (Freiburg-Basel-Wien, 1962); ders., 'Tradition als Erkenntnisprinzip. Systematische Überlegungen zur theologischen Relevanz der Geschichte', *Theologische Quartalschrift*, 155 (1975), 198-215; H. P. Laqua, *Traditionen und Leitbilder bei dem Ravennater Reformer Petrus Damiani* (1042-1052), Münstersche Mittelalter-Schriften, 30 (München, 1976); K. H. Lütcke, *Auctoritas bei Augustin. Mit einer Einleitung zur römischen Vorgeschichte des Begriffs*, Tübinger Beiträge zur Altertumswissenschaft, 44 (Stuttgart, 1968); A. Magdelain, *Auctoritas Principis*, Collection d'Études Latines, série scientifique, 22 (Paris, 1947); R. J. Masiello, 'Reason and Faith in Richard of St. Victor and St. Thomas', *The New Scholasticism*, 48 (1974), 233-242; J. Martin, 'Uses of Tradition: Gellius, Petronius and John of

besitzt seiner Entstehung und Entwicklung nach eine komplexe Geschichte, stellt sich überdies als Katalysator von Debatten dar, die oftmals in verschiedenen Epochen der *Christianitas* Krisen hervorgerufen, nicht selten starke Kontroversen ausgelöst haben[3].

Wenn man aber ihre innere Bedeutung, insbesondere im Mittelalter, erforscht, dann erfährt man bald, wie eng sie aufeinander bezogen sind, so daß es unmöglich zu sein scheint, das *proprium* wirklich zu erfassen, ohne sie als Zusammenhang im Auge zu behalten. Die sogenannte Mentalität dieser Zeit birgt in sich die Gefahr, daß die ganze Problematik, die diese Begriffe mit sich bringen, aus hegelianischem Blickwinkel gesehen wird. So hat man die Beziehungen zwischen *auctoritas* und *ratio* häufig dialektisch untersucht, ohne zu bemerken, daß das Mittelalter als 'unum'[4] die innere Kraft und den Wert dessen niemals hat aufteilen können, was im mittelalterlichen System diese Begriffe *auctoritas*, *traditio*, *ratio* immer eng verbunden hat. Sie waren drei Reflexe ein und desselben Lichtes, drei Farben des einen Spektrums, die Reflexion des mittelalterlichen Menschen, der nie vergaß, was für ihn lebendig und wahr war: die *auctoritas* Gottes als Schöpfer und als Ziel des Lebens, die *ratio*, die dem 'Logos tou Theou'

Salisbury', *Viator*, 9 (1979), 209-235: R. Mau, 'Autorität', in *Theologische Realenzyklopädie*, 4, 1-2 (1972), 32-36; W. Molinski, 'Autorität', *Sacramentum Mundi*, 1 (1967), 445-458; K.F. Morrison, *Tradition and Authority in the Western Church (300-1140)* (Princeton, 1969); A. Murray, *Reason and Society in the Middle Ages* (Oxford, 1978); J. Pieper, *Über den Begriff der Tradition*, Arbeitsgemeinschaft für Forschung des Landes Nordrhein-Westfalen, Geisteswissenschaften, Heft 72 (Köln und Opladen, 1958); ders., *Tradition als Herausforderung. Aufsätze und Reden* (München, 1967); K. Rahner-J. Ratzinger, *Offenbarung und Überlieferung*, Quaestiones Disputatae, 25 (Freiburg-Basel-Wien, 1965); T.B. Ring, *Auctoritas bei Tertullian, Cyprian und Ambrosius*, Cassiciacum, 9 (Würzburg, 1975); G. Siewerth, 'Vernunft', in *Handbuch theologischer Grundbegriffe*, 2 (1969), 773-778; G. Tellenbach, 'Auctoritas', in *Reallexicon für Antike und Christentum*, 1 (1932), 905-907; H. Wagenwoort, 'Auctoritas', ebd., 902-904; C. Zottele, 'Ragione, intelletto e fede nel pensiero di S. Agostino', *Studia Patavina*, 20 (1973), 464-490.

[3] Die oben genannten Arbeiten (vgl. Anm. 2) vermitteln einen Einblick, auch einen kritischen, auf das oben aufgezeigte Problem. Für die Arbeiten, die sich auf die nachmittelalterliche, moderne und heutige Zeit beziehen, sei auf die Spezialartikel in den hier auch erwähnten Lexika verwiesen.

[4] Vgl. besonders W. von Loewenich, 'Europa oder christliches Abendland?', in *Europa und das Christentum*, hrsg. von J. Lortz, Veröffentlichungen des Instituts für europäische Geschichte Mainz, Bd. 18, Abteilung für abendländische Religionsgeschichte (Wiesbaden, 1959), 17-32, bes. 22; und J. Lortz, 'Vorwort', ebd. 1-13, bes. 1-2; ders., 'Die europäische Einheit und das Christentum', ebd. 73-193, bes. 84-91. Vgl. auch F. Heer, *Aufgang Europas. Eine Studie zu den Zusammenhängen zwischen politischer Religiösität, Frömmigkeitsstil und dem Werden Europas im 12. Jahrhundert* (Wien-Zürich, 1949), insb. 165-181.

immer verbunden war, die *traditio*, die im ganzen Mittelalter, von Augustin bis Bacon oder Thomas oder Nikolaus von Kues, die lebendige Überlieferung der *auctoritas Dei et ecclesiae* in der Geschichte war, Zeugnis und Basis und Offenbarung des Heiligen Geistes.

Nur in diesem Sinne und in einer solchen Perspektive kann diese Forschung versuchen, die geschichtliche, philosophische und theologische Bedeutung dieser drei Begriffe, insbesondere im 11. und 12. Jahrhundert, wirklich zu ergründen.

Was hier gesagt wird, hat weder abschließenden noch definitiven Charakter, weil diese Untersuchung nicht als abgeschlossen angesehen werden kann. Es wäre notwendig, noch zwei Hauptlinien zu untersuchen: eine, die vom 11. und 12. Jahrhundert zu den römischen oder lateinischen Formulierungen zurückführt, seien es klassische oder postklassische; die andere, die von der Zäsur zwischen Ost und West und der Trennung der beiden Kirchen zurück zu Augustin, Origenes, Tertullian, Cyprian, Irenäus und Ignatius leitet, bis zu den ersten Formulierungen von Lehrsätzen der Urkirche selbst und zu ihren neu- und alttestamentlichen Quellen. Dies sei Thema einer anderen Arbeit, die ich mir vornehme [5]. Fast alle Autoren, die hier zu nennen wären, waren Benediktiner; in der lebendigen Geschichte der mittelalterlichen Kulturausgestaltung des 11. und 12. Jahrhunderts haben sie als solche eine wichtige Rolle gespielt.

> Nullus quippe christianus debet disputare, quomodo quod catholica ecclesia corde credit et ore confitetur, non sit sed semper eandem Fidem indubitanter tenendo, amando et secundum illam vivendo humiliter quantum potest quaerere rationem quomodo sit. Si potest intelligere, Deo gratias agat, si non potest, non immittat cornua ad ventilandum, sed submittat caput ad venerandum [6].

[5] Der Titel dieser erwarteten Forschung ist jetzt wie folgt geplant: *Lateinische Kategorien und patristische Quellen der mittelalterlichen Weltordnung: auctoritas-traditio-ratio vom 11. bis 13. Jahrhundert.*

[6] Vgl. *S. Anselmi Cantuariensis archiepiscopi Epistula de incarnatione Verbi* (= EdIV), in *Opera omnia*, ed. F. S. Schmitt OSB (Stuttgart-Bad Cannstatt, 1968), II, 3-35, insb. 6-7. Eadmer berichtet in seiner berühmten *Vita Anselmi* über die Entstehung dieser *Epistula*: 'Quotiens autem opportunitas sese praebebat in remotiorem camerae suae locum succedere, solusque caelestibus studiis consueverat inhaerere. Unde fidei christianae zelo commotus egregium et pro illius temporis statu pernecessarium opus *de Incarnatione Verbi* composuit'. Vg. *Eadmerii Vita Anselmi, archiepiscopi Cantuariensis*, II, 10, ed. R. W. Southern (Oxford, 1962), 72-73. Über das hier gebrachte Zitat aus EdIV vgl. S. Vanni-Rovighi, '"Ratio" in S. Anselmo d'Aosta', in *Sapientiae procerum amore, Mélanges médiévistes offerts à Dom Jean-Pierre Muller OSB*, Studia Anselmiana, 63

In diesem schönen Satz, der sich in der *Epistula de incarnatione Verbi* findet, begegnet uns die Meinung Anselms von Canterbury über das Problem der Beziehungen zwischen *auctoritas*, *traditio*, *ratio* vollständig und deutlich. Die *Epistula* war kurz vor Anselms Übersiedlung nach Canterbury geschrieben worden, sie sollte auf die Ketzerei des Roscellin eine Entgegnung sein — also während Anselm noch Abt von Bec war[7]. Im Winter 1092-1093 hatte er diesen Brief noch eingehend revidiert, in den Jahren 1093-1094 ihn erneut ergänzt, also als Erzbischof von Canterbury[8]. Das ganze theologische Programm seines Denkens wird in diesem Satz deutlich; die Perspektive aber, unter der Anselms Programm zu stellen ist, hat Anselm selbst in einem Brief angegeben, der im Jahre 1098 dem Papst Urban II. den Traktat *Cur Deus homo* empfiehlt:

> Et ut alia taceam quibus sacra pagina nos ad investigandam rationem invitat, ubi dicit: "Nisi credideritis, non intelligetis", aperte nos monet ad intellectum extendere, cum docet qualiter ad illum debeamus proficere ... Denique quoniam inter fidem et speciem intellectum quem in hac vita capimus esse medium intelligo: quanto aliquis ad illum profici, tanto eum propinquare speciei, ad quam omnes anhelamus, existimo[9].

Anselm weiß also, wie bestimmend die Beziehungen zwischen *fides* und *ratio* in der menschlichen Natur für die Suche nach dem Verständnis der christlichen Wahrheit sind; er weiß aber auch, daß 'remoto Christo quasi numquam aliquid fuerit de illo, probat rationibus necessariis esse impossibile ullum hominem salvari sine illo'[10]. Der

(Roma, 1974), 65-79, bes. 72: 'Le affermazioni nette della necessità di presupporre la fede all'intelligenza, e quindi alla *ratio* nel suo duplice processo di *veritatis claritas et rationis necessitas*, compaiono nell'*Epistula de incarnatione Verbi*'. Vgl. jetzt *Studi di filosofia medievale*, I. *Da Sant'Agostino al XII secolo*, Scienze Filosofiche, 19 (Mailand, 1978), 22-36, bes. 27. Im übrigen müssen wir notieren, daß das hier gebrachte Zitat im Kommentar von S. Vanni Rovighi nicht behandelt ist. Bei einer sorgfältigen Prüfung ergibt sich nicht ganz exakt die Zuschreibung für die *ratio*, wie sie im Zitat erscheint, von den beiden Begriffen, *claritas veritatis* und *necessitas rationis*. In einem Satz, der sich im *Prolog* des *Monologion* findet, schrieb Anselm tatsächlich: '... id ita esse ... et *rationis necessitas* breviter cogeret et *veritatis claritas* patenter ostenderet'. Vgl. *Opera omnia*, ed. Schmitt (Edinburgh, 1956-1961), I, 7. Wahrscheinlich wollte Anselm einfach nur seine *rationes ... scribendi* aufzählen, ohne Kriterien für philosophische Begriffe zu liefern.

[7] Vgl. *Eadmerii Vita Anselmi*, ed. Southern, 72, Anm. 1; vgl. auch F.S. Schmitt, 'Cinq recensions de l'*Epistula de incarnatione Verbi* de S. Anselme de Canterbury', *Revue bénédictine*, 51 (1939), 257-287; ders., *Opera omnia*, II, 78-89, bes. 84-86.

[8] Vgl. R.W. Southern, *The Life of St. Anselm*, 72, Anm. 1.

[9] *S. Anselmi Cantuariensis archiepiscopi Cur Deus homo* (= CDH), *Commendatio*, ed. R. Roques, Sources chrétiennes, 91 (Paris, 1963), 196.

[10] *CDH*, *Praefatio*, 198. Vgl. R. Pouchet, *La rectitudo chez saint Anselme. Un itinéraire augustinien de l'âme à Dieu* (Paris, 1964), 19-27; 55f.; 217-224.

Glaube bleibt für Anselm, wie schon R. Roques bemerkt hat[11], erster Grund und Voraussetzung jedes richtigen theologischen Denkens. Die kirchliche Autorität gilt ihm als notwendige, lebendige Basis einer guten und sicheren Exegese der Heiligen Schrift: 'Quod in iis quae dicta sunt, veteris et novi testamenti veritas probata sit'[12]. Der *intellectus* steht für Anselm 'inter fidem et speciem'[13]; er hat in der Struktur der menschlichen Natur immer eine sekundäre Funktion; selbst dann, wenn in seiner innerlichen 'substantia' die 'essentia divini Verbi' zum Vorschein kommt und er lebendiger Reflex des 'Logos tou Theou' wird[14].

Dem glaubenden Menschen, der mit den Worten Bosos in *Cur Deus homo* wie folgt spricht:

> Aequum enim est ut cum nostrae fidei rationem studemus inquirere, ponam eorum (sc. infidelium) obiectiones, qui nullatenus ad fidem eandem sine ratione volunt accedere. Quamvis enim illi ideo rationem quaerant, quia non credunt, nos vero quia credimus[15],

ist nur möglich zu hoffen: 'ut Deus aperiat quod prius latebat'[16]. Nur in dieser Hinsicht kann Boso, sozusagen Vertreter des ungläubigen Menschen, folgendes erklären:

> Sicut rectus ordo exigit ut profunda christianae fidei prius credamus, quam ea praesumamus ratione discutere, ita negligentia mihi videtur si postquam confirmati sumus in fide, non studemus quod credimus intelligere[17].

[11] Vgl. R. Roques, *Structures théologiques de la gnose à Richard de Saint-Victor. Essais et analyses critiques*, Bibliothèque de l'École des Hautes Études, Section des sciences religieuses, 72 (Paris, 1962), 246: 'Pour Anselme la foi reste donc première et toujours présupposée par le raisonnement théologique'.

[12] Vgl. die Überschrift des 22. Kapitels im 2. Buch von *Cur Deus homo*, *CDH*, II, 22, ed. Roques, 458.

[13] *CDH*, *Commendatio*, ed. Roques, 196.

[14] *CDH*, I, 1, ed. Roques, 210: 'Non ut per rationem ad fidem accedant, sed ut eorum quae credunt intellectu et contemplatione delectentur'. Vgl. S. Vanni Rovighi, 'Ratio in S. Anselmo d'Aosta', 74: 'Qui la *ratio* non può preparare alla fede ... ma solo dare al credente la gioia di scoprire una intelligibilità in ció che crede. L'*intellectus fidei*, infatti, é qualcosa di intermedio tra la fede e la visione beatifica'. Vgl. auch R. Haubst, *Vom Sinn der Menschwerdung. Cur Deus homo* (München, 1969); H.K. Kohlenberger, *Similitudo und ratio. Überlegungen zur Methode bei Anselm von Canterbury* (Bonn, 1972).

[15] *CDH*, I, 3, ed. Roques, 218.

[16] *CDH*, I, 1, ed. Roques, 214.

[17] *CDH*, I, 1, ed. Roques, 212. Vgl. E. Gilson, *La Philosophie au moyen âge* (Paris², 1962), 243: 'Il ne faut pas oublier qu'avec le sentiment très vif du pouvoir explicatif de la raison, saint Anselme garde le sentiment que jamais elle ne parviendra à comprendre le mystère. Démontrer par des raisons logiquement nécessaires que Dieu existe, qu'il est un seul Dieu en trois personnes et que le Verbe devait s'incarner

Die *fides certa* braucht, dieser Stelle nach, ihre *rationes necessariae*[18], und die *ratio*, die im Grunde lebendiger geheimnisvoller Funke des Logos ist, wird zur notwendigen Funktion des christlichen Glaubens, des kirchlichen Glaubensbekenntnisses und zur Rechtfertigung der eschatologischen Suche nach der hochgebauten himmlischen Stadt. Anselmus sagt: 'Quid iam quaeris amplius? Ecce vides quomodo rationabilis necessitas ostendat ex hominibus perficiendam esse supernam civitatem'[19]. Die *rationes necessariae* werden zu *rationes certae*, auch wenn sie stark eingeschränkt werden:

> Ostendimus ut puto, certam rationem quomodo Deus assumpserit hominem sine peccato de massa peccatrice, sed nequaquam negandum existimo aliam esse praeter istam quam diximus, excepto hoc quia Deus facere potest, quod hominis ratio comprehendere non potest[20].

Bis zum Ende des Traktats wird diese Perspektive aufrecht erhalten: der Mensch, der nur aufgrund der Menschwerdung Gottes seine ewige *imago* wieder erreichen kann, wird zum *miser homuncio*, insofern nämlich die *rationes necessariae* zu *rationes iustitiae Dei* werden: 'Si

pour sauver l'homme, ce n'est pas pénétrer par la pensée les secrets de la nature divine ni le mystère d'un Dieu fait homme pour nous sauver'. In dieselbe exegetische Richtung lenkt Grabmann. Vgl. M. Grabmann, *Die Geschichte der scholastischen Methode*, I, 281-283. Vgl. auch J. McIntyre, 'Premises and Conclusions in the System of St. Anselm's Theology', in *Spicilegium Beccense*, Congrès international du IXe centenaire de l'arrivée d'Anselme au Bec (Le Bec-Paris, 1959), I, 95-101. Zu völlig anderen Ergebnissen gelangte W. Simonis, *Trinität und Vernunft. Untersuchungen zur Möglichkeit einer rationalen Trinitätslehre bei Anselm, Abälard, den Victorinern, A. Günther und J. Froschammer*, Frankfurter Theologische Studien, 12 (Frankfurt a.M., 1972), 5-34, insbes. 11-13. Was vor 40 Jahren J. Bayart schrieb (Vgl. 'The Concept of Mystery according to St. Anselm of Canterbury', *Recherches de théologie ancienne et médiévale*, 9, 1937, 125-166) über die Unterschiede des Geheimnischarakters des Glaubens nicht 'an sit', sondern 'quomodo' und 'quid sit' — Simonis hat dies stark übernommen! — scheint sehr subjektiv, denn die *ratio* Anselms bleibt immer der Offenbarung Gottes verbunden, auch wenn er versucht, sie als *ratio* in sich selbst zu befreien. Der Glaube ist bei Anselm immer als *fundamentum rationis* zu verstehen: die *ratio* hat als Ziel die *visio beatifica*: immer bleibt im Denken Anselms die Beziehung zwischen *revelatio* und *ratio* eine feste. Vgl. auch J. McIntyre, *St. Anselm and his Critics. A Reinterpretation of the 'Cur Deus homo'* (Edinburgh, 1954). Vgl. auch *Proslogion*, I, 1: 'Non tento, Domine, penetrare altitudinem tuam ...'.

[18] Vgl. A. Jacquin, 'Les rationes necessariae de saint Anselme', dans *Mélanges Mandonnet*, II (Paris, 1930), 67-78; C. Ottaviano, 'Le rationes necessariae in S. Anselmo, *Sophia*, 1 (1933), 91-97; C. Vaggagini, 'La hantise des "rationes necessariae" de saint Anselme dans la théologie des processions trinitaires de saint Thomas', dans *Spicilegium Beccense*, I, 103-139. Vgl. Roques, ed. *Cur Deus homo*, 75-99, 174-181; Vanni Rovighi, 'Ratio in S. Anselmo d'Aosta', 68-69, 72-75. Vgl. auch F. S. Schmitt, 'Die wissenschaftliche Methode in *Cur Deus homo*', in *Spicilegium Beccense*, I, 349-370, insbes. 361-365.

[19] *CDH*, II, 15, ed. Roques, 408.

[20] *CDH*, II, 17, ed. Roques, 436.

rationem sequitur Dei iustitia, non est qua evadat *miser homuncio*, et misericordia Dei perire videtur'[21].

Allein der Glaube, der ein Gottesgeschenk ist, kann die Hoffnung des menschlichen Lebens nähren: 'Nisi fides me consolaretur, hoc solum me cogeret desperare'[22]. Alles kommt aus Gottes Willen und alles muß wieder zu Gott zurückkehren: die *ratio* der Menschen wird nur als 'testimonium fidei et veritatis christianae' verstanden und hat nicht die Kraft, sich selbst zu befreien:

> Si quid diximus quod corrigendum sit, non renuo correctionem, si rationabiliter sit. Si autem veritatis testimonio roboratur, quod nos rationabiliter invenisse existimamus, Deo non nobis attribuere debemus, qui est benedictus in saecula[23].

Lesen wir, was gerade am Anfang des ersten Kapitels des *Monologion* steht, dann erfahren wir, wie angestrengt Anselm versucht, der Vernunft die Freiheit zu schenken: dies wird deutlich an den Auseinandersetzungen zwischen dem Glauben Anselms selbst und dem Glauben der Mönche einerseits und zwischen dem Glauben als *fundamentum veritatis christianae* und dem *intellectus* aller Menschen, die auf der Suche nach der Wahrheit Gottes sind, andererseits:

> Si quis unam naturam, summam omnium quae sunt, solam sibi in aeterna sua beatitudine sufficientem, omnibusque rebus aliis hoc ipsum quod aliquid sunt aut quod aliquomodo bene sunt, per omnipotentem bonitatem suam dantem et facientem, aliaque perplura quae de deo sive de eius creatura necessarie credimus, aut non audiendo aut non credendo ignorat: puto quia ex ipsa ex magna parte, si vel mediocris ingenii est, potest ipse sibi saltem *sola ratione* persuadere[24].

Anselm weiß, nur die *visio Dei* kann endlich der *fides* eine adäquate Antwort geben, weil nur auf diese Weise die *ratio* sich innerlich befreien kann, um die einzige und ewige Möglichkeit wahrzunehmen, der *veritatis contemplatio* würdig zu sein[25]. Jedoch versuchte er,

[21] *CDH*, I, 24, ed. Roques, 340. Vgl. E.R. Fairweather, '*Iustitia Dei* as the *Ratio* of the Incarnation', in *Spicilegium Beccense*, I, 327-335; ders., 'Truth, Justice and Moral Responsibility in the Thought of St. Anselm', in *L'homme et son destin d'après les penseurs du Moyen Age*, Actes du Premier Congrès international de philosophie médiévale, Louvain-Bruxelles 1958 (Louvain-Paris, 1960), 385-391.

[22] *CDH*, I, 22, ed. Roques, 326.

[23] *CDH*, II, ed. Roques, 460.

[24] *Monologion*, I, in *Opera omnia*, ed. Schmitt, I, 13. Vgl. Vanni Rovighi, 'Ratio in S. Anselmo d'Aosta', 66. Vgl. auch J. Vuillemin, *Le Dieu d'Anselme et les apparences de la raison*, Collection Analyse et raisons, 15 (Paris, 1971), bes. 11-14. Zu den Textbeziehungen auf Seneca (*Quaestiones naturales*, I. *Praefatio*, 13, 7ff.) vgl. S. 13, Anm. 3. Vgl. die folgende Anmerkung.

[25] *Sola ratione*, *Anselm-Studien für F.S. Schmitt OSB* (Stuttgart-Bad Cannstatt, 1970), bes. H. de Lubac, 'Sur le chapitre XIVe du Proslogion', 295-312.

allen Menschen die Hoffnung zu schenken, daß sie sich mit Hilfe der *sola ratio* dem Wesen Gottes wirklich nähern könnten[26].

Man kann natürlich hier eine *contradictio* bemerken, die sich in der Perspektive Anselms findet, aber man vergesse nicht die Chronologie der Werke Anselms[27]. S. Vanni Rovighi hat schon betont: 'Le posizioni del *Monologion* e del *Cur Deus homo* sono certo diverse. Se siano diverse perchè S. Anselmo ha cambiato opinione o perchè tratta problemi diversi non so, ma sono diverse'[28].

Anselm sagt weiter:

> In quo tamen, si quid dixero quod maior non monstret auctoritas: sic volo accipi ut, quamvis ex rationibus quae mihi videbuntur, quasi necessarium concludatur, non ob hoc tamen omnino necessarium, sed tantum sic interim videri posse dicatur[29].

S. Vanni Rovighi hat gefunden, daß die *auctoritas* hier gar nicht die *divina auctoritas* ist, sondern die *auctoritas patrum*[30]; sie hat noch deutlicher gesagt, hier sei keine Subordination der *ratio* unter die

[26] Die Meinung, wie sie W. Simonis äußert, Anselm habe dieses Programm wirklich in ein System der christlichen Vernunft eingeführt, scheint uns subjektiv. Vgl. Simonis, *Trinität und Vernunft*, 14-15. Man kann absolut nicht das Denken Anselms mit den Kategorien der modernistischen Philosophie analysieren. Vgl. dazu die Arbeit von F. Ulrich, 'Cur non video praesentem? Zur Explikation der "griechischen" und "lateinischen" Denkform bei Anselm und Scotus Eriugena', *Freiburger Zeitschrift für Philosophie und Theologie*, 22, 1-2 (1975), 70-170. Mit vollem Recht schlägt eine ganz andere Richtung ein: G.R. Evans, *Anselm and Talking about God* (Oxford, 1978), bes. 39-40. Vgl. auch J. Hopkins, *A Companion to the Study of St. Anselm* (Minneapolis, 1972); und G.R. Evans, 'The Nature of St. Anselms Appeal to Reason', *Studia Theologica*, 31 (1977), 33-50. Vgl. auch Heer, *Aufgang Europas*, 165-179.

[27] Vgl. dazu F.S. Schmitt, 'Zur Chronologie der Werke des hl. Anselm von Canterbury', *Revue bénédictine*, 44 (1932), 322, 350; ders. 'Die Chronologie der Briefe des hl. Anselm von Canterbury', *Revue bénédictine*, 64 (1954), 176-207.

[28] Vgl. Vanni Rovighi, 'Ratio in S. Anselmo d'Aosta', 69; vgl. auch Vuillemin, *Le Dieu d'Anselme* ...; ders., 'Id quod nihil maius potest cogitari. Über die innere Möglichkeit eines rationalen Gottesbegriffes', *Archiv für Geschichte der Philosophie und Soziologie*, 53 (1971), 278-299; endlich aber sollte man ansehen: R. Vignaux, 'Structure et sens du Monologion', in *De saint Anselme à Luther*, Études de Philosophie médiévale, hors série (Paris, 1976), 76-96; ders., 'Note sur le chapitre LXX du Monologion', ebd. 97-110; ders. 'La méthode de saint Anselme dans le Monologion et le Proslogion', ebd. 111-130; vgl. bes. 77-78, 80-82, 92-93: 'La raison nous fait *découvrir* une vie trinitaire que nous ne pouvons *expliquer*, constatant que "c'est", sans *pénétrer* "comment c'est": *penetrare intellectu quomodo sit.* Nous sommes conduits jusque-là, avec une rigueur que S. Anselme estime parfaite: *probationibus necessariis nulla alia repugnante ratione.* Il y a bien découverte, mais d'un mystère, — *secretum* — ... comment la validité de mes raisonnements peut-elle coexister avec le caractère ineffable, *ratio ineffabilitatis* (*Monologion*, c. LXV, ed. Schmitt, 56, 18) de leur objet?' (ebd., 92-93).

[29] Vgl. *Monologion*, I, in *Opera omnia*, ed. Schmitt, I, 14.

[30] Vgl. Vanni Rovighi, 'Ratio in S. Anselmo d'Aosta', 70.

revelatio zu sehen: hier habe Anselm einfach versucht, die *ratio* in sich selbst zu gründen [31].

Fragen wir uns aber, was Anselm mit dem Wort *ratio* wirklich meinte, dann finden wir, daß die *ratio* auch bei ihm, wie immer im Mittelalter, verschiedene Aspekte hat, wie S. Vanni Rovighi mit Recht bemerkte: '*Ratio* è certo uno dei termini più polisensi che si incontrano nella filosofia medievale' [32]. Sie fragte weiter: '... ma insomma che cosa è la *ratio* per s. Anselmo? Confesserò che non mi è mai riuscito di definire con una parola quello a cui i filosofi, i classici, hanno dedicato molte pagine. Ma se proprio dovessi dare una definizione direi: è un vedere che lascia sempre oltre a sè una infinità di cose non vedute' [33].

Anselm selbst kann hier eine Antwort geben; in *Cur Deus homo* schreibt er wie folgt: 'Non ad hoc veni, ut auferas mihi fidei dubitationem, sed ut ostendas mihi certitudinis meae rationem' [34].

Trotz aller Versuche, die *ratio* Anselms mit Hilfe der hegelianischen Kategorien zu erklären und endgültig zu interpretieren — ich denke hier insbesondere an die Arbeiten von W. Simonis und F. Ulrich [35] —, bleibt sie als solche *rationale fundamentum* eines Glaubens, der in sich selbst immer bereit sein muß, die Geheimnisse des trinitarischen christlichen Gottes zu durchdringen, bis zur Verfügbarkeit, sie als solche, auch ohne verstehen zu können, zu verehren [36].

> Quapropter sicut me rationabiliter deduxisti ad hoc ... ita me volo perducas illuc, ut rationabili necessitate intelligam esse oportere omnia illa, quae nobis fides catholica de Christo credere praecipit, si salvari volumus, et quomodo valeant ad salutem hominis; et qualiter Deus misericordia salvet hominem ... [37].

Eadmer hat über Anselm wie folgt geschrieben:

> Fecit quoque libellum unum quem *Monologion* appellavit. Solus enim in eo et secum loquitur, ac tacita omni auctoritate divinae Scripturae quid

[31] Ebd. Einer ganz anderen Meinung war M. Cappuyns, 'L'argument de saint Anselme', *Recherches de théologie ancienne et médiévale*, 6 (1934), 310-330, bes. 319, Anm. 19.

[32] Vgl. Vanni Rovighi, 'Ratio in S. Anselmo d'Aosta', 65.

[33] Ebd., 79.

[34] *CDH*, I, 25, ed. Roques, 346.

[35] Vgl. Anm. 17.

[36] Vgl. M.L. Arduini, *Ruperto di Deutz e la controversia tra cristiani ed ebrei nel secolo XII*, con testo critico dell'*Anulus seu Dialogus*, a cura di R. Haacke OSB, Studi Storici, Fasc. 119-121 (Roma, 1979), 68-80, 118-119.

[37] Vgl. *Monologion*, I, 14, in *Opera omnia*, ed. Schmitt, I, 15.

> Deus sit *sola ratione* quaesivit et invenit, et quod vera fides de Deo sentit, invincibili ratione sic nec aliter esse posse probat et astruit[38].

Dies ist das erste Ergebnis unserer Befragung zur *ratio* Anselms. Auf die Frage, welche Richtung Anselm einschlägt, wenn er über die sogenannten *auctoritates* spricht, können wir folgendes antworten: Anselm argumentiert, daß die *Patres* und die *doctores ecclesiae* nicht die ganze Wahrheit der ausgelegten Hl. Schrift erklären konnten, weil 'breves sunt dies hominis' und überdies die Wahrheit in sich selbst 'tam ampla tamque profunda sit, ut a mortalibus nequeat exhauriri'[39]. Die *auctoritates* sind für Anselm sehr wichtig; sie sind für ihn notwendig, um stets mit Sicherheit den rechten Weg gehen zu können. Die *auctoritates* sind aber für Anselm nicht für jede Zeit einfach wiederholbar, das heißt, wenn Anselm auch Ambrosius, Augustin, Hilarius und Gregor I. sorgfältig gelesen und ergründet hat, so hat er die Autorität der Kirchenväter wieder ausgelegt, nicht aber direkt angewandt[40]. Den späteren Aussagen Richards von St. Victor nähert sich Anselm in einer solchen Hinsicht sehr:

> Sed nec illud tacite praetereo quod quidam quasi ob reverentiam patrum, nolunt ab illis omissa attentare, ne videantur aliquid ultra maiores praesumere ... Nos autem a patribus pertractata cum omni aviditate suscipiamus et ab ipsis omissa cum omni alacritate perquiramus[41].

Im Versuch Anselms, die *rationes necessariae christianae fidei* vernünftigerweise zu begründen, bleibt die kirchliche Autorität immer als *fundamentum* nicht nur des Glaubens selbst, sondern auch der Gottesüberlieferung bestehen: die *auctoritas Scripturae* als wesentliche *auctoritas* der *traditio Dei* ist für Anselm eigentlich nur durch die Hilfe der öffentlichen geistlichen Autoritäten des *ordo Christianitatis*[42] zu gewinnen, insbesondere durch die Autorität des Papstes und der Bischöfe; in diesem Zusammenhang ist an Ignatius von Antiochien

[38] Vgl. *Eadmerii Vita Anselmi*, XIX, ed. Southern, 29.

[39] Vgl. *CDH*, *Commendatio*, ed. Roques, 196.

[40] Vgl. Roques, *Structures théologiques*, 247; vgl. auch E. Gilson, 'Sur l'âge de la maturité philosophique selon saint Thomas d'Aquin', in *L'Homme devant Dieu*, *Mélanges offerts au Père H. de Lubac* (2 Bde) (Paris, 1963-1964), I, 151-157.

[41] Vgl. *Richardi s. Victoris In visionem Ezechielis*, *Prologus*, PL 196, 527 CD-528; vgl. Arduini, *Ruperto di Deutz*, 122-124.

[42] Vgl. H. Krings, *Ordo. Philosophische-historische Grundlegung einer abendländischen Idee*, Philosophie und Geisteswissenschaften, Bd. 9 (Halle-Saale, 1941); J. Rief, *Der Ordobegriff des jungen Augustinus*, Abhandlungen zur Moraltheologie (Paderborn, 1962); A.J. Wayne Hellmann, *Ordo. Untersuchung eines Grundgedankens in der Theologie Bonaventuras*, Münchener Universitätsschriften, Veröffentlichungen des Grabmann-Instituts, N.F. Bd. 18 (München-Paderborn-Wien, 1974).

und an Cyprian zu erinnern[43]. Dies ist der Grund, warum Anselm, schon als Erzbischof von Canterbury, das Werk *Cur Deus homo* dem Papst Urban II. brieflich angetragen hat. Offensichtlich verhält es sich mit der *Epistula ad Lanfrancum archiepiscopum*, dem *Monologion* beigegeben, in gleicher Weise. Dieser Grund wird noch deutlicher, wenn wir berücksichtigen, welche Rolle Anselm im Streit zwischen Urban II. und Clemens III. gespielt hat, und welche Beziehungen er zu den beiden englischen Königen Wilhelm II. dem Roten und Heinrich I. unterhielt[44].

Die Wahrheit Gottes bleibt für Anselm 'tam ampla tamque profunda ut a mortalibus nequeat exhauriri', d.h. nur die *auctoritas Dei* ist Grund des Glaubens mit Hilfe der *traditio veritatis Scripturae* und der *catholica ecclesia*, und dies, um den Glauben in den ganzen Welt, nicht nur den Christen, sondern auch den Juden und Heiden als *ratio veritatis christianae* zu verkünden. In dieser Hinsicht bleibt die *traditio Dei quae una est* für Anselm das, was für Irenäus die einzige Möglichkeit war, die *fides ecclesiae Christi una et universalis* zu machen:

> Hanc praedicationem cum acceperit et hanc fidem, quemadmodum praediximus, ecclesia, et quidem in universum mundum disseminata, diligenter custodit quasi unam domum inhabitans (Vgl. Ps. 67,7; 132, 1), et similiter credit his videlicet quasi unam animam habens et unum cor (Act. 4,32) et consonanter haec praedicat et docet et tradit quasi unum possidens os. Nam etsi in mundo loquelae dissimiles sunt (Gen. 11,5), sed tamen *virtus Traditionis* una et eadem est[45].

Nach Anselm ist aber den *auctoritates patrum* nicht immer zu folgen, denn nicht in jeder Zeit sind sie wiederholbar. Es ist ihnen nicht

[43] Zu St. Ignatius vgl. *Ad Magn.*, 13, 2; außerdem: A. van Haarlem, 'Ekklesiologie des Ignatius', *Nederlands theologisch tijdschrift*, 19 (1964), 112-134; P.Th. Camelot, *Ignace d'Antioche, Polycarpe de Smyrne. Lettres et Introduction*, Sources chrétiennes, 10 (Paris, 1969). Zu Cyprian: vgl. *Epistula* XXXIII, 1: 'Ecclesia super episcopos constituatur et omnis actus ecclesiae per eosdem praepositos gubernatur'. Vgl. auch W. Simonis, *Ecclesia visibilis et invisibilis. Untersuchungen zur Ekklesiologie und Sakramentenlehre in der afrikanischen Tradition von Cyprian bis Augustinus*, Frankfurter Theologische Studien, 10 (Frankfurt a.M., 1970). Vgl. ferner: Ch. Saumagne, *Saint Cyprien, évêque de Carthage, pape d'Afrique 248-258. Contribution à l'étude des persécutions de Dèce et de Valérien*, Études d'antiquités africaines (Paris, 1975).

[44] Vgl. R. Foreville, 'Naissance d'une conscience politique dans l'Angleterre du 12ᵉ siècle', in *Entretiens sur la Renaissance du 12ᵉ siècle*, Décades du Centre culturel international de Cerisy-la-Salle, nouvelle série, 9 (Paris-La Haye, 1968), 179-201.

[45] Vgl. *Adversus Haereses*, I, 10, 2, ed. A. Rousseau-L. Doutreleau, Sources chrétiennes, 264 (Paris, 1979), 158-161. Die von mir angegebenen Bibel-Belege stehen nicht in der zitierten Edition.

durch sich selbst möglich, die ganze Wahrheit der Bibel für immer zu interpretieren und weitergehend zu verkünden[46].

Fassen wir zusammen, was als Anselms Meinung zum Verhältnis *auctoritas-traditio-ratio* zu sagen ist, dann stellen wir fest, daß Anselms Ansicht zwar wesentlich traditionell bleibt, jedoch ein fortschrittliches Moment enthält, insofern als er die Möglichkeit sieht, *novae rationes* zu schaffen, auch wenn sie nur als *rationes necessariae* auftreten.

Um dieses fortschrittliche Moment im Schreiben und Lehren Anselms besser zu verstehen, ziehen wir heran, was Eadmer im 22. Kapitel der *Vita* Anselms erzählt:

> Quodam igitur tempore cum quidam abbas qui admodum religiosus habebatur secum ... loqueretur, ac inter alia de pueris in claustro nutritis verba insereret, adiecit: Quid obsecro fiet de istis? Perversi sunt et incorrigibiles. Die ac nocte non cessamus eos verberantes, et semper fiunt sibi ipsi deteriores[47].

Anselm fragt überrascht zurück: 'Non cessatis eos verberare? Et cum adulti sunt quales sunt?'[48]. Der Abt antwortete: 'Hebetes et bestiales'[49]. At ille: 'Quam bono animo nutrimentum vestrum expendistis; de hominibus bestias nutrivistis'[50]. Dann erzählt der Abt, daß er keinen anderen Weisen finden könne, um die *pueri* zu bessern[51]. Anselm hört lange still zu und sagt dann mit Überzeugung:

> Plantati sunt per oblationes in horto ecclesiae ut crescant et fructificent Deo. Vos autem in tantum terroribus, minis et verberibus undique illos coarctatis, ut nulla penitus sibi liceat libertate potiri ... Unde fit ut quia nihil amoris, nihil pietatis, nihil benevolentiae sive dulcedinis circa se in vobis sentiunt, nec illi alicuius in vobis postea fidem habeant ...[52].

Nach dem Bericht Eadmers schloß Anselm folgendermaßen: 'Fortis anima delectatur et pascitur solido cibo, patientia scilicet in tribulationibus'[53]; dann, nach zwei Zitaten aus Mt 5,39 und Lk 6,29, erklärte er seine Meinung deutlicher:

[46] Vgl. Kr. Strijd, *Structuur en inhoud van Anselmus' 'Cur Deus homo'. Bijdrage tot het gesprek over de verzoening*, Van Gorcum's theologische bibliotheek, 30 (Assen, 1958).
[47] Vgl. *Eadmerii Vita Anselmi*, XXII, ed. Southern, 37.
[48] *Vita Anselmi*, 37.
[49] *Vita Anselmi*, 37.
[50] *Vita Anselmi*, 37.
[51] *Vita Anselmi*, 37-38.
[52] *Vita Anselmi*, 39.
[53] *Vita Anselmi*, 39.

> Fragilis autem et adhuc in Dei servitio tenera, lacte indiget[54], mansuetudine videlicet aliorum, benignitate, misericordia, hilari advocatione ...[55].

Der Abt fühlt sich nunmehr als *religiosus*: 'his auditis ingemuit dicens: Vere erravimus a veritate et lux discretionis non luxit nobis'[56]. Hier wird im Vergleich zur *auctoritas* die *ratio* Anselms, die immer der Wahrheit Gottes eng verbunden ist, so daß es möglich zu sein scheint, sie als *ratio veritatis* zu definieren[57], zur *discretio* und zum *Lux discretionis*: die 'noetische *ratio*' nähert sich hier der 'ontischen *ratio*', um die *summa veritas* auf dem Weg einer vernünftigen neuen christlichen Ethik zu erreichen; derart ist Anselm *vere discipulus sancti Benedicti*: 'Haec ergo aliaque testimonio discretionis sumens'[58].

Von Eadmer erfahren wir:

> ... bona fama Anselmi non modo Normannia tota est respersa, verum etiam Francia tota, Flandria tota, contiguaeque his terrae omnes. Quin et mare transiit Angliamque replevit[59].

Von Rupert von Deutz[60] selbst vernehmen wir, wie er sich weit von der traditionellen Auslegung der *auctoritas patrum* entfernt hatte. Im

[54] *Vita Anselmi*, 39.

[55] *Vita Anselmi*, 39.

[56] *Vita Anselmi*, 39.

[57] Vgl. Karl Barth, *Fides quaerens intellectum. Anselms Beweis der Existenz Gottes im Zusammenhang seines theologischen Programms* (München, 1931), 46.

[58] Vgl. s. Benedicti *Regula*, LXIII, ed. A. de Vogüé-J. Neuville, Sources chrétiennes, 182 (Paris, 1972), 652.

[59] Vgl. *Eadmerii Vita Anselmi*, XXII, ed. Southern 39.

[60] Zur Information über das biographische Material zu Rupert vgl. M.L. Arduini, 'Contributo alla biografia di Ruperto di Deutz', *Studi medievali*, 3ª serie, 16 (1975), 537-582; die bibliographische Zusammenstellung vgl. 579-582; ich verweise schließlich auf meine Arbeiten: 'Il problema della "paupertas" nella vita s. Heriberti archiepiscopi Coloniensis di Ruperto di Deutz', *Studi medievali*, 3ª serie, 20 (1979), 87-138; 'Biblische Kategorien und mittelalterliche Gesellschaft: "potens" und "pauper" bei Rupert von Deutz und Hildegard von Bingen', in *Soziale Ordnungen im Selbstverständnis des Mittelalters*, Miscellanea Medievalia, 12/2 (Berlin-New York, 1980), 467-497; '*Pauperes* e *paupertas* nella Renania del secolo XII: Ruperto di Deutz ed Ildegarda di Bingen', in *Istituzioni monastiche e istituzioni canonicali in occidente (1123-1215)*, Atti della settima settimana internazionale di Studi medievali, Mendola 1977 (Milano, 1980), 632-659; *Ruperto di Deutz e la controversia tra cristiani ed ebrei nel secolo XII*, zit. Anm. 36; '*Quia autem multa sunt peccata in populo Christianitatis*' (*In Apoc.*, 6, 11). 'Ruperto di Deutz tra riforma della chiesa ed escatologia', Referat auf dem 15. internationalen Kongreß der Historischen Wissenschaften, Bukarest 10.-17. August 1980 (Vgl. *Recherches de Théologie ancienne et médiévale*, 49 (1982), 90-120); 'Kirchengeschichtliche Probleme im XI. Jahrhundert. Das Verhältnis Roms zu Köln zur Zeit Annos II.', Referat auf dem 15. internationalen Kongreß der Historischen Wissenschaften, Bukarest 10.-17. August 1980 (Vgl. *Revue bénédictine*, 92 (1982), 141-148); 'Ruperto di Deutz', in *Dizionario degli Istituti di Perfezione*, 7 (Roma, 1983), 1856-1865; M.L. Arduini,

'Kommentar zum Johannesevangelium', in den Jahren 1125-26 geschrieben, hat er dies deutlich erklärt:

> Ita non sumus incauti adulatores beati Augustini[61]

Und noch stärker:

> Igitur alta mysteria, quae in hoc splendore evangelii velut grandis aquila pervolat magnus doctor Augustinus, nos eadem via sed non omnino eisdem vestigiis subsequi evitemur[62].

Gewissermaßen durch eine Befreiung der Vernunft, die von einer *ratio necessaria* zur *ratio* als *auctoritas rationis* wird, die aus sich berechtigt ist, die *rationes veritatis christianae* in ihrem Gegensatz zu den anderen *rationes fidei*, insbesondere zu den *rationes veritatis hebraicae*[63] zu begründen, ist es Rupert gelungen, die geistige Erneuerung des 12. Jahrhunderts einzuleiten. Um die Auffassung Ruperts zu *auctoritas-traditio-ratio* zu erheben, müssen wir allerdings die Werke Ruperts erneut befragen.

Es gibt eine so hohe Zahl an Textstellen, die sich in Ruperts Werken zu dieser Problematik finden, daß wir uns beschränken müssen — wir legen hier einige Stellen aus den Schriften *De voluntate Dei*[64] und *De omnipotentia Dei*[65] vor. Diese beiden Traktate, um 1114-16 geschrieben aus einer Polemik gegen die berühmte Schule von Laon heraus, wenden sich mit besonderem Affekt gegen die *novitates nimiae et malae* der Lehre Anselms von Laon und Wilhelms von Champeaux[66]. Hinzugenommen wird der Kommentar *In Regulam sancti Benedicti*, den Rupert um 1125-26 auf Verlangen Bischof Kunos II. von Regensburg, der zu dieser Zeit noch Abt von Siegburg war, verfaßte[67].

In *De voluntate Dei* schreibt Rupert:

> Haec idcirco nunc ad vos dicere incipimus, o magistri temporibus nostris incliti, Guilelme Catalaunensis pontifex, et Anselme, Laudunensis lucifer, quia de vestris scholis hoc se quidam nostrorum accepisse fatetur ut diceret: Quia Deus malum fieri vult, et quia voluntatis Dei fuit quod

'Profezia e Simbolismo nella "christianitas" dei secoli XI e XII', Vgl. *Studi Medievali*, 24 (1983). Ein umfassendes Werk wird vorbereitet, für das der Titel *Rupert von Deutz und die 'Societas Christiana' seiner Zeit* (*11.-12. Jhdt.*) vorgesehen ist.

[61] Vgl. *In Iohannem, Praefatio apologetica*, ed. R. Haacke, Corpus christianorum, Continuatio medievalis, 9 (Turnholti, 1969), 7.

[62] *In Iohannem*, ed. Haacke, 7.

[63] Vgl. Arduini, *Ruperto di Deutz*, 72ff.

[64] In PL 170, 437A-454C; vgl. Arduini, 'Contributo', 564-566.

[65] In PL 170, 453D-478C; vgl. Arduini, 'Contributo', 565-569.

[66] Vgl. *In Regulam s. Benedicti*, I, PL 170, 482AD-483B; vgl Arduini, 'Contributo', 564-565.

[67] In PL 170, 477C-538B.

> Adam praevaricatus est. Non Scripturarum auctoritatibus sed vestri nominis magnitudini innititur[68].

Die Anklage Ruperts besteht präzis und deutlich darin, daß die Lehre dieser beiden dahin neigt, die *auctoritates Scripturarum* zu gefährden. Dies drückt Rupert so aus: 'Querimus autem quid sit permissio Dei, et cito invenimus ex auctoritate Scripturarum, quod ipsa sit patientia Dei'[69]. Die *auctoritas Scripturae* ist das einzige Mittel, um die Wahrheit darüber zu erfahren, ob Gott das Böse gewollt hat oder nicht: 'Erat autem in quaestione non simpliciter velle Dei, sed coniuncte velle malum'[70]. Aber Rupert meint nicht nur das *fundamentum auctoritatis*, er sagt auch: 'Hoc enim tam ratio veritatis quam patrum vel doctorum ecclesiae sacra auctoritas sanissime defendit, quia tradidit illos Deus ...'[71]. In diesem Satz sind die Verhältnisse zwischen *auctoritas-traditio-ratio* im Sinne Ruperts klar dargestellt: die *rationes* — auch wenn sie stets *rationes veritatis christianae* sind und bleiben — und die *doctorum et patrum auctoritates* sind fundamentale Anschauungen von ein und derselben christlichen Wirklichkeit; ihren inneren Wert und ihre wesentliche Bedeutung erhalten sie nur als Zeugnisse der *traditio Dei*. Nur in dieser Perspektive kann Rupert das Verhältnis von *intellectus* und *ratio* in der rechten Beziehung zur *auctoritas patrum orthodoxorum* sehen: 'sed haec aliter debet intelligi et ratio sponte consentit et auctoritas patrum orthodoxorum tradit'[72]. Wir können jetzt verstehen, warum Rupert in *De Trinitate et operibus eius* von 'Traditiones Dei quae argumentum sunt' in Vergleich mit den 'traditiones humanae quae scoriae sunt' spricht[73].

In *De omnipotentia Dei* verdeutlicht Rupert uns seine Meinung:

> Nimirum is, qui nova nunc temeritate vel temeraria novitate dogmatizat, quia vult Deus malum fieri, et quia voluntate eius primus homo lapsus est, illud pro argumento satis esse contendens, quia malum illud ne accideret non avertit, quod facere poterat, cum omnipotens sit ... Itaque amplius atque amplius ad scripturarum et omnimodae rationis patrocinium recurrere compellimur, quatenus omnipotentem esse praedicantes Deum ...[74]

[68] *De voluntate Dei*, I, PL 170, 437C.
[69] *De voluntate Dei*, II, PL 170, 438A.
[70] *De omnipotentia Dei*, XXII, PL 170, 471D-472A; vgl. *De voluntate Dei*, II, 438B.
[71] *De voluntate Dei*, II, 439A.
[72] *De voluntate Dei*, XXV, 452C.
[73] *De Trinitate et operibus eius*, XXVII, *In Isaiam*, I, 7, ed. R. Haacke, Corpus christianorum, Continuatio medievalis, 23 (Turnholti, 1972), 1464-1465.
[74] *De omnipotentia Dei*, II, PL 170, 456B.

Wenn wir dann den Kommentar *In regulam sancti Benedicti* heranziehen, ersehen wir, wie weitreichend die wesentlichen Beziehungen zwischen *auctoritas-traditio-ratio* für Rupert sein können. Anlaß, den Kommentar zu schreiben, war ihm mit der Aufgabe gegeben, überzeugende Belegstellen gegen die starke Beschuldigung zu finden, die man gegen ihn erhoben hatte, weil er sich zum theologischen Problem der *angelica creatio* geäußert hatte: 'Tandem se aliquando scrutando invenisse sibi visi sunt, et ad horam hostiliter gaudere coeperunt, eo quod dixerim ego de tenebris creatos esse angelos'[75]. Diese *quaestio* war innerlich mit einer These Ruperts über den Hl. Geist verbunden[76], und Norbert von Xanten hatte sich ihr stark widersetzt[77]. Schon am Anfang seiner Darlegung schreibt Rupert: '... ut videlicet rationes quoad possum idoneas Deo donante studeam proferre ...'[78]. Rupert versucht, *rationes* zu gewinnen, die *Deo donante* geeignet sein könnten, die *quaestiones* befriedigend zu beantworten. Es war klar, daß seine Gegner — *quidam servorum Dei* — durchaus fähig waren, eine Anklage auf Häresie gegen Rupert anzustrengen: 'Hoc, inquiunt, manifeste haeresis est'[79]. Auch die Anklage antwortete er:

> Haeresis est contradicere sanctae et canonicae Scripturae, affirmare aliquid quod ab illis negatum est, negare aliquid quod ab illis affirmatum est ... Quaenam autem Scriptura contradicit vel cui Scripturae hoc contrarium est? Illis in hoc deficientibus et auctoritatem contradictionis non invenientibus[80].

Der Gegenstand der *quaestio* ist eigentlich nicht die von Rupert vorgeblich bestrittene *auctoritas* der Bibel; tatsächlich fordert Rupert vernünftigerweise die *auctoritas Scripturae*, um klarer zu zeigen, wie wichtig seiner Ansicht nach die positive Rolle der christlichen Vernunft bei der Erklärung der Wahrheit Gottes ist. In dieser Perspektive erinnert sich Rupert, insbesondere wenn er über die Auslegung der Bibel schriebt, die von verschiedenen Kirchenvätern unterschiedlich

[75] *In Regulam s. Benedicti*, I, PL 170, 492C.

[76] *In Regulam s. Benedicti*, I, PL 170, 490BCD. Man beachte aber, was Rupert hinzuführt: ebd. 492AB: 'Hoc enim erat in silentio mordere, hoc erat occulte detrahere, me praetermisso librum circumferre, et aliis simplicioribus capitulum ingerere, et singulis quasi congemiscendo insusurrare, quod dicerem ego, quod scripsissem ego inscius, ineptus, quia Spiritus Sanctus de Maria Virgine esset incarnatus, et hinc apparerem haereticus, et quod idcirco periret mundus, quia talia scriberentur'.

[77] *In Regulam s. Benedicti*, I, 490AD; vgl. Arduini, 'Contributo', 569-570.

[78] *In Regulam s. Benedicti*, I, 477C.

[79] *In Regulam s. Benedicti*, I, 492C.

[80] *In Regulam s. Benedicti*, I, 492CD.

interpretiert und erläutert werden kann[81], auch an Scotus Eriugena, der gelehrt hatte:

> Nulla itaque auctoritas te terreat ab his quae rectae contemplationis rationabilis suasio edocet. Vera enim auctoritas rectae rationi non obsistit neque recta ratio verae auctoritati ... Vera autem ratio ... nullius auctoritatis astipulatione roborari indiget. Nihil aliud mihi videtur esse vera auctoritas nisi rationis virtute reperta veritas ... [82].

In der Kontroverse mit Alger von Lüttich[83] haben wir von Rupert selbst ein konkretes Beispiel von dem, was Scotus Eriugena meinte. Das Problem der Auseinandersetzung zwischen Rupert und Alger — wo eine neue Anklage auf Häresie gegen Rupert drohte — ist folgendermaßen gesehen worden: 'Si causa postulaverit, ut in quaestionem veniat, utrum Iudas adhuc in illa hora cum discipulis fuerit an ante iam exierit'[84], und Rupert war nicht davon überzeugt, daß die diesbezügliche Auslegung Augustins völlig richtig war; er stellte deshalb fest, daß Hilarius eine wahre Exegese geliefert hatte[85]. Rupert war also einen Schritt weitergegangen. Ihm war es nicht mehr möglich, die sogenannten Autoritäten der Kirchenväter noch die *auctoritas* Augustins selbst als einzige Begründung für die rechte Auslegung der Bibel anzunehmen: er stellt fest, man muß, um die richtige Auslegung der Bibel zu gewinnen, die verschiedenen Interpretationen der Kirchenväter vor Augen haben; schließlich bleibt nur die *Scriptura* selbst die direkte Quelle der Wahrheit Gottes. Wir haben schon darauf hingewiesen, daß dies in der Antwort auf die Behauptungen der Schule

[81] *In Regulam s. Benedicti*, I, 496BC.

[82] Vgl. *Periphyseon* (*De divisione naturae*), I, ed. I.P. Sheldon Williams-L. Bieler, Scriptores Latini Hiberniae, 7 (Dublin, 1968), 192, 198. Vgl. weiter unten die Anm. 161-180 und den zugehörigen Text.

[83] Vgl. *In Regulam s. Benedicti*, I, 496AC. Wichtig hierzu G.G. Bischoff, *The Eucharistic Controverse between Rupert of Deutz and his Anonymous Adversary*, dissertation (Princeton Theological Seminary, 1965). Bischoff glaubt den anonymen Gegner, von dem Rupert spricht, in Alger von Lüttich ausmachen zu können, wie aber schon J.J. Laminne, 'L'orthodoxie de Rupert de Deutz en matière eucharistique', *Leodium*, 16 (1923), 16-17, und L. Brigué, *Le communiant mal disposé reçoit-il vraiment le corps du Christ? La question à la fin du XIe siècle*, Science religieuse. Travaux et recherches (Paris, 1943) = *Recherches de science religieuse*, 31 (1943), 79-101. Man vgl. besonders: H. Silvestre, 'La répartition des citations nominatives des Pères dans l'œuvre de Rupert de Deutz', in *Sapientiae doctrina*, Mélanges de théologie et de littérature médiévales offerts à Dom Hildebrand Bascour OSB, *Recherches de théologie ancienne et médiévale*, numéro spécial 1 (Leuven, 1980), 271-298, bes. 289. Vgl. auch: Arduini, 'Ruperto di Deutz', art. cit. (Roma, 1983), 1858.

[84] *In Regulam s. Benedicti*, I, 495A.

[85] *In Regulam s. Benedicti*, I, 495BD-496AC.

von Laon und in der Auseinandersetzung mit Norbert von Xanten noch deutlicher wird: die Meinung des Hilarius ist als *auctoritas maior* der *auctoritas minor* Augustins gegenüberzustellen. Allerdings ist hier die Bemerkung notwendig, daß es wirklich schwierig zu wissen ist, mit welcher Methode man nachprüfen kann, um die Wahrheit herauszufinden, eine wahre Auslegung der in die Kontroverse geratenen Bibelstellen zu erhalten. Die Frage ist berechtigt: Ist nicht die Wahrheit Gottes, die Wahrheit Christi ebenso auf der Seite Augustins wie auf der des Hilarius? Oder auf der Seite Ruperts? Also doch Wahrheit gegen Wahrheit, *auctoritas* gegen *auctoritas*? Die Subjektivität jeder Auslegung hat ihre Gefahr, die *ratio* dagegen ist aus sich schon verpflichtet, die Auslegungen miteinander zu vergleichen, um die richtige zu suchen; sie muß die verschiedenen Überlieferungen nachprüfen[86], die Kontroversen zwischen den *auctoritates* lösen und die Wahrheit Gottes und der Bibel aus dem Geheimnis heraus und zur Klarheit führen. In dieser Hinsicht wird der Mensch selbst, ob er auch *monachus* oder *clericus* bleibt, zur *auctoritas*. Rupert betont im Streit mit Norbert: 'Si causa postulaverit ... quis horum magis audiendus vel sequendus erit? Is utique cui magis opitulatur ratio ...'[87]. Liegt hier eine Quelle vor für die späteren Aussagen Abälards, der im *Dialogus inter philosophum, christianum et iudaeum* schreibt:

> In omni quippe disciplina tam de scripto quam de sententia se ingerit controversia, et in quolibet disputationis conflictu firmior est rationis veritas reddita quam auctoritas ostensa[88]?

Weiter wird hier klar, daß nur die Kirche die Kontroverse lösen kann und endlich entscheidet, was an den verschiedenen Auslegungen der Bibel wahr ist und was nicht. Bei Rupert wird die *auctoritas rationis* zur *ratio auctoritatis*, die *rationes iustitiae Dei* werden hier zu *rationes ecclesiae*: 'sicut ecclesia catholica tenet'[89]. Trotzdem muß mit W. Beinert betont werden: 'Mit Rupert von Deutz gewinnen wir den Schlüssel zum Verständnis für die Relativierung der patristischen Autoritäten ... eadem via sed non iisdem omnino vestigiis'[90]. 'Er mißt

[86] *In Regulam s. Benedicti*, I, 494CD.

[87] *In Regulam s. Benedicti*, I, 495A.

[88] *Petri Abaelardi Dialogus inter philosophum, christianum et iudaeum*, ed. R. Thomas (Stuttgart-Bad Cannstatt, 1970); vgl. Arduini, *Ruperto di Deutz*, 101-113, 119-120, 124-125.

[89] Vgl. *In Iohannem, Epistula ad Cunonem*, ed. Haacke, 2. Vgl. auch *In Regulam s. Benedicti*, PL 170, 494D.

[90] Vgl. W. Beinert, *Die Kirche — Gottes Heil in der Welt. Die Lehre von der Kirche nach den Schriften des Rupert von Deutz, Honorius Augustodunensis und*

dabei der *ratio* eine Bedeutung zu, die ungewohnt ist ... Vom Progressismus ebenso weit entfernt wie von Traditionalismus versucht Rupert, die Überlieferung in die Gegenwart einzubringen, um diese auf die Zukunft hin fruchtbar zu machen'. Und auch Beinert vergleicht — wie früher schon Magrassi — das Denken Ruperts mit dem Abelards[91].

Hören wir jetzt, was über Rupert ein christlicher Konvertit, ehemals Jude, in seinem *Opusculum de conversione sua* berichtet hat:

> Morabatur eo tempore monasterii Tuitiensis abbas Robertus nomine, vir subtilis ingenio, disertus eloquio et tam divinarum quam humanarum peritissimus litterarum. Hunc ego visum ad disputationem invito conflictum. Qui secundum apostolum paratus omni poscenti se de ea quae in Christo fide et spe reddere rationem accepta loci et temporis opportunitate mihi se de omnibus quibus vellem tam ratione quam scripturarum auctoritate Deo auxiliante satisfacturum pollicetur[92].

Es handelt sich um den sogenannten *Hermannus quondam Iudaeus*, der nach seiner Konversion — viele Jahre nach dem Gespräch mit Rupert — ins Kloster Kappenberg in Westfalen, eingetreten war, um dort zunächst fünf Jahre lang Latein zu lernen (bis 1134/35) und dann nach seiner Priesterweihe Prämonstratenserchorherr und schließlich Abt zu werden[93].

Er sagt deutlich, Rupert habe das Gespräch geführt, nicht nur sich stützend auf die Autorität der Hl. Schrift, sondern als Abt von Deutz redend — nach den Worten Hermanns — *manifesta ratione*. Die methodische Auslegung der Bibel orientiert sich an einer exegetischen Linie, die ihre innere Kraft aus der Rationalität gewinnt. Diese Rationalität — und hierunter ist kein Rationalismus zu verstehen, sondern allein die Macht der *ratio* als umfassende Möglichkeit, die Wirklichkeit des menschlichen christlichen Lebens zu betrachten — wird bei vollem Respekt für die 'traditio Scripturae et ecclesiae' zur

Gerhochs von Reichersberg. Ein Beitrag zur Ekklesiologie des 12. Jahrhunderts, Beiträge zur Geschichte der Philosophie und der Theologie des Mittelalters, N.F. 13 (Münster, 1973), 26; vgl. auch M. Magrassi, *Teologia e storia nel pensiero di Ruperto di Deutz*, Studia Urbaniana, 2 (Roma, 1959), 36-66.

[91] Vgl. Beinert, *Die Kirche*, 26-27; Magrassi, *Teologia e storia*, 52; vgl. auch C.W. Bynum, *Docere verbo et exemplo. An Aspect of Twelfth-Century Spirituality*, Harvard Theological Studies, 31 (Washington, 1979), 123-124.

[92] Vgl. Hermannus quondam Iudaeus, *Opusculum de conversione sua*, ed. G. Niemeyer, in MGH, Quellen zur Geistesgeschichte des Mittelalters, Bd. 4 (Weimar, 1963), 79-80. Vgl. Arduini, *Ruperto di Deutz*, 49-57, 131-140.

[93] Hermannus quondam Iudaeus, *Opusculum*, 44-45. Vgl. Arduini, *Ruperto di Deutz*, 51.

ratio disputandi: 'Putas enim et forte non inaniter existimas, quod haec disputatio nostris poterit prodesse tirunculis'[94]; sie wird in diesem Sinne auch zur lebendigen Suche nach neuen Wegen, zu einer 'demonstratio veritatis christianae fidei'. Hermann selbst schrieb dazu folgendes:

> Sic itaque Robertus omnibus obiectionibus meis tam pulcherrimis rationibus quam validissimis scripturarum auctoritatibus obvians eas velut quandam tetrae noctis caliginem clarissimis responsionum suarum radiis propellebat[95].

> Dum priscorum virorum scripta famosa non omnia sed pleraque perlegerim eorumque facultatem cum modernorum scientia comparaverim, et illos facundos iudico et hos taciturnos appello[96].

Mit diesen Worten, die sich in der *Epistula Adelardi Guilelmo Syracusio episcopo* finden, beginnt Adelard, seine Meinung zu den Begriffen *traditio* und *ratio* vorzutragen[97]. Die *Epistula* gehört zum Werk *De eodem et diverso*, das Adelard in Form eines Briefes an seinen Neffen geschrieben hat: *Adelardus ad nepotem de eodem et diverso*[98]. Mit diesem Brief wollte Adelard sich eine Gelegenheit schaffen, um von der Gefahr des *corrosionis invidiosae morsus*[99] frei zu werden, und überzeugt von seiner kleinen armen Wissenschaftlichkeit schreibt er:

[94] Vgl. *Anulus seu dialogus inter christianum et iudaeum, Prologus*, ed. R. Haacke, in Arduini, *Ruperto di Deutz*, 184. Vgl. auch die S. 72-80.

[95] Hermannus quondam Iudaeus, *Opusculum*, 82-83.

[96] Vgl. *Des Adelhard von Bath Traktat De eodem et diverso*, ed. H. Willner, Beiträge zur Geschichte der Philosophie des Mittelalters, Texte und Untersuchungen, Bd. 4, H. 1 (Münster, 1903), 1.

[97] *De eodem et diverso*, ed. Willner, 4. Zur Datierung von *De eodem et diverso* vgl. L. Thorndike, *A History of Magic and Experimental Science during the Thirteen Centuries of our Era*, 8 Bände (New York-London, 1923-1958, II. 1943³), 44-49. Zum Formalaspekt des Werkes vgl. Willner, *Des Adelhard von Bath Traktat, Einleitung*, 37-104. Zur Technik des Dialogs, seiner allegorischen Form und den Gründen einer solchen Wahl vgl. *Epistula ad Wilhelmo Syracusio episcopo*, ed. Willner, 1-2. Im Vorwort zum Traktat *De eodem et diverso* setzt sich Adelardus mit seinem Neffen auseinander, vgl. die *Quaestiones naturales des Adelardus von Bath*, ed. M. Müller, Beiträge zur Geschichte der Philosophie und Theologie des Mittelalters, Texte und Untersuchungen (Münster, 1934), 79: 'Saepenumero admirari soles, nepos, laboriosi itineris mei causam et aliquanto acrius sub nomine levitatis et inconstantiae propositum accusare' (*De eodem et diverso*, ed. Willner, 4). Adelard sagt weiter: 'Quod si quis alius vel vulgaris hoc errore teneretur, incuriae tradendum putarem; de hoc autem non minus miror quam doleo' (ebd). Vermutlich ist im Neffen Adelards die Schule von Frankreich angesprochen, die Adelard schon sehr scharf kritisiert hatte (Vgl. Müller, *Quaestiones naturales*, 79).

[98] *Epistula ad Wilhelmo Syracusio episcopo*, ed. Willner, 1.

[99] *Epistula ad Wilhelmo*, 1.

> Tibi igitur, Guilelme Syracusie praesul, omnium mathematicarum artium eruditissime, hanc orationem direxi, ut quidquid mea scientiola haud satis fretum in publicum prodire non audet, et examine tuo securum exeat et nominis tui praelatione corrosionis invidiosae morsus non pertimescat[100].

Trotz seiner Bescheidenheit, mit der er vorbringt, nur über wenig Wissen zu verfügen, baut Adelard in *De eodem et diverso* einen Vergleich auf, zwischen den 'antiquae traditiones virorum priscorum' und der 'modernorum scientia' und gelangt zu dem Schluß: 'Quippe nec illi omnia dixerunt, ita nec isti omnia tacere debent'[101]. Wenn Adelard von 'traditiones virorum priscorum' spricht, vermuten wir, hat er Plato, Aristoteles, Vergil, Ptolemeus, Pythagoras, Cicero, Epicur, Boethius, Sokrates, Cäsar, Xenokrates vor Augen, weil er diese in *De eodem et diverso* häufig zitiert hat[102]. Den falschen Philosophen, die sich aus Ehrsucht dafür halten, Philosophen zu sein, läßt Adelard harte Kritik zuteil werden:

> Quanta quae intentione hominum appetantur ipse vides. Adeo etiam hi qui philosophiae nomen sibi praeferunt, hanc tamen latenti ambitione affectant, ut dum se eam quodammodo contemnere simulant, ad eam tandem provehi gratulentur. Tumque demum sibi philosophi esse videntur[103].

Seine Ansicht über die Vernunft erklärt Adelard in *De eodem et diverso*:

> Rerum conditor optimus omnia ad sui similitudinem trahens, quantum eorum natura patitur, animam mente quam Graeci noyn vocant, exornavit. Hac ipsa dum in sua puritate est, tumultu exteriore carens plane utitur. Nec modo res ipsas, verum etiam earum causas et causarum initia assequitur et ex praesentibus futura longo tractu cognoscit quidquid ipsa sit, quid mens qua cognoscit, quid ratio qua inquirit deprehendit[104].

Hier haben wir eine Quelle, die nicht Scotus Eriugena, Dionysius Areopagita und Gregor von Nyssa[105], sondern auch Philo und Origenes entnommen ist[106]. In einer solchen Perspektive hat Ermenrich von Ellwangen noch gesprochen:

[100] *Epistula ad Wilhelmo*, 1.

[101] *De eodem et diverso*, ed. Willner, 1.

[102] Vgl. *De eodem et diverso*, ed. Willner, 4, 6, 7, 9, 11, 12, 15, 16, 18, 19, 20, 21, 22, 23, 24, 27.

[103] *De eodem et diverso*, 8.

[104] *De eodem et diverso*, 9-10.

[105] Vgl. Willner, *Des Adelhard von Bath Traktat*, 49, 51.

[106] Was Philo von Alexandrien betrifft, so wurde er durch Gregor von Nyssa vermittelt (vgl. J. Quasten, *Patrology*, III. *The Golden Age of Greek Patristic Literature*

> Ratio inter bonum malumque discernit. Quae cum una res sit, tamen pro efficientia causarum diversa nomina sortitur ... Dum ergo vivificat corpus, anima est; dum vult, animus est; dum intelligit, mens est; dum consentit, voluntas, dum recolit, memoria; dum rectum indicat vel discernit, ratio est; dum contemplatur, spiritus est[107].

Adelard sagt weiter: 'In omnibus enim una concordiae ratio est'[108]. In Hinblick aber auf die engen Beziehungen, die zwischen der Welt als Makrokosmos und dem Menschen als Welt im Kleinen, d.h. als Mikrokosmos, in *De eodem et diverso* sich feststellen ließen, liegt gerade hier die Möglichkeit, die Beziehungen der Lehre Adelards und der der Schule von Chartres, insbesondere bei Wilhelm von Conches, Bernhard Silvester und Alanus ab Insulis deutlich zu erkennen[109]; in dieser Hinsicht ist es Adelard gelungen — wenn dies bis heute auch niemand bemerkt hat—, die Grundlinien einer stoischen eklektischen Vernunft-Ethik (und gerade hier ist die Erbschaft Senecas anzutreffen[110]) seinem Neffen vorzuführen:

from the Council of Nicaea to the Council of Chalcedon (Utrecht-Antwerpen-Westminster, 1960), 265, und vorher schon durch Origenes. Zu Philo vgl. G. Bardy, 'Philon le juif', in *Dictionnaire de théologie catholique*, 12[10] (1933), 1439-1456, und H.A. Wolfson, *Philo. Foundations of Religious Philosophy in Judaism, Christianity and Islam*, 2 Bde (Cambridge Mass., 1948). Für Origenes vgl. (und es könnten noch viel mehr Belege angeführt werden) *De Principiis*, III, 2; *In Lucam, Hom.* 1; *In Lucam, Fragmenta* LII-LIII.

[107] Vgl. *Epistula ad Grimoaldum Sangallensem abbatem*, in MGH Script., Epistulae Karolini aevi, V, 534-539 (ad annum 874). Dazu vgl. A.J. Mac Donald, *Authority and Reason in the Middle Ages* (Oxford, 1933), 39; ferner, L.M. de Rijk, 'On the Curriculum of the Arts of the Trivium at St. Gall, from 850-1000', *Vivarium*, 1 (1963), 35-86; P. Hadot, *Marius Victorinus* (Paris, 1971), bes. 36-37; F. Brunhölzl, *Geschichte der lateinischen Literatur des Mittelalters*, I. *Von Cassiodor bis zum Ausklang der karolingischen Erneuerung* (München, 1975), 364-366; Arduini, *Ruperto di Deutz*, 76, vgl. Anm. 72.

[108] *De eodem et diverso*, ed. Willner, 27.

[109] Vgl. Willner, *Des Adelhard von Bath Traktat*, 83; vgl. Bernardus Silvestris, *De mundi universitate libri duo sive megakosmos et microkosmos*, ed. C.S. Barrach-J. Wrobel (Innsbruck, 1876); J.M. Parent, *La doctrine de la création dans l'école de Chartres* (Paris, 1938); 'La somme "Quoniam homines" d'Alain de Lille', *Archives d'histoire doctrinale et littéraire du moyen âge*, 20 (1953), 113-364. Nach R. Bultot: 'L'opposition des sens et de la raison traverse tout l'ouvrage', vgl. R. Bultot, 'Grammatica, Ethica et contemptus mundi', in *Arts libéraux et philosophie au Moyen Age*, Actes du quatrième congrès international de philosophie médiévale, Montréal 1967 (Montréal-Paris, 1969), 816-819, bes. 818.

[110] Vgl. K.D. Nothdurft, *Studien zum Einfluß Senecas auf die Philosophie und Theologie des zwölften Jahrhunderts* (Leiden-Köln, 1963); L.D. Reinolds, *The Medieval Tradition of Seneca's Letters* (Oxford, 1965); vgl. G. Verbeke, 'Les sources de la pensée médiévale', in *Arts libéraux et philosophie au Moyen Age*, 383-402.

> His namque imbutus et iuventutem rationis frenis honeste moderaberis et senectutis onus ... iucunde ... consolaberis. Quod enim Gallica studia nesciunt, Transalpina reserabunt; quod apud Latinos non addisces, Graeca facundia docebit[111].

In den *Quaestiones naturales*, die wieder als Dialog zwischen Adelard und seinem Neffen verfaßt wurden — 'Nepos quidam meus in rerum causis magis implicans quam explicans aliquid Arabicorum studiorum novum me proponere exhortatus est'[112] —, teilt das neue Gespräch, das Adelard führt, neue Vorstellungen zum Autoritätsproblem mit:

> Habet enim generatio haec ingenitum vitium, ut nihil quod a modernis inveniatur, putet esse recipiendum. Unde fit ut si quando inventum proprium publicare voluerim, personae id alienae imponens inquam: Quidam dixit, non ego. Itaque ne omnino non audiar, omnes meas sententias dominus quidam invenit, non ego[113].

M. Müller hat schon dazu bemerkt: 'Die Schrift war eine ganz neuartige Erscheinung in der Literatur des Abendlandes'[114]; und auch wenn die alte klassische Literatur Vorbild eines solchen Werkes war, in Zusammenhang mit den Schriften von Augustin, Ambrosius, Isidor, Boethius, Macrobius und Seneca[115], ist est Adelard gelungen, wie M. Müller betonte, den Mut zu fassen, 'dem eigenen Genius zu gehorchen, anders zu sein als die anderen'[116].

[111] *De eodem et diverso*, ed. Willner, 32. Am Ende des Werkes machte Adelard seine Auffassung noch deutlicher: 'Cum ceteris gazas suas multipliciter explicaverint, nos scientiam proponamus' (ebd. 34).

[112] *Quaestiones naturales*, *Prologus*, ed. Müller, 1.

[113] Ebd. Die Datierung des Werkes ist noch umstritten. Im Vergleich zu *De eodem et diverso* kann noch nicht mit Sicherheit gesagt werden, welches Werk Adelard früher geschrieben hat: Thorndike trägt die Hypothese vor, Adelard habe *De eodem et diverso* nach dem Dialog *Quaestiones naturales* geschrieben, weil der Neffe Adelards zur Zeit des *De eodem et diverso* noch 'in pueritia' war: 'Cum et in pueritia adhuc detinearis' (vgl. *De eodem et diverso*, ed. Willner, 4); zur Zeit der *Quaestiones naturales* aber hieß es: 'paene puer': 'cum te in Gallicis studiis paene puerum iuxta Laudisdunum una cum ceteris auditoribus meis dimiserim' (*Quaestiones naturales*, *Prologus*, ed. Müller, 4). Vgl. Thorndike, *A History of Magic*, II, 47. Müller schlägt die Zeit zwischen 1111 und 1116 vor (S. 77); Thorndike die Zeit zwischen 1107 und 1133, weil das Werk dem Bischof Richard von Bayeux gewidmet ist (S. 77). B. Lawn hat kürzlich das ganze Problem wieder infrage gestellt: *The Salernitan Questions. An Introduction to the History of Medieval and Renaissance Problem Literature* (Oxford, 1963), 26-30. M. Clagett, 'Adelard of Bath', in *Dictionary of Scientific Biography*, I (New York, 1970), 61-64, läßt die Frage offen und meint nur: 'The *Quaestiones naturales* are certainly written before 1137 and probably much earlier'.

[114] Vgl. Müller, *Quaestiones naturales des Adelardus von Bath*, 77.

[115] Müller, *Quaestiones*, 77.

[116] Müller, *Quaestiones*, 77.

An den Anfang seiner Schrift stellte Adelard eine Übersicht über die historische Lage Englands zu seiner Zeit:

> Id igitur quaerens violentos principes, vinolentos praesules, mercenarios iudices, patronos inconstantes, privatos adulatores, mendaces promissores, invidiosos amicos, ambitiosos fere omnes, cum acceperim, nihil inquam mihi inaccessius esse quam huic miseriae meam intentionem subdere[117].

Wir müssen uns dies vor Augen halten und nicht vergessen, was Adelard selbst als historischen Hintergrund seines Werkes verstanden wissen will. Verglichen mit der historischen Lage drückte die völlige Unfreiheit, in der sich damals in England die selbstständig denkenden Menschen befanden, noch ärger.

Adelard kritisierte die Religion nicht direkt; wohl wollte er den Wissenschaftsbeweis von der Religion lösen, aber nicht mit dem Ziele, die Wirklichkeit Gottes zu verlassen, sondern mit der Absicht, die Wirklichkeit der wissenschaftlichen Suche als das Konstituieren eines weltlichen Systems anzuerkennen und es somit dafür zu befreien:

> Deo non detraho. Quidquid enim est, ab ipso et per ipsum est. Idipsum tamen confuse et absque discretione non est, quae quantum scientia humana procedit, audienda est. In quo vero universaliter deficit, ad Deum res referenda est. Nos itaque quoniam nondum inscitia pallemus, ad rationem redeamus[118].

Wir müssen uns fragen, welches Bild Adelard eigentlich von der Vernunft hatte — was meinte er mit *ratio*?

Auch in den *Quaestiones naturales* erklärt er, die Vernunft sei allen Menschen gegeben, um es ihnen zu ermöglichen, die *rationes*, die *universalia* sind, zu erforschen: 'Hoc enim intelligunt ideo rationem singulis datam esse, ut inter verum et falsum ea prima iudice discernatur'[119]. Und Adelard sagt weiter: 'Nisi enim ratio iudex universalis esse deberet, frustra singulis data esset'[120]. Der Neffe Adelards ist nun bereit, folgendermaßen zu antworten: 'Stet igitur: inter me et te ratio sola iudex sit'[121].

Die Perspektive aber der von Adelard uns vorgetragenen Meinung über die Wirklichkeit der menschlichen Vernunft steckt im folgenden Satz:

> Ego enim aliud a magistris Arabicis ratione didici, tu vero aliud auctoritatis pictura captus capistrum sequeris. Quid enim aliud auctoritas dicenda est quam capistrum?[122].

[117] *Quaestiones naturales*, *Prologus*, ed. Müller, 1.
[118] *Quaestiones naturales*, *Prologus*, 3.
[119] *Quaestiones naturales*, *Prologus*, 11.
[120] *Quaestiones naturales*, *Prologus*, 11.
[121] *Quaestiones naturales*, *Prologus*, 11.
[122] *Quaestiones naturales*, *Prologus*, 11.

M.T. Fumagalli Beonio Brocchieri bemerkte hierzu: 'La *ratio* di Adelardo è strumento deduttivo e la sua posizione è interessante più nella polemica contro l'*auctoritas* accettata acriticamente, che nella definizione positiva dello strumento razionale', und noch weiter: 'Con Adelardo abbiamo l'inizio di una disanima che non può non essere razionale: lungi dal rifarsi alle cose già dette da altri, alle celebri dottrine del passato, Adelardo rivendica a sè il diritto di un esame originale e senza pregiudizi'[123]. Und T. Gregory sagte mit Überzeugung: 'Significativamente in Adelardo, la difesa della legittimità di una *ratio* fisica si congiunge ad una sottolineata rottura dello orizzonte culturale tradizionale delle scuole europee attraverso la conoscenza di dottrine scientifiche nuove'[124].

Um dieses Ziel zu erreichen, führt Adelard über seine klassisch-eklektische Bildung hinaus ein neues Element gleichsam in den Hintergrund des Gespräches ein, das deutlich macht, wie für ihn nur die arabische Wissenschaft in sich die Möglichkeit besitzt, wirklich die Autoritätsmentalität der westlichen nordfranzösischen Schulen zu befreien. Er selbst sagt:

> Meministi nepos quod septennio iam transacto cum te in Gallicis paene puerum iuxta Laudisdunum una cum ceteris auditoribus meis dimiserim, id inter nos convenisse, ut Arabum studia ego pro posse meo scrutarem, tu vero Gallicarum sententiarum inconstantia non minus adquireres[125].

Nach diesem Satz ist es geschichtlich berechtigt, im Neffen Adelards die Schulen Frankreichs, insbesondere die von Laon als gemeinte anzunehmen nebst den abstrakten Kontroversen, die dort häufig waren

[123] Vgl. M.T. Fumagalli Beonio Brocchieri, '*Ratio*, *sensus*, *auctoritas* nelle opere di Adelardo di Bath', in *Pierre Abélard — Pierre le Vénérable. Les courants philosophiques, littéraires et artistiques en Occident au milieu du XIIe siècle*, Abbaye de Cluny, du 2 au 9 Juillet 1972 (Paris, 1975), 631-640, bes. 639. Von derselben Verfasserin: 'La filosofia del XII secolo', in *Storia della Filosofia*, diretta da M. dal Prà, Bd. III (Milano, 1974), 237-241, bes. 241.

[124] Vgl. T. Gregory, 'L'idea di natura prima dell'ingresso della fisica di Aristotele', in *La Filosofia della natura nel medioevo*, Atti del III Congresso internazionale di Filosofia medioevale, Mendola 1964 (Milano, 1966), 27-65, bes. 40-42: 'La cultura trasmessa dagli Arabi si presenta come condizione essenziale per una conoscenza della natura capace di afferare nessi e rapporti tra i fenomeni, al di là del più semplice e tradizionale ricorso alla volontá di Dio, e scienza araba diviene sinonimo di 'ragione' in contrapposto al ragionamento 'ex auctoritate', legato ad una cultura meramente teologica o libresca'. Auch wenn wir die Ansicht Gregorys von einer Kultur 'meramente teologica o libresca' nicht teilen, schätzen wir seine Gesamtaussage als eine klare Aufwertung der *ratio* des Adelard, auch in seiner wissenschaftlichen Beachtung der arabischen Philosophie.

[125] *Quaestiones naturales*, ed. Müller, 4.

und die Adelard stark kritisiert hat[126]. Auch in der *scientia Arabum* ist Adelard selbst zu erkennen. Der Neffe Adelards, der da meinte, die vernünftigen Erklärungen der sogenannten *Naturae legum* nicht erreichen zu können, und entsprechend erklärte: 'Tota ratio tua debilitata est et universorum effectus ad Deum magis referendus est'[127], und weiter: 'Audienda sunt quae dicis, non credenda. Ego vero ad altiora accingar, ut quantum scientiola mea potest, ex fumo lucerna prodeat. Licet enim nec Graecas iactantias noverim, nec antrum Vulcani viderim'[128], ist trotzdem bereit, die nun folgende Antwort Adelards anzuhören: 'Nos ipsi quidem cum rationales simus et iudicii discretionem et sensibilitatis opinionem habemus'[129]. Philosophisch gesehen kommt der *ratio* nicht nur die Aufgabe, sondern auch die Pflicht zu, die *auctoritates* und ihre Überlieferungen zu kritisieren, das weltliche System in seinem wesentlichen Bestandteilen zu erforschen und zu erkennen, ohne die uns geheimnisvoll gegebene Wirklichkeit akritisch anzunehmen.

> Ut intentio tua locum quaestionis habet, primo aliqua ratio vel vera vel verisimilis a te trahenda est, unde debere ea habere videantur, alioquin talis disputatio inter philosophos locum habere non meretur. Neque enim ego sum ille qui omnium quae sunt, causas dare opera pretium iudicem, sed eorum tantum, quae ratione monstrante aliter ac sunt esse debere videantur[130].

Und noch mehr:

> Ut bruta quippe animalia capistro quolibet ducantur discernunt restemque quo tenentur, solem sequuntur, sic non paucos vestrum bestiali credulitate captos ligatosque auctoritas scriptorum in periculum ducit[131].

Adelard, der sagt: 'Neque tamen id ad vivum reseco ut auctoritas me iudice spernenda sit'[132], erklärt uns endlich, wie wichtig für ihn die Gültigkeit der vernünftigen Methode ist:

> Id autem assero, quod prius ratio inquirenda sit, ea inventa auctoritas, si adiacet, demum subdenda. Ipsa vero sola nec fidem philosopho facere potest, nec ad hoc adducenda est. Unde et logici locum ab auctoritate probabilem, non necessarium esse consenserunt ... Omnis quippe lettera meretrix est[133].

[126] Vgl. Müller, 79.
[127] *Quaestiones naturales*, 8.
[128] *Quaestiones naturales*, 8.
[129] *Quaestiones naturales*, 8.
[130] *Quaestiones naturales*, 8.
[131] *Quaestiones naturales*, 8.
[132] *Quaestiones naturales*, 8.
[133] *Quaestiones naturales*, 8.

Mit Adelard von Bath befinden wir uns also auf einer anderen Ebene. Die Kirche und die kirchlich-christliche Mentalität des Mittelalters im 11. u. 12. Jh. stehen ihm in den *Quaestiones naturales* nicht mehr vor Augen, auch wenn im Hintergrund des Gespräches der Lage der westlichen Kirche von England und von Frankreich, insbesondere Tours und Laon, bis Salerno und bis Jerusalem und vielleicht bis in die Reiche der Kalifen gedacht wird[134]. Gegen die *auctoritates in partibus occidentis* stehen hier nicht die *auctoritates ecclesiae* infrage, sondern die *auctoritates Arabum*[135].

Durch die Auseinandersetzungen zwischen den *auctoritates* der *Gallica studia*, verkörpert vom Neffen Adelards, und den *auctoritates Arabum*, vielleicht Adelard selbst, glaubt Adelard die Gelegenheit gefunden zu haben, sich mit Hilfe der *sola ratio* gegen alle Autoritäten wenden zu können, insbesondere gegen die Autoritäten Englands; der Prolog des Buches sagt dies deutlich : '... violentos principes, vinolentos praesules, mercenarios iudices, patronos inconstantes, privatos adulatores, mendaces promissores ...'[136].

Wenn man über Adelard und seinen *ratio-auctoritas*-Begriff spricht, wird wohl immer der Fehler gemacht, daß man wegläßt oder vergißt, was Adelard am Anfang seines Buches genau erklärt. Es sind Adelards *rationes*, die zur Bearbeitung der *Quaestiones naturales* führten. Man muß deshalb nachdrücklich betonen, daß nicht mehr die Auslegung der Bibel, des Buches der Bücher, hier gefragt wird, sondern die Auslegung der Welt oder der Weltstruktur, die zum Buch wird und als solche gelesen werden kann, infrage gekommen ist. Das sind die *rationes* für Adelards *Quaestiones naturales*. Die Bibelwissenschaft liegt hier fern und ist fremd geworden; es sind hier Probleme der Naturwissenschaft zu lösen, auch wenn sie Zeugnisse Gottes des Schöpfer sind und bleiben[137].

Adelard verspricht : 'Deinde super rerum causis ... respondebo'[138]. Die *ratio*, die die Aufgabe wahrnimmt, die Welt erkennbar und vorhanden sein zu lassen, wird zur *ratio scientiae*. Noch sind wir nicht in die Perspektive des Alanus ab Insulis geraten, der zu seiner Zeit *ad naturam* sprach :

[134] Vgl. Müller, 74-75. Vgl. auch J. Jolivet, 'Les "quaestiones naturales" d'Adélard de Bath en la nature sans le livre', in *Mélanges E.R. Labande. Études de civilisation médiévale, IXe-XIIe siècles* (Poitiers, 1974), 437-446, bes. 445.

[135] *Quaestiones naturales*, VII, ed. Müller, 12.

[136] *Quaestiones naturales*, *Prologus*, 1.

[137] *Quaestiones naturales*, I, 2-4.

[138] *Quaestiones naturales*, I, 2.

Pax, amor, virtus, regimen, potestas, Ordo, lex, finis, via, dux, origo,
Vita, lux splendor, species, figura, Regula mundi[139].

Doch muß gesagt werden, daß Adelards Ansichten zu den naturphilosophischen Problemen in diese Richtung einlenken. Damit die Natur als *regula mundi* erklärt werden kann, will er es auch als notwendig bezeichnet haben, daß die *ratio* imstande ist, die geheimnisvollen *secreta naturae* zu erreichen.

Das Interesse an Mathematik und Astrologie ist auf diesem Hintergrund zu verstehen. Doch in den *Quaestiones naturales* besteht für Adelard noch immer die Auseinandersetzung zwischen *ratio* und *auctoritas*; für ihn wird die *ratio* als *auctoritas* durch sich selbst begründet: 'ratione sola, auctoritatis adulatione seclusa'[140]. Ob Adelard wirklich Araber kennengelernt hat oder nicht, ist unerheblich, aber offensichtlich empfand er die *rationes* und *auctoritates Arabum* als für ihn günstiger gegenüber den *rationes* und *auctoritates* der westlichen nordfranzösichen Schulen. Die arabischen Autoritäten schienen ihm die Möglichkeit in sich zu tragen, in Freiheit weiterzudenken, die alten Probleme auf neue Weise zu lösen, einen Horizont aufzureißen, der noch nicht ausgekundschaftet war. Dies zu wissen ist, wie schon J. Jolivet betont hat, sehr wichtig für die gesamte Perspektive der Ideengeschichte[141]. Man habe, so wurde behauptet, insbesondere von Lawn[142], keine sicheren Beweise dafür, daß Adelard die arabischen Quellen wirklich kennengelernt hätte. Allerdings hat bis heute noch niemand, weder Haskins[143] noch Thorndike[144] oder Lawn[145] die

[139] Vgl. Alanus ab Insulis, *Liber de planctu naturae*, PL 210, 447BC. Vgl. jetzt: N.M. Häring, 'Alan of Lille, *De Planctu Naturae* (Kritische Ausgabe)', *Studi Medievali*, 19 (1978), 797-879, insb. 831. Vgl. auch C. Kien, 'Alain de Lille', in *Dictionary of Scientific Biography*, I (New York, 1970), 91-92, zur Bibliographie 92; vgl. auch W. Wetherbee, 'The Function of Poetry in the *De Planctu Naturae* of Alan of Lille', *Traditio*, 26 (1968), 371-390; und G. Silagi, 'Alanus ab Insulis', *Theologische Realenzyklopädie*, II (Berlin-New York, 1978), 156-160. Man vgl. auch die zahlreichen bibliographischen Hinweise in M.L. Arduini, '*Et ratio mensura boni*' (zit. in Anm. 209).

[140] *Quaestiones naturales*, LXXVI, ed. Müller, 69.

[141] Vgl. J. Jolivet, *Intervention* zur Vorlesung M.T. Fumagalli Beonio Brocchieri, in *Pierre Abélard — Pierre le Vénérable*, 639: '... or, écrivant en latin au début du XIIe siècle, il juge bon de mettre en avant les maîtres arabes, même s'ils étaient mythiques c'est intéressant pour l'histoire des idées ...'.

[142] Vgl. Lawn, *The Salernitan Questions*, 20-26; vgl. Anm. 145.

[143] Vgl. C.H. Haskins, *Studies in the History of Medieval Science* (Oxford, 1924), 38: 'In all this there is not much that comes from the Arabic, nor is any Arabic authority or phrase specifically quoted'. Jedoch schrieb Haskins stets: 'One significant contrast to the speculative and discursive character of the *Quaestiones* stands the Astrolab, which was written in the later years of Adelard's life. Once more he explains "the opinions of the Arabs" ... Arabic terms are freely used, and for fuller discussion the reader

Hypothesen von Bliemetzrieder[146] wiederaufgenommen, um das Problem zu bearbeiten und endlich aufzulösen : hier sind neue Forschungen wünschenswert, um die noch offenen Fragen beantwortet zu erhalten, z.B. die nach der Entstehungszeit des *De eodem et diverso* und der *Quaestiones naturales*[147], nach den Kenntnissen Adelards von den

is referred to Adelard's other works, the *De eodem*, Euclid, and especially the Khorasmian tables' (ebd. 41). Haskins bemerkte ferner: 'Adelard was a pioneer in more than a chronological sense' (ebd. 42).

[144] Vgl. Thorndike, *A History of Magic and Experimental Science*, II, 44-49.

[145] Lawn, *The Salernitan Questions*, 20-26 : 'On the other hand, the work *De eodem et diverso* contained no trace of essentially Arabs learning' (ebd. 20) ... But again the work (the *Quaestiones naturales*) contained no trace of influence by the Constantinian translation, and no specifically Arabs learning' (ebd. 21). Lawn nimmt also deutlich Stellung gegen die damals von Haskins formulierte Hypothese einer möglichen Vermittlung durch Constantinus Africanus (ebd. 38) und schlägt dagegen die Vermittlung über Alfanus vor (ebd. 25), wobei er als mögliche Quelle Nemesius nennt (ebd.): 'Adelard's *Quaestiones naturales* then must, I think, be considered as embodying either his own views or pre-Constantinian medical and scientific material, the latest source being, perhaps, the *Periphyseos* of Nemesius in the translation of Alfanus. This material was available in Salerno and South Italy'.

[146] Vgl. F. Bliemetzrieder, *Adelard von Bath. Blätter aus dem Leben eines englischen Naturphilosophen des 12. Jahrhunderts und Bahnbrechers einer Wiedererweckung der griechischen Antike. Eine kulturgeschichtliche Studie* (München, 1935), 94ff.

[147] Vgl. zur Problemerfassung Anm. 97.

[148] Zu ersten Orientierung genügt Haskins, *Studies*, 24-30. Ferner von Haskins: 'A propos of Adelard's *De avibus tractatus*', *Isis*, 5 (1912), 213; 'Adelard of Bath', *English Historical Review*, 26 (1911), 491-498. Das Verzeichnis Haskins' ist zu erweitern mit den Angaben von Clagett (vgl. 'Adelard of Bath', zit. in Anm. 113, 61). Ohne Zweifel hat Wright, schon 1846, die Persönlichkeit und Werke Adelards aufgewertet: vgl. H. Wright, *Biographia Britannica* (London, 1846), Bd. II, 94: 'The pioneer student of Arabic science and philosophy in the twelfth century and the greatest name in English science before Robert Grosseteste and Roger Bacon'. Ihm folgend schrieb G. Jaston, *Introduction to the History of Science. From Rabbi ben Ezra to Roger Bacon*, Carnegie Institution of Washington, 376 (Baltimore, 1931), Bd. II, 1 : 'Adelard : english philosopher, mathematician, scientist; the greatest before the time of Grosseteste and Bacon, one of the earliest translators from Arabic into Latin' (ebd. 167). Neuerdings schätzte Clagett die Werke Adelards besonders auf dem Gebiet der Übersetzung hoch ein : vgl. M. Clagett, 'The Medieval Latin Translations from the Arabic of the Elements of Euclid with Special Emphasis on the Versions of Adelard of Bath', *Isis*, 44 (1953), 16-52. Vgl. außerdem J.E. Murdoch, 'The Medieval Euclid: Salient Aspects of the Translations of the "Elements" by Adelard of Bath and Campanus of Novara', *Revue de synthèse*, série 3, 49-52 (1968), 69-74; und G.R. Evans, 'The Sub-Euclidean Geometry of the Earlier Middle Ages up to the Mid Twelfth Century', *Archives for History of Exact Sciences*, 16 (1976), 105-118. Und es war keine Unterschätzung, was schon 1915 P. Duhem (*Le système du monde. Histoire des doctrines cosmologiques de Platon à Copernic*, Bd. III (Paris, 1915), 170) sagte, als er die Originalität der Werke Adelards hervorhob: 'Adélard ne fut pas simplement un traducteur, il a composé plusieurs ouvrages originaux'. Man erinnere sich, Adelard schrieb sein *De eodem et diverso* in Sizilien, also vor seiner Reise nach Syrien; als er aber die *Quaestiones naturales* verfaßte, war er in Syrien schon gewesen, wo er, wie er schreibt, arabisch studiert habe. In einem

arabischen Quellen, insbesondere auf dem Gebiet der Mathematik und der Astrologie, nach den Zeugnissen hierüber in den späteren Werken und Übersetzungen Adelards[148]; nach der von Lawn bestrittenen Hypothese der Vermittlung durch Constantinus Africanus[149]; nach

Colloquium, das ich während eines Studienaufenthaltes in Paris hatte, informierte mich Frau M. Th. d'Alverny darüber, daß einer ihrer Schüler, Bruce Dickey von der Universität Toronto, die neue Ausgabe des *Tractatus de Astrolabio* Adelards fertiggestellt habe — die mit einem Vorwort von Frau d'Alverny baldmöglichst in den 'Archives' erscheinen wird. In diesem 'Traktat', der dem jungen Heinrich Plantagenet gewidmet ist, erscheinen genaue und exakte arabische Quellen, ein klarer Beweis, daß Adelard Sprache und entsprechende Werke der arabischen Wissenschaft kannte. In der Erwartung, die angezeigte wichtige Edition konsultieren zu können, danke ich Frau Professor d'Alverny herzlich für diese wertvolle Information, auf die ich bald noch zurückkommen werde (Vgl. Anm. 149, 152).

[149] Wie oben schon angegeben (vgl. Anm. 145) schlug Lawn gegenüber der Hypothese Haskins von der Vermittlung von Constantinus Africanus die von Alfanus vor. Hierzu ist zu sagen — auch dieses verdanke ich Frau d'Alverny —, daß der Text des Alfanus, d.h. seine Übersetzung der *Prenomina* des Nemesius (vgl. Lawn, *The Salernitan Questions*, 25), bei den Arabern bekannt war, die auch das Thema der 'Wahrheit der morgendlichen Träume' kannten, von denen Adelard spricht (*De eodem et diverso*, ed. Willner, 13, 11.29-33), gemäß der lateinischen Übersetzung der *Solutiones* des Priscianus Lydus (Vgl. auch R. Lemay, *Abu Ma'shar and Latin Aristotelianism in the Twelfth Century. The Recovery of Aristotle's Natural Philosophy through Arabic Astrology*, American University of Beirut, Publications of the Faculty of Arts and Sciences, Oriental series, n. 38 (Beirut, 1962), c. I, 3-9). Zu Abu Ma'Shar vgl.: A. Asin Palacios, *Abenmasarra y su escuela. Origines de la filosofia hispano-musulmana* (Madrid, 1914), und neuerlich den langen Artikel von D. Pingree, 'Abu Ma'shar Al-Balkhu, Ja'far Ibn Muhammad', in *Dictionary of Scientific Biography*, I (New York, 1970), 32-39. Die Bedeutung der spanischen Vermittlung erscheint in den Hypothesen Lawns unterbewertet. Doch alles in allem bleibt die Ausgabe von Dickey (vgl. vorhergehende Anm.) abzuwarten, ehe man sich einen abschließenden Begriff von den arabischen Kenntnissen Adelards machen kann, der deren Überlegenheit über die abstrakten Kategorien der französischen Schulen seiner Zeit behauptete, was bisher nur in den Werken *De eodem et diverso* wie in den *Quaestiones naturales* erhoben werden konnte, ohne ein genaues 'Studium' seines Gesamtwerkes einbeziehen und zugrunde legen zu können. Anläßlich meines Studienaufenthaltes in Paris konnte ich ein Werk studieren: *Liber ysagogarum Alchorismi in artem astronomicam a magistro A(delardo) compositus* (MSS Lat. 16208, ff. 67r-71r), aufbewahrt im Fonds des manuscrits orientaux der Nationalbibliothek. Das Werk hat fünf Teile, die ersten drei sind schon ediert von M. Curtze, *Abhandlungen zur Geschichte der Mathematik*, 8 (1898), 1-27 — sie enthalten arithmetische Traktate; die beiden letzten, noch nicht ediert, behandeln geometrische, musikalische und astronomische Themen (vgl. *Quaestiones naturales*, LVIII, ed. Müller, 53). Das Werk scheint teilweise die Kenntnis arabischer Quellen zugrunde zu legen und läßt die Redaktion von Adelard vermuten. Der Abschnitt über die Astronomie läßt arabische und hebräische Quellen erkennen (f. 70r), wie schon Clagett notiert hat (vgl. 'Adelard of Bath', 62-63) und es für möglich hielt, daß eine Abhängigkeit von einer früheren lateinischen Übersetzung von *De numero Indorum* des al-Khwarizmi anzunehmen sei oder einer Variante dieser Übersetzung, die schon um 1143 bekannt war. Nach Clagett: 'Manuscript dates and internal evidence point to a time of composition compatible with the period in which Adelard worked' (art. zit., 62). Nun-

Beziehungen zum Welt- und Naturbild der Schule von Chartres[150], nach den vermutlichen Verhältnissen zur Schule von Toledo[151], nach der noch zu verifizierenden Hypothese eines Einflusses von oder mindestens einer Verbindung zu Petrus Alphonsi[152], dem jüdischen Konvertiten, späteren Arztes am Hofe Heinrichs II. in England, ähnlich gestellt wie früher Adelard als Tutor des englichen Königs[153]; schließ-

mehr dürfte, wenn man berücksichtigt, daß Adelard schon eine Übersetzung der Astronomischen Tafeln des al-Khwarizmi verfaßte (vgl. *De eodem et diverso*, ed. Willner, 11, ll. 20-21) und daß J.M. Vallicrosa eine Verbindung von der früheren Übersetzung (oder Anpassung) der Tafeln des al-Khwarizmi seitens des Petrus Alfonsi und der Übersetzung oder Rückübersetzung (wahrscheinlich auf einem Text des Alfonsi fußend) seitens Adelards sah, die Untersuchung des *Liber ysagogarum Alchorismi*, größtes Interesse gewinnen, zumal an dem noch nicht edierten Teil. Die diesbezüglichen Handschriften finden sich vor in der Bibliothèque Nationale (12. Jh.) und ferner: Biblioteca Ambrosiana in Mailand, A 3 sup. ff. 1r-20r (12. Jh.); in der Münchener Staatsbibliothek Clm 13021 ff. 27r-68v; Clm 18927 f. 31r ff. und in der Wiener Nationalbibliothek Cod 275 f. 27r. Zum Problem des Verhältnisses zwischen den Werken des Petrus Alfonsi und Adelards vgl. Anm. 152. Man vergl. auch J.M. Millás-Vallicrosa, 'La apostación astronómica de Pedro Alfonso', *Sefarad*, 3 (1943), 65-105. Vgl. auch Lemay, *Abu Ma'shar*, 7-8; L. Thorndike-P. Kibre, *A Catalogue of Incipits of Medieval Scientific Writings in Latin* (Cambridge, 1937), 576; Haskins, *Studies in the History of Mediaeval Science*, II, 24; Clagett, 'Adelard of Bath', 63-64. Zu Nemesius vgl. jetzt C.D. O'Malley, 'Nemesius', in *Dictionary of Scientific Biography*, X (New York, 1974), 20-21.

[150] Vgl. Anm. 109. Außerdem N.M. Haring, 'Thierry of Chartres and Dominicus Gundissalinus', *Mediaeval Studies*, 2 (1954), 276-279.

[151] Vgl. J.M. Millás-Vallicrosa, *Nuevos Estudios sobre historia de la ciencia española*, Consejo superior de Investigaciones cientificas, Instituto 'Luis Vives' de Filosofia, Sección de Historia de la Filosofia Española y Asociación para la Historia de la Ciencia Española, Estudios, n. 7 (Barcelona, 1970), c. V, 79-115 (Vgl. auch Anm. 154 und angeführt wird in J. Madkour, 'Astrologie en terre d'Islam', in *Arts libéraux*, 1041-1047, bes. 1046).

[152] Millás-Vallicrosa, *Nuevos Estudios*, 105. Zu Petrus Alfonsi vgl. Arduini, *Ruperto di Deutz*, 95-101. Schon bei der Planung dieses Buches schien es mir nötig, Analogien unter den Gedankengängen im Dialog des Petrus Alfonsi (Moses Sephardi) zu den anderen Stellen offenzulegen in *De eodem et diverso* und *Quaestiones naturales* bei Adelard, und auch durch andere Anzeichen kam ich zu der Hypothese von einer nicht nur zufälligen Verbindung beider Autoren. Natürlich sind Hypothesen stets zu verifizieren, aber eine erste Bestätigung erhielt ich aus den analogen Erkenntnissen, die mir Frau d'Alverny auf dem Pariser Colloquium vermittelte (vgl. oben Anm. 148). Vallicrosa (zit. 105-107) schrieb: 'Se ha creído en una posible colaboración entre ambos autores (Adelard-Alfonsi). De este modo podríamos explicarnos el caso: primeramente, hacia el año 1115 de la Encarnación, Pedro Alfonso redactaría una especie de adaptación de la obra astronómica de al-Khwarizmi; después, en el año 1126, Adelard de Bath traduce esta última obra, en la recensión resumida, beneficiándose con la ayuda o colaboración de Pedro Alfonso'. Clagett schrieb: 'It seems probable that Adelard spent time also in Spain, on the evidence of his manifold translations from the Arabic' ('Adelard of Bath', 61).

[153] Bei dem fast völligen Fehlen von Nachrichten zum Leben Adelards ist dies eine der wenigen vorhandenen Informationen: 'Nothing else is known of his personal

lich nach den kulturellen Zusammenhängen von der jüdischen und arabischen Philosophie[154].

Leider hat Adelard uns nicht konkret erklärt — wollte er es nicht oder war er dazu nicht imstande? —, was er eigentlich mit *ratio* meinte : in *De eodem et diverso* wie in *Quaestiones naturales* ist keine Definition gegeben worden. Jolivets Definition von Adelards Vernunftbegriff als *ratio experimentalis* bleibt deswegen wohl bis heute die überzeugendste[155].

Bei all diesen Autoren, insbesondere bei Rupert von Deutz und Adelard von Bath, stellt sich das Problem als Frage, wie die *rationes* in einen Gegensatz zu den *auctoritates* gekommen sind, so daß die *auctoritates rationum* sich von sich selbst her begründen, sich also selbst vertreten können.

Es läßt sich eine Linie ausmachen, die vermutlich von Anselm zu Rupert und Adelard führt; hier ist das wiederzuerkennen, was M. Grabmann schon betont hat : die Beziehungen zwischen der spekulativen Mystik und den vorscholastischen Zeugnissen des mittelalterlichen Geisteslebens waren sehr eng[156]. Gerade in der Suche nach einer Gemeinsamkeit der patristischen Quellen und der Überbewertung

life, except that he was for a time tutor to the future Henry II of England'. Vgl. D. C. Lindbergh, 'The Transmission of Greek and Arabic Learning to the West', in *Science in the Middle Ages*, The Chicago History of Science and Medicine (Chicago-London, 1978), 52-90, bes. 62-63.

[154] Vgl. 'L'Enseignement en Islam et en Occident au Moyen Age', in *Islam et Occident au Moyen Age*, Colloques internationaux de la Napoula, 25.-28. Oktober 1976 (Paris, 1977), bes. G. Makdisi, 'Interaction between Islam and West', 287-309, bes. 308; vgl. auch N. Daniel, 'The Arabs in Spain', 80-112; zu Adelard: 169, 267, 269-272, 276. Vgl. auch Arduini, *Ruperto di Deutz*, 125-127. Schließlich : G. F. Hourani, 'Reason and Revelation in Ibn Hazm's Ethical Thought', in *Islamic Philosophical Theology* (New York-Albany, 1979), 142-164.

[155] Vgl. J. Jolivet, *Intervention* zur Vorlesung M.T. Fumagalli Beonio Brocchieri, in *Pierre Abélard — Pierre le Vénérable*, 584.

[156] Vgl. M. Grabmann, *Die Geschichte der scholastischen Methode*, I (Basel-Stuttgart, 1961), 94-104. Zu Rupert vgl. auch R. Haacke, 'Die mystischen Visionen Ruperts von Deutz', in *Mélanges H. Bascour*, 68-90. Haacke hielt kürzlich (am 11. März 1980) an der Universitá Cattolica von Mailand (Istituto di Studi storico-religiosi) eine Vorlesung über das Thema: *Die Theologie Ruperts von Deutz und die Frage 'Cur Deus homo'*. Vgl. vom selben Verfasser: 'Rupert von Deutz zur Frage: Cur Deus homo', in *Corona gratiarum, Miscellanea Patristica, Historica et Liturgica E. Dekkers XII lustra complenti oblata*, Instrumenta Patristica, 11 (Brugge, 1975), II, 143-159. Vgl. auch die *Einleitung* der *Commentaria in Cantica canticorum* Ruperts (ed. R. Haacke, Corpus Christianorum, Continuatio medievalis, 26), VII.

der *ratio* auf Kosten der *auctoritas*, die bei Anselm und Rupert sowie bei Adelard — wenn auch auf eine neue Weise — zu finden ist, gelang es Grabmann, Beweise für neue Quellen und Materialien des scholastischen Stoffhungers zu finden[157]. Weiterhin sind hier Nachwirkungen der Kontroverse zwischen Lanfranc und Berengar zu erkennen[158]. Im Laufe der folgenden Jahre ist diese Linie noch deutlicher auszumachen. Hier sind zu nennen: Petrus Alphonsi[159], Abälard[160], der Verfasser des Dialogs *De vita vere apostolica*[161], Richard von St. Victor[162], Honorius Augustodunensis[163] und Alanus ab Insulis[164].

[157] Vgl. Grabmann, *Die Geschichte*, I, 96-101.

[158] Vgl. A. Mac Donald, *Authority and Reason in the Early Middle Ages* (Oxford, 1933), bes. 76-94; A. Cantin, '*Ratio* et *auctoritas* dans la première phase de la controverse eucharistique entre Béranger et Lanfranc', *Revue des études augustiniennes*, 20, 1-2 (1974), 155-186; M.T. Gibson, *Lanfranc of Bec* (Oxford, 1978); M. Christiani, 'La controversia eucaristica nella cultura del secolo IX', *Studi medievali*, serie 3a (1968); schließlich J. de Montclos, *Lanfranc et Bérenger — La controverse eucharistique du XIe siècle*, Spicilegium sacrum Lovaniense, Études et documents, fascicule 37 (Leuven, 1971); vgl. bes. 59, 135-137, 141-142, 249, 265-266, 288-290, 305, 309, 310-311, 319-320, 320-321, 322-324, 363-364, 380, 441-445, 534-535, 537-558. Vgl. aber O. Capitani, 'L'"affaire bérengarienne" ovvero dell'utilità delle monografie', *Studi Medievali*, 16 (1975), 2, 353-378.

[159] Vgl. *Dialogus*, in PL 157, 535D-672A, bes. 539BD, 541A, 543B, 555A, 556 C, 557B, 558D, 567D. Vgl. Arduini, *Ruperto di Deutz*, 95-101.

[160] Vgl. vor allem den *Prolog* zu *Sic et non*, in PL 178, 1339A und *Dialogus inter philosophum, christianum et iudaeum*, zit. wie in Anm. 88. Vgl. Arduini, *Ruperto di Deutz*, 101-113, 119-120, 124-125.

[161] PL 170, 611A-664A. Vgl. M.O. Garrigues, 'A qui faut-il attribuer le *De vita vere apostolica*?', *Le moyen âge*, 79 (1973), 424-447. Dennoch ist das Problem einer sicheren Zuschreibung keineswegs gelöst. Zu diesem in vieler Hinsicht verwickelten Problem bereite ich einen Beitrag vor, und in Zusammenarbeit mit Rhaban Haacke habe ich die kritische Ausgabe von *De vita vere apostolica* in Vorbereitung.

[162] Vgl. zunächst *Prolog* von *In visionem Ezechielis*, PL 196, 527A-528B. Vgl. Arduini, *Ruperto di Deutz*, 122-124.

[163] Vgl. *L'Elucidarium et les élucidaires*, ed. Y. Lefevre, Bibliothèque des Écoles françaises d'Athènes et de Rome, 80 (Paris, 1954); zu *Clavis Physicae*, ed. P. Lucentini, Temi e Testi, 21; vgl. P. Lucentini, 'La *clavis physicae* di Honorius Augustodunensis e la tradizione eriugeniana nel secolo XII', in *Jean Scot Erigène et l'histoire de la philosophie*, Laon 1975, Colloques internationaux du Centre national de la recherche scientifique, 561 (Paris, 1977), 405-414.

[164] Vgl. *De fide catholica contra haereticos*, in PL 210, 305A-430A; und *Anticlaudianus*, ed. R. Boussuat (Paris, 1955). Man ziehe heran: J.J. Sheridan, *Alan of Lille, Anticlaudianus or the Good and Perfect Man*, Pontifical Institute of mediaeval studies (Toronto, 1973); G. Raynaud de Lage, *Alain de Lille poète du XIIe siècle*, Publications de l'Institut d'études médiévales, 12 (Montréal-Paris, 1951), bes. 43-57; L.E. Marshall, 'The Identity of the "new man" in the Anticlaudianus of Alan of Lille', *Viator*, 10 (1979), 77-94; und L. Ochsenbein, *Studien zum "Anticlaudianus" des Alanus ab Insulis* (Bern, 1975). Vgl. unsere Anm. 139, 208, 209. Ferner vgl. M.L. Arduini, '*Rerum mutabilitas*. Welt, Zeit, Menschenbild und *corpus ecclesiae-christianitatis* bei Honorius von Regensburg (Augustodunensis). Zum Verständnis eines politischen Rationalismus

Die Beziehungen zur Schule von Chartres sind nicht zu übersehen[165], und so ist es möglich zu sagen, daß all diese Autoren neue Beweise bereitgestellt haben, um die Theorie von der Wiedergeburt im 12. Jahrhundert zu stützen[166].

Fragen wir uns schließlich, woher diese Beziehungserkenntnis von *auctoritas* und *ratio* herkommt, dann finden wir gleiche Vorstellungen schon bei Johannes Scotus Eriugena[167]. Doch um diese Vorstellungen

im XII. Jh.', Referat vor dem 7. Internationalen Kongress der Philosophie (Louvain-la-Neuve et Leuven 30 aug.-4 sept. 1982). Vgl. die Akten des Kongresses und *Recherches de théologie ancienne et médiévale*, 94 (1984).

[165] Vgl. Anm. 109, 150, 166. Vgl. auch P. Duhem, *Le système du monde*, III, 170-172.

[166] Vgl. C. H. Haskins, *The Renaissance of the Twelfth Century* (Cambridge, 1927); G. Paré-A. Brunet-P. Tremblay, *La Renaissance du XIIe siècle. Ses écoles et l'enseignement*, Publications de l'Institut d'études médiévales d'Ottawa, 3 (Paris-Ottawa, 1933); W. K. Ferguson, *The Renaissance in Historical Thought. Five Centuries of Interpretation* (Boston, 1948); U. T. Holmes, 'The Idea of a Twelfth-Century Renaissance', *Speculum*, 26 (1951), 643-651. Die Kritik ist mit einer solchen Formulierung nicht immer einverstanden, vgl. W. A. Nitze, 'The So-Called Twelfth-Century Renaissance', *Speculum*, 23 (1948), 464-471; E. M. Sandford, 'The Twelfth-Century Renaissance or Proto-Renaissance?', *Speculum*, 26 (1951), 635-642. Vgl. schließlich: *Entretiens sur la Renaissance du 12e siècle*, zit. Anm. 44 und J. Leclercq, 'A propos de la "Renaissance du XIIe siècle". Nouveaux témoignages sur la "théologie monastique"', *Collectanea Cisterciensia*, 40 (1970), 65-72; T. Gregory, *Anima mundi. La filosofia di Guglielmo di Conches e la scuola di Chartres* (Firenze, 1955), bes. 109-113, 177, 228-231; J. Jolivet, *Arts du langage et théologie chez Abélard*, Études de philosophie médiévale, 57 (Paris, 1969); Arduini, *Ruperto di Deutz*, 115ff.; K. Guth, *Johannes von Salisbury (1115/20-1180). Studien zur Kirchen-, Kultur- und Sozialgeschichte Westeuropas im 12. Jahrhundert*, Münchener theologische Studien, Historische Abteilung, 20 (St. Ottilien, 1978).

[167] Über Scotus Eriugena nur die wichtigsten Arbeiten anzuführen, ergäbe eine endlose Fußnote und hieße sich einen unnützen Anstrich von Erudition geben. Indes erscheint es zweckmäßig, über die im Verlauf unserer Studie zitierten Werke hinaus solche Werke anzugeben, die Anlaß zu einer Lektüre der Werke Eriugenas geben, die in Bezug zu unserer These stehen, auch methodologisch. Vor allem als Gesamtübersicht der Arbeiten über Scotus Eriugena ist mit Nutzen einzusehen: M. Brennan, 'Bibliography of Publications in the Field of Eriugenian Studies, 1800-1975', *Studi medievali*, 3^a serie, 18 (1977), 401-447. Dann ist auf die Einleitungen von E. Jeauneau in den Ausgaben der Sources chrétiennes zu verweisen: *Homélie sur le Prologue de Jean* (S.C. 151) (Paris, 1969); *Commentaire sur l'évangile de Jean* (S.C. 180) (Paris, 1972). Vom selben Verfasser vgl. 'Dans le sillage de l'Erigène: une homélie d'Héric d'Auxerre sur le prologue de Jean', *Studi medievali*, 3^a serie, 11 (1970), 937-955. Vgl. *Expositiones in Ierarchiam coelestem*, ed. J. Barbet, Corpus christianorum, Continuatio mediaevalis, 21 (Turnholti, 1975); vgl. schließlich F. Brunhölzl, *Geschichte der lateinischen Literatur des Mittelalters*, I, 466-475. Zu vergleichen sind die Artikel von F. Vernet, 'Erigène (Jean Scot)', in *Dictionnaire de théologie catholique*, 5^1 (1913), 404-434; und von R. Roques, 'Jean Scot (Erigène)', in *Dictionnaire de spiritualité*, 8^2 (1974), 735-761. Der Kongreß von Dublin (1970) und der letzte von Laon (1975) trugen dazu bei, die Kenntnisse der Anfänge und Entwicklungen des Gedankengutes Eriugenas zu vertiefen, man sehe z.B.: *The Mind of Eriugena*, Dublin, 14.-18. Juli 1970 (Dublin, 1973) und *Jean Scot Érigène et l'histoire de la philosophie*, Laon 1975, Colloques

richtig zu erfassen, müssen wir aufmerksam lesen, was Scotus Eriugena über das Verhältnis *auctoritas-traditio-ratio* wirklich geschrieben hat. In *Periphyseon* offenbart er sein Denken, wenn wir es allerdings, wie P. Jacquin fordert[168], methodisch lesen. Scotus Eriugena mahnt un-

internationaux du Centre national de la recherche scientifique, 561 (Paris, 1977). Besonders aber ziehe man folgende Werke heran: J.M. Alonso, 'Teofanía y visión beata en Escoto Eriugena', *Revista española de teologia*, 10 (1950), 361-389; 11 (1951), 255-281; W. Bethendörfer, 'Glauben und Wissen bei Johannes Scotus Eriugena', *Zeitschrift für systematische Theologie*, 2 (1925), 732-747; T. Gregory, *Giovanni Scoto Eriugena. Tre studi*, Quaderni di letteratura e d'arte, 21 (Firenze, 1963); R. Roques, *Libres sentiers vers l'érigénisme*, Lessico intellettuale europeo, 9 (Rom, 1975); J. Jeauneau, *4 Thèmes érigéniens* (Paris, 1978). Unsere Angaben in den Anm. 168, 196, 198, 199, die noch zu ergänzen sind um die Schriften: G. Mathon, 'Les formes et la signification de la pédagogie des arts libéraux au milieu du IXe siècle. L'enseignement palatin de Jean Scot Erigène', in *Arts libéraux*, 47-64. Dazu noch: S. Gersh, *From Iamblichus to Eriugena. An Investigation of the Prehistory and Evolution of the Pseudo-Dionysian Tradition*, Studien zur Problemgeschichte der antiken und mittelalterlichen Philosophie, 8 (Leiden, 1978).

[168] Man beachte die methodologisch klaren Strukturen, wie sie M. Jacquin erhoben hat: 'Le rationalisme de Jean Scot', *Revue des sciences philosophiques et théologiques*, 2 (1908), 747-748. Man könnte einwerfen, solche Strukturen, vor mehr als 70 Jahren niedergeschrieben, müsse man als überholt ansehen, jedoch dürfte es klar sein, daß nicht alles, was seitdem geschrieben wurde, ein sog. Aggiornamento von Studien ist und immer das beste repräsentiert, was auf der exakten und methodologisch wissenschaftlichen Ebene zu finden ist. Allzu oft werden Arbeiten nicht beachtet, deren Beitrag wertvoll bleibt, obwohl er als zeitlich zurückliegend und deshalb überholt erachtet wird. Zu oft overgißt man, daß, wenn man sich der Mode entsprechend mit den neuesten Studien befaßt, das Risiko eingeht, sich nur oberflächlich zu informieren, weil man Forschungstiefe verloren hat. Bei der Lektüre der Werke Eriugenas, vor allem bei den Stellen im *Periphyseon* mit Bezug auf das Verhältnis *auctoritas-ratio*, das wir hier zum Gegenstand unserer Untersuchung machen, neigt man sehr oft dazu, zu vergessen (oder nicht zur Kenntnis zu nehmen), daß ein großer Teil der Problemstrukturen schon in den Werken Augustins zu finden war. Man sehe z.B. *De Ordine*, 2, 9: 'auctoritas partim divina est, partim humana: sed vera, firma ea est quae divina nominatur'; *De musica*, 5, 5: 'Rationis ac veritatis auctoritas, profecto est omni homine melior'; *De moribus ecclesiae*, 2: 'Naturae ordo ita se habet, ut cum aliquid discimus, rationem praecedat auctoritas'; *De moribus ecclesiae*, 2, 3: 'Unde igitur exordiar? Ab auctoritate an a ratione?'; *De immortalitate animae*, 2: 'Nihil est ipsa ratione potentius'; *De vera religione*, 24: 'Animae medicina distribuitur in auctoritatem et rationem. Auctoritas fidem agitat et rationi praeparat hominem'; *De ordine*, 2, 5: 'Duplex est via quam sequimur, cum rerum nos obscuritas movet; quia aut sequimur rationem aut certe auctoritatem'; ibidem, 9: 'tempore auctoritas, re autem ratio prior est ... Itaque quamquam bonorum auctoritas imperitae multitudini videatur esse salubrior, ratio vero est aptior eruditis'. Aber ohne Zweifel ist der am besten passende Text ein Satz aus *De quantitate animae*, 7, 12: 'Aliud est enim cum auctoritati credimus, aliud cum rationi. Auctoritati credere magnum compendium est, et nullus labor ... Tales enim homines, quorum profecto maxima multitudo est, si ratione velint verum comprehendere, in varias noxiasque opiniones ita labuntur, ut emergere inde ac liberari aut numquam aut egerrime queant. His ergo utilissimum est excellentissimae auctoritati credere, et secundum hoc agere vitam. Quod si tutius putas, non solum nihil resisto, sed etiam multum approbo. Si autem cupiditatem istam refrenare non potes, qua tibi persuasisti

mißverständlich: 'Sacrae Scripturae in omnibus sequenda est auctoritas'[169]; nach einer sehr langen Ausführung kommt er zum Schluß: 'Haec de sequenda auctoritate solummodo sacrae Scripturae in divinis maxime disputationis sufficiunt'[170].

Was Scotus Eriugena wirklich anstrebte, war eine rechte Interpretation der Heiligen Schrift, nicht eine allegorische, sondern eine vernunftgemäße Auslegung. Das führte ihn zum Problem der wahren Autorität als Führerin der *simplicitas Christianorum*. Welche *vera auctoritas* kommt bei Eriugena wirklich infrage? Es handelt sich nicht um die *auctoritas Dei*, sondern um die *auctoritas patrum*, denn er sagt in diesem Zusammenhang:

> Vera enim auctoritas rectae rationi non obsistit, neque recta ratio verae auctoritati. Ambo siquidem ex una fonte, divina videlicet sapientia, manare dubium non est[171].

Und weiter:

> Rationem priorem esse natura ... didicimus. Auctoritas siquidem ex vera ratione processit, ratio vero numquam ex auctoritate. Omnis enim auctoritas, quae vera ratione non approbatur, infirma esse videtur[172].

Nach Scotus Eriugena kann die *auctoritas patrum*, wenn sie nicht auf die Vernunft hin orientiert ist, der *simplicitas christianorum* nicht zum Erfassen der wahren Bedeutung der Bibel verhelfen, und darum

ratione pervenire ad veritatem, multi et longi circuitus tibi tolerandi sunt, ut non ratio te adducat, nisi ea quae sola ratio dicenda est, id est vera ratio; et non solum vera sed ita certa ...'. Die Art und Weise der Interpretation, die P. Jacquin eingeleitet hatte, wurde kürzlich wieder aufgenommen von Jean Decarreaux, *Moines et monastères à l'époque de Charlemagne* (Paris, 1980), 154-167. Zu verweisen ist auch auf den *Index auctorum* der Ausgabe G. Madec von *De praedestinatione* (zit. Anm. 195), und man vergl. mit Anm. 176.

[169] *Periphyseon*, I, 64, ed. zit., 188. Vgl. auch *De divisione naturae*, IV, 16 in PL 122, 816D: 'Sanctorum autem Patrum solummodo sententias interim nos conferimus; qui autem magis sequendi sunt, non est nostrum iudicare: unusquisque suo sensu abundet'. Es ist das Verdienst Duhems, festgestellt zu haben, daß Scotus Eriugena, wenn er sich mit dem Problem der Weltentstehung beschäftigt und Platos Gedanken im Timäus gegenüber Calcidius aufnimmt (vgl. *Periphyseon*, I, 31), es immer vorzieht, sich an die Auffassung Gregors von Nyssa hierüber zu halten, die dieser in *De imagine* lehrt. Vgl. Duhem, *Le système du monde*, 47. Hier ist es wichtig, die exegetische Linie zu unterstreichen, auf der sich Scotus bewegt, denn eine solche Wahl stellt uns nicht nur vor ein Interpretationsproblem, sie belegt auch, wie bei Scotus der Einfluß des patristischen Gedankengutes eine Priorität einnimmt.

[170] *Periphyseon*, I, 65 (ed. zit., 190).

[171] *Periphyseon*, I, 66 (ed. zit., 192-194). Hiermit und mit weiteren Zitaten, die uns begegnen, vergleiche man: Decarreaux, *Moines et monastères* und R. Roques, *Libres sentiers vers l'érigénisme*, und man ziehe unsere Anm. 168, 169, 174, 176 hinzu.

[172] *Periphyseon*, I, 69 (ed. zit., 196-198).

kann diese *auctoritas* nicht als wahre *auctoritas* angesehen werden. Was meinte aber Eriugena, welches Bild machte er sich von der *ratio*?

Er spricht von *virtus rationis*, von *recta ratio*, endlich aber von *vera ratio*: 'auctoritas siquidem ex vera ratione processit' und ferner: 'Vera autem ratio ... nullius auctoritatis abstipulatione roborari indiget'[173]. Was ist also als *vera ratio* zu verstehen? Er sagt: 'Vera ratio quoniam suis virtutibus rata atque immutabilis munitur'[174]. Hier handelt es sich um eine *ratio*, die als solche keine individuelle Vernunft ist, sondern eine besondere Stufe, ein *gradus*, der zwischen *sensus* und *intellectus* liegt, also innerhalb der menschlichen Struktur auf der Suche nach der Wahrheit Gottes.

Die *ratio* kann nur durch die *Theophania* Gottes ihre innere Kraft bekommen, um die *veritas auctoritatis Dei* sehen zu können.

> Ex ipsa igitur sapientiae Dei condescensione ad humanam naturam per gratiam et exaltatione eiusdem naturae ad ipsam sapientiam per dilectionem fit theophania[175].

Fons prima der *vera auctoritas* wie der *vera ratio* ist nur die *divina sapientia*; sie in ihrem inneren Wesen ergreifen zu können, das leistet nur die Verbindung mit der *gratia Dei*. 'Hoc enim solius est gratiae, nullius vero virtutis naturae'[176]. Nur in diesem Sinne kann Eriugena sagen: 'Vera enim auctoritas rectae rationi non obsistit neque recta

[173] *Periphyseon*, I, 69 (ed. zit., 198).

[174] *Periphyseon*, I, 69 (ibid.). Vgl. Vernet, 'Érigène (Jean Scot)', 410-422, bes. 411-412, und neuerdings G. Madec, *Introduction* d. Ed. *De divina praedestinatione* (zit. Anm. 196), XII, 9, Anm. 42 u. 44. Man ziehe unsere Anmerkungen 168, 169, 176 hinzu. Vgl. auch G. Madec, 'L'augustinisme de Jean Scot dans le *De praedestinatione*', in *Jean Scot Érigène et l'histoire de la philosophie*, 183-190.

[175] *Periphyseon*, I, 9 (ed. zit., 52). Vgl. auch T. Gregory, 'Note sulla dottrina delle *teofanie* in Giovanni Scoto Eriugena', *Studi medievali*, 4 (1963), 75-91.

[176] *Periphyseon*, II, 23, (ed. zit., Dublin 1972), 112-114: 'In hac parte theoriae, quae de intellectualibus rationalibusque substantiis disputat, dum pervenitur ad considerandum, quomodo natura creata extra se ipsam potest ascendere, ut creatrici naturae valeat adhaerere, *omnis de potentia naturae ratiocinantium inquisitio deficit*. Non enim ibi naturae ratio, sed divinae gratiae ineffabilis et incomprehensibilis altitudo conspicitur. Nulli siquidem conditae substantiae naturaliter inest virtus, per quam possit et terminos naturae suae superare, ipsumque Deum immediate per se ipsum attingere: hoc enim solius est gratiae, nullius vero virtutis naturae'. Ein verbreiteter methodologischer Irrtum führt zumal bei der Lektüre von *Periphyseon*, I, 65-69, viele Leser zu einem Mißverstehen des Gesamtdenkens Eriugenas zum Problem des Verhältnisses von *ratio* (und zwar der *vera ratio*) und *auctoritas*, auch verstanden als *traditio Dei et patrum*. — Hier soll nur darauf hingewiesen werden, daß eine eingehende Lektüre des Gedankengut Eriugenas viel komplexer und artikulierter erscheinen läßt, ja oszillierend zwischen der Bereicherung aus griechisch-patristischer Spekulation und der Reflexion des augustinischen Erbgutes. Vgl. unsere Anm. 168.

ratio verae auctoritati'[177]. Nur in einer solchen Perspektive können wir erfahren, wie eng die Beziehungen zwischen Scotus Eriugena und den andern Autoren, die wir befragt haben, gewesen sein müssen.

Wir wissen aber, daß Scotus Eriugena — er hat es im *Periphyseon* um 864-6 niedergeschrieben[178] — sein Denken aus vielen griechischen und lateinischen Quellen gespeist hat: als griechische Quellen sind Plato, Aristoteles, Clemens von Alexandrien, Origenes, Basilius, Johannes Chrysostomus, Epiphanius, Gregor von Nyssa, Gregor von Nazianz, Maximus Confessor, Dionysius Areopagita aufzuzählen[179]; als lateinische Quellen genügen Vergil, Plinius, Cicero, Martian Capella, Boethius, Gregor d.Gr., Hilarius von Poitiers und Isidor[180].

Hier sei erinnert an das, was Plinius und Cicero über das Verhältnis *auctoritas* und *ratio* geschrieben haben:

> Plinius *epist.* I, 20, 24 (an Tacitus): 'Haec est adhuc sententia mea quam mutabo, si dissenseris tu; sed plane cur dissentias explices rogo. Quamvis cedere auctoritati tuae debeam, rectius tamen arbitror in tanta re ratione quam auctoritate superari'. Cicero, *Cat. Maior* 21, 77: 'Nec me solum ratio ac disputatio impulit, ut ita crederem, sed nobilitas etiam summorum philosophorum et auctoritas'. Cic., *Ac.*, II, 60 'Ut qui audient ratione potius quam auctoritate ducantur'; Cic., *Tusc.* I, 21: 'Nec tamen mihi sane quisquam occurrit, cur non Pythagorae sit et Platonis vera sententia ut enim adferret — vide quid homini tribuam — ipsa auctoritate me frangeret: tot autem rationes attulit, ut velle ceteris, sibi certe persuasisse'; Cic., *De nat. deorum* I, 10: 'Nec enim tam auctoritatis in disputando quam rationis momenta quaerenda sunt'[181]. Solche Vorstellungen kommen auch bei Columella I, 4,4 vor: 'Nec contenti tamen auctoritate vel primorum vel praesentium colonorum nostra praetermiserimus exempla novaque tentaverimus experimenta'; bei Seneca, *Dial.* VI, 2,1: 'Aliter enim cum alio agendum est: quosdam ratio ducit, quibusdam nomina clara opponenda sunt et auctoritas'; bei Pseudo-Seneca. *Monita* 87: 'Malus iudex veritatis est, cuius sententiam non res, sed auctoritas ducit'; in *Rhetorica ad Herennium* IV, 4: 'Haec illi (scilicet Graeci) cum dicunt, magis nos auctoritate sua commovent quam veritate disputationis', und bei Varro: 'Ubi enim ars deficit, succedit auctoritas'[182].

[177] Vgl. Anm. 171.

[178] Vgl. Roques, 'Jean Scot (Érigène)', 736.

[179] Vgl. Vernet, 'Érigène (Jean Scot)', 407-409; vgl. auch Roques, 735-737.

[180] Vgl. Roques, 'Jean Scot (Érigène)', 737. Aber auch M. Cappuyns, *Jean Scot Érigène, sa vie, son œuvre, sa pensée* (Brüssel, 1965. Repr. anast. d. Ed. Paris-Louvain, 1933), 388-392.

[181] Weitere Zitate bei H. Merguet, *Lexicon zu den Reden des Cicero*, Bd. I (Jena, 1897).

[182] Vgl. Gr. lat. IV, 493, 10. Vgl. auch K.H. Lücke, *Auctoritas bei Augustin* (zit. in Anm. 2), bes. 14-16, 33ff., 45-51.

Aus vielen Gründen und aufgrund zahlreicher und gut dokumentierter Studien wissen wir heute, daß diese antiken Autoren vom 9. bis 12. Jahrhundert, von St. Gallen bis Laon und Auxerre und später bis zur Schule von Chartres häufig gelesen und in den Schulen kommentiert wurden[183]. Werimberth ist hier zu nennen, Schüler des Rabanus Maurus in Fulda und später einer der Lehrer des Notger Balbulus[184]; Abt Grimoald von St. Gallen[185], Ermenrich von Ellwangen[186], Heinrich von Auxerre[187], Liutpert, Erzbischof von Mainz 863-89, Schüler des *vir doctissimus* Johannes Scotus Eriugena[188]; Remigius von Auxerre[189] und später Berengar von Tours[190], Lanfranc von Bec, später Erzbischof von Canterbury, Lehrer Anselms und Verfasser eines Kommentars zu Ciceros *De inventione* und *Rhetorica ad Herennium* zwischen 1030-40, in Süddeutschland und Italien[191];

[183] Vgl. O. Lottin, *Psychologie et morale aux XIIe et XIIIe siècles*, V (Gembloux, 1959); E. Lesne, *Histoire de la propriété ecclésiastique en France*, t. IV: *Les livres, 'scriptoria' et bibliothèques, du commencement du VIIIe à la fin du XIIe siècle* (New York, 1964, repr. anast. d. Ed. Lille, 1938); E. Jeauneau, 'Les écoles de Laon et d'Auxerre au IXe siècle', in *La scuola nell'occidente latino dell'Alto Medioevo* (Spoleto, 1972), II, 495-560; J.J. Contreni, 'A propos de quelques manuscrits de l'école de Laon au IXe siècle: découvertes et problèmes', *Le moyen âge*, 78 (1972), 5-39; C. Leonardi, 'Remigio di Auxerre e l'eredità della Scuola carolingia', in *I classici nel Medioevo e nell'Umanesimo*, Miscellanea Filologica, Pubblicazioni dell'Istituto di Filologia classica e medioevale dell'Università di Genova, 42 (Genua, 1975), 271-288.

[184] Vgl. de Rijk, 'On the Curriculum of the Arts', 37.

[185] Brunhölzl, *Geschichte*, 364-366; de Rijk, 'On the Curriculum of the Arts', 36-37.

[186] Brunhölzl, *Geschichte*, 365. Vgl. auch Mac Donald, *Authority and Reason*, 39. Vgl. de Rijk, 'On the Curriculum of the Arts', 36-37.

[187] Vgl. R. Quadri, 'Aimone di Auxerre alla luce dei *Collectanea* di Heiric di Auxerre', *Italia medioevale e umanistica*, 6 (1963), 1-48.

[188] Vgl. de Rijk, 'On the Curriculum of the Arts', 36-79.

[189] Vgl. Leonardi, 'Remigio di Auxerre'; Brunhölzl, *Geschichte*, 486-489.

[190] Vgl. R.W. Southern, *Lanfranc of Bec and Berengar of Tours. Studies presented to F.M. Powicke* (Oxford, 1948), 27-48; O. Capitani, 'Studi per Berengario di Tours', in *Bulletino dell'Istituto storico italiano per il medio evo*, 69 (1957), 67-118; A.J. Mac Donald, *Berengar and the Reform of sacramental doctrine* (New York, 1977. Nachdruck d. Ed. New York, 1930).

[191] Vgl. M.T. Gibson, *Lanfranc of Bec* (Oxford, 1978), 49. Zur *Rhetorica ad Herennium* vgl. J.J. Murphy, *A Synoptic History of Classical Rhetoric* (New York, 1971), 82-89; zur Diskussion über Ciceros Rhetoric vgl. D.J. Ochs, ebd. 90-150; G. Kennedy, *The Art of Rhetoric in the Roman World* (Princeton, 1972); J.J. Murphy, *Rhetoric in the Middle Ages. A History of Rhetorical Theory from Saint Augustine to the Renaissance* (Berkeley-Los Angeles-London, 1974), 18, 18-22, 119-121, 187-188, 315-316, 322-323, 365-374; vgl. auch A. Michel, *In hymnis et canticis. Culture et beauté dans l'hymnique chrétienne latine*, Philosophes médiévaux, 20 (Louvain-Paris, 1976), 97-114, 115-143. Man sehe auch Evans, *Anselm and Talking about God*, 144 und M. Dickey, 'Some Commentaries on the *De inventione* and the *Ad Herennium* of the Eleventh and Early Twelfth Centuries', *Mediaeval and Renaissance Studies*, 6 (1968), 1-41.

wir wissen auch, daß er, von Sigebert von Gembloux *dialecticus* genannt[192], als Jurist weit berühmt war[193]; Manegold von Lautenbach[194]. In *De praedestinatione* schrieb Johannes Scotus Eriugena, die Auslegung der Kirchenväter sei nicht immer richtig gewesen, und er nennt den Grund: 'ex graecarum litterarum inscitia'[195].

Kannten die Autoren, die wir herangezogen haben, wirklich und aus eigener Lesung das *Periphyseon* des Eriugena? Es könnte sein. Während die zentrale These Eriugenas in *De praedestinatione* schon 855 und 859 durch die Konzilien von Valence und Langres verurteilt worden und die eucharistische Formulierung Eriugenas durch die Konzilien von Rom 1050 und Vercelli 1050 wie Paris 1051 untersagt war[196], wurde das *Periphyseon* erst durch das Konzil von Paris 1210 verurteilt und erst am 23. Januar 1225 von Papst Honorius III. verboten[197].

Wir wissen ferner, daß Anastasius der Bibliothekar, Remigius von Auxerre, Gerbert, Fulbert von Chartres, Berengar von Tours, Honorius Augustodunensis, Abälard, Hugo von St. Victor, Bernhard Silvestris,

[192] Vgl. *De scriptoribus ecclesiasticis*, c. 155 in PL 109, 582C.

[193] Vgl. Gibson, *Lanfranc of Bec*, 49.

[194] Vgl. Murphy, *Rhetoric in the Middle Ages*, 119, Anm. 94. Aber vor allem: W. Hartmann, 'Manegold von Lautenbach und die Anfänge der Frühscholastik', *Deutsches Archiv für Erforschung des Mittelalters*, 26 (1970), 47-149, bes. 125-129 ('ratio' und 'auctoritas' bei Manegold). Vgl. auch T. Gregory, 'Das opusculum contra Wolfelmum und die anti-platonische Polemik des Manegold von Lautenbach', in *Platonismus in der Philosophie des Mittelalters*, hrsg. v. W. Beierwaltes, Wege der Forschung, 197 (Stuttgart, 1969), 366ff.; vgl. W. Hartmann, *Manegold von Lautenbach, Liber contra Wolfelmum*, MGH, Quellen z. Geistesgeschichte des Mittelalters, 8 (Stuttgart, 1972).

[195] Vgl. *De divina praedestinatione liber*, XVIII, 1: 'Errorem itaque saevissimum eorum qui venerabilium patrum maximeque sancti Augustini sententias confuse, ac per hoc mortifere ad suum pravissimum sensum redigunt, ex utilium disciplinarum (ignorantia), quas ipsa sapientia suas comites investigatricesque fieri voluit, crediderim sumpsisse primordia, si super etiam graecarum litterarum inscitia, in quibus praedestinationis interpretatio nullam ambiguitatis caliginem gignit'. Vgl. C. Leonardi, 'Commenti altomedioevali ai classici pagani', in *La cultura antica nell'occidente latino dal VII al'XI secolo*, Spoleto 1974 (Spoleto, 1975), I, 459-504, bes. 489. Leonardi hielt sich übrigens nur kurz auf bei der *Intitulatio* des 18. Kapitels von *De praedestinatione*, wo es heißt: 'Quod error eorum qui aliter quam patres sancti sentiunt de praedestinatione ex liberalium disciplinarum ignorantia inolevit'. Dieser Text findet sich in der Edition von *De praedestinatione* von G. Madec, in Corpus Christianorum, Continuatio mediaevalis, 50 (Turnholti, 1978), auf den S. 110-111.

[196] Vgl. Vernet, 'Érigène (Jean Scot)', 433. Vgl. *De divina praedestinatione liber*, ed. Madec, zu unseren Angaben vgl. die Einleitung V-XIII, vgl. auch Roques, 'Jean Scot (Érigène)', 736.

[197] ebd. Vgl. Lucentini, 'La "clavis physicae" di Honorius Augustodunensis', 407: 'Il *De divisione* non ancora condannato dalle gerarchie ecclesiastiche, circola liberamente in antichi e nuovi esemplari'.

Theoderich von Chartres, Gilbert von Porrée und Alanus ab Insulis, um nur die berühmtesten Namen zu nennen, die Werke des Scotus Eriugena gelesen und zitiert haben. J. Dräseke[198] und A. Levasti haben auch Anselm von Canterbury genannt[199].

Zum Schluß stellen wir die Frage: Wie sind endlich die Autoren, die wir befragt haben, wirklich zu verstehen? Sind sie Zeugen einer vorscholastischen Philosophie (Anselm, Rupert insbesondere) oder eines Prae-Humanismus (Adelard, der nach A.C. Crombie als Begründer der mittelalterlichen Naturwissenschaft anzusehen wäre[200] und nach C. Vasoli: 'ha un posto di primo piano nella storia della scienza medievale')?[201].

Wäre es möglich, in ihnen das *signum contradictionis* festzustellen, das in dieser Epoche sich als Streit zwischen *Regnum* bzw. *Imperium* und *Sacerdotium* erhoben hatte? Waren sie nicht, auch wenn nicht immer, lebendige Beispiele des Investiturstreites — es wäre interessant, ihre Schriften mit den historischen Quellen ihrer Zeit zu vergleichen[202] —, oder waren sie einfach, um die berühmten Worte des Bernhardus Silvestris, die Johannes von Salisbury überliefert, anzuführen: 'Nani gigantium humeris insidentes' — Zwerge auf den Schultern von Riesen[203]? Auf diese Weise hätten sie jedenfalls besser sehen und verstehen können als die früheren, antiken Autoren. Also 'Quanto iuniores, tanto perspicaciores', wie die Weisen des Mittelalters von

[198] Vgl. J. Dräseke, 'Sur la question des sources d'Anselme', *Revue de philosophie*, 9 (1909), 695. Dazu vergl. Ulrich, 'Cur non video praesentem?', 137-147, und F. Vernet: 'Les centres d'influence paraissent avoir été Auxerre (Heiric, Hérifroid, Remi), Chartres, peut-être l'ordre de Citeaux'. Vgl. Vernet, 'Érigène (Jean Scot)', 429.

[199] Vgl. A. Levasti, 'Scotus Eriugena und der hl. Anselm', *Philosophisches Jahrbuch*, 42 (1929), 506-509.

[200] Vgl. A. C. Crombie, *Medieval and Early Modern Science*, I: *Science in the Middle Ages: V-XIII Centuries* (New York², 1959), 9-11.

[201] Vgl. C. Vasoli, *La Filosofia medioevale* (Milano, 1961), 149.

[202] Vgl. I.S. Robinson, *Authority and Resistance in the Investiture Contest. The Polemical Literature of the Late Eleventh Century* (New York, 1978).

[203] *Met.*, III, 4. Vgl. G. Sarton, 'Standing on the Shoulders of Giants', *Isis*, 24 (1935-36), 107-109; R.E. Ockensen, 'Standing on the Shoulders of Giants', *Isis*, 25 (1936), 451-452; R. Klibansky, 'Standing on the Shoulders of Giants', *Isis*, 26 (1936), 147-149; J. de Ghellinck, 'Nani et Gigantes', *Archivum latinitatis medii aevi, Bulletin Du Cange*, 18 (1945), 25-29; A. Buck, 'Aus der Vorgeschichte der Querelle des Anciens et des Modernes', *Bibliothèque d'humanisme et Renaissance, Travaux et documents*, 20 (1958), 527-541; R.K. Merton, *On the Shoulders of Giants* (New York-London, 1965); E. Jeauneau, 'Nani gigantium humeris insidentes', *Vivarium*, 5 (1967), 79-99; ders., 'Nains et Géants', in *Entretiens sur la Renaissance du 12ᵉ siècle*, 21-38, zur Diskussion vgl. 39-52.

Priscian[204] bis Wilhelm von Conches, Otto von Freising und Roger Bacon immer gedacht und gelehrt haben, wie H. Silvestre in einem umfangreichen Artikel schon gezeigt hat[205]?

'Nihil aliud est auctoritas quam per rationem probata veritas' wiederholt Honorius Augustodunensis[206], und Alanus ab Insulis bemerkt ironisch, der Text habe eine wächserne Nase, d.h. man könne sie, den Textsinn, nach verschiedenen Seiten drehen, und deshalb müsse man Vernunftsgründe bringen: 'Quia auctoritas cereum habet nasum id est in diversum potest flecti sensum rationibus roborandum est'[207].

Wenn auch einsichtig ist, daß als wahr bestätigt werden kann, was hier vorgetragen ist, muß dennoch hier betont werden, daß alle diese Menschen nach der Wahrheit Gottes auf der Suche waren: hier, auf dieser Grundlage, werden die *rationes veritatis* den *auctoritates* und *traditiones veritatis* gleichwertig. Das mittelalterliche Denken aller unserer Autoren bleibt das *unum* und unteilbare Zeugnis der Einheit des christlichen trinitarischen Gottes:

> Habet homo trinitatem personae, audi de trinitate naturae, de trinitate gratiae, de trinitate gloriae. Intellectus rem concipit, ratio discernit, memoria in armariolo recordationis colligit. Pertinet ergo intellectus ad Patrem, ratio ad Filium, memoria ad Spiritum sanctum[208];

und dies waren die Vorstellungen der christlichen mittelalterlichen Gesellschaft:

> Nos igitur in centrum huius sphaerae existentes a centri motu tendamus in circumferentiae quietem; ab huius instabilitate ad illius stabilitatem; ab huius tempestate ad illius pacem, non per linearem motum sensualitatis, non per retrogradationem imaginationis, sed per orbicularem motum rationis, ut intellectualitatis ductu ad divinae circumferentiae tranquillitatem perveniamus, quod nobis praestat ...[209].

[204] Vgl. *Institutiones, Praefatio*, ed. M. Hertz, t. I (Leipzig, 1855), 1. Vgl. R.W. Hunt, 'Studies on Priscian in the Eleventh and Twelfth Centuries', *Medieval and Renaissance Studies*, 1.2 (1943), 194-231, bes. 206, 224.

[205] Vgl. H. Silvestre, 'Quanto iuniores tanto perspicaciores', in *Recueil commémoratif du 10ᵉ anniversaire de la Faculté de philosophie et des lettres de l'Université Lovanium, Kinshasa* (Louvain-Paris, 1967), 231-255.

[206] Vgl. *Lib. VIII qu.*, c. 1 (PL 172, 1185B).

[207] Vgl. *De fide catholica contra haereticos*, I, 30 (PL 210, 333A). Vgl. J. Miethke, 'Autorität', in *Theologische Realenzyklopädie*, 5 (Berlin-New York, 1980), 17-32 insb. 28.

[208] *Sermo de Trinitate*, vgl. M.Th. d'Alverny, *Alain de Lille. Textes inédits avec une introduction sur sa vie et ses œuvres*, Études de philosophie médiévale, 52 (Paris, 1965), 257.

[209] ebd., 306. Vgl. M.Th. d'Alverny, 'Maître Alain *Nova et vetera*', in *Entretiens sur la Renaissance du XIIᵉ siècle*, 117-135; zur Diskussion, 136-145, Vgl. ferner M.-L. Arduini, '*Et ratio mensura boni*'. Die 'ratio' als 'mensura boni' und ihre Fähigkeit

— 'Magistra ratione' — um die Worte der monastischen Konstitutionen Lanfrancs schließlich anzubringen[210] — besitzen alle diese Autoren auch für die mittelalterliche Geschichte des benediktinischen Kulturschaffens des 11. und 12. Jh. den Wert der *testimonia discretionis*[211].

Milano, Sacro Cuore

Anhang

Wir beziehen uns getreu auf den Text, der mit den nötigen Fußnoten ausgestattet ist, wie wir ihn der Katholischen Universität Löwen am 13. Juni 1980 vorgelegt (s.o. Anm. 1) und Ende November 1980 in Druck gegeben haben. Heute — April 1982 — geben wir nur einige ergänzende bibliographische Hinweise in chronologischer Reihenfolge: *Petrus Abaelardus 1079-1142, Person, Werk und Wirkung*. Berichte der internationalen Konferenz in Trier, 17.-19. April 1979, Trierer Theologische Studien, 38 (Trier, 1980); *Alain de Lille, Gautier de Châtillon, Jakemart Gielee et leur temps*, Actes du Colloque de Lille, Oktober 1978 (Lille, 1980); J.J. Sheridan, *Alan of Lille. The Plaint of Nature*, Mediaeval Sources in Translations, 26 (Leiden, 1980); 'Le Monachisme. Histoire et Spiritualité', in *Dictionnaire de Spiritualité*, 9 (Paris, 1980); R.G. Evans, *Anselm and a New Generation* (Oxford, 1980); id., 'Alan of Lille's Distinctiones and the Problem of Theological Language', *Sacris Erudiri*, 24 (1980), 67-86; M.L. Arduini, 'Il tema "vir" e "mulier" nell'esegesi patristica e medievale di Eccli. XLII, 14. A proposito di una interpretazione di Ruperto di Deutz', *Aevum*, 54 (1980) 2,315-330; 55 (1981) 2,246-261; K. Guth, 'Standesethos als Ausdruck hochmittelalterlicher Lebensform. Zur Gestalt des ethischen Humanismus der Briefwelt des Johannes von Salisbury (1115/1120-1180)', *Freiburger Zeitschrift für Philosophie und Theologie*, 28 (1981) 111-132; *Abélard. Le 'Dialogue'. La Philosophie de la Logique*, Actes du Colloque du Neuchâtel, 16.-17. November 1979, Cahiers de la Revue de Théologie et de Philosophie, 6 (Genf-Lausanne, Neuchâtel, 1981).

zur Schöpfung und Prophetie bei Alanus ab Insulis (der Beitrag wird demnächst veröffentlicht), vgl. insbes. Anm. 48, 49, 50, 51, 58, 63, 67, 69 und den zugehörigen Text.

[210] Vgl. *Decreta Lanfranci monachi Cantuarensis transmissa*, ed. D. Knowles, Nelson's Medieval Texts (London-Edinburgh-Paris-Melbourne-Toronto-New York, 1951), vol. III, 1. Nachdruck in K. Hallinger, *Corpus Consuetudinum Monasticarum* (Siegburg, 1967).

[211] Vgl. *Sancti Benedicti Regula*, LXIII, ed. A. de Vogüé-J. Neufville, Sources chrétiennes, 182 (Paris, 1972), 652.

Vgl. insbes. M. de Gandillac, 'Le "Dialogue" d'Abélard', ebd. 3-17; zur Diskussion 17-20; *San Augustin.* VIII Congreso internacional de Estudios Patristicos = *Augustinus*, 26 (1981); *Abélard en son temps*, Actes du Colloque international (14.-19. Mai 1979) (Paris, 1981): vgl. insbes. J. Châtillon, 'Abélard et les Écoles', 133-160; J. Jolivet, 'Non-réalisme et platonisme chez Abélard. Essai d'interprétation', 175-195; *La notion d'autorité au moyen âge. Islam, Byzance, Occident*, Actes des Colloques internationaux de la Napoule 23.-26. Oktober 1978 (Paris, 1982); N.M. Häring, 'Regulae Magistri Alani', *Archives d'Histoire doctrinale et littéraire du moyen âge*, 48 (1981), Einleitung 97-120; Edition 121-226.

Abschließend danke ich herzlich den Beamten der Löwener Universitätsbibliothek und insbesondere Herrn Etienne D'Hondt, Bibliotheek der Fakulteit der Godgeleerdheid, für die mir erwiesene Mitarbeit und Hilfe.

INDEX NOMINUM

ORIENTALISTE, P.B. 41, B-3000 Leuven

MEDIAEVALIA LOVANIENSIA

Texts and studies published by the
KATHOLIEKE UNIVERSITEIT LEUVEN
INSTITUUT VOOR MIDDELEEUWSE STUDIES
Blijde Inkomststraat 21
B-3000 Leuven (Belgium)

Series I / Studia

1. *The Late Middle Ages and the Dawn of Humanism outside Italy*, ed. G. VERBEKE and J. IJSEWIJN. Leuven-The Hague, 1972, XIV-245 p. BF 500
2. *Peter Abelard*, ed. E.M. BUYTAERT. Leuven-The Hague, 1973, XIV-181 p. BF 500
3. *Aspects of the Medieval Animal Epic*, ed. E. ROMBAUTS and A. WELKENHUYSEN. Leuven-The Hague, 1975, XIV-268 p. BF 950
4. *The Concept of Heresy in the Middle Ages (11th-13th C.)*, ed. W. LOURDAUX and D. VERHELST. Leuven-The Hague, 1976, VIII-232 p. out of print
5. *Aquinas and Problems of his Time*, ed. G. VERBEKE and D. VERHELST. Leuven-The Hague, 1976, VIII-229 p. BF 900
6. *The Universities in the Late Middle Ages*, ed. J. IJSEWIJN and J. PAQUET. Leuven, 1978, XI-661 p. BF 2000
7. *The Bible and Medieval Culture*, ed. W. LOURDAUX and D. VERHELST. Leuven, 1979, VIII-286 p. BF 980
8. *Love and Marriage in the Twelfth Century*, ed. W. VAN HOECKE and A. WELKENHUYSEN. Leuven, 1981, IX-305 p. BF 1280
9. *Death in the Middle Ages*, ed. H. BRAET and W. VERBEKE. Leuven, 1983, VIII-292 p. BF 1530
10. *Pascua Mediaevalia. Studies voor Prof. Dr. J.M. De Smet*, ed. R. LIEVENS, E. VAN MINGROOT and W. VERBEKE. Leuven, 1983, XII-691 p. BF 1725